AF396757

Matthew Lee Miller

•

The American YMCA and Russian Culture

Lexington Books

Plymouth

2013

Мэттью Ли Миллер

·

Американский Христианский союз молодых людей и российская культура

Academic Studies Press

Библиороссика

Бостон / Санкт-Петербург

2026

УДК 2-78
ББК 86.39
М60

Перевод с английского Владимира Зикеева

Серийное оформление и оформление обложки Ивана Граве

Миллер, Мэттью Ли.

М60   Американский Христианский союз молодых людей и российская культура / Мэттью Ли Миллер ; [пер. с англ. В. Зикеева]. — СПб.: Academic Studies Press / Библиороссика, 2026. — 390 с. — (Серия «Современная западная русистика» = «Contemporary Western Rusistika»).

ISBN 979-8-901270-91-2 (Academic Studies Press)
ISBN 978-5-907918-89-4 (Библиороссика)

В своей книге Мэттью Ли Миллер исследует влияние деятельности Христианского союза молодых людей (YMCA, ХСМЛ) на жителей России и русских эмигрантов в позднеимперский и раннесоветский периоды. ХСМЛ, крупнейшая американская благотворительная организация, начала свою активную деятельность в России в 1900 году. Во время Первой мировой войны она обеспечивала помощь военнопленным, а после эмиграции многих россиян в Центральную и Западную Европу основала издательство «ИМКА-Пресс» и поддерживала Православный богословский институт. Таким образом организация сыграла важную роль в сохранении наследия дореволюционной русской культуры в эмиграции. Исследование основано на архивных документах ХСМЛ, московских и парижских архивах, а также на воспоминаниях как российских, так и американских участников.

УДК 2-78
ББК 86.39

ISBN 979-8-901270-91-2
ISBN 978-5-907918-89-4

Благодарности

Я хочу выразить глубокую благодарность тем, кто помогал мне в написании этой монографии. Моя жена Терри и дочери Клэр и Амелия проявляли сверхъестественное терпение и поддержку на протяжении нескольких лет. Спасибо вам. Другие члены семьи, особенно Клем и Кэрол Миллер, Эрик и Бриджет Миллер, Клэр Ригли, Том и Клэр Коррелл, оказали мне неоценимую помощь. Теофанис и Фреда Ставру, Марк Эллиотт и Марк Нолл много лет помогали мне своими мудрыми советами.

В моих исследованиях я также опирался на превосходные идеи и на помощь Хизер Коулман, Роберта Дэвиса, Любови Гинзбург, Эдварда Касинца, Надежды Кизенко, Адели Линденмайр, Эриха Липпмана, Рэндалла Пула, Эдварда Рослофа, Нормана Сола, Павла Трибунского, Пола Валлиера, Бена Уизенханта и моих коллег из Северо-Западного колледжа.

Одним из источников полезной информации послужили многочисленные встречи Ассоциации по изучению истории и культуры восточного христианства и Ассоциации славянских, восточноевропейских и евразийских исследований. Ученые зависят от поддержки библиотекарей и архивариусов, и я хочу выразить признательность за помощь нескольким из них. Прежде всего, я благодарю Дагмар Гетц из архива Kautz Family YMCA, которая дала мне множество рекомендаций и советов.

Большое спасибо также сотрудникам библиотеки Уилсона в Университете Миннесоты, библиотек Северо-Западного колледжа, Уитон-колледжа, архива Иллинойского университета, Нью-Йоркской публичной библиотеки, Бахметевского архива Колумбийского университета, Геннадиевской библиотеки в Афинах, Государственного архива Российской Федерации и Российской государственной библиотеки в Москве, сотрудникам библиотеки и архива Свято-Сергиевской богословской академии и Русского студенческого христианского движения в Париже.

Наконец, я хочу поблагодарить администрацию Северо-Западного колледжа (Сент-Пол, штат Миннесота) за финансовую поддержку публикации этой книги.

Введение

В 1924 году кинолюбители в России могли посмотреть популярный у зрителей и критиков немой фильм «Необычайные приключения мистера Веста в стране большевиков», снятый советским режиссером Львом Кулешовым. Динамичный сатирический фильм рассказывает о приключениях богатого молодого американца, впервые посещающего Россию. Он приезжает с антибольшевистскими предрассудками, а уезжает — исполненный уважения к «русским, меняющим мир». Мистер Вест, уверенный в себе и крайне плохо осведомленный, прибыл в Россию в качестве «президента ХСМЛ», Христианского союза молодых людей[1] [Kuleshov 1974: 11–12]. Современный зритель, пожалуй, может удивиться тому, что «Y-лидер» выступает в качестве символического представителя Соединенных Штатов; не менее удивительным может показаться то, насколько заметной была роль этой организации в России начала XX века. Фильм Кулешова не основан на реальных событиях, но он подчеркивает культурное значение «необычайных приключений» ХСМЛ в России.

Движение ХСМЛ появилось в российских городах в 1900 году и разработало целый ряд образовательных, религиозных и филантропических программ. Руководители ХСМЛ начали свою

---

[1] YMCA, Young Men's Christian Association — Христианский союз молодых людей, также ХСМЛ, также позднее — ИМКА, иногда сокращенно — Союз. В англоязычной литературе принято также сокращать аббревиатуру до первой буквы (Y) и таким образом обозначать членов организации; на протяжении книги автор часто употребляет ее, говоря об активистах и лидерах движения. — *Примеч. ред.*

работу с создания общественной гимназии, чтения публичных лекций-обращений, организации курсов изучения Библии и руководства христианским студенческим движением. Во время реализации каждой из этих программ они сталкивались с ценностями, традициями и стратегиями, отличавшимися от привычных им по работе в США. Вскоре они поняли, что индивидуализм, предпринимательство, евангелистская проповедь и изучение Библии под руководством студентов в том виде, в каком они существовали в американском обществе, чужды большинству русских людей.

Во время Первой мировой войны многие Y-сотрудники организовывали помощь солдатам и военнопленным. После начала русской эмиграции в Западную Европу они содействовали новообразованному Русскому студенческому христианскому движению (РСХД), издательству YMCA Press и Свято-Сергиевской православной богословской академии в Париже. В данном исследовании рассматривается деятельность ХСМЛ и оценивается его влияние на русскую культуру. Особое внимание уделяется удивительной адаптивности организации.

В монографии доказывается, что ХСМЛ способствовал сохранению, обогащению и распространению православной веры и культуры. Благодаря поддержке эмигрантского студенческого движения, издательства и Православного богословского института ХСМЛ сыграл важнейшую роль в сохранении значительной части дореволюционной русской культуры в Западной Европе в советский период вплоть до ее возвращения после распада Советского Союза. Американский протестантский ХСМЛ поддержал русское православие значительными финансовыми взносами, консультациями в вопросах управления и своей гибкостью в вопросах теологии и пастырской деятельности, являясь примером практического служения современникам и развивая мощную сеть связей по всему миру. Все это в совокупности послужило катализатором для распространения православия и его влияния в Европе, США и за их пределами. В этой монографии исследуются границы между протестантизмом и православием и показывается, каким образом американская организация сыграла роль в монументальных изменениях внутри русской церкви в течение первых 40 лет XX века. Этот необыкновенный период взаимодействия между американской и русской культурами представляет собой редкий пример плодотворного межконфессионального сотрудничества протестантов и православных.

Исторические темы

Годы с 1900-го по 1940-й являются важнейшим переходным этапом истории России, о чем свидетельствуют несколько новых интересных исследований, посвященных этому периоду. Изучение кросс-культурной деятельности ХСМЛ дает возможность рассмотреть несколько взаимосвязанных тем, которые привлекают все больше внимания исследователей современной России: влияние глобальной филантропии, изменчивое взаимодействие русской и американской культур, зарождающееся движение за реформы в Русской православной церкви, взаимодействие православной и протестантской мысли и служения, а также развитие русской эмигрантской культуры. Новаторская монография А. Линденмайр "Poverty Is Not a Vice: Charity, Society, and the State in Imperial Russia" (Princeton, 1996) рассматривает политическую и социальную роль благотворительности в авторитарном обществе. Книга А. Ирие "Cultural Internationalism and World Order" (Johns Hopkins, 1997) посвящена этой же теме, но использует более широкие рамки исследования. Книга Н. Кизенко "A Prodigal Saint: Father John of Kronstadt and the Russian People" (Pennsylvania State University, 2000), с другой стороны, рассматривает благотворительность через деятельность одной конкретной церковной инициативы. В центре внимания данной монографии — оценка методов и достижений благотворительной деятельности ХСМЛ в православном мире, прежде всего в его русской части. Исследование "The Big Show in Bololand: The American Relief Expedition to Soviet Russia in the Famine of 1921" (Stanford, 2002) Б. М. Патенода посвящено одной из нескольких американских миссий в России. Дискуссия, которую спровоцировала эта монография, оправдывает усилия по проведению первого полномасштабного исследования российской деятельности ХСМЛ, крупнейшей американской организации в сфере оказания помощи[2].

В Париже Союз ХСМЛ сотрудничал с несколькими ведущими русскими мыслителями, в том числе с Николаем Бердяевым и Сергеем Булгаковым. Этот круг интеллектуалов возник в начале века как катализатор перемен в русской культуре и призывал покончить с крайним национализмом, антисемитизмом и ксенофобией, которых придерживались многие представители Православной церкви. В книге "Russian Culture at the Crossroads" (Westview, 1996) Дж. Г. Панкхерст описывает значение этого реформаторского движения. Взаимодействие православных и протестантских идей описано в книге Е. Евтуховой "The Cross and the Sickle: Sergei Bulgakov and the Fate of Russian Religious Philosophy" (Cornell, 1997). Помимо прочего, ХСМЛ послужил ключевым источником распространения протестантских идей и методов среди русских православных верующих. М. Раев в своей книге "Russia Abroad: A Cultural History of the Russian Emigration, 1919–1939" (Oxford, 1990) предлагает обзор опыта русских эмигрантов в этот период. Раев, выдающийся историк имперской России, неоднократно подчеркивает значимость усилий ХСМЛ в сфере книгоиздания и образования. Лучшим научным исследованием эволюции отношений между ХСМЛ и ключевыми фигурами русской православной интеллигенции является работа Р. Берда «YMCA и судьбы русской религиозной мысли (1906–1947)». Эта статья 2000 года рассказывает о компромиссах, на которые должны были пойти ХСМЛ и ряд видных православных мыслителей, чтобы партнерские отношения могли развиваться;

---

[2] Три исчерпывающих по своему содержанию тома, написанные Н. Э. Саулом о российско-американских отношениях, служат прекрасным введением в период, рассматриваемый в данной монографии [Saul 1996; Saul 2001; Saul 2006]. См. также [Foglesong 2007]. Д. С. Фоглсонг рассматривает попытки многих американских журналистов, миссионеров, филантропов и политических деятелей реформировать Россию в соответствии с американскими ценностями. Он кратко комментирует работу ХСМЛ; однако эта книга покажет, что работа ХСМЛ в России была не просто попыткой переделать Россию по образу и подобию Америки.

в ней также описывается роль, которую сыграл ХСМЛ в конфликтах внутри русского православия [Берд 2000][3].

В течение XX века мы видели несколько масштабных примеров того, как отдельные культурные группы изгонялись или были вынуждены по другим причинам покинуть свою родину: таким был исход тысяч русских после революции и Гражданской войны. Политические разногласия, может, и разделили русский народ в СССР и за его пределами, но культурная идентичность и в некоторой степени единство в основном сохранились. Гениальность ХСМЛ заключалась в том, чтобы увидеть это единство и помочь сохранить то, что соединяло эти две группы. После распада Советского Союза культура русских эмигрантов и тех, кто оставался внутри страны, была реинтегрирована в ряде аспектов. Например, советские власти запретили ввоз многих книг, но десятки ученых и других приезжих привозили с собой экземпляры русскоязычных работ ХСМЛ по религии и литературе для своих знакомых внутри СССР. В некотором смысле эта работа является исследованием конкретного опыта сохранения и развития культурной традиции. В более широком контексте она вносит вклад в теоретическое поле современности и глобализации, как это показано в книге М. Д. Стейнберга "Proletarian Imagination: Self, Modernity, and the Sacred in Russia, 1910–1925" (Cornell, 2002).

Исторический контекст

Чтобы понять контекст, в котором работал ХСМЛ, необходимо рассмотреть ценности, политику и институты городского образования, религии и филантропии в России в период правле-

---

[3] Исследование Роберта Берда основано на документах Дж. Р. Мотта (хранящихся в Йельской школе богословия в Нью-Хейвене, штат Коннектикут) и архивах Всемирной студенческой христианской федерации (расположенных в Нью-Хейвене, штат Коннектикут, и Женеве, Швейцария). Статья сопровождается ключевыми архивными документами: описанием Религиозно-философской академии в Берлине за 1923 год, резюме визита Сергея Булгакова в США за 1934 год, письмами Булгакова (1935, 1940), Николая Бердяева (1936, 1947) и Василия Зеньковского (1940) к Мотту.

ния Александра III и Николая II. ХСМЛ начал свою деятельность стране в то время, когда власть российского самодержавия неуклонно ослабевала, а влияние добровольных общественных организаций усиливалось. Эти две тенденции прослеживаются в каждой из трех указанных областей (образование, религия, филантропия). Их сочетание повлияло как на выбор подхода ХСМЛ, так и на готовность российского населения воспринимать его усилия. Кроме того, следует учитывать революции и Гражданскую войну, пережитые Россией в этот период.

Образование в России

Вскоре после прибытия в Санкт-Петербург члены ХСМЛ[4] начали общаться со студентами и профессорами университета. Довольно скоро для них стало очевидно, что условия в российских университетах отличались от климата, царившего в Йеле или Корнелле. И в российских, и в американских университетах с 1881 года произошел ряд изменений: росло число принимаемых студентов, постепенно увеличивалась доля женщин среди учащихся, приоритет в обучении сместился с гуманитарных на физические науки. Число студентов в империи выросло с примерно 30 000 в 1897 году до 127 000 в 1914 году. Однако российские учебные заведения также оказались вовлечены в беспорядочные конфликты между студентами, профессорами и государством. Многие представители студенчества протестовали против самодержавия и регулирования университетов. Ряд профессоров также выступали против усиления государственного контроля над университетами и пытались создать альтернативные учебные заведения. Эти события важны для понимания вклада ХСМЛ в два русских студенческих христианских движений и в создание

---

4   Автор здесь использует слово *men* («мужчины») и объясняет, что это делает это намеренно в силу того, что американские секретари российского ХСМЛ были мужчинами, и работали они в основном среди мужчин, а не женщин. О работе Христианского союза молодых женщин (ХСМЖ) в России [Boyd 1986: 287–320].

Берлинской заочной школы, технических курсов для русских эмигрантов в Софии (Болгария) и семинарии в Париже [Kassow 1989: 16][5].

К 1914 году Санкт-Петербургский и Московский университеты стали одними из крупнейших в мире. Ослабление ограничений и рост числа студентов привели к большему социальному и интеллектуальному многообразию. В своей истории российского высшего образования С. Кассов объясняет, что новое Российское студенческое христианское движение было одним из важнейших примеров этого разнообразия: «Его рост… показал, что в студенчестве происходили новые процессы» [Ibid.: 369, 371]. Основная роль ХСМЛ в этот ключевой период в истории российского высшего образования состояла в поддержке этого движения (подробно описанного в главах 6 и 7).

Религия в России

До 1917 года лишь немногие работники ХСМЛ питали какой-либо интерес к истории и богословию Русской православной церкви. Будучи выходцами из различных американских протестантских конфессий, они чувствовали себя ближе к духу русских евангельских христиан и американских методистских миссионеров. Однако вскоре они поняли, что большинство молодых людей в Российской империи чувствуют преданность к национальной церкви, даже если их не вполне устраивают ее традиции и связь с государством. Работники ХСМЛ приглашали православных священников выступать на собраниях и призывали православную молодежь к участию в студенческом движении. Руководители Союза налаживали отношения с ведущими священнослужителями и патриархом Тихоном. В Берлине и Париже ХСМЛ был теснее связан с православными верующими и пытался разобраться в сложных церковных противоречиях, уходящих корнями в дореволюционные дебаты. ХСМЛ работал с несколькими

---

[5] См. также [Morrissey 1998; Timberlake 1992; Wartenweiler 1999]. Дополнительное исследование интеллектуальной культуры 1894–1917 годов [Stavrou 1969].

важнейшими авторами русской православной традиции: Булгаковым, Бердяевым, Г. П. Федотовым, К. В. Мочульским, А. В. Карташевым и Г. В. Флоровским. Булгаков, влиятельный русский философ, политик и богослов, сыграл ключевую роль в отношениях между ХСМЛ и русскими православными верующими: в 1920-х годах он сотрудничал с ХСМЛ в качестве профессора семинарии в Париже[6]. Это взаимодействие происходило в контексте зарождающегося модерна — сложного явления, связанного с ростом урбанизации, индустриализации и разрушением коллективных традиций.

Русская православная церковь опиралась на впечатляющую инфраструктуру, однако ясно осознавала, что институциональность не гарантирует влияния. Некоторые представители православного духовенства этого периода видели признаки «духовного кризиса», связанного с распространением марксизма, социал-дарвинизма и протестантизма. Казалось, что православие утратило свою привлекательность для русской интеллигенции. Студенты столкнулись с неожиданными вызовами своим религиозным представлениям, ранее не подвергавшимся никакой проверке, а университетский опыт подорвал глубинные убеждения многих молодых людей. Значительная часть студентов выпускалась с уже вестернизированными светскими взглядами [Timberlake 1992: 19–21].

Филантропия в России

ХСМЛ разработал несколько благотворительных программ, направленных на «помощь телу, душе и духу» русского человека. По своим целям и задачам Союз совпадал со многими российскими организациями. Однако когда ХСМЛ попытался оказать содействие их деятельности, стали очевидными и различия в представлениях о философии и методах филантропии: как православие, так и протестантизм имели давние традиции в этой области.

---

[6] См. [Cunningham 1981] и [Evtuhov 1997].

С недавних пор многие историки начали уделять особое внимание дореволюционной российской благотворительности, поскольку советская власть не позволяла ни Православной церкви, ни светским организациям активно заниматься филантропией. Если 30 лет назад в СССР практически не было независимых организаций, то сейчас существует целый ряд НПО, занимающихся различными образовательными, гражданскими, социальными, религиозными и профессиональными проблемами. Тысячи благотворительных обществ вновь возникли после 1985 года и по понятным причинам обращались за образцами к прошлому. Многие историки отмечают, что исследование отношения к бедным позволяет понять политическую ориентацию и культурные установки[7].

Таким образом, ХСМЛ участвовал в ключевых событиях в образовании, религии и филантропии в России в период до 1917 года. Он помогал Российскому студенческому христианскому движению, которое способствовало разнообразию студенческой мысли и деятельности во время бурного развития высшего образования. Союз также спонсировал клуб «Маяк» в Санкт-Петербурге, который, наряду с другими «народными домами», предоставлял рабочим возможность развиваться физически, умственно и духовно. Протестантская по происхождению, эта организация появилась в России в период напряженных споров о терпимости государства к неправославным религиозным группам. Члены ХСМЛ работали вместе с интеллектуалами, исследовавшими возможный вклад западного христианского наследия в Русскую православную церковь. Союз пришел в Россию в то время, когда в стране появилось множество новых благотворительных и других добровольных ассоциаций, способствовавших развитию гражданского общества. По мере того как рушилась самодержавие, ХСМЛ способствовал распространению волонтерства и неформальных социальных изменений.

---

[7] См. [Lindenmeyr 1996; Herlihy 2002; Kizenko 2000].

Деятельность ХМСЛ в России как громоотвод притягивала многочисленные споры и обвинения. Секретари занимались общественной работой с большим количеством людей, а любой сбор средств также требовал публичности. В результате их в разное время открыто обвиняли в реакционности *и* в революционности: клеймили бессердечными капиталистами *и* социалистическими радикалами, еретиками-модернистами *и* мракобесами-фундаменталистами, орудиями американского правительства *и* простаками, обманутыми советским режимом.

Революция в России

Секретари ХСМЛ, работавшие в России, стали свидетелями Февральской и Октябрьской революций 1917 года. Будучи руководителями важной международной благотворительной программы, они были не просто туристами, наблюдавшими за происходящим из окон гостиницы; их работа и отношения привели их к непосредственному участию в жизни людей и в процессах, изменивших XX век. Самые разные члены Союза регулярно общались с императором Николаем II, В. И. Лениным и Ф. Э. Дзержинским. Они писали о своих размышлениях и делились своим опытом в России и США. Одни осуждали перемены, другие выступали в качестве ярых сторонников революции, но большинство не оценивало ситуацию однозначно, наблюдая, как хаос разрастается и перерастает в Гражданскую войну. В штате ХМСЛ не было ни ярых монархистов, ни крайних коммунистов, но взгляды сотрудников охватывали весь политический спектр, от правых до центристских и левых.

Многие приветствовали Февральскую революцию и конец самодержавия, но на захват власти большевиками в октябре 1917 года большинство членов ХСМЛ отреагировало неуверенно, поскольку им были неизвестны основы ленинской доктрины. В итоге значительная часть секретарей высказали умеренно негативное отношение к октябрьским событиям. Многие пытались понять корни революции, вместо того чтобы бездумно демонизировать красных. Однако было и громкое меньшинство, убежденное, что социализм — это будущее как для России, так и для Соединенных Штатов. Секретари ХСМЛ выработали различные взгляды на большевистскую революцию, а вопросы социализма и коммунизма продолжали вызывать жаркие дискуссии в американской части Союза, поскольку в ее рядах были как политические радикалы, так и убежденные антикоммунисты. Членам ХСМЛ в России приходилось удерживать тонкое равновесие в отношениях между филантропией и дипломатией. Как американцы, они играли публичную роль в политически нестабильный период мировой войны и революции. Некоторые из них были обвинены в шпионаже или вмешательстве в дипломатические дела, но большинство избегали вовлеченности в какую-либо политическую деятельность. Однако разнообразие политических взглядов и программ, которых придерживались представители ХСМЛ, свидетельствует о том, что Союз нельзя назвать инструментом правительства с продиктованной Вашингтоном программой.

Ключевые определения

Четыре значимых религиозных явления требуют конкретного определения для временного периода, рассматриваемого в данном исследовании: русское православие, евангелический протестантизм, либеральный протестантизм и движение экуменизма. В 1899 году русское православие было преобладающим религиозным движением и богословской системой русского народа. Православие основано на толкованиях Священного Писания, признанных на семи Вселенских соборах IV–VIII веков. Исторически епископальная структура русского православия часто была тесно связана со светской властью. Центральное место в православном богослужении занимает сложная традиционная литургия[8].

Евангелический протестантизм признает христианскую Библию в качестве высшего религиозного авторитета и считает, что спасение было исторически осуществлено Иисусом Христом и что

---

[8] Для краткого введения см. [Hopko 1987].

люди обретают это спасение через личную веру, которая, в свою очередь, приводит к преображению жизни. Этот взгляд способствовал акценту на проповеди Евангелия и мирском труде[9].

Либеральный протестантизм подчеркивал, что христианская вера должна приспосабливаться к нормам современной научной культуры. Лидеры этой группы старались следовать основным этическим учениям Христа и стремиться к постоянному улучшению общества. Помимо этого, ведущие сторонники этой теологии, которую также называют модернизмом, или Новой теологией, ставили под сомнение историческую достоверность Библии, божественность Христа и необходимость строгих доктринальных определений[10].

Как либеральные, так и евангелические протестанты участвовали в экуменическом движении — организованном стремлении к сотрудничеству и единству между христианами всего мира. Историки считают, что это движение началось с Эдинбургской миссионерской конференции 1910 года, после которой были образованы три группы, продолжившие его работу. Международный миссионерский совет поощрял взаимодействие между работниками различных деноминаций. Конференция «Жизнь и труд» обсуждала практические вопросы церковного сотрудничества, а конференция «Вера и порядок» сосредоточилась на богословских вопросах, связанных с единством Церкви[11].

Обзор глав

В первой и второй главах данной монографии рассматривается история ХСМЛ и комментируются вопросы, повлиявшие на американо-российскую программу. В первой главе представлен обзор деятельности организации в России с 1900 по 1940 год. В следующей главе рассматриваются карьеры Дж. Р. Мотта

---

[9] См. [Noll 1992: 219–244, 286–310].

[10] См. [Ibid.: 363–389]. Для более детального знакомства с теологическим модернизмом и реакцией внутри евангелизма см. [Marsden 1980].

[11] См. [Rouse, Neill 1967].

и П. Б. Андерсона, двух американских секретарей Союза, которые занимали влиятельные руководящие посты. В третьей главе представлено краткое сравнение православия и протестантизма, а также исторический обзор взаимоотношений между этими двумя конфессиями. В центре внимания главы — изменение отношений между ХСМЛ и Православной церковью. В главах с четвертой по девятую подробно описано участие организации в работе с русскими рабочими, солдатами, студентами, читателями и священниками. Для исторического сравнения в данном исследовании рассматривается деятельность ХСМЛ в четырех традиционно православных странах: Греции, Болгарии, Румынии и Югославии. Союз разработал общую политику для работы в исторически православных странах, поэтому рассмотрение данных программ будет полезным.

Подход к исследованию

В данном исследовании, помимо прочего, рассматриваются мотивы, побудившие ХСМЛ взяться за выполнение столь грандиозной задачи, а также анализируются использованные методы. Насколько возможно, исследуются различные реакции русской аудитории на деятельность Союза — со стороны реформистского духовенства, консервативных священников, православных и протестантских мирян, советской власти, писателей и прочих. Кроме этого, затрагивается влияние революции 1917 года на работу в России и в эмигрантской среде. Наконец, рассматриваются философские разногласия внутри организации и то, как эти разногласия повлияли на общий подход к программе. Повествование завершается немецкой оккупацией Парижа в 1940 году, которая нарушила работу и привела к отъезду многих русских эмигрантов из Франции в США и другие страны.

Данное исследование опирается на архивные изыскания, выполненные в контексте последних исторических исследований. Важным источником послужила работа Д. Э. Дэвиса, который в 1970–1980-е годы опубликовал ряд достойных внимания статей о Союзе и России. Недостатка в первоисточниках для изучения этой темы нет[12]. Секретари и директора создали массу подробных отчетов, публичных и частных писем, мемуаров. Российские участники обсуждали организацию в личных письмах и газетных статьях. С 1991 года эта область расширилась благодаря облегченному доступу ко многим российским архивам. Русские и американцы установили новые научные связи — появляются новые теоретические парадигмы, касающиеся религиозной деятельности как стимула к примирению или к конфликту. Ряд ученых изучили некоторые из этих источников по различным аспектам или временным периодам программы[13]. Однако ни в одной работе еще не рассматривался весь спектр деятельности Союза с его географическим, политическим и теологическим разнообразием, а также не рассматривались в достаточной степени изменчивые культурные и политические предпосылки многочисленных проблем и противоречий, с которыми сталки-

---

[12] Данное исследование основано на архивных документах, хранящихся в шести основных фондах: архив Kautz Family YMCA, Библиотеки Университета Миннесоты, Миннеаполис (KFYA); Документы П. Б. Андерсона, архив Иллинойского университета в Урбане-Шампейне (PBAP); Бахметевский архив, Колумбийский университет в Нью-Йорке (BACU); Государственный архив Российской Федерации в Москве (GARF); L'Institut de Théologie Orthodoxe Saint-Serge (Православный богословский институт) в Париже (ITOS); архив Action Chrétienne des Étudiants Russes (Русское студенческое христианское движение) в Париже (ACER). Кроме того, были проанализированы опубликованные первоисточники в следующих библиотеках: Библиотека Вильсона, Университет Миннесоты (Миннеаполис); Библиотека Центра Билли Грэма Уитон-колледжа (Уитон, Иллинойс); Нью-Йоркская публичная библиотека; Геннадиевская библиотека в Афинах; Российская государственная библиотека в Москве. В сносках документы KFYA обозначены названиями папок и каталогов, как они были организованы на момент исследования. С тех пор архив провел небольшую реорганизацию некоторых коробок. Однако по информации, указанной в сносках, можно получить доступ к соответствующим документам. Текущим способом поиска по коллекции "YMCA International Work in Russia and the Soviet Union and with Russians: An Inventory of Its Records" можно воспользоваться по адресу http://special.lib. umn.edu/findaid/html/ymca/yusa0009x2x1.phtml.

[13] К примеру, недавнее российское исследование на тему [Пашкина 2010].

валась организация в своей работе в России. По меньшей мере данная работа более подробно освещает влияние, которое оказал ХСМЛ как филантропическая институция.

Современная значимость

Вопрос благотворительности является актуальным в современной России, отходящей от фактической монополии государства на социальную поддержку. Организации борются с фундаментальными философскими и практическими вопросами, решая такие проблемы, как хронический алкоголизм населения, туберкулез в тюрьмах и недофинансирование детских домов. ХСМЛ и Русская православная церковь — два из многочисленных общественных объединений, пытающихся оказать помощь. Таким образом, данная монография расширяет историческое представление о филантропии в современной России[14].

---

[14] ХСМЛ в России был реорганизован в 1990-х годах и в настоящее время предоставляет услуги для детей, молодежи и семей в нескольких городах по всей стране. Программы включают в себя занятия спортом, творчеством, кемпинг и многие другие виды деятельности. Центральный офис находится в Ярославле; веб-сайт организации http://ymca.ru.

Глава 1
ХСМЛ и Россия: портрет добрых дел

«Мы просто приглашаем наших молодых собратьев-христиан в этих далеких землях присоединиться к нашей постоянной работе с другими молодыми людьми. Работниками могут стать только юные уроженцы этих земель. Из них вскоре выйдут лидеры, которые нам нужны» [Hopkins 1951: 332]. Этими словами Дж. Свифт призвал активистов американского Христианского союза молодых людей расширить свое служение за рубежом в 1889 году, сразу после своего возвращения из Японии, где он служил в качестве первого заграничного секретаря организации. Американские миссионеры-протестанты уже несколько лет основывали новые общины на Дальнем Востоке, но Свифт смог убедить многих руководителей, что организация должна начать евангелизацию и координацию молодых людей в Японии — и по всему миру [Ibid.: 318–319]. Уже через десять лет «люди Y» ездили по России, встречались со студентами и готовили их к будущему служению.

После трех десятилетий активного роста ХСМЛ расширил свою деятельность за границей. По мере того как Союз вступал в XX век, его руководители продолжали адаптировать ключевые программы и переоценивать их теологические основы. Эти изменения оказали глубокое влияние на цель и развитие работы ХСМЛ с русской аудиторией. Данная глава рассказывает, как ХСМЛ развивался с момента своего основания в 1851 году до XX века, и показывает значительные изменения в его структуре, программе и теологии. Затем рассматривается работа русской миссии ХСМЛ. Этот обзор демонстрирует, что путь ХСМЛ претерпел множество поворотов, прежде чем Союз смог сделать свой вклад в сохранение, обогащение и расширение православия. Однако на каждом этапе этого пути Y-секретари выстраивали новые отношения, набирались опыта и развивали тот набор ценностей, который приведет организацию к последующим достижениям.

Глобальное присутствие американского ХСМЛ

Это мировое движение зародилось на встрече, состоявшейся в июне 1844 года[1], когда Дж. Уильямс, лондонский клерк, пригласил нескольких своих друзей обсудить создание общества для молодых людей, работающих в промышленности. Его целью было бы проведение религиозных встреч для улучшения духовного состояния рабочих. Друзья Уильямса — англикане, конгрегационалисты, методисты и баптисты — незамедлительно принялись устраивать миссионерские службы в Лондоне. Уже вскоре 70 участников группы проводили службы в 14 разных местах. Первоначальный ХСМЛ многократно воспроизводил сам себя, и руководители движения быстро смогли организовать такие группы по всей Великобритании. Лидеры раннего ХСМЛ планировали расширять свою деятельность, работая с библиотеками и организуя образовательные лекции, однако основой их деятельности была проповедь Евангелия. Молодые лондонские бизнесмены откликнулись на их простые призывы к спасению, и за четыре последующих года организация повлияла на жизни более 6000 человек [Eddy 1944: 2–5]. Первые активисты движения вели активную работу в своих церквях, но старались заниматься делами ХСМЛ независимо от британского духовенства. По мере своего распространения движение привлекало людей, относящих себя к самым разным религиозным течениям, из-за чего участники избегали дискуссий о своих богословских разногласиях.

---

[1] В исторической литературе последних лет тема работы ХСМЛ внутри США обсуждается во многих источниках, из которых примечательны [Mjagkij, Spratt 1997; Elfenbein 2001; Lupkin 1995; Hillmer 2001].

Вместо этого они предпочитали больше обращать внимание на то, что их объединяло как евангелических протестантов.

В 1851 году небольшая группа молодых людей сформировала первое Y-отделение в США. Лидер этой группы в Бостоне, Томас Салливан, узнал о лондонском Союзе из статьи в еженедельной баптистской газете. Участники группы стремились продвигать евангелическое христианство среди городской молодежи [Hopkins 1951: 18]. Как и их британские единомышленники, бостонцы скоро организовали евангелические лекции, уроки Библии, воскресные школы и совместные молитвы. Юноши также устроили хорошо оснащенную библиотеку и бюро трудоустройства, чтобы привлекать молодых людей, приехавших в город в поисках работы.

Постепенно в большинстве крупных городов США стали появляться новые ячейки ХСМЛ с секретарями, занятыми координацией работы в каждом городе. Широко известный лектор чикагского отделения Союза Дуайт Л. Муди проработал в ней несколько лет, руководя программой воскресных школ и выступая на встречах евангелистов[2]. В годы после Гражданской войны лидеры ХСМЛ искали новые способы оказывать влияние на молодых людей и закалять их характер. Они сформулировали новую цель, состоящую из четырех элементов: «...улучшение духовного, умственного, социального и физического состояния молодых людей» [Ibid.: 107]. Для этого организация устроила издательские центры, школы лидерства и программы физической культуры. В течение этих лет руководители начали расширять свое взаимодействие со студентами колледжей и университетов. Первые студенческие Y-отделения сформировались в конце 1850-х годов из христианских групп, ранее организованных в университетах Мичигана и Вирджинии. Л. Вишард, первый студент, выбравший своей работой должность секретаря Союза, еще больше расширил ее миссию после создания межвузовского ХСМЛ в 1877 году [Setran 2001: 8–11][3].

---

[2] Два недавних исследования деятельности Муди [Evensen 2003] и [Dorsett 1997].

[3] Чтобы ознакомиться с работой ХСМЛ со студентами непосредственно в США, см. [Sack 1995].

Эти студенты начали собираться на летние конференции в 1886 году. На этих встречах они слушали различных ораторов, которые обсуждали библейские темы и задачи всемирной миссии. На первой конференции многие студенты взяли на себя необычное обязательство — 100 из 235 участников высказали желание работать в качестве иностранных миссионеров [Hopkins 1951: 298]. На волне этого энтузиазма в 1888 году лидеры Союза вместе с другими студенческими группами организовали движение студентов-волонтеров, которое набирало студентов для работы в иностранных миссиях и направляло их в созданные протестантские миссионерские советы. Мотт, выпускник Корнельского университета, начал свою работу в качестве председателя движения в 1888 году. Свифт, первый секретарь по служению в Японии, подтолкнул американский ХСМЛ к расширению его работы за рубежом. Британское движение ранее распространило свое служение на Европу и Азию, а американцы продолжили это расширение путем создания или развития отделений Союза в Японии, Индии, Бразилии, Китае и России.

ХСМЛ сыграл ведущую роль в глобальном распространении христианства и религиозной благотворительности. К 1900 году более 50 % активных американских протестантских иностранных миссионеров были бывшими «студентами-волонтерами», участниками движения студенческих волонтеров, международной деятельности ХСМЛ и ХСМЖ (Христианский союз молодых женщин) [Ramsey 1998: 1–2][4]. С 1877 по 1900 год американская ячейка Союза отправила более 5000 студентов в качестве штатных международных секретарей; с 1900 по 1914 год — еще 15 000 [Setran 2001: 19]. В 1900 году у организации была четкая цель — «евангелизация мира в течение этого поколения». В разных странах «люди Y» работали разными методами, но общая цель оставалась неизменной. Однако с наступлением XX века это единство стало постепенно распадаться по всему миру: секретари ХСМЛ все глубже погружались в разные культуры и все чаще слабела их

---

[4] Для более детального обзора работа Союза по всему мира см. [Latourette 1957].

вера в исключительность христианства. ХСМЛ также столкнулся с различными политическими препятствиями для развития программ согласно изначальным планам. Таким образом, «люди Y» по всему миру начали пересматривать свои цели в зависимости от местных условий и собственных социальных и богословских убеждений. Некоторые продолжали придерживаться учения о необходимости спасения единственно во Христе, в то время как многие другие стали принимать различные версии либеральной христианской теологии и работать над планами социальных изменений. Некоторые стали антиамериканскими по духу и начали идеи социализма, в то время как другие сохраняли свой патриотизм и отстаивали государственную политику США. Это разнообразие увеличивалось по мере того, как зарождающееся глобальное руководство формировало программу и философию организации в своей стране в соответствии с местными и личными обстоятельствами. На национальные программы влияли римско-католические догмы, конфуцианские традиции, корейский национализм. Одним словом, «членство в Союзе имело множество значений, зависящих от времени, места и специфических взаимных отношений между американцами и участниками местного происхождения» [Rosenberg 2003: 243–244][5].

В последнее время появилось множество исследований, посвященных адаптации Союза к национальным условиям. Дж. Т. Давиданн писал о «неспособности американского ХСМЛ убедить японских христиан воспринять евангельское христианство, так как те интересовались либеральной теологией и были яростно независимы от американцев» [Davidann 1995b: 109][6]. Исследования

---

[5] Обзор вопросов, связанных с глобальным расширением ХСМЛ [Rosenberg 1982], особенно с. 28, 33, 78–79, 81, 109–111, 202–203. Комментарии Э. Розенберг зачастую недостаточно полно отражают всю сложность происходящего в ХСМЛ, но они дают полезное представление о ключевых вопросах. См. также [Tyrrell 2010].

[6] См. также другую монографию Дж. Т. Давиданна [Davidann 1998] и его диссертацию [Davidann 1995a]. Исследование Давиданна предлагает детальное изучение работы ХСМЛ в Японии, однако автор слишком упрощает как позицию Союза, называя ее «националистической», так и причины умень-

в Корее показали, как спортивные клубы использовались в корейском движении национального сопротивления против японского имперского правления. Так как политическая деятельность была запрещена, молодые корейцы, которые боролись за независимость, собирались в клубах [Ha, Mangan 1994: 330, 345]. В Китае программа социального служения Союза оказала влияние на большое количество молодых китайских активистов [Keller 1996]. В статье П. Т. Жебровского рассказывается о том, как после Первой мировой войны американские секретари пытались создать в Польше исключительно католический Союз. Польская ячейка получила необычайно высокий уровень государственного финансирования, а также заметную поддержку со стороны масонских лож. Несмотря на усилия по поддержке местных католических приходов, Союз получил официальное осуждение со стороны Ватикана. В 1920 году папа выпустил письмо с предупреждением для европейских епископов против ХСМЛ, который «угрожает вере их паствы», «вызывая сомнения в уникальной роли Католической церкви и порождая религиозное безразличие» [Zebrowski 1991][7].

ХСМЛ и современное христианство

С 1900 по 1940 год философия служения организации претерпела изменения, поскольку секретари пытались продвигать современное, «мускулистое» христианство[8]. Традиционное христианство (протестантское, католическое или православное) опиралось на определенные исторические и богословские представления как на основу для практических проявлений религиозной жизни, в то время как современное христианство XIX века уделяло гораздо меньше внимания конфессиональным основам

шения его глобального охвата. В монографии не признается разнообразие подходов, применяемых им в других странах. Также автор не уделяет должного внимания изменению теологического климата американской ячейки Союза в этот период.

[7] Дополнительные исследования зарубежной работы ХСМЛ включают [Beran 1989; Lutz 1992; Xing 1992; Xing 1993; Hutchison 1997; Griffin 1978].

[8] Подробнее о понятии «мускулистого христианства» — далее в этой же главе.

и почти полностью сосредоточилось на практических аспектах веры. Теологический модернизм представлял собой наиболее радикальную форму современного христианства, в то время как умеренные модернисты избегали споров, чтобы эффективно достигать своих практических целей — филантропии, евангелизма и борьбы за лидерство в церковной сфере. С конца XIX века многие руководители ХСМЛ стали придерживаться теологического модернизма. Это изменение позиции не было результатом четкого решения руководства организации или аргументов какого-либо влиятельного теолога; оно стало результатом последовательной попытки Союза занять центральное положение в американском протестантизме. Как объяснил один ученый, «когда теологические течения двигались в либеральном направлении, ХСМЛ двигался вместе с ними» [Carter 1995][9].

В период расширения американского отделения Союза, с 1851 по 1920 год, лидеры группы корректировали структуру, программу и теологию движения. Секретари постепенно создали более бизнес-ориентированную организацию с профессиональным менеджментом, централизованным руководством и более крупным бюджетом. В эти годы руководители постепенно смещали фокус своих программ сначала с евангелизма на социальное служение в целях евангелизма, а затем на одно только социальное служение. С момента основания ХСМЛ и до конца XIX века его члены были в первую очередь сосредоточены на спасении отдельных людей, поскольку, как объяснил один влиятельный секретарь, «все остальные услуги... являются лишь сопутствующими и подчиненными, и заниматься ими следует лишь по мере того, как они способствуют достижению этой главной цели». С 1890-х до 1920-х годов большинство членов организации стали участвовать в различных формах социального служения, признавая при этом приоритет евангелизма. В это время руководители пытались достичь баланса между евангелизмом и реформированием общества, работая над улучшением духовного, умственного, социального и физического состояния молодых людей. Однако за

---

[9] О модернизме и ХСМЛ см. также [Warren 1991].

десятилетия, следовавшие после Первой мировой войны, Y-лидеры и рядовые члены движения прилагали мало усилий для евангелизации. Война ускорила смещение акцента со спасения отдельного человека на искупление общества. Многие участники, испытавшие на себе ужасы боевых действий, предпочли заняться проблемами войн, экономики и культуры. Таким образом, с 1850 по 1920-е годы руководители и члены ХСМЛ превратили евангельское движение в агентство всеобщего благосостояния [Hopkins 1951: 180, 502, 516].

Основатели американского отделения ХСМЛ создали богословские прецеденты, которые сохранились надолго. В целом эта межконфессиональная организация не придавала особого значения теологии и сосредоточилась на служении, сотрудничестве и единстве. Лидеры организации и ее сотрудники приняли центральные элементы евангельской протестантской мысли и отвергли необходимость в вероучениях или доктринальных дебатах. С 1851 по 1890-е годы подавляющее большинство «людей Y» соглашались с догматами основного ортодоксального протестантизма. Очень немногие члены принадлежали к Римско-католической или Восточно-православной церквям. Однако в 1890-х годах некоторые активисты начали изучать и соглашаться с утверждениями «новой теологии», теологической системы, которая получила широкое признание в это время. Такие известные писатели и ораторы, как Гарри Фосдик, Вашингтон Глэдден, Генри Драммонд [10]и Вальтер Раушенбуш, учили, что христианская вера должна приспосабливаться к нормам современной научной культуры. Будучи популярными пасторами и писателями, они подчеркивали, что христиане должны следовать важнейшим этическим учениям Христа и стремиться к постоянному совершенствованию общества. Ведущие сторонники этого богословия, также называемого модернизмом или либерализмом, ставили под сомнение исторический характер Библии, божественность Христа и необходимость строгих доктринальных определений.

---

[10] В русскоязычной литературе также встречаются варианты написания: Друммонд.

Новая теология развивалась параллельно с «Социальным евангелием» — движением, которое отвергало интерпретацию христианства в духе индивидуализма и использовало библейские темы в реформировании общества. Многие сторонники Социального евангелия приняли идеи новой теологии, но многие сохранили традиционную теологию протестантизма [Handy 1990: 1104]. До 1920 года большинство членов Союза занимали умеренную позицию по отношению к новой теологии и Социальному евангелию, придерживаясь консервативного богословия и смотря на социальное неравенство в Америке через призму своей веры. Однако после Первой мировой войны большинство лидеров и членов Союза приняли модернистскую точку зрения. В результате этой растущей терпимости члены движения также выбрали более мирную позицию по отношению к римско-католическим и православным христианам. Они старались расширять сотрудничество с молодыми людьми этих конфессий, особенно в зарубежной деятельности.

Сравнение заявлений о целях 1855 и 1931 годов показывает эволюцию от евангельского протестантского движения к либеральной христианской организации социального служения.

> Христианские союзы молодых людей стремятся объединить тех молодых людей, которые, считая Иисуса Христа своим Богом и Спасителем согласно Священному Писанию, желают быть Его учениками в своей вере и жизни и объединить свои усилия для распространения Его Царства среди молодых людей (1855).

> Христианский союз молодых людей, который мы рассматриваем как всемирное сообщество мужчин и юношей, объединенных общей преданностью Иисусу Христу с целью формирования христианской личности и христианского общества (1931) [Hopkins 1951: 78, 521].

Растущее влияние модернизма было тесно связано со сбором средств: как консервативные, так и либеральные жертвователи пытались повлиять на доктринальную позицию Союза. Значение доноров росло по мере того, как программа все больше зависела от больших, тщательно продуманных офисов в городах и на кампусах колледжей и университетов. По мере того как в конце XIX века все большее влияние приобретал теологический модернизм, консервативное руководство американского отделения Союза стремилось поддерживать ортодоксальные стандарты организации. Однако последовательная политика заключалась в том, чтобы избегать публичных споров по теологическим вопросам. ХСМЛ следовал примеру Муди, знаменитого евангелиста и бывшего сотрудника Союза, который, как казалось, терпимо относился к богословским либералам, при условии что они демонстрировали традиционное благочестие. Естественно, внутри движения доктринальная позиция, продвигаемая в той или иной группе, зависела от позиции ведущих секретарей [Carter 1995: 342, 374–375; Dorsett 1997: 365–367].

Рядовой секретарь редко вырабатывал точно выверенную теологию: те, кто не принял полностью последние версии либерального богословия, жили христианской верой, основанной на практическом и избирательном толковании Библии — включая Нагорную проповедь, следование примеру жизни Христа и Послание Иакова. «Явно уходя корнями в популярный евангелический протестантизм», ХСМЛ «апеллировал к нетерпению среднего человека к соперничеству церквей и тонким теологическим различиям». Мотт был образцом «современного христианства». Он не был сторонником теологического либерализма или социального Евангелия; вместо этого он «избегал ограничиваться рамками конфликта между фундаментализмом и модернизмом» [Irvin 1984: 156]. Его целью было сделать Церковь более эффективной и действенной, и он считал, что для этого необходимо, чтобы церкви и духовенство отбросили свои конфессиональные и доктринальные различия. Мотт долгое время был методистом, но его подход к планированию всемирных миссий основывался на взаимодействии между разными конфессиями — скорее по прагматическим, чем по доктринальным причинам. Он не получил формального богословского образования; он много читал, но, по видимости, так и не пришел к полному осознанию причин конфессиональных различий и исторических церковных разделений [Ramsey 1998: 124–125].

Ряд недавних исследований были посвящены тому, насколько эта прагматичная философия современного христианства способствовала окончательной секуляризации ХСМЛ, его постепенному отдалению от той силы религиозных убеждений и нравственного поведения, которыми изначально отличался Союз. В одном из исследований был сделан вывод:

> Кливлендская ячейка ХСМЛ была готова обменять свою открытую религиозную идентичность на место за столом гражданского общества. <...> Стремление ХСМЛ стать влиятельным и ценным партнером в городских реформах в конечном итоге привело не к христианизации общества, а к ее собственной секуляризации [Hillmer 2001].

В другом исследовании рассматривается секуляризация студенческой программы ХСМЛ в США и утверждается, что она также способствовала этому процессу во многих религиозных колледжах и университетах. В студенческих программах Союза участвовало большое количество студентов-мужчин: к 1920 году в них состояло 39 % всех студентов колледжей США мужского пола [Setran 2001: 10–11][11]. Продвижение современного христианства через секретарей кампусов оказало влияние как на будущих преподавателей, так и на новых работников Союза по всему миру. Это исследование также показывает, как события в России повлияли на работу в Соединенных Штатах. В 1920-е годы громкое меньшинство руководителей студенческих Y-ячеек выразило свою поддержку социализму; это побудило антибольшевистские группы в студенческих городках довольно безосновательно обвинить других руководителей ХСМЛ в социалистических убеждениях [Ibid.: 33].

ХСМЛ и «мускулистое христианство»

В конце XIX и начале XX века многие британские и американские евангелические протестанты спорили о том, как привлечь больше мужчин в церкви, где подавляющее большинство участников были

---

[11] О секуляризации американских университетов см. также [Marsden 1994].

женщины. Они считали, что язык и атмосфера евангельского христианства более привлекательны для женщин, чем для мужчин, поэтому пропагандировали веру, которая, по их мнению, должна была привлечь растущее число практически мыслящих молодых мужчин. Проповедники и учителя «мускулистого христианства» призывали мужчин обратиться к Христу и жить жизнью, полной решений, героизма и мужественности. Эти темы периодически встречались в речи активистов русского рабочего движения.

Этот новый акцент на мужественности стал продолжением уже существовавшего в протестантизме акцента на «формировании характера». Церкви среднего класса Соединенных Штатов подчеркивали важность «хорошего характера», особенно в связи с требованиями культуры, ориентированной на производство, которая обычно требовала упорства для достижения успеха. Многие руководители ХСМЛ представляли христианского бизнесмена как идеального верующего: они призывали мужчин быть святыми, но всегда практичными [Parker 1994: 125][12]. Они призывали мужчин быть духовными, но при этом сохранять сильную трудовую этику [Winter 1994: 88]. Двумя первыми сторонниками «мускулистого христианства» в 1850-х годах были британские писатели Томас Хьюз и Чарльз Кингсли; их популярные книги поощряли рыцарство, патриотизм, героизм, физические нагрузки, спорт и активный отдых на природе. Руководители Союза восприняли эти идеи и стали подчеркнуто разделять роли женщин и мужчин: мальчиков и юношей призывали контролировать свою волю, чтобы развивать уверенность в себе и честность [Parker 1994: 133, 146–147]. Они уделяли меньше внимания долгу перед расширенной семьей и родным городом — обычная проблема для американских мужчин колониального периода. Автономия победила общину, а на смену деревенскому патриарху пришел идеал самодостаточного человека [Winter 2002: 17][13]. Эти идеалы легли в основу огромных инвестиций Союза в спортивные

---

[12] Иной взгляд на ХСМЛ и вопросы гендера см. [Gustav-Wrathall 1998] и [Wrathall 1994].

[13] Подробнее о развитии идеи гендера в США [Lombard 2003] и [Bendroth 1993].

залы и атлетическое оборудование по всему миру, а также изобретения волейбола и баскетбола как видов спорта, «формирующих характер» [Putney 2001: 3]. «Мускулистое христианство» также рассматривалось как противоядие от политического радикализма среди рабочих: «ХСМЛ надеялся, что рабочие избавятся от склонности к политическому радикализму и промышленным беспорядкам, если примут более высокий идеал мужественности, основанный на христианских ценностях братства и служения» [Winter 1994: iv].

Работа ХСМЛ в России: обзор

С 1900 по 1940 год американская ячейка ХСМЛ использовала множество методов и работала с группами русских мужчин от Владивостока до Парижа. Одна цель оставалась неизменной на протяжении всех этих лет — создание полноценной программы для коренного населения России с вниманием ко всем аспектам жизни молодежи: духовной, умственной, социальной и физической. Даже в хаотичные дни во время и после Первой мировой войны «целью, которая всегда твердо стояла перед Комиссией, было восстановление ХСМЛ в России — вся остальная работа, независимо от ее важности, рассматривалась в связи с этой основной целью»[14].

Руководство российской программы никогда не было централизованным и часто менялось: полный перечень организационных назначений и структуры занял бы несколько страниц. Однако такой список был бы не слишком полезен, поскольку Союз в России, похоже, действовал скорее благодаря личному влиянию, чем формальному положению: бюрократия штаб-квартиры

---

[14] См.: Anderson P. B. Memorandum on Policy for the Russian Work of the International Committee. Aug. 9, 1951. P. 2–3. Corr. and Reports 1950–1951. Russian Work — Europe, Restricted, Correspondence and Reports, 1930–1949, Annual Reports 1930–1949. KFYA. Два ключевых документа для изучения работы ХСМЛ в России: International Survey Committee. Survey of North American YMCA Service to Russians in Europe [1930]. Russia. International Survey — 1930, Roumania, Russia, South Africa, Box 12. KFYA; Davis D. E. YMCA Russian Work: An Interview with Dr. Paul B. Anderson, Sept. 9, 1971. Russian Work, Restricted, General, Personal Accounts. KFYA.

в Нью-Йорке, очевидно, имела меньшее влияние, чем личности нескольких человек. Чтобы проследить сложное развитие русской работы, необходимо рассмотреть деятельность трех ключевых лидеров: Джона Р. Мотта (1865–1955), Франклина А. Гейлорда (1856–1943) и Пола Б. Андерсона (1894–1985)[15]. Мотт никогда не жил в России, но он обеспечивал философское и организационное руководство работой с самого ее начала и до конца Второй мировой войны, независимо от того, какой официальный титул он носил в тот или иной момент. Гейлорд руководил программой «Маяк» с ее начала до революции, а также служил проводником для студентов-рабочих. Андерсон руководил работой в России по разным направлениям сразу после революции и в течение всего периода служения эмигрантам. Второй эшелон влиятельных лидеров включает Джеймса Стокса (1841–1918), который обеспечивал финансирование и руководство «Маяка». Шервуд Эдди (1871–1963) много раз посещал Россию и написал несколько книг. Этан Т. Колтон-старший (1872–1970) работал в России с 1918 по 1925 год и осуществлял руководство из Нью-Йорка в последующие годы. Эдвард Т. Хилд (1885–1967) служил в России с 1916 по 1919 год и занимал руководящие должности. Джордж Сидни Фелпс (1875–1961) работал с 1918 по 1920 год и осуществлял общее руководство. Эдгар Макнотен (1882–1933) и Дональд А. Лоури (1889–1974) служили как в России, так и в Европе. Густав Г. Кульман (1894–1961) был ближайшим советником Российского студенческого христианского движения в Европе.

Впервые ХСМЛ появился в России в 1868 году в тесной связи с немецкими лютеранскими церквями — он не получил широкого распространения в стране[16]. В 1910 году один из посетите-

---

[15] Четыре не связанных между собой человека по фамилии Андерсон были задействованы в работе в России: Пол Б. Андерсон (солдаты и эмигранты), Харви У. Андерсон (программа «Маяк», студенты, солдаты и эмигранты), Х. Дьюи Андерсон (солдаты, программа помощи АРА, физическое воспитание в Москве и эмигранты) и Эдгар У. Андерсон (эмигранты).

[16] См.: Христианский союз молодых людей. Его возникновение, принципы и программа. Booklet prepared by the Russian department of the International Committee of the YMCA. New York, 1922. P. 3–4. Pamphlets in Russian. Russian Work, Restricted, Pamphlets. KFYA.

лей Санкт-Петербурга сообщил о Y-программе в Санкт-Петербурге, возглавляемой лютеранином, пастором Х. Ферманом. Большинство членов программы были лютеранами, и она была связана с Всемирным альянсом ХСМЛ в Женеве [Latimer 1910: 42–43].

Русской программе ХСМЛ в Санкт-Петербурге предшествовали два визита ключевых активистов движения из Соединенных Штатов: Свифта, посетившего Россию в 1885 году[17], а несколькими годами позже Л. Д. Уишарда, одного из ключевых лидеров американского Y-отделения, который побывал в России во время поездки из Амстердама в Персию. В его отчете, опубликованном для читателей Союза в 1892 году, утверждалось, что в России «правительство… прибегает ко всем возможным мерам, чтобы подавить и искоренить любые проявления религиозной веры, отличающиеся от Православной греческой церкви». Он описал, как протестантская группа проводила тайные встречи, чтобы избежать внимания местных властей, и в заключение добавил: «Костры инквизиции тлеют в сердце самого деспотичного тирана девятнадцатого века, и список мучеников почти ежедневно увеличивается под самым угнетающим правительством на Земле» [Wishard 1892: 422][18]. Отчет Уишарда не показал ни малейшей надежды на возможность работы в России или сотрудничества с Православной церковью.

Русскую миссию ХСМЛ с 1900 по 1940 год можно рассмотреть в следующих девяти пересекающихся этапах: в этом кратком обзоре выделены основные направления, места и количество участников.

---

[17] См.: Anderson P. B. Memorandum on Policy for the Russian Work of the International Committee. Aug. 9, 1951. P. 1.

[18] Как отмечалось ранее, Уишард стал первым штатным секретарем студенческой организации ХСМЛ в США и внес вклад в становление студенческого волонтерского движения. Он работал в межвузовской программе с 1877 по 1888 год. С 1888 по 1898 год он служил иностранным секретарем североамериканского ХСМЛ — с 1888 по 1892 год он совершил мировое турне по этой работе. [Dorn 1990].

1) *Рабочие.* Союз обслуживал рабочих с помощью «Маяка» в Санкт-Петербурге (1900–1918 гг.), Русской политехнической школы заочного преподавания в Берлине (Русской заочной школы), а затем в Париже (1921–1961 гг.) и Профессиональной школы ХСМЛ в Софии (1922–1924 гг.). В 1914 году с «Маяком» в Санкт-Петербурге работали четыре американских секретаря.

2) *Студенты.* Американские секретари помогали студентам в России с 1909 по 1914 год, когда их было четыре, и позднее в 1926 году.

3) *Военнопленные.* Около 20 секретарей работали с военнопленными с 1915 по 1917 год: десять с русскими в Германии и десять с австрийцами в России.

4) *Солдаты.* После Февральской революции 1917 года Союз начал сотрудничать с русской армией. Приблизительно сто человек прибыли развивать армейские контакты до Октябрьской революции 1917 года и последующего мирного соглашения России с Центральными державами, что положило конец этому этапу.

5) *Общины.* В конце 1917 года около 50 человек из Союза остались «по просьбе президента, чтобы продемонстрировать дружбу Америки с русским народом». Работа заключалась в общественных работах и помощи русским военнопленным, возвращавшимся из Германии и Австрии. Американская интервенция в Архангельске и Владивостоке привела к отзыву некоторых членов ХСМЛ правительством США в 1918 году. Другие продолжали работать во Владивостоке до 1923 года.

6) *Солдаты союзников.* Около 200 секретарей обслуживали интервенционные войска союзников в Сибири и на севере европейской части России с 1918 по 1919 год.

7) *Профессора и студенты.* С 1921 по 1925 год пять человек из ХСМЛ работали под началом Американской администрации помощи, оказывая помощь профессорам и студентам во время голода.

8) *Молодые люди в Москве.* В 1925 и 1926 годах Х. Д. Андерсон служил в Москве в качестве пропагандиста физического воспитания.

9) *Эмигранты*. С 1919 по 1940 год секретари Союза помогали русским беженцам в Европе и в Харбине по нескольким программам[19].

Этот упрощенный набросок показывает географическую и методологическую сложность программы.

В общей сложности 343 американца работали с ХСМЛ в России в период 1900–1940 годов[20]. П. Б. Андерсон писал, что летом 1918 года «мы получили информацию от Девитта Клинтона Пула, генерального консула США, который понял, что ХСМЛ обладал самым большим контингентом американцев в стране и был наиболее подвержен превратностям революции» [Anderson 1985: 8]. Осенью 1918 года Колтон уточнил, что «в течение почти года Y-секретари составляли самую большую группу американцев на территории России, такую же многочисленную, как дипломатическая, консульская, военные миссии и Красный Крест, вместе взятые»[21]. До 1914 года программа была довольно небольшой — всего восемь американских секретарей в стране, — но война стала катализатором дальнейшего расширения программы. После войны (и с созданием Советского государства) число секретарей быстро сократилось, и к 1933 году П. Б. Андерсон был единственным полевым сотрудником русской миссии (действовавшей уже среди русских эмигрантов в Париже). Многие из работников были набраны самим Моттом. Особенно активно он привлекал студентов колледжей в качестве добровольцев для работы с военнопленными — их нанимали не в качестве штатных секретарей, а скорее как краткосрочных сотрудников. Качество персонала, набранного с 1900 по 1940 год, в целом было очень высоким: в одной из статей отмечается: «Будь то постоянные сотрудники ХСМЛ или волонтеры военного времени, эти люди во многих

---

[19] Основано на следующих источниках: Letter from E. T. Colton to F. W. Ramsey, Jul. 16, 1926. P. 1–2. Russia — Speeches and Reports, Germany — Articles. Russia, Colton E. T., Reports, Addresses, and Papers, 2 vols. KFYA; Anderson P. B. Memorandum on Policy for the Russian Work of the International Committee. Aug. 9, 1951. P. 2.

[20] Ibid. Реестр сотрудников ХСМЛ в России в алфавитном порядке с указанием вида работы [Colton 1940: 188–192].

[21] Colton E. T. No Slackening in Russia // Association Men. Nov. 1918. P. 206.

отношениях были "лучшими из своего поколения", как и сотрудники Корпуса мира более позднего времени». Сотрудники испытывали постоянную фрустрацию из-за часто возникающих препятствий на пути их работы, среди которых стоит выделить высылку из Советской России. В августе 1918 года американский консул в Москве Д. К. Пул-младший заявил, что «необходимо принять все меры для эвакуации американского персонала Христианского союза молодых людей из Центральной России». В октябре 1918 года советское правительство издало декрет, согласно которому Союз должен быть ликвидирован, так как он является «решительно вредоносной организацией». Это стало ударом для Мотта и большинства секретарей, которые считали, что могут нейтрально служить всем россиянам, независимо от их политических пристрастий. Союз смог остаться в Советской России на несколько месяцев дольше, чем другие иностранные организации в стране, поскольку правительство сочло некоторые из его услуг полезными. Однако ХСМЛ обнаружил, что его программа в России подошла к концу. В революционной ситуации было невозможно сохранять нейтралитет и оказывать помощь по принципу «от человека к человеку». Таким был вывод Дональда Э. Дэвиса и Юджина П. Трани, двух ведущих исследователей деятельности ХСМЛ, согласно которым организация «потерпела неудачу в России». Они полагают, что американские лидеры должны были проявить больше «гибкости», чтобы достичь «значимого компромисса», но не объясняют, каким образом такой компромисс мог быть достигнут [Davis D., Trani 1974: 469–470, 474, 482, 490–491][22]. Такой вывод представляется довольно стран-

---

[22] В этой статье (на основе документов, хранящихся в Национальном архиве) можно найти информацию о взаимодействии Вашингтона с секретарями ХСМЛ. Дэвис и Трани рассматривают работу с точки зрения историков американской внешней политики, в то время как данное исследование рассматривает ее с точки зрения истории российской. Авторы считают, что работа Союза в России закончилась в 1923 году, в котором они окончили работу во Владивостоке. Они признают работу Андерсона по физической подготовке в Москве, но не считают ее работой ХСМЛ, поскольку она не была признана советским правительством. Они не упоминают о работе

ным, если учесть результаты более поздних попыток, предпринятых в сфере филантропии или религиозной помощи: парадигма «успех — неудача» кажется малоприменимой в ситуации такого рода. В данном исследовании рассматриваются причины изгнания организации и предлагаются другие методы оценки этой уникальной программы филантропии. Любой метод оценки должен учитывать ее специфику и особенности персонала — такое сложное, многогранное предприятие не поддается категоричному разделению на «успех» или «провал». Во многих письмах и документах предпринимаются попытки придать российским миссиям Союза оттенок галантности или неискренности, гениальности или невежества. Не выставляя этих людей героями человечества, следует отметить, что их работа была не из легких, особенно осенью и зимой 1917–1918 годов. Колтон, многолетний руководитель, описал обычные трудности, с которыми сталкивались секретари из-за проблем с транспортом, насилием на местах и хаосом бюрократии:

> Неотапливаемые товарные вагоны, набитые беженцами и солдатами, были обычным делом. Наши люди ехали, стоя по тридцать шесть часов подряд, не в силах пошевелиться от огромного веса людей. Многие совершали путешествия длиной в две недели, неся на руках какую-либо еду, постельные принадлежности и гардероб, которые были им необходимы в пути. Некоторых грабили. Почти все попали под обстрел, как правило, безответственный и потому более опасный. Им чинили сотни препятствий мелкие официозные революционные и солдатские комитеты. <...> Но они приезжали, они служили, и они оставались [Colton 1918: 206].

Американские работники ХСМЛ были почти полностью белыми протестантами с университетским образованием, выходцами из среднего и высшего классов, однако они общались с очень широким кругом россиян. До войны работа велась в основном

Коркорана под прикрытием, но положительно отмечают его последующую работу с эмигрантами. Они также не упоминают о последствиях этой работы, таких как влияние «Маяка» или РСХД.

с церковным и профессиональным классом (в «Маяке») и со студентами и интеллигенцией (в РСХД) — но не с промышленными рабочими. В начале работы с эмигрантами в фокусе оказались перемещенные военнопленные, которые в большинстве своем были рабочими (в заочных и технических школах). Позже в центре внимания оказались студенты и интеллигенция (РСХД, YMCA Press и Православный богословский институт)[23]. Летом 1918 года (незадолго до высылки из Советской России) Волжская экспедиция организовала образовательную программу для жителей 44 городов и сел вдоль Волги. Возглавляемая К. К. Хэтфилдом, эта программа включала лекции и выступления на темы сельского хозяйства, гигиены и домоводства.

После изгнания ХСМЛ из Советской России первым важным шагом Колтона в России в качестве ведущего секретаря было собрать вместе как можно больше секретарей из тех 73, которыми располагал Союз, чтобы обсудить планы на будущее. Встреча состоялась в Самаре; именно этот город должен был стать новым городом для штаб-квартиры ХСМЛ, поскольку находился на достаточном отдалении от фронта. Революция радикально изменила условия работы, но 56 секретарей решили остаться в России, чтобы работать по различным программам гражданской и военной службы. 11 работников заявили, что им необходимо покинуть Россию, чтобы поступить добровольцами на военную службу в США. Еще шесть человек решили уехать на родину [Colton 1955][24].

В 1919 году пост старшего национального секретаря занял Г. С. Фелпс; он предложил новые программы Временному правительству в Омске и попытался добиться тех привилегий, которые

---

[23] Anderson Paul B. North American Y.M.C.A., Russian Service in Europe, Administrative Report for the Year 1936. P. 2. Annual Reports 1933–1949. Russian Work — Europe, Restricted, Budgets and Appropriations, Correspondence and Reports, 1950–, Financial Transactions. KFYA.

[24] С личными историями можно ознакомиться в: Statements Made by Men of the Russia Staff Regarding the Past and Future of the Y.M.C.A. and Their Personal Plans in the Present Situation. Samara, Mar. 21, 1918. Correspondence and Reports, 1918. Russian Work Restricted, Correspondence and Reports, 1918–1921. KFYA.

были предоставлены Союзу Временным правительством до революции. Он подчеркнул, что ХСМЛ «стремится работать в тесном взаимодействии и гармонии с Православной русской церковью и пользуется благословением митрополита в Москве». В предлагаемые формы служения входили/были включены: 1) программа общественной работы (игровые площадки и летние лагеря); 2) программа работы в городах (образовательные классы и физическое воспитание); 3) программа работы в селах (сельскохозяйственное и медицинское обучение); 4) бюро наглядного обучения (образовательные фильмы и слайд-шоу); 5) работа с возвращающимися военнопленными (питание и поддержка); и 6) программа железнодорожной работы (фильмы и лекции)[25].

К сентябрю 1919 года эта программа, предложенная для Сибири, была успешно реализована: 100 американских секретарей и 200 русских сотрудников работали в пяти отделах: гражданские работы; железнодорожные служащие; армия и флот; общественные работы в сельской местности; помощь военнопленным. В своей работе эти отделы опирались на четыре бюро: исполнительное, лекционно-кинематографическое, бюро снабжения и финансов. Для работы в Сибири были поставлены следующие цели:

1) укреплять молодых людей духовно и телесно — в сотрудничестве с государством, Церковью и другими общественными организациями;

2) способствовать развитию будущего независимого и устойчивого ХСМЛ в России;

3) служить американским экспедиционным силам в Сибири, сохраняя их моральный дух;

4) служить войскам союзников в Сибири;

5) «сотрудничать с Красным Крестом и другими благотворительными организациями, показывая народу России дружбу американского народа с Россией в тяжелые для нее времена».

---

[25] Letter from G. S. Phelps to the Minister of Foreign Affairs, Russian Provisional Government, Omsk, May 30, 1919. P. 1–2. Omsk. Russian Work, Restricted, North Russia: Archangel, Murmansk, Siberia. KFYA.

Работающие в Сибири 102 американских секретаря были распределены следующим образом: русская работа (армия и гражданские лица) — 20; Американские экспедиционные силы — 17; чешская армия — 15; бюро лекций и кино — 12; союзные войска — 10; финансы — 8; исполнительное бюро — 7; сельское хозяйство — 7; снабжение — 4; железнодорожный отдел — 2. В Харбине, Владивостоке и Хабаровске члены Союза работали в зданиях, хорошо подходивших для их целей. В Иркутске, Красноярске, Омске, Томске и Ново-Николаевске были предоставлены более простые помещения для центров по работе с населением[26]. В отчете за октябрь 1919 года отмечалось, что по рекомендации американского консульства Союзу следовало отказаться от работы в Омске; кроме этого, работа в Красноярске и Хабаровске была приостановлена по другим причинам. Программы по работе с населением включали игровые площадки, клубы бойскаутов, кружки садоводства, образовательные классы, лекции, фильмы и летние лагеря[27].

Программа во Владивостоке действовала с 1918 по 1923 год, в ее центре находился «Маяк», продолжавший традиции петроградского «Маяка»[28]. К 1919 году в отделении Союза во Владивостоке состояло более тысячи человек, организация располагала собственным зданием[29]. Результатом работы в городе стала молодежная программа «Пионеры»[30].

---

[26] Letter from G. S. Phelps to John R. Mott. Annual Letter from G. S. Phelps, Senior National Secretary for Russia — Covering Period from Sept. 1, 1918, to Aug. 31, 1919. Sept. 1, 1919. P. 1–4. Correspondence and Reports, 1919. Russian Work Restricted, Correspondence and Reports, 1918–1921. KFYA.

[27] Somerville J. J. Report of the City Work in Siberia for Sept. 1919. Oct. 11, 1919. 1. Mayak, 1912–1922. James Stokes Society including Saint Petersburg. KFYA.

[28] Provisional Constitution of the Young Men's Christian Association of Vladivostok, Siberia, 1918. Vladivostok. Russian Work, Restricted, North Russia: Archangel, Murmansk, Siberia. KFYA.

[29] Somerville J. J. Annual Report Letter for Civilian Work in Siberia. Sept. 9, 1919. 2. Mayak, 1912–1922. James Stokes Society including Saint Petersburg. KFYA.

[30] Vestnik "Maiaka," Vladivostok, Oct. 1, 1922, first year of publication, N 11, p. 2, 4. Vladivostok — Periodicals — Russian. Vladivostok. Russian Work, Restricted, North Russia: Archangel, Murmansk, Siberia. KFYA.

Работа ХСМЛ с русскими солдатами рассматривается в следующей главе. В этой главе рассматривается только его работа с американскими и другими союзными войсками, которая проводилась в основном в Сибири и на севере России, в районе Мурманска. Секретари Союза несколько раз попадали в боевые действия на Русском Севере.

Пока работа в России шла своим ходом, в 1920 году руководители ХСМЛ встретились в Нью-Джерси, чтобы обсудить, каким образом организовать работу Союза в Советской России, для которой было необходимо приглашение от советского правительства. Цель заключалась в создании межконфессиональной миссии, сфокусированной по большей части на Православной церкви в силу ее масштаба. План предусматривал создание городских ячеек ХСМЛ в Москве, Петрограде, Киеве, Одессе, Харькове и Казани. «Мы должны постоянно помнить, что занимаемся созданием не *американского*, а *русского* ХСМЛ». План также предусматривал программу работы в сельской местности и трудовую подготовку мальчиков[31]. Обсуждения прояснили необходимость более целенаправленного подхода к обучению секретарей. В. В. Бантон из русского отдела ХСМЛ призвал к более тщательному изучению языка и культуры для будущих Y-работников в России. В частности, Бантон хотел, чтобы перед отъездом в Россию участники интенсивнее изучали язык, историю и религию России, а также философию и методы работы Союза[32]. Некоторые сотрудники, такие как Гейлорд и Х. У. Андерсон, хорошо говорили по-русски, в то время как другие так и не овладели языком. Некоторым прежним сотрудникам не хватало знаний о культуре, с которой они работали. П. Б. Андерсон отметил, что так было с руководителем работы с военнопленными: «Арчи Харт

---

[31] Findings of the Russia Conference, Newark, N. J., Feb. 21–23, 1920. P. 1–6. Correspondence and Reports, 1920. Russian Work Restricted, Correspondence and Reports, 1918–1921. KFYA.

[32] Letter from Wm. Walter Banton of the YMCA Russian Division, Overseas Department to E. T. Colton, Mar. 1, 1920. Correspondence and Reports, 1920. Russian Work Restricted, Correspondence and Reports, 1918–1921. KFYA.

ничего не знал о России; он никогда не интересовался русской историей»[33]. «Зарубежная школа подготовки» была сформирована как девятимесячная программа обучения небольшой группы будущих сотрудников российской миссии. Программа была разработана рядом членов ХСМЛ, уже имевших некоторый опыт работы в этих областях (Колтон, Райалл, Бантон, Д. У. Лайон, П. Супер, Р. Э. Льюис и Ральф Б. Холлингер). Первое собрание школы состоялось 10 сентября 1920 года в Кливленде. Учебный план был разработан с учетом мнений участников, некоторые из которых уже успели поработать в России. Цель заключалась в развитии навыков в следующих областях: русский язык и культура, разработка страновых принципов Союза в России, физическая подготовка, личное и групповое духовное воспитание, социальная работа и работа в команде. Лекции по культуре были посвящены социальным тенденциям, политике, географии, музыке, искусству, религии и экономике. Двумя ключевыми лекторами были Гейлорд и Ю. Ф. Геккер. На каждую тему было запланировано от одной до четырех лекций. Кроме того, участники выполняли задания по практической работе в своем регионе и изучали области, которые представляли для них особый интерес. План программы включал список рекомендуемой литературы о России, богословии и по другим темам[34].

Хотя ХСМЛ был официально изгнан из Советской России в 1918 году, пять секретарей смогли вернуться под руководством Американской администрации помощи (АРА[35]) в период с 1922 по 1924 год. Этим секретарям — Колтону, Макнотену, Кини, Фредериксену и Андерсону — было поручено оказывать продовольственную помощь российским профессорам и студентам; про-

---

[33] Davis D. E. YMCA Russian Work: An Interview with Dr. Paul B. Anderson, Sept. 9, 1971. P. 15–16. Russian Work, Restricted, General, Personal Accounts. KFYA.

[34] International Committee of Young Men's Christian Association. Overseas Training School, Program of Work, Dec. 1920. Correspondence and Reports, 1920. Russian Work Restricted, Correspondence and Reports, 1918–1921. KFYA.

[35] American Relief Administration (ARA) — далее в тексте используется принятая русская транслитерация аббревиатуры: АРА. — *Примеч. ред.*

грамма называлась «Служба помощи студентам»[36]. Г. Гувер, занимавший тогда пост президента США, хотел получить единую поддержку американских агентств помощи и социального обеспечения, поэтому он предложил семи ведущим организациям прислать своего представителя в консультационный комитет при АРА, — ХСМЛ выбрал Колтона. При этом они служили в качестве сотрудников АРА, а не секретарей Союза[37]. Этот период работы с АРА стал одним из связующих звеньев между деятельностью ХСМЛ в России и эмиграцией. Секретари, работавшие в АРА, налаживали отношения с российскими профессорами, нуждавшимися в продовольственной помощи. Некоторые из них были в конце концов высланы Лениным, но впоследствии секретари возобновили контакты с ними в Берлине и других местах [Raeff 1990b: 28][38].

После службы в АРА Х. Д. Андерсон получил разрешение на работу в Москве, чтобы содействовать там развитию физической культуры среди русского населения. Он работал с Высшим советом физической культуры, новой организацией, которая проводила внеклассные занятия спортом для учащихся. На 3 мая 1925 года Андерсон планировал организовать «первую общемосковскую массовую физкультурную демонстрацию», которая должна была включать в себя демонстрацию художественной гимнастики, легкой атлетики и волейбола. В его плане были и выступления, в том числе А. В. Луначарского, народного комиссара по просвещению. Андерсон также был директором

---

[36] Anderson P. B. Memorandum on Policy for the Russian Work of the International Committee. Aug. 9, 1951. P. 2. В этот период в дружеских отношениях с Кини был писатель Корней Чуковский, который восхищенно писал о работе Кини и его интеллектуальной любознательности в своих дневниках [Чуковский 1991: 230, 235–236].

[37] Memo from C. V. Hibbard to the members of the YMCA International Committee, no date. P. 1. Correspondence and Reports, 1918. Russian Work Restricted, Correspondence and Reports, 1918–1921. KFYA.

[38] О жизни изгнанных из Советского Союза интеллектуалов, деталях их высылки и опыте жизни на Западе см. [Chamberlain 2006]. См. также [Baird 1997].

факультета физического воспитания Высшего художественно-технического училища, где физкультура недавно была принята в качестве обязательного предмета для всех 1500 студентов. Помимо этого, он был назначен заведующим кафедрой физической культуры медицинского факультета Московского государственного университета. Он столкнулся с сопротивлением со стороны ректора Института физической культуры, который опубликовал брошюру Андерсона под своим именем[39]. В феврале 1926 года Колтон рекомендовал Эдит Гейтс из Кливлендского ХСМЖ в качестве своей коллеги[40]. Андерсон добился разрешения правительства на работу Гейтс в Москве[41]. Он смог достичь значительного прогресса, но его работе постоянно мешали различные трудности и бюрократические проблемы. По этому поводу он писал Колтону: «Если вы хотите моего эгоистичного мнения, я бы призвал вас передумать и постараться забыть Россию до более счастливого времени, потому что я устал, очень устал»[42]. Всего через несколько дней после того, как он это написал, Андерсон был выслан из Москвы, а его имущество конфисковано. Телеграмма из Москвы пришла 21 октября 1926 года в штаб-квартиру ХСМЛ в Нью-Йорке, поэтому Гейтс не была уверена, стоит ли ей уезжать. Руководители штаб-квартиры предположили, что причина кроется в несовместимости идей Союза и коммунизма, но Андерсон сообщил им, что ему не было озвучено никаких причин. Организация подверглась особой критике на недавнем пленуме исполнительного комитета Коммунистического интернационала молодежи в Москве, где прозвучал следующий комментарий:

---

[39] Letter from H. D. Anderson to E. T. Colton, Mar. 26, 1925. P. 1–4. 1924–1925. Russian Work, Restricted, Correspondence and Reports, 1922–1944. KFYA.

[40] Letter from E. T. Colton to H. D. Anderson, Feb. 8, 1926. 1926 Russian Work, Restricted, Correspondence and Reports, 1922–1944. KFYA.

[41] Letter from E. T. Colton to John R. Mott, May 24, 1926. P. 1. YMCA Relations (1926–). Russian Church. KFYA.

[42] Letter from H. D. Anderson to E. T. Colton, Sept. 27, 1926. P. 2. 1926. Russian Work, Restricted, Correspondence and Reports, 1922–1944. KFYA.

> Перед нашими товарищами в Китае стоит трудная задача.
> <...> Мы должны [работать в условиях] сильной христианской пропаганды, которая особенно представлена ХСМЛ. Наши товарищи там проводят великолепную кампанию против этой организации и против христианства в целом[43].

Вскоре после возвращения Андерсона в США он сообщил Колтону, что говорил с несколькими людьми о вопросе виз для иностранных церковных работников, но никакой доступной информации, по всей видимости, не было. Он отметил, что некоторые считают, что отмена виз была вызвана постановлением, вынесенным отделом ВЧК ОГПУ по религиозной деятельности: «Это постановление, о котором свидетельствуют показания людей, гласило, что ни одному религиозному работнику, желающему въехать в страну с целью общения или деятельности в области религии, не будет разрешено сделать это»[44].

После неудач 1918, 1923 и 1926 годов американский ХСМЛ придерживался в работе в России стратегии, состоящей из двух частей. Они продолжали искать возможности работать внутри Советской России, но в первую очередь старались служить в среде русского эмигрантского сообщества. Вскоре после революции Гейлорд, бывший директор санкт-петербургского (петроградского) «Маяка», вместе с Б. Льюисом и М. Бейкером служил в Константинополе (Стамбуле), оказывая помощь беженцам.

---

[43] Soviet Ousts YMCA Worker from Moscow // New York Herald-Tribune, Oct. 22, 1926. 1926. Russian Work, Restricted, Correspondence and Reports, 1922–1944. KFYA. См. также объявление в: Christian Advocate, Nov. 18, 1926. 1926. Russian Work, Restricted, Correspondence and Reports, 1922–1944. KFYA; Soviet Russia's Fear of Christ // The Missionary Review of the World. 1926 (December). Vol. 49, No. 12. P. 924–926.

[44] Letter from H. D. Anderson to E. T. Colton, Feb. 14, 1927. P. 1. 1927–1931. Russian Work, Restricted, Correspondence and Reports, 1922–1944. KFYA. Исследование работы Андерсона ограничено доступностью источников, но этот аспект деятельности ХСМЛ в России, безусловно, заслуживает более подробной оценки.

Работа ХСМЛ с Русским зарубежьем: обзор

Служение ХСМЛ среди русских эмигрантов продолжилось, распространившись во все уголки Европы и мира. Чтобы говорить об усилиях Союза в этой области и дать им адекватную оценку, необходимо сначала составить представление о «России за рубежом». Три наиболее полезные монографии на эту тему написаны М. Раевом, Р. К. Уильямсом и Р. К. Джонстоном [Raeff 1990b; Williams 1972; Johnston 1988]. Эти и другие работы помогают составить представление о местонахождении, социальном составе и хронологии эмиграции, а также о ее обобщенных взглядах, культурной деятельности и получаемой помощи[45].

Их называли эмигрантами, изгнанниками или беженцами; все эти термины использовались для описания тех, кто покинул Россию во время и вскоре после Гражданской войны. Каждое из этих слов подсвечивает отдельный элемент их опыта, но все они одинаково точны в силу их совпадающих значений. Слово «беженец» указывает на прямой ответ на войну или преследования. «Эмигрант» подчеркивает, что они оказались в чужой стране, а не просто в другом регионе своей страны. «Изгнание» указывает на недобровольный характер их положения и на то, что для некоторых из них это было прямым политическим наказанием. Сами

---

[45] О сообществе русских эмигрантов этого периода см. также [Raymond, Jones 2000]. Эта справочная работа содержит краткий исторический обзор и биографический словарь, в который включены многие люди, упомянутые в данном исследовании. Еще одна полезная работа для начального знакомства с темой [Поляков и др. 1996]. В этом сборнике статей рассматривается ситуация этой, по-своему необычной волны эмиграции и те проблемы, с которыми эмигранты сталкивались в различных регионах, таких как, например, Франция, Чехословакия и Латинская Америка. Ряд статей посвящен отдельным группам, таким как студенты и ученые. Исследование жизни эмигрировавших из России военных, основанное на данных социологии [Пивовар 1999]. Экономическое положение русских рабочих во Франции рассматривается в [Cross 1983]. Выдающаяся коллекция фотографий жизни русских эмигрантов представлена в книге [Корляков 2001]. Описание современника см. [Huntington 1933]. Выдающееся исследование интеллектуальной жизни русских эмигрантов [Hayes 1976].

русские чаще всего использовали слово «эмигрант»; у некоторых из них оно ассоциировалось с французской эмиграцией после 1789 года. Для других слово «изгнанник» вызывало сравнение с политическими изгнанниками России прошлого века. Большинство этих эмигрантов покинули Россию в ноябре 1920 года после поражения белого генерала П. Н. Врангеля (1878–1928), который руководил эвакуацией 150 000 человек в Турцию. Они решили уехать из-за несогласия с большевистским правлением и опасений за безопасность и свободу [Johnston 1988: 4, 7]. Многие интеллектуалы из их числа рассматривали себя как формирующееся новое русское зарубежье — временное образование, которое будет существовать только до тех пор, пока режим большевиков не падет. Стамбул, Берлин и Париж поочередно служили столицами русского зарубежья, другими эмигрантскими центрами притяжения также были Прага, Афины, Белград, София, Рига и Харбин.

Распространен стереотип, что беженцы были в основном обедневшими аристократами. «Все они считались дико непрактичными, экзотичными и неистовыми. К этой смеси можно было бы добавить казаков, заунывный хор, две-три церкви с луковичными куполами, бывших великих князей, ставших таксистами, и больше, чем прикосновение к страдающей славянской душе» [Ibid.: 3]. Однако социальный состав русского зарубежья был гораздо шире, поскольку здесь присутствовали практически все социальные, этнические и религиозные группы дореволюционной России, хотя процентное соотношение постоянно менялось. Еще одним стереотипом является представление о большинстве из русских эмигрантов как о реакционных монархистах, врагах большевиков. Однако в эмиграции был представлен весь спектр политических позиций, сложившихся еще до 1917 года. Многие отдавали предпочтение монархии, в то время как большинство не придерживалось открыто монархических или каких-либо иных политических взглядов. Отличительной чертой эмиграции начала 1920-х годов был высокий процент молодых холостых мужчин. Средний уровень образования эмигрантов также был выше, чем в дореволюционной России: почти 15 % имели высшее образование [Ibid.: 5, 8, 24, 27].

Ведущий историк эмиграции Раев определяет «длительность жизни» русского зарубежья как 1919–1939 годы. Эмиграция, вызванная Гражданской войной, сначала достигла значительных масштабов в 1919 году, а начавшаяся в 1939 году Вторая мировая война привела к ее окончательному сплочению в изгнании. В 1920-е годы многие ожидали краха большевистского режима и рассматривали эмиграцию как временное явление. Они старались сохранить неизменными традиционную культуру и ценности дореволюционной России, так как рассчитывали вернуться через относительно короткое время. Их целью было не построение новой жизни для себя, а сохранение старого уклада для своих семей и потомков. Эта мотивация легла в основу формирования целой сети российских культурных и образовательных учреждений [Ibid.: 27]. В области культуры эмиграция выделялась необычайными талантами: художники Василий Кандинский и Марк Шагал, композиторы Игорь Стравинский, Сергей Рахманинов и Федор Шаляпин, писатели и поэты Иван Бунин, Владимир Набоков, Александр Куприн, Константин Бальмонт, Марина Цветаева и Дмитрий Мережковский [Williams 1972; Костиков 1990: 256]. В результате интеллигенция «истово верила, что в изгнании она защищает важнейшие духовные, художественные, языковые и исторические традиции России, которые, сплетаясь воедино, составляют культурное наследие страны» [Johnston 1988: 6]. С первых лет ученые и деятели науки в изгнании преследовали две цели — «обучать молодежь и продолжать свою собственную творческую деятельность». Один из примеров Раева — программа, поддерживаемая американским ХСМЛ: Вольная духовно-философская академия под началом Николая Бердяева. Лекции и дискуссии, организованные академией, привлекли большое внимание интеллектуального мира русского Берлина. Раев в виде итога для своего исследования отмечает: «Учитывая сложность и многообразие обстоятельств, а также значительное количество организаций, которые служили источником напряжения и конфликтов, тем более замечательно, что русскому зарубежью удалось не только сохранить, но и внести творческий вклад в русскую культуру» [Raeff 1990b: 46, 60].

Православная вера играла иную роль в эмигрантской культуре этого периода, нежели до революции. До 1917 года Православная церковь была государственной, и многие не одобряли ее связи с государством. Для эмигрантской общины участие в жизни Церкви было обусловлено скорее добровольными культурными предпочтениями и/или духовными убеждениями, чем политическими требованиями. Большинство беженцев принадлежали к Православной церкви, и этот процент увеличился благодаря «значительному возрождению активной религиозной жизни, произошедшему в диаспоре». Это возрождение, по-видимому, было связано с рядом факторов, включая намеренное стремление сохранить традиционную культуру: как показывал Раев, «совместная молитва была не просто актом набожности, но и публичной приверженностью уникальной национальной и культурной традиции, которая выделяла верующих из общества, которое их приняло» [Ibid.: 27, 43]. Другой исследователь отмечал, что для «бесправного, потерявшего веру в политиков, в идеи, в справедливость эмигранта Русская церковь часто оставалась последним прибежищем, где он мог найти успокоение для мятущейся души» [Костиков 1990: 246–247]. Ведущей международной организацией, оказывавшей материальную поддержку, был Красный Крест, в то время как ХСМЛ поддерживал эмигрантов в образовательном и моральном аспектах [Raeff 1990b: 27–31, 42–48, 62].

Программа ХСМЛ для эмигрантов в 1920–1930-е годы поддерживала Российское студенческое христианское движение, издательство YMCA Press и Свято-Сергиевскую православную богословскую академию. Особое внимание уделялось поддержке молодых православных верующих с помощью программ, конфессиональных в своем подходе, однако связанных с более широким христианским миром. Одним из тех, кто отстаивал этот подход, был выдающийся философ Николай Бердяев. В его статье в первом номере журнала «Путь» излагается общий принцип, который избрали русские и американцы: «Мы волей Промысла Божьего поставлены в общение с западным духовным миром, должны стараться его узнать и вступить с ним в братское общение, объединяясь с ним во имя борьбы с силами антихристианскими»[46]. Эта идея лежала в основе официальных программ и менее формальных контактов. Одним из наиболее важных начинаний, возглавляемых Бердяевым, было постоянное неформальное собрание католических, протестантских и православных ученых и священнослужителей для дискуссий на богословские темы[47].

Некоторые аспекты работы ХСМЛ с эмигрантами были довольно необычными, например активное участие большого количества талантливых интеллектуалов. Тесные отношения, сложившиеся между профессорами, священниками и русскими студентами, кажутся еще более удивительными, если учесть дистанцию, традиционно существовавшую в дореволюционных университетах между обучающими и учащимися. Такие люди, как Бердяев, Булгаков, Карташев и другие, демонстрировали, что искренне заботятся о молодежи и хотят быть ей полезными. В. В. Костиков считает, что между профессорами и студентами сложились симбиотические отношения: студенты были восприимчивой аудиторией для ссыльных интеллектуалов, а профессора обеспечивали идеологическое руководство молодым поколением. Многие молодые люди часто собирались в рамках программ, организованных и профинансированных ХСМЛ, в Париже на бульваре Монпарнас, 10. Их интересы, несомненно, были продиктованы различными сочетаниями духовных, культурных и социальных мотивов: «Но приходивших по этому адресу молодых людей интересовала не столько проповедь, сколько возможность познакомиться» [Костиков 1990: 253–255].

Американский ХСМЛ предоставлял субсидии ряду российских программ, но постоянно пытался перевести их на самообеспечение. Конечно, это было довольно сложно ввиду экономических условий эмиграции. Однако большинство все же получали зна-

---

[46] Бердяев Н. А. От редакции. Духовные задачи русской эмиграции // Путь. Париж. 1925. № 1 (сент.). С. 3–4, 6.

[47] MacNaughten Edgar. Russian Service in Europe. Annual Report for the Year 1928. P. 5–6. Annual Reports, 1925–1929. Russian Work — Europe, Restricted, Correspondence and Reports, 1920–1929, Annual Reports, 1920–1929. KFYA.

чительную часть своего бюджета от участников или местных спонсоров. К 1929 году большую часть годового бюджета (55 %) Русской политехнической школы заочного преподавания составляла плата за обучение. Остальные 45 % покрывались за счет субсидий. У Русского студенческого христианского движения 28 % бюджета обеспечивалось местной финансовой кампанией, еще 23 % поступало от платы за обучение и доходов, не связанных с пожертвованиями. 32 % составляла субсидия, предоставляемая ХСМЛ. Религиозно-философская академия почти полностью поддерживалась Союзом, который обеспечивал 96 % потребностей; лишь 4 % покрывалось за счет платы за вход на лекции. Издательство YMCA Press получило средства на 80 % от его дохода за год, остальные 20 % оно получало от продажи изданий. Православный богословский институт финансировался в основном за счет взносов британских англикан и руководителей ХСМЛ (75 %). 20 % было получено в результате финансовой кампании среди русских эмигрантов в Европе[48].

К началу 1930-х американский ХСМЛ столкнулся с неизбежными трудностями в субсидировании программ из-за последствий Великой депрессии. Зарплаты как русских, так и американских сотрудников были уменьшены. Чтобы сбалансировать бюджет в 1930-е годы, российская организация могла рассчитывать на фонд, созданный много лет назад Дж. Стоксом. Однако этот фонд был совершенно недостаточен, чтобы удовлетворить потребности Союза. В 1936 году истек срок аренды здания на бульваре Монпарнас, 10, главного здания для работы в Париже [Davis D. 1987: 25]. П. Б. Андерсон и другие, вероятно, с ностальгией вспоминали о том огромном финансировании, которое было им доступно в годы после Первой мировой войны.

Русскую деятельность ХСМЛ финансировали самые разные доноры, но два человека выделяются масштабом и влиянием своих пожертвований. Джеймс Стокс, нью-йоркский банкир,

---

48 International Survey Committee. Survey of North American YMCA Service to Russians in Europe [1930]. P. 29. Russia. International Survey — 1930, Roumania, Russia, South Africa, Box 12. KFYA.

обеспечивал основное финансирование программы «Маяк» с 1900 года до своей смерти в 1913 году — его подход рассматривается в четвертой главе. В 1920-е годы основным донором был Дж. Д. Рокфеллер-младший. А. Ф. Шенкель, изучавший биографию, мотивы и влияние самого выдающегося религиозного филантропа этого века, писал, что Рокфеллер впервые встретился с Дж. Р. Моттом в Брауновском университете в 1895 году, где Мотт занимался продвижением студенческого волонтерского движения для иностранных миссий. Мотт отметил, что Рокфеллер был «единственным сыном великого бизнесмена, состояние которого составляет, вероятно, 200 млн долларов. Он трудолюбивый, уравновешенный парень с хорошими привычками». Позже Мотт стал работать генеральным секретарем иностранного отдела Союза и в течение последующих лет просил у Рокфеллера сотни тысяч долларов. Его постоянная финансовая поддержка позволила Мотту смело вступать в новые начинания, не опасаясь нехватки средств [Schenkel 1995: xi, 4, 9, 23–28, 45, 52, 208–210][49].

ХСМЛ и русские в Харбине

Основным неевропейским местом работы Союза с русскими эмигрантами был расположенный в Китае город Харбин. Первая работа ХСМЛ там была организована инженерным корпусом союзников, работавшим на Транссибирской магистрали под руководством Г. Готта. Он остался после ухода союзного подразделения и организовал клуб мальчиков для русских беженцев; эта программа переросла в более широкую программу, известную как «Маяк». Руководство Готта перешло к Г. Л. Хаагу[50]. Гимназия Союза открылась в сентябре 1925 года; обучение в ней велось с четвертого по десятый классы. К 1927 году в школе обучалось 272 ученика (152 мальчика и 120 девочек). Программа соответ-

---

[49] О филантропии Рокфеллера в Европе см. [Richardson 1990: 21–58].

[50] Howard L. Haag. The Harbin Story [Jun. 1953]. P. 1–6. 1937–1953. Russian Work, Restricted, Harbin, Shanghai. KFYA. О развитии религиозных процессов в Харбине см. [Chernolutskaya 2000: 79–96].

ствовала модели дореволюционной гимназии[51]. К 1930 году стало ясно, что ХСМЛ смог установить связь с русской общиной Харбина: «Дневная школа ХСМЛ признана лучшей русской средней школой в городе; библиотека, управляемая ХСМЛ, является самой важной в городе; Союз пользуется поддержкой Русской православной церкви в своих усилиях по формированию характера русской молодежи»[52].

В первые годы своей работы в Харбине ХСМЛ столкнулся с противодействием со стороны православной иерархии, местных коммунистов и группы, называвшей себя «русскими фашистами». Однако после того как Готт встретился с ведущим священником в этом районе, отцом Петелиным, Церковь изменила свое отношение, перейдя от противодействия к сотрудничеству. Жена Готта стала давать священнику уроки английского языка[53]. В 1925 году Хааг написал хвалебную статью о работе ХСМЛ для «Русского голоса», антибольшевистской газеты. Публикация вызвала ответ, напечатанный в коммунистической газете «Эхо» под заголовком «Христианский мальчик, господин Хааг, из ХСМЛ с [мушкетерским] клубом». В нем говорилось о том, что Хааг, несмотря на свое отрицание, преследовал четкие политические задачи: «Нацелиться на молодежь, затемнить ее мозги и превратить ее адептов в буржуазных лицемеров и в хороших работников, необходимых капиталистической диктатуре, подготовить их к интересам буржуазии, этому ХСМЛ учил на протяжении всего своего существования»[54]. В 1930-е годы «русские фашисты» организовали серию публичных лекций о масонстве, которые собрали большую аудиторию. В них ХСМЛ подвергался нападкам

---

[51] Y.M.C.A. Gymnasia, Harbin, China [no author, no date]. 1928–1929. Russian Work, Restricted, Harbin, Shanghai. KFYA.

[52] International Survey Committee. Survey of North American YMCA Service, P. 8–9.

[53] Herbert S. Gott. Report of the City Department of the Y.M.C.A. for the month of Aug. 1918 at Harbin, Manchuria. P. 4. 1918–1925. Russian Work, Restricted, Harbin, Shanghai. KFYA.

[54] The Christian Boy, Mr. Haag, of the YMCA with [the Musketeers'] Club. Echo, Harbin, Sept. 3, 1925, transl. from archive. 1918–1925. Russian Work, Restricted, Harbin, Shanghai. KFYA.

как «родственная масонству организация» и «антирусская антихристианская сила». Это привело к резкому сокращению поддержки со стороны местного духовенства[55].

Харбинский ХСМЛ стал предметом благожелательного внимания со стороны прессы в 1930-е годы: статья, опубликованная в местной газете «Заря», была озаглавлена «Две встречи с ХСМЛ». Автор описывал свой опыт в очень позитивных выражениях. Он не поднимал вопросов о масонстве или доктринах, а вместо этого подчеркивал, что ХСМЛ соединяет веру с реальной жизнью. Оставаясь православным, он заявил, что православие от нее удалено. Рассказывая о своих впечатлениях о РСХД[56] в Санкт-Петербурге, о гуманитарной помощи и о просветительской работе в Харбине, он писал, что «Джон Мотт говорил… о нашей ответственности за свою судьбу и судьбу других и о том, что она должна быть направлена в сторону Христа. И что для этого нужно работать, работать, работать и работать»[57]. Организация открыла в Харбине три дополнительных учебных заведения: Английский колледж ХСМЛ (главная цель — подготовка учителей и коммерция), Северо-Маньчжурский политехнический институт ХСМЛ и Школу автомехаников (которую окончили более тысячи человек)[58].

---

[55] Letter from Howard L. Haag to John R. Mott, Sept. 19, 1933. P. 1. 1932–1934. Russian Work, Restricted, Harbin, Shanghai. KFYA. См. также: Jorgensen Arthur. Report to Mr. F. S. Harmon Concerning the Harbin Y.M.C.A. [Sept. 19, 1935]. 1935–1936. Russian Work, Restricted, Harbin, Shanghai. KFYA.

[56] РСХД, Русское студенческое христианское движение — христианская студенческая организация, поддерживаемая ХСМЛ. Ее деятельность подробнее описана в следующих главах.

[57] Two Encounters with the Y.M.C.A. [Zaria, Harbin, Nov. 8, 1934, transl. from archives, author's name unclear on transl.]. P. 2. 1932–1934. Russian Work, Restricted, Harbin, Shanghai. KFYA. Прочие одобрительные высказывания с российской стороны можно найти в: «Гимназии Харбинского Христианского союза молодых людей» Л. Аполлонова [no date]. Print on Russia. YMCA of the USA, Anderson, Paul B. KFYA.

[58] Howard L. Haag. At the Back Door of Russia The Y.M.C.A. with the Russian Exiles in Manchuria [clipping from unknown magazine, Apr. 1934]. P. 99. 1932–1934. Russian Work, Restricted, Harbin, Shanghai. KFYA.

Хааг покинул Харбин в 1935 году и передал руководство программой русским сотрудникам. С 1935 по 1945 год город был оккупирован японскими войсками, но ХСМЛ, возглавляемому русскими, было разрешено продолжать работу под руководством Национального совета ХСМЛ Японии. В 1945 году Советский Союз установил контроль над территорией и выслал 6000 человек (включая генерального секретаря ХСМЛ А. А. Грызова) в СССР, но организация продолжала функционировать в ограниченном режиме. Когда в 1947 году китайские коммунистические войска получили контроль над Харбином, здание ХСМЛ было отнято и использовалось в качестве военной казармы. Многие библиотечные книги были отправлены в СССР, а мебель — в одну из местных школ. Однако значительная часть оборудования была публично сожжена в присутствии бывших сотрудников Союза[59].

Деятельность в Харбине развивалась в рамках более традиционных программ, чем работа с эмигрантами в Европе; больше внимания уделялось программам для мальчиков, а влияние православия было не таким сильным[60]. Однако и в Санкт-Петербурге, и в Париже, и в Харбине ХСМЛ в своем стремлении удовлетворить духовные, умственные, социальные и физические потребности молодых русских мужчин продемонстрировал творческую инициативу и стратегическую гибкость.

---

[59] Letter from Howard L. Haag to Paul B. Anderson, May 4, 1950. 1950–1956. France, Russian Work, 1925–1965. KFYA. См. также: Letter from Mrs. M. G. Tourabaroff to Mr. and Mrs. Howard L. Haag, Sept. 4, 1947 [transl. in archive]. 1937–1953. Russian Work, Restricted, Harbin, Shanghai. KFYA.

[60] Letter from Paul B. Anderson to Howard Haag in Harbin, Jan. 6, 1927. 1927–1929. Russian Work — Europe, Restricted, Correspondence and Reports, 1920–1929, Annual Reports 1920–1929. KFYA.

Глава 2
ХСМЛ и Россия: вопреки невзгодам

На работу ХСМЛ России оказали влияние тенденции американского ХСМЛ, такие как современное и «мускулистое» христианство[1], но это влияние было слабее, нежели в других областях деятельности Союза. Под руководством Николая Бердяева и других интеллектуалов программа противостояла довлеющему тренду модернизации христианства и секуляризации во всемирном движении ХСМЛ. В то время как многие другие программы отодвигали религию на периферию служения, русские ставили ее в самый центр. Большинство американских секретарей в своей работе среди русских верующих так и не пришли к окончательному формулированию своего богословского подхода, лишь в немногих письмах или отчетах упоминаются битвы фундаменталистов и модернистов или затрагиваются такие вопросы, как авторитет Писания или непорочное зачатие Христа. Однако два секретаря, руководившие работой ХСМЛ в России из США, были ярыми сторонниками противоположных богословских позиций: Шервуд Эдди стал представителем протестантского модернизма, в то время как Джеймс Стокс защищал традиционное протестантское христианство. Оба взгляда в ходе работы с русскими верующими были оттеснены на второй план православием. В этой главе подробно рассматривается карьера Дж. Р. Мотта и П. Б. Андерсона, лидеров, которые заложили философские основы программы и отстаивали развитие в этом направлении. В конце

---

[1] Подробнее об этом понятии далее. — *Примеч. ред.*

раздела дается оценка реакции советской власти на ХСМЛ. В главе рассказывается о том, как руководители русской программы Союза пришли к выводам, определившим роль организации как ведущей в укреплении и расширении православия. Они избегали подходов, требующих теологического модернизма или светского материализма. Действуя непредвзято и поддерживая православие, они наводили мосты между всеми, кто был связан с Церковью. Их политика вызвала нападки со стороны антирелигиозных советских писателей и представителей власти.

Шервуд Эдди и протестантский модернизм

О Шервуде Эдди говорили как о «возможно, самом ярком, самом смелом и в то же время самом быстро забываемом из евангелистов всемирной евангелизации. Его не помнят как государственного деятеля за единство, как Мотта... но помнят прежде всего как вездесущего, странствующего по миру евангелиста социального Евангелия для студентов» [Lotz 1992: 404]. Он начал свою карьеру в качестве Y-секретаря в Индии с 1896 по 1911 год. С 1911 по 1931 год он был секретарем в Азии, а также служил в Европе и США. В 1920-х годах он стал одним из ведущих сторонников социального евангелизма в ХСМЛ; он пытался применить Евангелие к индустриальным, национальным и международным вопросам [Ferm 1954: "A Summary"][2]. Как и Мотт, Эдди был финансово независим — получив наследство от отца, умершего в 1894 году, он писал: это «дало мне свободу и независимость, чтобы продолжать свою работу без обязательств перед кем-либо за взгляды, которых я придерживаюсь и которым учу других, или за образ жизни, который я веду» [Eddy 1934: 6]. Его финансовое положение давало ему свободу добиваться радикальных и противоречивых изменений в довольно консервативном ХСМЛ. Эдди всю жизнь оставался мирянином, как и Мотт [Ferm 1954: 27]. Мотт стремился к грандиозной экспансии христианства — в рамках социальных и теологических рамок, существовавших в церквях. Эдди же по-

---

[2] Другая сравнительно недавняя биография Ш. Эдди [Nutt 1997].

стоянно пытался стереть те из этих границ, которые, по его мнению, были бесполезны или вредны для прогресса.

Эдди получил образование в Йельском университете и Принстонской семинарии, где на него оказали влияние два ведущих ученых, У. Р. Харпер и Б. Б. Уорфилд. В Йеле Харпер познакомил его с научной методологией, теориями биологической эволюции и исторической критики [Eddy 1955: 216]. Во время учебы в Принстоне Эдди решил, что традиционные объяснения протестантского богословия Уорфилда, включавшие буквальное толкование ада, были жестокими и устаревшими. Он «яростно взбунтовался» и сбежал «в реальную жизнь». Пятнадцать лет, проведенные в Индии, привели его к погружению в новые философии и религии, к «обучению совершенно иным техникам Востока. Это был новый мир для практичного западного человека, для которого главным мерилом была эффективность». Он пытался служить людям, которых встречал в Индии, смиренно и практично, надеясь улучшить условия их жизни. Деятельность Эдди была примером оптимистичной американской филантропии и модернистской протестантской теологии. Однако его философия служения, подход к теологии и политические убеждения коренным образом изменились пережитым опытом Первой мировой войны. «Она разрушила легкое, оптимистическое самодовольство моих прежних представлений о воображаемом эволюционном... развитии в сторону тысячелетних утопий» [Eddy 1934: 7, 16, 38–39]. Эдди 15 раз посещал Россию до и после войны (подробности см. в главе 6); его послания демонстрировали явный сдвиг в мышлении. В 1910 и 1912 годах в его лекциях для студентов подчеркивались традиционное представление о Боге и необходимость личного покаяния в грехе; на него повлияли новые идеи либерального богословия, но в своем подходе он не отличался от других секретарей. В отчетах о его визитах, написанных американцами и русскими студентами, отмечались энтузиазм и сильные ораторские способности Эдди, однако мало что говорилось о его богословии. После первой поездки в Россию Эдди также побывал в Стамбуле, Афинах и Софии и выступал перед группами студентов [Ferm 1954: 132]. В своих послевоенных поездках (1923, 1926 и ежегодно с 1929 по 1939 год) он подчеркивал свое неприятие атеизма и пропагандировал важность религии, при этом мало конкретизируя свои доктрины. При условии, что его вера способствовала распространению справедливости и морали, Эдди был готов определять свой подход неограниченным числом способов.

Джеймс Стокс и традиционный протестантизм

Джеймс Стокс защищал традиционное евангельское христианство в Спрингфилдской школе ХСМЛ, которая стала ключевым каналом проникновения либеральной теологии в Союз. Спрингфилдская школа была основана в 1885 году для подготовки директоров и секретарей в сфере физической культуры. Такие преподаватели, как Дж. А. Нейсмит, изобретатель баскетбола, знакомили будущих активистов движения с идеями высшей библейской критики и биологической эволюции. Первый серьезный конфликт вокруг «новой теологии» в ХСМЛ возник после публикации в 1898 году статьи Ф. С. Моксома в журнале "The Association Outlook" — периодическом издании для Y-активистов, выпускавшимся Спрингфилдской школой. Моксом предупреждал, что сохранение традиционных теологических рамок приведет организацию к финансовой гибели. Он рекомендовал Союзу отказаться от строгих требований по таким вопросам, как богодухновенность Писания и доктрина искупления, поскольку они не имеют «никакой практической ценности» для Союза. Статья Моксома вызвала множество возмущенных откликов читателей. Один из исследователей писал:

> Вопрос о высшей критике[3] угрожал разрушить слаженность работы ХСМЛ. Сторонники непогрешимости Священного Писания, опираясь на исторический опыт связи веры и ХСМЛ, отказывались отступать. Либералы, с другой стороны, громко отвергали любые теологические доктрины, если эти доктрины могли поставить Союз под угрозу финансового давления.

---

[3] Higher criticism, высшая критика, историко-критический метод, историческая критика — одна из форм библейской критики, научно-критическое исследование источников книг Библии, их авторства и датировки. — *Примеч. ред.*

В разгар этих разногласий несколько умеренных участников предложили «людям Y» сосредоточиться на вопросе «воспитания характера» в личном и групповом изучении Библии, а не на теологических противоречиях. Это привело к временному перемирию в начале XX века. Однако в первом десятилетии нового века богословские споры вспыхнули с новой силой. В центре внимания снова оказалась Спрингфилдская школа ХСМЛ. Среди консервативных спонсоров росло недоверие, в то время как преподаватели и администрация пытались заверить заинтересованных лиц в том, что Библия по-прежнему представляет высшую ценность для ХСМЛ. Традиционалисты, в том числе Стокс, опасались, что организация презратится в светское агентство социального обслуживания [Carter 1995: 342–349].

Стокс был членом Международного комитета ХСМЛ, ключевого руководящего органа. Осенью 1910 года он отправил письмо У. Г. Баллантайну, преподавателю Библии в школе Спрингфилда, который был известен тем, что продвигал идеи исторической критики на своих занятиях. В письме Стокс объяснил, что многие Y-секретари выражали беспокойство по поводу мнений, высказываемых в его классе. Затем он попросил дать «простой и короткий ответ на эти вопросы»:

1) Верите ли вы в то, что Библия — это непогрешимое и безошибочное Слово Божье?

2) Верите ли вы, что Иисус Христос — Сын Божий, равный Богу Отцу?

3) Верите ли вы, что Иисус Христос принес Себя в жертву на кресте и Своей смертью искупил наши грехи?

4) Верите ли вы, что Иисус Христос рожден от Девы Марии силой Святого Духа без участия человека?

5) Верите ли вы, что Иисус Христос умер на кресте, был погребен, телесно воскрес из мертвых и после смерти и погребения Он говорил со Своими учениками, ел и ходил среди них?[4]

---

[4] Letter from James Stokes to W. G. Ballantine, Oct. 7, 1910. Correspondence Aug. — Oct. 1910. James Stokes Society including Saint Petersburg. KFYA.

Баллантайн ответил, что на эти вопросы можно ответить только в личной беседе, и добавил признание: «Я не вижу смысла в том, чтобы мы углублялись в эти материи. Вы прекрасно знаете, что наше движение — межконфессиональное и что по общему согласию богословские дискуссии избегаются. Я профессор не теологии, а Библии»[5]. Стокс ответил Баллантайну, что ответ «огорчает и поражает» его. Он осудил нежелание Баллантайна обсуждать свой взгляд на Библию, учитывая его роль в подготовке людей к служению в ХСМЛ. В заключение он сказал: «Я всегда буду рад получить письмо от вас, однако я вынужден сказать вам, что ваши молодые люди дискредитированы как за границей, так и дома, и что, если преподавание в таком стиле будет продолжаться долго, для вашего учебного заведения это будет равно гибели»[6]. После дальнейшей переписки Баллантайн отказался отвечать на вопросы. Тогда Стокс попросил вице-президента школы уволить Баллантайна. Он сообщил вице-президенту, что исключит школу из своего завещания, если она не изменит свой подход к изучению Библии. Дискуссия о теологии в Спрингфилде распространилась, и два крупных комитета в ХСМЛ занялись расследованием этих вопросов. Однако дело ограничилось тем, что «многочисленные комитеты по расследованию лишь разрядили обстановку, выпустив противоречивые отчеты» [Ibid.: 354–355, 359]. Более заметный эффект оказали деньги доноров. Стокс пересмотрел свое завещание, исключив из него передачу 50 000 долларов школе в Спрингфилде[7]. Однако помимо Стокса школа также потеряла и ряд либеральных спонсоров, которые, наоборот, считали, что руководство ХСМЛ слишком консервативно. Спрингфилдская школа была обречена на весьма мрачное финансовое будущее, пока не оказалась под покровительством семьи Рокфеллеров [Ibid.: 359].

---

[5] Letter from W. G. Ballantine to James Stokes, Oct. 10, 1910. P. 2. Correspondence Aug. — Oct. 1910. James Stokes Society including Saint Petersburg. KFYA.

[6] Letter from James Stokes to W. G. Ballantine, Oct. 18, 1910. P. 2. Correspondence Aug. — Oct. 1910. James Stokes Society including Saint Petersburg. KFYA.

[7] Letter draft from James Stokes to [Cleveland H. Dodge], Jan. 16, 1912. P. 8. Correspondence 1912–1914. James Stokes Society including Saint Petersburg. KFYA.

Американские секретари русского направления работы ХСМЛ последовали примеру Мотта и практически не реагировали на теологический модернизм. Большинство из них придерживались тенденций современного христианства и уделяли больше внимания «эффективности» служения, чем доктринальным определениям. Свою благотворительную деятельности ХСМЛ выстроил по бизнес-модели. Один из ведущих секретарей русского направления организации считал своей целью воспитание «настоящих мужчин» в Сибири: «Христианский союз молодых людей — это фабрика мужественности, и его главная миссия — воспроизводить и сохранять такую мужественность, которая могла бы стать фундаментом новой цивилизации»[8].

Джон Р. Мотт

Как уже говорилось, известный христианский деятель Джон Р. Мотт был одним из самых влиятельных руководителей русских программ Союза. На встрече с православным митрополитом и римско-католическим епископом в Петрограде в 1917 году Мотт выразил одно из своих самых главных убеждений: «Вот мы, представители трех великих христианских общин — православной, римско-католической и протестантской. У нас один Христос, и у нас общие враги. Конечно, мы должны научиться понимать друг друга лучше и работать вместе» [Hopkins 1979: 511]. Эти слова отражают настрой на сотрудничество, который определял его работу на протяжении всей жизни. Стремление Мотта к совместному служению оказало глубокое влияние на русскую миссию. Хотя его участие в этой работе носило скорее нерегулярный характер, Мотт вносил свой вклад в служение на протяжении всей первой половины XX века. Его непосредственная деятельность началась в 1899 году, когда он способствовал основанию

---

8 Letter from G. S. Phelps to John R. Mott. Annual Letter from G. S. Phelps, Senior National Secretary for Russia—Covering Period from Sept. 1, 1918, to Aug. 31, 1919. Sept. 1, 1919. P. 6. Correspondence and Reports, 1919. Russian Work Restricted, Correspondence and Reports, 1918–1921. KFYA.

РСХД [Langenskjold 1924: 91–92]. В 1917 году он познакомил Пола Б. Андерсона с Россией, а в последующие годы обеспечивал руководство и финансовую поддержку миссии. Однако наиболее значительный вклад Мотт внес скорее за счет непрямого влияния, поскольку ряд его приоритетов определили основное направление работы ХСМЛ в России. В связи с этим в данном разделе приводится краткая информация о жизни и служении Мотта, а также описывается пять из этих приоритетов: координация всемирной евангелизации, поощрение сотрудничества между разными служениями, стимулирование инициативы среди местного населения, поддержка русского православия и обучение активистов.

Мотт был тесно связан с самыми разными влиятельными христианскими активистами. Он посетил более 80 стран и проехал более 2 млн миль, при этом практически все из них — до того, как самолеты сократили расстояние и время[9]. Стремительный темп взрослой жизни Мотта сменился двадцатью спокойными годами жизни в Поствилле, в штате Айова. В юности он перенял многие духовные взгляды своих набожных родителей-методистов. Мотт познакомился с ХСМЛ на собраниях Дж. В. Дина, Y-евангелиста [Hopkins 1979: 9]. Он также участвовал в студенческом служении Союза в годы учебы в Корнельском университете. В 1886 году Мотт принял участие в студенческой конференции ХСМЛ в Нортфилде, в штате Массачусетс, и заявил о своем желании служить в качестве иностранного миссионера. Вследствие этого решения он присоединился к «Ермонской сотне», первым участникам Студенческого волонтерского движения (СВД).

Окончив Корнельский университет в 1888 году, он начал карьеру в ХСМЛ и СВД. Вначале он вербовал студентов для миссий, но к 1890 году сам стал директором миссии ХСМЛ

---

9   Anderson Paul B. Strength Courage and Vision / address at commemoration of John R. Mott Centennial, World's Fair, May 22, 1965. Mott Centennial. Biographical Records, Paul B. Anderson. KFYA. См. также: Dr. John Mott, 89, Evangelist, Dies // New York Times, Feb. 1, 1955 [no page number on archive copy]. Mott Centennial. Biographical Records, Paul B. Anderson. KFYA.

в колледжах и университетах. В 1895 году он координировал основание Всемирной студенческой христианской федерации (ВСХФ), организации, которая пыталась поддержать и объединить студенческие христианские движения по всему миру [Mott 1920: 89][10]. В рамках этого служения он отправился в Финляндию, чтобы помочь в создании студенческого движения. Там он познакомился с бароном Павлом Николаи, который направил его в Санкт-Петербург и в итоге вызвался организовать христианское движение среди российских студентов [Langenskjold 1924: 92].

Летом 1917 года Мотт участвовал в дипломатической миссии в России: президент Вудро Вильсон выбрал его за опыт в области религии. Вместе с сенатором Элиху Рутом и семью другими американскими чиновниками он оценивал возможности для оказания помощи новому Временному правительству и поощрения дальнейшего участия России в войне. Находясь в Петрограде, он инициировал дискуссии со многими влиятельными лидерами православного духовенства, включая В. Н. Львова, обер-прокурора Святейшего Синода; А. В. Карташева, профессора Петроградской духовной академии; и Е. Н. Трубецкого, профессора Московского университета [Long, Hopkins 1976: 161–170]. Мотт считал, что ХСМЛ может оказать поддержку русской армии, поэтому он присоединился к дипмиссии, чтобы получить разрешение от Временного правительства на работу ХСМЛ с солдатами [Hopkins 1979: 477–478]. Позже он подвергся критике со стороны христианских лидеров многих стран за участие в этой явно политической миссии[11]. «Его согласие на место в Миссии было еще одним свидетельством того, что президент считал цели протестантов и американцев параллельными. <...> Его предложение Вильсону о предоставлении услуг ХСМЛ американским вооруженным силам [было] основано на тех же предпосылках». Мотт был свидетелем избрания архиепископа Тихона на престол митрополита 4 июля в Успенском соборе Кремля. После избрания его вызвали в алтарную часть

---

[10] См. также [Selles 2011].

[11] Разбор немецкой критики см. [Pierard 1986: 601–620]. Реакции с советской стороны см. [Иоффе 1958: 87–100; Гулыга 1950: 3–25].

и подарили икону XIV века из коллекции собора. Участвуя в миссии, Мотт достиг своих личных целей.

> Его задание было выполнено в той мере, в какой это было возможно в России летом 1917 года: встретиться с церковными деятелями, в духе экуменизма передать им и через них всем русским уважение и поддержку христиан Америки, изучить возможности гуманитарной работы ХСМЛ среди солдат и матросов и заложить юридические и административные основы для такой программы [Ibid.: 478, 509, 515].

Мотт добился официального разрешения Временного правительства на работу ХСМЛ с войсками и гражданским населением. Это было, «пожалуй, единственным конкретным достижением миссии Рута» [Long, Hopkins 1976: 179]. Пол Андерсон служил личным секретарем Мотта в миссии и каждое утро записывал его под диктовку. Миссия размещалась в Зимнем дворце, где у каждого члена был квартира. Мотт был приглашен выступить перед Священным Синодом в Петрограде и на подготовительном заседании Собора Русской православной церкви в Москве в июле[12]. 30 июня он встретился с Софьей Паниной, русской филантропкой, получившей прозвище «русской Джейн Аддамс» [Hopkins 1979: 506].

Прочие участники миссии признали исключительные организаторские способности Мотта и его религиозное лидерство. В результате он был избран председателем Всемирной миссионерской конференции 1910 года в Эдинбурге. После этой важной конференции он получил признание в среде протестантов всего мира и возглавил Международный миссионерский совет и Всемирный альянс ХСМЛ [Latourette 1965: 378]. Он участвовал на многих направлениях деятельности экуменического движения и внес свой вклад в создание Всемирного совета церквей. Мотт, без сомнения, был «одной из самых важных фигур экуменического движения» [Lilje 1961: 128].

---

[12] Anderson Paul. As I Remember Him // Old Guard News. 1965 (March). Vol. 36, No. 3. P. 1. Mott Centennial. Biographical Records, Paul B. Anderson. KFYA.

На протяжении всей своей жизни Мотт демонстрировал приверженность всемирной евангелизации. В своем последнем публичном выступлении он заявил: «Пока я живу, я — евангелист» [Hopkins 1979: 23]. Наиболее откровенно он выразил свои взгляды в книге "The Evangelization of the World in This Generation", где подчеркнул обязанность верующих дать возможность всем людям услышать Слово Евангелия.

Мотт мотивировал многих молодых американцев на работу в ХСМЛ, в том числе в России. Многие члены Союза упоминали его в ряду тех факторов, которые определили их выбор места служения. Андерсон делился: «Я помню, когда я был студентом, особенно на студенческих конференциях, там было четыре или пять человек, которые имели особое предназначение: Мотт, Р. Э. Спир, Р. Робинс... Шервуд Эдди и Джеймс Стокс»[13].

Мотт постоянно призывал к сотрудничеству между христианами, поскольку считал, что межконфессиональное и международное партнерство необходимо для успеха всемирной евангелизации. Эта убежденность лежит в основе книги "Cooperation and the World Mission". Здесь он заявил, что «только преодолевая деноминационные, партийные, национальные и расовые границы и барьеры, мы можем надеяться на исполнение воли Господа». Он считал, что группы с различными доктринальными позициями должны стремиться к совместной работе, поскольку «вероисповедные и церковные различия часто препятствуют свободному и всестороннему развитию плодотворного сотрудничества» [Mott 1935: 9, 46]. Мотт обладал необычайной способностью слаженно работать с самыми разными людьми. С. Нилл отмечает, что Мотт был истым методистом, но и не закрывался от общения с православными и представителями многих других конфессий. Он не изучал теологию, но мог поддержать беседу о христианских учениях как с учеными, так и с простыми христианами [Neill 1982: 10].

---

[13] Davis D. E. YMCA Russian Work: An Interview with Dr. Paul B. Anderson, Sept. 9, 1971. P. 5. Russian Work, Restricted, General, Personal Accounts. KFYA.

Мотт также считал, что для развития христианских групп очень важно стимулировать появление активистов из числа местного населения. Он был уверен, что в итоге руководство должно осуществляться выходцами из той культуры, в которой действует община. Создавая Всемирную студенческую христианскую федерацию, Мотт объяснял, что «этот принцип позволил каждому национальному движению стать по-настоящему локальным, глубоко пустить корни в почву своей национальной жизни» [Mott 1920: 11]. Как объясняет один из исследователей, Мотт считал, что для распространения христианства в других культурах не нужно отталкиваться от западных образцов. Церковь должна принимать новые формы, уникальные для каждой культуры [Irvin 1984: 157]. По этой причине Мотт продолжал помогать и поддерживать Русскую православную церковь как основное духовное выражение русского народа. В годы учебы в Корнелле он воспринял негативную оценку Церкви, данную влиятельным немецким историком А. Харнаком, но после длительного общения с православными христианами отказался от нее [Hopkins 1979: 517]. Первые значительные отношения Мотта с одним из таких верующих были связаны с епископом Николаи из Японии, с которым он познакомился в 1896 году [Ibid.: 197–198]. В последующие годы он создал сеть дружеских связей внутри всемирного сообщества и часто выражал свое восхищение Церковью.

Способность Мотта влиять на людей и мотивировать их распространялась и на русский православный мир, несмотря на его ограниченное знание России. После смерти Мотта В. В. Зеньковский, одна из ключевых фигур эмигрантского Русского студенческого христианского движения, написал о своей первой встрече с Моттом на молодежной конференции. Он рассказал, что огромная искренность, дружелюбие и неподдельное благочестие Мотта ни оставили следа от его первоначального недоверия. Зеньковский заключил:

[О]н был и самым сильным, и ярким насадителем в протестантских кругах любви к Православию. Думаю, что бесспорный интерес к Православию в экуменических кругах есть заслуга Мотта, который как бы завещал всем своим многочисленным ученикам и последователям особое внимание и любовь к Православию [Зеньковский 1955: 31–32].

Одной из причин, по которой Мотт поддерживал православные церкви, была его надежда на то, что они могут помочь склонить мусульман к христианству. Он считал, что после поражения Османской империи в Первой мировой войне ислам пребывал в состоянии постепенного распада. Мэтт полагал, что мусульмане были обделены вниманием христианских миссионеров-протестантов. При этом он не считал работу с мусульманами невозможной: «Мусульман можно обратить, мусульман уже обращали раньше, мусульман обращают и по сей день». Он выступал за более тесное сотрудничество с православными церквями в деле евангелизации мусульман:

> Необходим настойчивый и исполненный веры труд, чтобы добиться всестороннего сотрудничества с ними. <...> Учитывая, что восточные церкви находятся в непосредственном взаимодействии со значительной частью мусульманского мира, почему бы не позволить им по крайней мере разделить ответственность за евангелизацию мусульман?

В ходе общения со многими православными иерархами он выяснил, что ни у одного из них нет миссионерской программы по работе с мусульманами. Однако он надеялся, что студенческое движение на Ближнем Востоке поможет изменить это отношение[14].

Мотт подчеркивал важность подготовки лидеров на протяжении всей своей карьеры. Он утверждал, что «история всех профессий указывает на необходимость специальной подготовки» [Mott 1920: 20]. Он затронул этот вопрос в своей книге "The Future Leadership of the Church", в которой признавал: «Одной из самых сложных и важных задач, стоящих перед Церковью, является

---

14 Mott John R. The Outlook in the Moslem World / reprint from The International Review of Missions (n.d.). P. 4, 7, 9, 14–15. См. также [Geraci, Khodarkovsky 2001].

набор и обучение... работников» [Mott 1909: 32]. Более того, «неспособность обеспечить компетентное служение была бы значительно большей неудачей, чем неспособность привлечь новообращенных к христианской вере, потому что успех расширения Царства Божьего зависит от сильных пастырей» [Ibid.: 4].

Пять приоритетов, которыми руководствовался Мотт в своей работе, определяли работу ХСМЛ в России — всемирная евангелизация, поощрение сотрудничества между миссиями, стимулирование инициативы среди местного населения, поддержка русского православия и обучение активистов. Даже беглое изучение записей о работе в России показывает ощутимый вклад Мотта, но при более тщательном рассмотрении целей и стратегий ХСМЛ становится очевидно, что след его философского подхода к служению абсолютно неизгладим.

Пол Б. Андерсон

П. Б. Андерсон был еще одним влиятельным лидером русского направления работы Союза. В 1917 году Андерсон поселился в Петрограде, чтобы начать свое служение, и даже после того, как он покинул Россию в 1918 году, он продолжал служить русскому народу в течение десятилетий. Андерсон долгое время глубоко вникал в жизнь славян и предпринимал серьезные усилия понять их язык, историю и культуру. Он руководил или поддерживал почти все аспекты служения ХСМЛ русскому народу. Он не принимал участия в первых этапах работы миссии, но впоследствии стал самым значительным ее руководителем. Поэтому в этом разделе мы приводим краткое описание жизни и служения Андерсона и рассматриваем его четыре жизненные цели — сохранение православной культуры, защита прав человека, стремление к христианскому единству и установление взаимопонимания между американцами и русскими.

Андерсон вырос в сельской местности штата Айова и в 1909 году поступил в Университет Айовы. Летом после третьего года обучения он посетил серию миссионерских лекций, организованных ХСМЛ на Женевском озере в штате Висконсин, и решил стать добровольцем [Anderson 1985: xiii]. Получив поручение от Мотта, он сел на корабль и отправился в Китай, планируя служить личным секретарем у одного из высокопоставленных Y-чиновников, жившего в Шанхае [Anderson 1985: xvi]. В течение четырех лет пребывания в Китае Андерсон преподавал на вечерних курсах и выполнял секретарские обязанности. Он вернулся в Штаты весной 1917 года и сразу же отправился на конференцию ХСМЛ в Нью-Джерси. Там его пригласили стать личным помощником Мотта в дипломатической миссии в Россию под руководством Рута [Epsy 1971: 6]. Андерсон позднее писал о глубоком влиянии, которое на него оказал Мотт: «Я считаю, что главным фактором, определяющим мои основные интересы с 1917 года по настоящее время, были личность и цели Мотта» [Anderson 1985: 5].

Андерсон прибыл в Петроград 12 июня 1917 года и остался в городе после возвращения миссии Рута в США. Вначале он занимался организацией помощи военнопленным [Ibid.]. Утром 8 ноября Андерсон отправился в свой офис ХСМЛ и обнаружил, что на улицах непривычно тихо. Чтобы получить больше информации, он отправился к своим соотечественникам Джеку Риду[15] и Рису Уильямсу. Он объяснил: «Будучи социалистами, они оба были радушно приняты большевиками». Рид и Уильямс рассказали, что накануне вечером они видели, как большевики заняли Зимний дворец и арестовали правительство Керенского. Они пригласили Андерсона присоединиться к ним на заседании Совета в Смольном; он ответил: «Как я могу войти? Вы, ребята, социалисты с красными карточками и журналисты, а я — обычный человек Y». Рид сказал, что он может прийти в качестве переводчика. Андерсон позже вспоминал: «Я увидел Ленина на платформе всего в нескольких футах от стола журналистов, где я сидел с моим другом Джеком Ридом, Рисом Уильямсом и Луизой Брайант». Он пытался внимательно следить за политическими событиями, продолжая работать. Однако «число американцев

---

[15] Это был Джон Рид, автор знаменитой книги о Русской революции под названием «Десять дней, которые потрясли мир».

в Петрограде уменьшалось. <...> 3 августа 1918 года генеральный консул США в Москве ДеВитт Клинтон Пул-младший посоветовал уехать всем американским гражданам, за исключением сотрудников Красного Креста или ХСМЛ». 26 августа большинство Y-сотрудников смогли пересечь границу и уехать в Хельсинки. Колтон уполномочил Андерсона руководить всей работой Союза в России из офиса в Москве; он был единственным секретарем, оставшимся в городе [Anderson 1985: 1–4, 9].

6 августа Пул официально закрыл консульство США, но сам остался в консульской резиденции. Он также настоял на том, чтобы Андерсон переехал в это же здание в целях безопасности. Андерсон продолжал руководить работой российских сотрудников ХСМЛ, которые были заняты в госпиталях, принимавших вернувшихся российских военнопленных. Одной из основных задач было получение муки из провинции и выпечка хлеба, поскольку в госпиталях было недостаточно еды. Андерсон руководил этой работой из офиса на Смоленском бульваре. Он так объяснил свой отказ уехать: «Я был полон решимости оставаться в России в качестве руководителя всех американских операций ХСМЛ в Советской России». Он надеялся, что ему удастся сохранить работу ХСМЛ, даже если немецкая армия продвинется: «Я был убежден, что, даже если немецкая армия придет и займет... города, военное командование признает работу ХСМЛ с военнопленными и продолжит выдачу разрешений». Однако он предчувствовал изменения: «Стало очевидно, что контроль над иностранными агентствами перешел от Министерства иностранных дел к ЧК. Несмотря на это, для меня, как, полагаю, и для Пула, стало неожиданностью, когда 17 сентября агенты ЧК пришли арестовать меня и закрыть всю работу ХСМЛ в Москве». Еще до ликвидации московского отделения большевистские комиссары в российских воинских частях уже закрыли 40 центров ХСМЛ в Петрограде, Москве, Пскове, Минске, Яссах, Харькове, Казани, Киеве, Одессе и Тифлисе. Андерсон был арестован 17 сентября 1918 года в офисе Союза на Смоленском бульваре. Он пытался протестовать и показывать офицеру свои документы, но безрезультатно. Андерсона отвезли в открытом

грузовике в штаб-квартиру ВЧК на Лубянке. После того как он сдал свои личные вещи, его поместили в пустую комнату, в которой в итоге оказалось 40 человек. Андерсон был задержан вместе с корреспондентом агентства Reuters и представителем компании International Harvester. Его допрашивали и заставили объяснять характер его работы с военнопленными [Ibid.: 11–17][16]. Строгость заключения для Андерсона и его группы была невысокой: им разрешалось выходить на улицу, чтобы купить еду [Ibid.: 18].

Андерсона перевели в другую комнату, где он неожиданно встретил двух коллег из Союза, которые вместе с Колтоном уезжали в Хельсинки, но затем вернулись в Архангельск, чтобы служить в экспедиционных войсках союзников, — об этом плане Андерсону известно не было. Мужчины были задержаны и доставлены в Москву для допроса. Андерсон считал, что его арестовали как их сообщника, по-видимому, в связи с решением ХСМЛ обслуживать на Севере войска, противостоящие Красной армии. Однако вскоре после этой встречи и беседы с коллегами Андерсон был освобожден. 4 октября 1918 года Андерсон смог покинуть Россию. Он объяснял это довольно своеобразно: «Мой отъезд был добровольным поступком, лишь отчасти мотивированным отношением и действиями советского правительства». Другими словами, он не был выслан из страны. Он также объяснил: «Мой арест вместе со всеми работниками здания представлял собой усиление враждебности большевиков к американцам, а не противодействие работе, которую проводил ХСМЛ». Позже, в октябре, комиссар ВЧК Я. Х. Петерс издал документ, официально запрещающий работу ХСМЛ в России [Ibid.: 19–23][17].

---

[16] См. также: Letter from Paul B. Anderson to John R. Mott, Oct. 17, 1918. PBAP.

[17] Андерсон ошибочно указывает, что имя Петерса — Джозеф. Дополнительно о заключении Андерсона см. [Иванова 2004: 334–363]. В статье автор приводит следующую интерпретацию событий: «Пребывание в ВЧК, видимо, произвело на Андерсона столь сильное впечатление, что в следующий раз он решился пересечь границы СССР только в 1956 году. Но, с другой стороны, желание работать с Россией в нем не угасло, не говоря о том, что он

25 октября 1918 года российские сотрудники получили документ, в котором говорилось: «Христианский союз молодых людей является, безусловно, вредной для данного момента организацией. Союз закрыть, имущество конфисковать» [Anderson 1985: 65].

В феврале 1919 года на конференции ХСМЛ в Ньюарке, в штате Нью-Джерси, собрались работники, служившие в России, чтобы обсудить вопрос о возвращении Союза в Советскую Россию. Эта встреча привела к созданию девятимесячной Школы подготовки для работы в России. В сентябре 1919 года программа началась, и в ней приняли участие 25 человек. Директором школы стал Б. Райалл, которому помогали три ветерана, работавшие с «Маяком» в Петрограде: Ф. Гейлорд, Р. Холлингер и Дж. Сомервилл. В это время Мотт, Колтон и другие руководители Союза с нетерпением ждали возобновления работы в России. Студенты учебных курсов школы скоро должны были закончить подготовку, а финансирование можно было получить из неизрасходованных средств на военные нужды. В апреле 1920 года Колтон пригласил Андерсона, Д. Лоури и Сомервилла отправиться в Россию, чтобы запросить официальное разрешение на гражданскую работу ХСМЛ. Получить визу в Россию для американца в то время было достаточно непросто, поскольку США и Россия не поддерживали официальных отношений. Андерсон отправился в Копенгаген из-за

продолжал оставаться активным деятелем YMCA» [Ibid.: 336]. Это не совсем верно, Андерсон встретился с Литвиновым вскоре после революции, чтобы попросить разрешения на продолжение работы ХСМЛ в России. Помимо этого, заключение Андерсона описывается таким образом, что складывается впечатление, что он оставался довольно спокоен на всем его протяжении. Это одна из немногих ошибок в статье, достаточно точной во всем остальном. Еще одна небольшая ошибка в описании этих событий содержится в [Geffert 2003: 43], где утверждается, что «[Джон Р.] Мотт снискал уважение многих русских православных за свою храбрость: он был арестован в Москве в сентябре 1918 года по подозрению в контрреволюционной деятельности и пребывал в заключении на Лубянке в течение нескольких дней». Это описание Пола Б. Андерсона, а не Мотта.

слухов о том, что в городе находится советский дипломат М. М. Литвинов. Андерсону удалось встретиться с Литвиновым, но надежды на возобновление работы Союза в России беседа не принесла. Позже Лоури и Эдди смогли по отдельности отправиться в Россию, но также не добились успеха в получении разрешения [Ibid.: 24–26].

В годы после революции многие покинули Россию из-за экономических трудностей или политических преследований. Тысячи людей переехали в крупные европейские города, поэтому руководство ХСМЛ решило сосредоточить свою работу на эмигрантском сообществе. Андерсон жил в Берлине с 1920 по 1924 год и участвовал в различных вновь созданных программах служения. Сначала он работал директором Заочной школы — учебной программы, призванной помочь русским эмигрантам в получении образования [Epsy 1971: 6]. Андерсон также помогал в создании издательства YMCA Publishers[18], которое первоначально выпускало учебники для этой заочной программы. Он организовал «Религиозно-философскую академию» — лекционную программу, в которой принимали участие несколько русских православных интеллектуалов в изгнании, в том числе Семен Франк и Николай Бердяев [Anderson 1971: 16, 19]. Кроме того, Андерсон поддерживал развитие РСХД, ассоциации православных кружков, которые собирались в университетах разных городов Европы [Epsy 1971: 7].

По мере ослабления экономики Германии многие русские эмигранты устремились во Францию в поисках работы. К 1924 году 60 000 беженцев обосновались в Париже, поэтому Андерсон и его коллеги по ХСМЛ также перенесли свою работу во французскую столицу. Андерсон стал самым влиятельным лидером Союза во время его работы с русскими эмигрантами в Париже. Он продолжал руководить растущей Заочной школой [Anderson 1985: 123] и помогал как РСХД, так и YMCA Press. Помимо этого, он внес свой вклад в создание новой Свято-Сергиевской право-

---

18 YMCA Publishers — также YMCA Press, «ХСМЛ-Пресс»; подробнее см. гл. 8. — *Примеч. ред.*

славной богословской академии, православной семинарии, которая готовила священников к служению [Ibid.].

За эти годы Андерсон значительно углубил свое понимание православного богослужения и мысли, что сделало его одним из первых западных экспертов по религии в Советском Союзе [Sawatsky 1981: 392–393][19]. По этой причине он стал выступать в качестве консультанта руководителей Церкви — в том числе в Совете по международным отношениям при архиепископе Кентерберийском [Anderson 1985: 195]. Андерсон родился лютеранином, но позже начал посещать епископальные службы. В 1938 году он представил доклад на тему «Церковь и государство в Советском Союзе» на Международном миссионерском конгрессе в индийском городе Тамбарам [Anderson 1939: 239–264]. Он также писал статьи, основанные на обширном опыте работы, о положении Церкви под коммунистической властью в таких журналах, как "Foreign Affairs", "The Christian Century", "Slavonic and East European Review" и "Journal of Church and State".

В 1941 году Андерсон переехал из Парижа в Соединенные Штаты. Однако в 1944 году он был переведен во Францию на позицию заместителя администратора программы помощи военнопленным ХСМЛ. В 1956 году Андерсон вернулся в Россию в составе делегации Национального совета церквей, где он был единственным русскоговорящим в группе. Это была первая подобная делегация за последние 35 лет[20]. Американские активисты русской миссии ХСМЛ покинули Европу во время Второй мировой войны, успешно передав руководство своей работой русским. Полноценная работа Андерсона с русской миссией ХСМЛ закончилась с началом войны, но его служение мировому православному сообществу продолжалось вплоть до его

---

[19] У. Саватски неверно называет П. Б. Андерсона секретарем Русского студенческого христианского движения — незначительная неточность для замечательной во всем остальном книги.

[20] Introducing... Anderson Paul B. YMCA promotional sheet, [1960]. Biographical data. Biographical Records, Paul B. Anderson. KFYA.

смерти в 1985 году. Он служил исполнительным сотрудником Международного комитета до 1961 года, а затем начал сотрудничать с Национальным советом церквей и Епископальной церковью США в качестве советника по православным вопросам [Davis D. 1986: 55]. В 1962 году Андерсон вместе с Б. Хрубы основал журнал "Religion in Communist Dominated Areas" [Hruby, Hruby 1985: 99].

В конце своих мемуаров Андерсон приводит четыре свои главные жизненные цели: «1) сохранять и развивать православную христианскую культуру; 2) оказывать гуманитарную помощь и помогать поддерживать права человека; 3) стремиться к христианскому единству; 4) работать над взаимопониманием и примирением между Востоком и Западом» [Anderson 1985: 417]. Об этих четырех целях свидетельствуют как написанные им работы, так и его служение.

Желание Андерсона сохранить православную культуру легло в основу его служения русскому народу. Он объяснял: «Главная идея заключалась в том, что следует призывать русских на родине или в других странах сохранять и развивать их наследие» [Ibid.: xiii]. Он считал, что православие — это «движущая сила» русской культуры [Davis D. 1986: 55]. Хотя он был протестантом, его поддержка была сфокусирована на православных верующих, а не протестантах, поскольку он считал, что в России «другие формы религиозной жизни возникли в основном в результате раскола, чрезмерного влияния какого-либо отдельного аспекта или доктрины или явного антагонизма с православием» [Anderson 1944: 8]. Он работал над развитием православной культуры, сотрудничая с издательством ХСМЛ, Свято-Сергиевской богословской академией и РСХД. В 1937 году один православный священнослужитель выразил то, что чувствовали многие другие: «Где бы ни случилась что-нибудь хорошее для православных... этот маленький человек всегда был где-то рядом» [Shedd 1955: 701].

Многочисленные православные друзья Андерсона, особенно из парижской общины, глубоко ценили его работу среди них. РСХД направило письмо в честь его сорокалетнего юбилея.

В обращении его имя было русифицировано добавлением привычного русскому читателю отчества — честь, которой удостаивались немногие иностранцы.

Дорогой Павел Францевич!

Русское студенческое христианское движение шлет Вам привет и глубокую благодарность за все, что Вы сделали для него. С первой же встречи с Вами (это было в Берлине, летом 1922 года), мы поняли, что Вы наш верный друг, поняли, что даже еще не зная всего, что присуще русским людям, Вы с открытой душой пошли нам навстречу. С Вашим истинно христианским, подлинно братским отношением к нам Вы смогли, как никто другой, понять путь Русского студенческого христианского движения, понять наши русские задачи. Эта черта Ваша — умение и желание понять мир, во многом еще тогда закрытый для Вас — сохранялась у Вас до конца Вашей работы с нами. Мы счастливы, найдя в Вас и опыт и братскую отзывчивость, счастливы, что наше движение развивалось при постоянном Вашем участии[21].

С течением времени Андерсон все больше интересовался правами человека в России. Он привел множество примеров нарушения прав человека в своей книге "People, Church and State in Modern Russia" (PCSMR). Он продолжал выступать против несправедливости в своих публикациях и лекциях, а также дал показания подкомитету Конгресса о притеснениях Церкви в СССР[22] [Davis D. 1986: 57].

---

[21] Адрес П. Ф. Андерсону от Р.С.Х.Д. // Вестник Русского студенческого христианского движения. 1962. № 1. Вып. 64. С. 2–3. В России Андерсона часто называли «Павел Францевич» (поскольку его отца звали Франк) или использовали инициалы П. Ф.

[22] Congress, House, Committee on Foreign Affairs, Subcommittee on Europe, Recent Developments in the Soviet Bloc: Status of Human Rights in Eastern Europe and in the Soviet Union, 88th Cong., 2nd sess., 29 Jan. 1964. P. 94–102; Congress, House, Committee on Foreign Affairs, Subcommittee on Europe, Antireligious Activities in the Soviet Union and in Eastern Europe, 89th Cong., 1st sess., 12 May 1965. P. 131–141.

Как Y-лидер Андерсон старался «в целеполагании и в действии быть объединяющей силой для христиан всех деноминаций... работая в интересах мальчиков и юношей христианского мира» [Anderson 1985: 198]. Свое стремление к единству между церквями он отразил в главе PCSMR "The Patriarchal Church and Other Churches" («Патриаршая и прочие церкви»). В 1930-е годы Андерсон служил православным в качестве гида, советника и переводчика на экуменических встречах [Epsy 1971: 7]. Он заслужил эту влиятельную позицию благодаря доверительным отношениям с православными участниками, которые ему удалось установить ранее[23]. Позже, опираясь на свой опыт общения с православием, он выступал в качестве консультанта для протестантов. По этим причинам усилия Андерсона помогли заложить основу для экуменического движения [Bundy 1988: 625].

Андерсон считал, что для сосуществования народов американцы и русские должны обладать чем-то большим, нежели поверхностным пониманием друг друга. Он объяснял: «У меня давно сложилось мнение, что удовлетворительному взаимопониманию между народами Советского Союза и Запада может способствовать ясное осознание различий и трудностей... а не их замалчивание» [Anderson 1944: v].

На протяжении всей своей необычайной мировой карьеры Андерсон пытался понять и творчески осмыслить сложные проблемы — преследование Русской православной церкви, нарушение прав человека, разделение Христианской церкви и вражду между Россией и Соединенными Штатами. Он решал эти проблемы в духе дипломатии, твердости, терпения[24] и скромности [Hruby, Hruby 1985: 98]. Оценка всей карьеры Андерсона выходит за рамки данного исследования, так что в следующих

---

[23] Rigdon Bruce (Anderson's colleague in the National Council of Churches) / telephone interview by author. Wheaton, Illinois, May 23, 1994.

[24] Glenn Mary (daughter of Anderson) / interview by author. Wheaton, Illinois, Apr. 26, 1994.

главах мы сосредоточимся на рассмотрении его работы в русской миссии ХСМЛ. Лучший итог его деятельности подвел М. Бурдо, написав в своем обзоре на книгу Андерсона, что, «вдохновляя других и создавая для них возможность публиковаться, можно утверждать, что [Андерсон] добился большего для Русской церкви за пределами ее территории, чем любой другой неправославный в истории» [Bourdeaux 1986: 230]. В недавнем размышлении о святости в современном мире православный ученый М. Плекон подчеркивает контраст между теми многими беспрецедентными достижениями, которых добился Пол Б. Андерсон, и его непритязательным духом. Он заключает, что его путь был «необычайной жизнью, прожитой самым обычным образом» [Plekon 2009: 95].

ХСМЛ и советская власть

В следующих главах мы рассмотрим реакцию советских властей на отдельные проекты ХСМЛ, но можно сразу выделить преобладавший общий подход. ХСМЛ изображался как инструмент американских капиталистов, таких как Рокфеллер, имеющий своей целью умиротворить рабочих и помешать молодым людям принять участие во всемирном социалистическом движении; когда секретари Союза предлагали спортивные и образовательные программы, их истинным намерением подразумевалось отвлечь молодежь от необходимых занятий. Пропаганда трудолюбия и христианских ценностей была якобы выгодна исключительно капиталистам, а не молодым людям. ХСМЛ разделял вину за соблазнение народа нелепыми антинаучными обещаниями будущих небесных наград с другими религиозными группами, однако рассматривался как особенно опасный в силу своей привлекательности для молодежи. Во время Гражданской войны ХСМЛ поддерживал интервенционные войска союзников и белые армии. Они участвовали в шпионаже против большевиков. Более того, они продолжали поддерживать ярых антибольшевиков, таких как Николай Бердяев, в их попытках дискредитировать революцию.

Один из ранних примеров критики Союза можно найти в статье «Бог — верный слуга капитала», опубликованной в 1926 году в журнале «Безбожник», спонсировавшемся государством для пропаганды так называемого научного атеизма.

> Союз молодых христиан в Северо-Американских Соединенных Штатах насчитывает до 1 млн человек. В Германии религиозные юношеские организации имеют 1 400 000 членов. Эти цифры во много раз превосходят число наших комсомольцев. Христианские союзы молодежи для своей пропагандистской и организационной работы получают средства от крупнейших капиталистических объединений[25].

Мотивы такой резко негативной реакции советской власти были предельно ясно изложены в книге, изданной главной организацией по антирелигиозной агитации в СССР — Союзом воинствующих безбожников. Книга «Религия на службе американского капитала» содержала предисловие А. Лукачевского, в котором приводился общий вывод, который должен был быть проиллюстрирован.

> В Соединенных Штатах нет государственной Церкви, как это было, напр., в царской России. Но американские миллиардеры от этого ничуть не страдают. Наоборот. Каждый из них является главой той или другой религиозной организации и распоряжается, как марионетками, ее духовными вождями.

Автор утверждает, что религия — лишь один из инструментов из арсенала капиталистов: «В своей борьбе с рабочим классом Америки и в стремлении подчинить своему господству трудящихся всего мира, американский капитал пользуется любым средством, любым оружием. Однако излюбленным его оружием является религия» [Грант 1928: 3, 9][26]. Он четко сформулировал

---

[25] Шейнман М. Бог — верный слуга капитала // Безбожник. 1926. № 6 (март). С. 6–7. О послереволюционном атеизме см. [Husband 2000].

[26] См. [Peris 1998].

свои обвинения в адрес Дж. Д. Рокфеллера-младшего, одного из главных финансовых спонсоров ХСМЛ: «Рокфеллер... жертвует миллионы долларов на работу всевозможных религиозных организаций. Не ограничиваясь Америкой, он распространяет отравляющие газы религии повсюду» [Там же: 55–57]. Позже автор упоминает и ХСМЛ.

> Ни одна из церковных организаций не находится в таком тесном соприкосновении с трудящимися, как Христианский союз молодых людей и Христианский союз молодых женщин. Правда, обе эти организации мало охватывают своим влиянием работников физического труда. Но зато тем сильнее влияние их на работников умственного труда. Опираясь на поддержку различных протестантских сект, они стремятся убедить трудящихся в том, что нет никакой классовой борьбы, и пропагандируют в их среде теории, выгодные для капиталистов [Там же: 73–74].

По всей видимости, советская стратегия борьбы с ХСМЛ включала два элемента: язвительное осуждение и подражание: в 1925 году П. Б. Андерсон утверждал, что «советское правительство само в значительной степени переняло методы ХСМЛ в создании Коммунистического Союза Молодежи (комсомола) и пионерского движения»[27]. В 1949 году он расширил это утверждение:

> Таким образом, ХСМЛ стал источником вдохновения для ряда творческих идей общественной жизни, которые нашли свое воплощение в командных играх, таких как баскетбол и волейбол, в пионерском движении и летних лагерях для мальчиков, в методах групповой работы, в комбинациях физического здоровья, интеллектуального развития, духовного воспитания мужчин и мальчиков и в добровольных кампаниях по сбору средств. Большинство из этих разра-

---

27 Anderson Paul B. Russian Service in Europe, Annual Report for the Year 1925. P. 4. Annual Reports, 1925–1929. Russian Work — Europe, Restricted, Correspondence and Reports, 1920–1929, Annual Reports 1920–1929. KFYA.

боток Союза были взяты на вооружение Коммунистической партией для использования и развития в социалистическом обществе[28].

Представляется достаточно очевидным, что ХСМЛ, установив прочные связи с местными институтами, смог внести существенный вклад в развитие русского православия в XX веке. Стратегии Союза на протяжении многих лет подвергались критике со стороны советских писателей, но одновременно с этим, по-видимому, копировались коммунистическими руководителями, стремившимися оказать собственное влияние на мировоззрение молодого поколения: даже само название «комсомол» (Коммунистический союз молодежи) отражает русский перевод названия ХСМЛ — Христианский союз молодежи.

[28] Anderson Paul B. The Nature and Objective of the Communist Party as it Affects the Y.M.C.A. [Jan. 12, 1949]. P. 5–6. Radicalism. Russian Work, Restricted, General, Personal Accounts. KFYA. Комментарии Андерсона о влиянии ХСМЛ на комсомол поднимают серьезный вопрос, который требует дальнейшего изучения.

Глава 3
Столкновение конфессий: взгляды, образы и перемены

В XIX веке контакты между евангельскими протестантами и православными постепенно расширялись благодаря эмиграции православных верующих из Восточной Европы на Запад и просветительской деятельности американских и британских миссионеров. В этой главе рассматривается научный взгляд на православие и на отношения между православием и протестантизмом, показывается, как по-разному англоязычные евангельские христиане воспринимали православные церкви в XIX и начале XX века, а также дается предварительный обзор вторичных и первичных источников, проливающих свет на этот вопрос. Кроме того, в главе показана связь между этими представлениями и тем, как в исторической, политической, туристической и богословской литературе этого периода описывается православие. Этот контекст помогает понять, как изменялись взгляды ХСМЛ на православие. На протяжении лет подход ХСМЛ трансформировался из вынужденной терпимости сначала в прагматическую кооперацию, затем в ограниченную поддержку, и в итоге стал восторженно-энтузиастическим одобрением.

Исследовательский взгляд на православие

Ведущий американский исследователь истории русского православия Г. Фриз писал в 1985 году: «История Русской православной церкви, особенно в период империи (1700–1917), была

крайне недооцененной областью научных исследований».
К счастью, 25 лет спустя ситуация улучшается: регулярно публикуются исследования, посвященные разным аспектам православия Российской империи [Freeze 1985: 82][1]. В 2003 году В. А. Кивельсон и Р. Х. Грин радовались тому, что после «семидесяти лет забвения изучение русской религиозной жизни вступило в захватывающий период роста в течение первого десятилетия после распада Советского Союза». Они поясняют: «По счастливому стечению обстоятельств, трансформация политического климата в России после 1991 года совпала со сдвигами в интеллектуальных течениях в западной науке, где возрожденный интерес к культурной антропологии вызвал бурный рост работ по религиозной жизни и культуре» [Kivelson, Greene 2003: 1]. Учебники обычно описывают жесткую систему догм и ритуалов, которая функционирует как закрытая система. Однако в последних работах рассматривается взаимодействие православия с местными и национальными историческими движениями, а также с индивидуальными желаниями мирян и духовенства. Историки видят Церковь не просто как одну из организаций, а как активного участника культурной жизни России. Недавно профессор Фриз заметил:

> Только в последнее десятилетие русское православие наконец-то стало основным объектом исследования. По меньшей мере можно утверждать, что эти исследования бросили вызов антирелигиозным предположениям и побудили историков уделять больше внимания роли Церкви и религии в политике, социальных отношениях и культуре [Freeze 2001: 269].

Среди ученых в этой области наиболее распространен подход, в котором приоритетное внимание уделяется религии народной, то есть живому опыту православных верующих, а не епископальной политике и церковно-государственным отношениям. Как

---

[1] См. несколько примеров исследований данного периода [Werth 2002; Chulos 2003; Wynot 2004; Hedda 2008; Manchester 2008].

резюмирует один из исследователей, «нам также необходимо больше исследований народной религии в годы, предшествующие революции, чтобы лучше понимать, какие изменения происходили в ранний советский период» [Coleman 2000: 557–558]. В данном исследовании подробно рассматривается опыт православных служащих, студентов и эмигрантов. Несмотря на этот историографический прогресс, одной из главных проблем Церкви в период с 1870-х по 1917 год — распространению баптистского и евангельского христианских движений в Российской империи — уделялось очень мало внимания со стороны ученых. Лишь две недавние монографии, одна написанная Хизер Коулман и вторая — Сергеем Жуком, представляют собой исключения [Coleman 2005; Zhuk 2004][2]. Одна из причин такого ограничения в американской историографии, вероятно, заключается в традиции церковной истории, сложившейся в Русской православной церкви. Как отмечает Фриз, ученые часто относились к неправославным группам достаточно пренебрежительно и попросту считали их «еретическими» или «раскольничьими» [Freeze 2001: 276].

Многие светские наблюдатели как до, так и после 1900 года отмечали быстрый рост русского протестантизма и видели в нем реакцию на пореформенные социальные изменения и недостатки государственной Церкви, но большинство епископов просто считали протестантизм изменой и угрозой обществу. К. П. Победоносцев, который в это время занимал пост обер-прокурора Святейшего Синода (светский чиновник, осуществлявший надзор за Русской православной церковью), «был твердо убежден, что общество может быть скреплено только единой самодержавной властью и единой верой». Светские и церковные чиновники разработали два подхода к этим иноверцам: государственные репрессии и церковное просвещение. Государство пыталось по-

---

[2] Еще одно недавнее исследование контактов между православием и протестантизмом [Августин 2001]. Этот труд содержит обзор контактов между американскими протестантами и русскими православными с акцентом на методистах. Также уделяется внимание работе ХСМЛ в России [Ibid.: 149–151; 157–166]. См. также [Ham 1998].

мешать протестантским активистам, а Церковь усиливала народное и церковное религиозное просвещение [Polunov 2001: 54–58].

ХСМЛ появился в России в то время, когда Русская православная церковь стала активнее заниматься социальными вопросами и благотворительностью. С 1860 года священнослужители и миряне приобщали Церковь к новым программам благотворительности и народного религиозного образования; центром этой тенденции стал Санкт-Петербург. Дж. Хедда подводит итог своему исследованию на эту тему, утверждая, что к 1900 году (год открытия «Маяка») «местная церковь стала активным институтом, игравшим заметную роль в городской общественной жизни». Главной побудительной причиной петербургского духовенства были растущие социальные проблемы, которые представляли этический вызов Церкви. «Они не считали бедность, распущенность и классовую напряженность социальными проблемами, которые можно было бы устранить путем повышения заработной платы или улучшения качества муниципальных услуг. Они считали их нравственными пороками». Их подход нельзя назвать чрезмерно оптимистичным или утопичным, поскольку

> ...Церковь не учила, что бедность может быть искоренена или что материальные различия между теми, кому повезло больше, и теми, кому, наоборот, повезло меньше, могут быть стерты. Скорее, она учила, что люди не должны позволять материальным различиям разделять их друг с другом или отдалять их от Бога [Hedda 1998: iii, 215, 220][3].

Крупнейшим добровольным объединением Петербурга стало Общество распространения религиозно-нравственного просвещения в духе Православной церкви. Импульсом к созданию этой инициативы послужила популярность собраний, проводимых в 1870-х годах британским евангелистом лордом Г. Редстоком и его другом полковником В. А. Пашковым для светской элиты столицы. Эти встречи включали в себя обсуждение Библии, пение

---

[3] О фундаментальных проблемах, связанных с деятельностью Православной церкви в данный период, см. [Nichols, Stavrou 1978].

гимнов и неформальную молитву. Они не пытались вступать в прямую оппозицию с Русской церковью, но неформальное служение Редстока привлекало многих представителей дворянства, которые были недовольны богослужениями в государственной Церкви[4]. Хедда замечает: «Видя, насколько эффективными были методы Редстока, эта обеспокоенная группа священнослужителей и мирян решила перенять его методы для своих собственных целей». Она также отмечает значительную роль, которую сыграло это Общество в развитии гражданского общества в Санкт-Петербурге своим систематическим поощрением волонтерства и гражданской ответственности [Ibid.: 217, 250–253].

С. Диксон в своем исследовании растущего социального сознания духовенства приходит к аналогичным выводам и подчеркивает роль, которую сыграли конкуренты православия в стимулировании новых форм активности внутри государственной Церкви [Dixon 1991: 168, 175][5]. В данной работе будет показано, как ряд священнослужителей изучали и сами применяли программы и идеи ХСМЛ в силу общности некоторых основных убеждений Союза и общественного православия.

Взгляд протестантизма на православие

Придя в Россию и начав свою работу с обществом и государственной Церковью, ХСМЛ встретил множество препятствий. Для Y-секретарей даже самое базовое понимание многообразия реакций на церковные проблемы было непростым делом. Как отмечается в новаторской монографии В. Ф. Шевцовой, Русская православная церковь столкнулась с целым рядом внешних и внутренних вызовов своему самосознанию. Марксисты и другие атеисты отвергали Церковь в политике и философии, а конкурирующие группировки внутри Церкви пытались по-своему формировать ее ценности [Shevzov 2004: 258]. Она сравнивает

---

4 См. [McCarthy 2004] и [Corrado 2000].

5 См. также [Dixon 1995]. Подробнее о кросс-культурном расширении православия [Stamoolis 1986].

этот период с протестантской Реформацией и Вторым Ватиканским собором: «Действительно, "эволюция" или зарождающаяся "революция" (в зависимости от интерпретации этих споров) в русском православии так и не смогла стать сопоставимым окончательным "событием", во многом из-за политических последствий Революций 1917 года» [Shevzov 2000: 610].

В 1920-х годах Колтон описал три основные реакции американских протестантов на Русскую православную церковь: прозелитизм, имеющий своей целью обратить православных в протестантизм, осуждение и поддержка. По его мнению, к первой группе относились баптисты и методисты. Вторая группа состояла из левых протестантов, таких как А. Л. Стронг и Г. Уорд, которые одобряли разрушение «устаревшей» Церкви большевиками, поскольку полагали, что так на ее месте может быть возведена новая, третья группа, включающая в себя англикан, прихожан епископальных церквей и членов ХСМЛ; эта группа стремилась всячески оказывать поддержку более либеральному и прогрессивному крылу Православной церкви[6].

Обширный обзор протестантской литературы конца XIX — начала XX века о православии свидетельствует о том, что взгляды протестантов на православие часто были связаны со взглядами на римский католицизм и ислам. Те протестанты, которые с симпатией относились к католикам и желали реформ, были открыты и для православных церквей. Те, кто придерживался строго антикатолического подхода, обычно представляли очень негативный взгляд на православные церкви. Ряд авторов руководствовались прагматическими соображениями, желая видеть продвижение христианства в мусульманском мире. Некоторые выступали за помощь православию в евангелизации мусульман. Другие считали, что лучше избегать отношений с этим духовенством, чтобы не оскорблять приверженцев ислама.

По мере знакомства с православием американские протестанты формировали самые разные мнения. Докладчики на конфе-

---

[6] Letter from E. T. Colton to F. W. Ramsey, Jul. 16, 1926. P. 3. Russia, Colton E. T., Reports, Addresses, and Papers, vol. 2. KFYA.

ренции 1918 года, где обсуждалась евангелизация России, продемонстрировали весьма негативную позицию. На этом собрании в Чикаго один из докладчиков назвал Русскую церковь «обреченной церковностью». Другой оратор заявил, что в этой традиции «мало места для интеллектуальной веры» из-за «вычурной демонстративности, полуварварской пышности и бесконечной смены священнических одежд, перекрещиваний, коленопреклонений». Другие американские протестанты избрали иную оптику — романтизированное восхищение и «почитание, граничащее с исступлением и превозношением» [Brooks 1918: 75, 156, 211]. Эти мнения, варьирующиеся от презрения до почитания, были в первую очередь основаны на весьма поверхностных впечатлениях, поскольку протестанты и православные со времен Реформации поддерживали очень слабую связь друг с другом. Лишь немногие американские и британские протестанты предпринимали серьезные попытки понять, чем на самом деле жили православные верующие.

Несмотря на то что Евангелическая и Православная церкви имеют ряд общих основополагающих элементов, они живут в совершенно разных мирах. Их общее богословское наследие включает в себя авторитет богодухновенного Писания и общее понимание Троицы и Христа, определенное Никейским (325 г.) и Халкидонским (451 г.) соборами. Протестанты и православные пережили множество контактов после Реформации XVI века. Немецкий реформатор Ф. Меланктон инициировал первый официальный контакт в 1559 году, когда он отправил копию Аугсбургского исповедания Константинопольскому патриарху Иоасафу II. Спустя более чем 20 лет преемник Иоасафа ответил на это письмо, осудив ключевые положения Исповедания в толковании оправдания и библейской интерпретации [Steeves 1984: 807]. Однако через еще 70 лет новый Вселенский патриарх Кирилл I (Лукарис) опубликовал исповедание, в котором содержались учения, адаптированные из трудов Дж. Кальвина. Вся Православная церковь отвергла это исповедание, и несколько соборов церковной иерархии осудили взгляды Лукариса [Calian 1968: 22–23].

В последующие годы англокатолические богословы Церкви Англии и Русской православной церкви начали постоянный диалог, который продолжался и в XX веке [Altholz 2002/2003: 1–14]. Дружеские контакты между православными и англиканами постоянно расширялись после Первой мировой войны. Обе стороны выражали стремление к христианскому единству и взаимному уважению. Естественно, мотивы этих встреч носили не только религиозный характер. Русское духовенство в Европе переживало последствия резкого разрыва с Российским государством, Вселенский патриархат оказался в составе нового светского Турецкого государства, поэтому поддержка со стороны Англиканской церкви стала весьма желательной. История как православия, так и англиканства также сыграли свою роль в формировании новых связей. Ряд англокатолических и православных священнослужителей ощутили дополнительное измерение христианского братства. Обе общины утверждали, что они представляют подлинное апостольское христианство. Их взаимная оппозиция по отношению к определенным положениям римского епископата и убежденность в том, что именно Римско-католическая церковь выступила главной причиной существовавших в то время расколов, заставили некоторых православных и англикан рассматривать существующие различия между их общинами как различия скорее химерные, нежели реальные [Geffert 2010: 3–4]. Растущая сила римского католицизма в Британии и его привлекательность для молодых англокатоликов вызывали серьезную озабоченность у старшего поколения англикан. Некоторые из них рассматривали возможность православного признания англиканского духовенства в качестве противовеса растущей популярности Римской церкви.

В XIX и XX веках различные протестантские миссионерские организации проводили служение среди русских, греков, болгар и других традиционно православных этнических групп. Миссионеры, представлявшие различные деноминации, высказывали самые разные мнения о природе и состоянии церквей. Британское и иностранное библейское общество (БИБО), межконфессиональная христианская организация, основанная в 1804 году, координировала перевод и распространение Библии по всему миру [Zacek 1966: 413][7]. БИБО быстро распространило свою деятельность на многие регионы, включая Россию. Российское библейское общество было организовано в 1812 году при поддержке Александра I, который поддерживал дружеские контакты с евангельскими христианами. Это служение привело к расширению контактов с церковной иерархией, и вскоре несколько священников стали членами Генеральной ассамблеи Общества. Первоначально Библейское общество было довольно успешным в распространении Священного Писания. Усилия Общества привели к переводу Библии на современный русский язык, а также на значимые языки национальных меньшинств империи. Общество начало работу при нерешительной поддержке со стороны официальной Церкви, но многие священнослужители со временем стали возмущаться его растущему влиянию. В конце концов многие стали рассматривать Общество как подрывную организацию, и в 1826 году Николай I приказал, чтобы оно прекратило свою деятельность в России. Совместная работа БИБО с Российским библейским обществом представляет собой значимый этап, поскольку для истории русского христианства опыт настолько устойчивого сотрудничества между православной иерархией и духовенством какой-либо неправославной христианской церкви является уникальным [Ibid.: 414–416, 436–437].

Становление методизма в России началось в конце XIX века, в основном благодаря работе американского миссионера Дж. А. Саймонса [Elliott 1981: 15–18][8]. В 1908 году Саймонс начал свое служение в Санкт-Петербурге, где он занимался евангелизмом, издательской деятельностью и социальным служением вплоть до своего отъезда в 1918 году. К 1928 году деноминация насчитывала 2300 приверженцев. Судя по всему, методистские миссионеры работали в России без какого-либо значимого об-

---

[7] Подробнее о Библейском обществе см. [Urry 1980: 305–322]. Советский взгляд на этот проект [Ростовцев 1927: 5–9].

[8] О сходствах и различиях между православием и методизмом см. [Kimbrough 2002b].

щения с Православной церковью. Саймонс относился к православию негативно, но при этом предпочитал осторожно высказываться о Церкви, чтобы не вызвать оппозиции [Dunstan 1980: 24–25, 38, 40].

Д. Фоглсонг описал работу и взгляды ряда протестантских миссионеров, особенно методистов и адвентистов. Он утверждает, что миссионеры этих двух конфессий разделяли некоторые взгляды на русское православие — например, они полагали, что русский народ «христианизирован поверхностно». Кроме того, они считали оправданным проведение миссионерской работы в традиционно православной стране из-за ограниченности миссионерских усилий Церкви и огромных размеров территории. Фоглсонг приводит дополнительную информацию о методистском миссионере Дж. Саймонсе, который писал своим руководителям: «Русско-греческая церковь не проповедует. Это религия мужского пения, ритуалов и поклонения образам. Как и другие ветви языческого христианства, она предлагает камень тем, кто жаждет Хлеба Жизни» [Foglesong 1997: 355–356].

Американские конгрегациональные и епископальные миссионеры активно работали среди греков в независимой Греции и Османской империи и по-разному относились к православным церквям. П. Фиск был одним из первых конгрегационалистов, он резко критиковал устоявшуюся Греческую церковь: «...так как, хотя они и номинальные христиане, они [греки] оказывают идолопоклонническое почтение картинам, святым местам и святым. Их духовенство в высшей степени невежественно». Епископальные миссионеры высказывали несколько более позитивную оценку и писали о том, как понимание Иисуса Христа передавалось от апостольских греческих церквей через многолетние традиции. Они утверждали, что такие проблемы, как «ошибки в учении» и «невежество духовенства», стоит объяснять многолетним угнетением под властью Османской империи. Поэтому они не пытались организовать собственные церкви в Греции, а вместо этого сосредоточились на детском просвещении и публикациях [Saloutos 1955: 155, 164–165]. Конгрегационалисты пытались придать новых сил греческим церквям с помощью самых разных методов, включая обучение детей и распространение Библии. Действуя таким образом, они критиковали местные традиции, включая необычайное значение монастырской культуры и несоразмерное внимание, с которым греки относились к Деве Марии. Они надеялись, что акцент на индивидуальном покаянии сможет показаться грекам привлекательнее, нежели церковный церемониал [Grabill 1971: 8][9].

На Кипре взгляды миссионеров-конгрегационалистов, по-видимому, были схожи со взглядами, которых придерживались в независимой Греции, но работники там были более сдержанны в своей публичной критике, чтобы избежать конфликтов. По этой причине они пытались наладить отношения с местными священниками. Заявленной целью была реформа религиозной жизни на острове. Основной мотивацией их служения, по-видимому, было стремление повысить интеллектуальный уровень верующих в вопросах религии и, следовательно, добиться более глубокого понимания Священного Писания. Эти миссионеры считали, что библейские знания на острове были затуманены невежеством священников и суеверными ритуалами. Миссионеры организовывали школы для повышения уровня грамотности и пытались привлечь местных священников к распространению Библии в деревнях [Tollefson 1994/1995: 37, 50][10].

Межконфессиональное Британское и иностранное библейское общество, методисты, конгрегационалисты и епископальные верующие активно работали в странах, в которых преобладало православное население. Библейское общество предпочло служить вместе с православными, помогая широкому кругу россиян, в то время как методисты выбрали независимое служение. Как конгрегационалисты, так и епископалы пытались содействовать реформам, но первые были гораздо более критичны к слабым местам и отличительным практикам. Эти формы взаимодействия служат отправной точкой для сравнения с принципами работы с православными верующими членов ХСМЛ.

---

[9] См. также [Shaw 1937].

[10] См. также [Iatrides 1986: 143–157].

Такое разнообразие реакций на православные церкви говорит о том, что принадлежность к той или иной деноминации играла ключевую роль в восприятии миссионера. Баптисты и методисты обычно осуждали православную веру и проводили свое служение независимо от государственных церквей. Конгрегационалисты нередко критиковали некоторые аспекты православия, но выражали сочувствие сложным условиям, в которых находились церкви в Европе. Часто миссионеры этой деноминации называли своей целью «реформацию» устоявшейся Церкви. Епископалы и англикане чаще выражали восхищение, нежели критику, и пытались оказать поддержку в служении. Кроме того, межконфессиональные союзы, как правило, проявляли симпатию и стремились к служению реформации. В целом представители тех деноминаций, в богослужении которых сохранялись традиционные формы ритуала, к православию относились благосклоннее, чем те, в чьих деноминациях предпочтение отдавалось простой проповеди вместо традиционной литургии.

Русское православное духовенство также работало в контакте с протестантами на Ближнем Востоке, поскольку обе группы участвовали в создании школ в Подмандатной Палестине и Сирии. В то время как американские христиане работали над расширением своего служения в России через ХСМЛ и другие организации, русские христиане активно поддерживали развитие образования за рубежом через Православное палестинское общество. Межкультурная благотворительность не была односторонним явлением [Stavrou 1963: особенно 62–63].

Миссионерское восприятие православия складывалось под влиянием отношения американцев к православным иммигрантам. Негативное восприятие в Соединенных Штатах и в Европе, по-видимому, было взаимозависимым. В XVII и XVIII веках на английском языке было опубликовано сравнительно немного книг, посвященных сколько-нибудь глубокому изучению православия. Некоторые из этих книг представляли собой сочувственное описание, но негативная оценка, которую в своем влиятельном труде «Упадок и падение Римской империи» дал Э. Гиббон, затмила другие точки зрения в сознании американцев XIX века. В течение этого века многие американцы опасались иммиграции непротестантов — католиков, иудеев и православных. Чуждые социальные ценности, финансовые практики, религиозные традиции и этническое наследие, казалось, угрожали общепринятому пониманию американского «образа жизни» [Haskell 1974: 167, 173, 180–181].

Ключевым фактором, формирующим представление миссионеров о православии, была информация из книг, доступных в США и Великобритании. Можно предположить, что книги о путешествиях и служении были популярным чтением для миссионеров, особенно перед их отъездом на службу. В «Истории Москвы», путевом очерке В. Геррара, опубликованном в 1903 году, содержалось описание обрядов, верований и достопримечательностей русского православия. Необычной особенностью книги было предупреждение о том, что иностранцам во время своих наблюдениях за Русской церковью следует делать выводы очень осторожно. Он писал:

> Для многих, кто совершенно не знаком с догматами и обрядовостью Восточной церкви, она обладает непреодолимым очарованием; опасность же заключается в том, что при первом знакомстве они будут слишком превозносить те детали, которые могут приметить, и слишком поспешно осуждать другие, которые могут быть поняты неправильно [Gerrare 1903: 173].

Дж. Букволтер описал свое путешествие по Российской империи в Сибири и Центральной Азии (1899). Он уделил особое внимание роли икон в дореволюционной России и с помощью этой темы проиллюстрировал свое утверждение о том, что «самая сильная черта характера русского человека — это его мощное религиозное чувство» [Bookwalter 1899: 242].

А. Маккейг в своей книге "Grace Astounding in Bolshevik Russia" представил совершенно иную точку зрения на православие. Маккейг работал директором колледжа Сперджена в Лондоне, функционировавшего в качестве учебного центра для консервативных европейских баптистов. Во время визита в Ригу он познакомился с К. Мартенсом, который рассказал ему о своем недавнем служении в России. Затем Маккейг собрал и отредактировал эти рассказы. Одна из глав, «Победа над священническим противостоянием», включает драматическую историю о том, как православный священник пришел с группой последователей, чтобы помешать одному из проповеднических служений Мартенса. По совету друзей он бежал, «чтобы спасти свою жизнь, так как они намеревались убить его» [McCaig 1920: 99].

В этот период основные протестантские учебники по систематическому богословию и истории Церкви содержали совсем немного информации о православии. Возможно, это способствовало формированию идеи о том, что отличительные православные богословские позиции и исторические реалии не заслуживают серьезного рассмотрения. Популярный трехтомник А. Х. Стронга "Systematic Theology" (1909) не содержит комментариев о богословских позициях православия после Средних веков. "History of the Christian Church" Д. Фишера (1897) и "A History of the Christian Church" У. Уокера (1918) также практически полностью игнорируют развитие православия после средневековой эпохи. По большей части это были профессионально написанные учебники, подготовленные уважаемыми профессорами Йельского университета. Исключением из этой тенденции стал английский перевод стандартного немецкого учебника "Church History" Й. Х. Курца (1890), в котором подробно комментировались события в Греции и других странах. Многие протестантские христианские лидеры этого периода придерживались негативной точки зрения на православие благодаря оценкам влиятельного немецкого теолога и церковного историка А. Харнака, в чьих работах содержалось «бескомпромиссное осуждение восточных церквей как реликтов синкретических культов поздней Античности, покрытых одной лишь тонкой оболочкой христианства» [Stammler 1979: 208].

Взгляд ХСМЛ на православие

Деятельность ХСМЛ в России и Греции стала необычным примером сотрудничества между американскими протестантами и православными христианами. В 1875 году мало кто из членов Союза мог предположить, что 50 лет спустя их организация будет издавать труды по православному богословию. В то время почти все члены Союза принадлежали к евангелическим церквям и принимали традиционную форму протестантского богословия. Лишь немногие из них были знакомы с православными верующими или изучали историю Восточной церкви. Позиция американской Y-организации в отношении православной веры значительно изменилась с 1900 по 1940 год; отношение ее руководителей и секретарей в эти годы варьировалось от отвержения до похвалы. Представляется совершенно невозможным определить какую-либо одну позицию ХСМЛ по отношению к православию в тот или иной период. Однако среди этого разнообразия взглядов можно выделить основные этапы эволюции преобладающей позиции, чему посвящен ряд примеров в следующем разделе.

С 1900 по 1918 год лидеры «Маяка» в Санкт-Петербурге (в дальнейшем Петроград) выражали и демонстрировали смиренную терпимость к православию, его доктрине, практикам и руководству. «Маяк» действовал с одобрения государства, поэтому они поддерживали вежливые отношения с Церковью, чтобы сохранить свободу своей деятельности. Они поощряли и поддерживали молодых православных верующих, но надеялись, что наступит день, когда они смогут без ограничений обучать евангельской протестантской вере и практикам. Их возмущала необходимость оставлять все преподавание Библии священникам государственной Церкви, и они сомневались в спасении души многих священнослужителей. Однако им удавалось действовать без серьезного противодействия со стороны иерархии. Подобной позиции придерживалось в том числе Британское и иностранное библейское общество. В начале XIX века Библейское общество решило сотрудничать с Православной церковью, чтобы расширить масштабы своего служения среди населения России. В тот же период Русское студенческое христианское движение обычно действовало без официального разрешения государства, поэтому ему не требовалось полагаться на священнослужителей при проведении религиозных программ. Американцы, работавшие с РСХД, приветствовали участие и активистскую работу православных студентов, но придерживались межконфессионального подхода, который стремился делать упор на общие убеждения, разделяемые всеми христианами, и избегать религиозных разногласий. Таким образом, американские протестантские лидеры сотрудничали с православными верующими на прагматичных началах, но не поощряли их делиться отличительными особенностями своего наследия с представителями других конфессий.

По разным причинам руководители ХСМЛ стали более активно поддерживать Православную церковь в годы Первой мировой войны, революций и Гражданской войны. Они призывали Y-секретарей помогать священнослужителям в служении. Однако заявленная позиция ХСМЛ в отношении работы в России не исключала сотрудничество с другими неправославными конфессиями. Философию подхода, в рамках которого Союз работал в течение этого периода, можно назвать *ограниченной поддержкой*. После революции европейские руководители русского направления ХСМЛ пришли к *восторженной поддержке* православия, они даже избегали поддерживать русские протестантские начинания. Такая конфессиональная политика Союза была необычной и развивалась не без противодействия со стороны некоторых секретарей. К 1940 году смиренная терпимость окончательно сменилась *восторженной поддержкой* русского православия среди секретарей. Тем не менее всегда оставалось заметное меньшинство, критиковавшее Церковь и сотрудничество с ее руководством некоторых членов ХСМЛ.

Растущая поддержка православия в Союзе происходила параллельно отказу ряда секретарей от некоторых чисто протестантских убеждений, таких как примат Писания над разумом и традицией и оправдание, достигаемое единственно через веру (то есть независимо от поступков верующего). Парадоксально, но по мере того как американский ХСМЛ отходил от доктрин традиционного протестантизма, сотрудники русской миссии все больше поддерживали православные церкви, которые придерживались заметно более традиционных доктрин.

Дж. Р. Мотт проложил путь Союзу своей симпатией к православию и желанием поддержать и расширить их служение. Незадолго до начала работы ХСМЛ в России Мотт встретился с архиепископом Николаи, русским миссионером, который основал Японскую православную церковь. Встреча с этим иерархом изменила его представления о коррумпированной и подневольной Церкви. Мотт «увидел, что один православный миссионер смог основать большую церковь даже во враждебной стране»[11]. Его энтузиазм возрастал во время встреч с духовенством во время его участия в миссии Рута 1917 года. Он почувствовал настроение обновления и оптимизма. Его восторженная оценка часто подчеркивалась в его публичных высказываниях и письмах.

Ф. Гейлорд был первым сотрудником полевой работы ХСМЛ, который жил и работал в России. В своих письмах и отчетах он часто довольно критически отзывался о традиционной вере. После восьми лет работы с «Маяком» он писал: «Существует большая трудность в привлечении мужчин-христиан в качестве добровольных работников. Православное русское христианство — это низкий сорт христианства, и найти людей с настоящим духовным развитием почти невозможно». Он сообщал, что распространенная религия не имеет большого значения в повседневной жизни: «Русские священники и вообще русские люди формально наиболее религиозны. На самом деле во всем русском обществе ощущается шокирующий недостаток христианства. Россия, как и любая другая страна, нуждается в людях с характером и всесторонним христианским развитием». Его особенно расстраивали ограничения, наложенные на религиозную работу «Маяка» его официальным уставом: «Хотя в настоящее время его работа носит в основном превентивный характер, есть надежда, что с ростом религиозной свободы в России общество станет все более и более похожим на американский Христианский союз молодых людей, на основе которого, насколько это было возмож-

---

[11] Anderson Paul B. A Study of Orthodoxy and the YMCA. Booklet printed in Geneva by the World Alliance of Young Men's Christian Associations, 1963. P. 15. Pamphlets on Orthodoxy. YMCA of the USA, Anderson, Paul B, 1. KFYA.

но, оно было создано»[12]. Гейлорд старался работать со священниками, которые умели находить общий язык с молодежью и в целом могли в своем общении устанавливать прочные контакты с людьми, но его часто разочаровывало то, что он чувствовал недостаток духовного пыла и способностей к преподаванию Библии: «Среди тысяч священников в этом городе, похоже, лишь некоторых можно было бы назвать настоящими христианами»[13]. Помощник Гейлорда, Э. Мораллер, разделял его негативные взгляды и надеялся на более широкие возможности в будущем: «Мы надеемся, что не за горами то время, когда слово "христианин" во всей полноте своего смысла осенит нацию. Чтобы все люди могли познать Христа как Спасителя и Господа в жизни и делах. Пока же Он для них — Нечто далекое и недоступное»[14].

«Люди Y», работавшие среди студентов университетов, придерживались схожих критических взглядов. В своем годовом отчете за 1914 год Филипп А. Шварц дал развернутое резюме своих взглядов: «Православная церковь совершенно не приспособлена к новым условиям, не говоря уже о ее абсолютной неспособности удовлетворить духовные запросы прежних лет». Его оценка была полностью негативной и повторяла общепринятые критические замечания о недостатке библейских знаний, аффилированности с государством, народных суевериях, жадности духовенства и безнравственном руксводстве[15].

---

[12] Gaylord Franklin. Extracts from Report for the Year 1908 of the Society for the Moral, Intellectual and Physical Development of Young Men in St Petersburg Russia. P. 10–11. Correspondence and Reports, 1903–1910. Russian Work Restricted, Correspondence and Reports, 1903–1917. KFYA.

[13] Letter from Franklin Gaylord to John R. Mott, Mar. 11, 1912. P. 1. Correspondence and Reports, 1911–1912. Russian Work Restricted, Correspondence and Reports, 1903–1917. KFYA.

[14] Moraller Erich. Report of the Physical Department and the Department of Bible Study in the Society "Miyak" [1910]. P. 4. Russian Work. James Stokes Society including Saint Petersburg. KFYA.

[15] Swartz Philip A. Annual Report of Philip A. Swartz [Sept. 30, 1914]. P. 5–6. Correspondence and Reports, 1913–1914. Russian Work Restricted, Correspondence and Reports, 1903–1917. KFYA.

По мере того как после 1914 года работа Союза в России расширялась, отношение большинства секретарей становилось все более позитивным. Влияние Мотта продолжалось — особенно благодаря его знакомству во время миссии Рута с будущим патриархом Тихоном, которое устроил обеспеченный американский филантроп Ч. Р. Крейн, который был особенно озабочен Россией и финансировал хор Тихона в Нью-Йоркском соборе. После 1917 года вся программа ХСМЛ получила благословение патриарха Тихона. И. Т. Колтон, старший секретарь по работе в России с 1918 года, установил доверительные отношения с православной иерархией. В последующие годы Тихон передавал через Колтона инструкции митрополиту Евлогию в Берлине. Однако Колтон утверждает, что с 1917 по 1921 год Союз получил неоднозначную реакцию со стороны русского православного духовенства: «Вероятно, где-то половина нам показалась дружелюбной, остальные же — отстраненными»[16].

В 1920 году У. Бантон, руководитель русской программы ХСМЛ, работавший в Нью-Йорке, написал письмо, в котором сформулировал политику ограниченной поддержки православия, сложившуюся к тому моменту. Бантон описывает православие как «фундаментально здоровое» и считает, что его слабости коренятся в многолетнем государственном контроле. Затем он высказывает свое мнение о том, что Союз мог бы работать в православном контексте: «Что касается необходимости сначала евангелизировать русский народ, прежде чем мы посеем семена местного движения Союза, я не считаю, что это необходимо, либо желательно». В завершение своего заявления Бантон описывает свое желание, чтобы ХСМЛ работал с Православной церковью и другими христианскими церквями в России: «Официальная позиция Союза в отношении Православной церкви — это позиция сотрудничества, но мы не ограничиваемся поддержкой только этой христианской организации, а хотим в равной степе-

---

[16] Colton E. T. The Russian Work Sequences with their Church Relations, n.d. P. 2–3. YMCA Relationships (1920–1925). 2. Russian Church. KFYA.

ни служить всем христианским организациям, существующим в России»[17]. В письме выражается признательность Русской церкви, но приводится ряд типично протестантских критических замечаний, дух письма кажется искренним, хотя и не до конца. Его подход можно назвать позитивным и межконфессиональным.

Преподобный Ф. Ч. Мередит сыграл ключевую роль в ознакомлении секретарей ХСМЛ с историей и верованиями православия и поощрении их к развитию товарищеских отношений как с духовенством, так и с мирянами. Однако он воздержался от полного одобрения этой идеи. Его брошюра «Христианский союз молодых людей и Русская православная церковь»[18] использовалась в качестве учебного пособия для сотрудников. Мередит служил настоятелем Американской епископальной церкви в Майебаши, в Японии, до того как стал служить в Сибири. Он писал, что старший национальный секретарь ХСМЛ в России Г. С. Фелпс считал, что служение русской молодежи лучше всего проводить в сотрудничестве с Русской православной церковью, поскольку она «является определяющим религиозным влиянием в стране». Эту точку зрения разделяли не все секретари. В целом работники Союза, которые начали работать в Сибири в 1918 году, были «невежественны» в отношении православия, в то время как Церковь была невежественна в отношении ХСМЛ. Мередит работал среди американских войск в Спасском, но Фелпс попросил его заняться изучением православия и помочь Союзу наладить отношения с Русской церковью. Мередит уже некоторое время изучал православие и на основании своего опыта понимал, как следует заниматься развитием отношений между англиканами и православными. Мередит разработал программу из пяти шагов: 1) изучить Русскую церковь, встречаясь с духовенством и посещая богослужения; 2) рассказать об ХСМЛ духовенству

---

[17] Letter from Wm. Walter Banton to Oliver J. Frederickson, Dec. 3, 1920. P. 1. Correspondence and Reports, 1920. Russian Work Restricted, Correspondence and Reports, 1918–1921. KFYA.

[18] Frederic Charles Meredith, The Young Men's Christian Association and the Russian Orthodox Church (New York: The International Committee of Young Men's Christian Associations, 1921). Russian Work, Restricted, Pamphlets. KFYA.

и мирянам Церкви; 3) объяснить доктрину и богослужение Церкви работникам ХСМЛ; 4) исследовать религиозные условия в городах и влияние Церкви; 5) изучить условия студенческой жизни и влияние православия[19].

Он начал свое исследование в 1919 году со встречи в Томске с епископом Анатолием, который был знаком с ХСМЛ, поскольку посетил Соединенные Штаты. Епископ тепло принял Мередита и дал много предложений по программе обучения. Мередит с большим энтузиазмом описывал богослужения, которые он смог посетить. Основываясь на этих впечатлениях, он объяснил продолжающиеся споры вокруг символа ХСМЛ — треугольника, символизировавшего связь тела, разума и духа: «Вершина треугольника во многих русских православных церковных украшениях, и особенно в изображениях и картинах Бога Отца, направлена вверх; поэтому многим красный треугольник, направленный вниз, а не вверх, казался популярным "знаком дьявола" или еврейской эмблемой». Мередит писал, что епископ Анатолий велел ему «принимать участие в церковных службах, как только я [Мередит] овладею [русским языком] на достаточном уровне». Службы вызвали у него глубочайший энтузиазм, и он был потрясен «великолепием русского богослужения»[20].

После ознакомительной поездки Мередит выступил перед секретарями Союза во Владивостоке с речью об истории и вероучении православия. Он подчеркнул, что знание Церкви напрямую зависит от посещения богослужений. Он «настаивал на том, что долг каждого секретаря, работающего в России, — делать это». Брошюра завершалась общими замечаниями и планами для ХСМЛ. При этом доктринальный консерватизм Церкви он оценивал положительно.

> Русская православная церковь никогда не выдала ни единого намека на неопределенность в отношении центральных идей христианства, Сына Божьего Иисуса Христа, и когда

---

[19] Meredith. The Young Men's Christian Association... P. 3–4.

[20] Ibid. P. 8, 10, 13, 30.

настанет тот день, в который сокровища Церкви станут полностью открыты западным умам, станет очевидным, насколько сильно за минувшие столетия она продвинулась в постижении Христа.

Он отметил, что Русской православной церкви необходимо добиться лучшего понимания того, что представляет собой протестантизм, и продолжать следовать пути реформ. Вывод был не совсем положительным.

Церковь оттолкнула от себя тысячи людей, и грехи дел упущенных и дел ею совершенных висят на ее шее, как альбатрос на шее древнего мореплавателя. Однако, как уже было сказано, «Церковь несокрушима, и ее влияние в России неистребимо. С ее помощью можно привлечь к добру миллионы людей, которых нельзя привлечь никаким другим способом. Она нуждается в сочувствии и помощи»[21].

Он отметил, что испытывает симпатию к другим христианским конфессиям России, таким как старообрядцы и «различные секты». Однако он не верит, что они способны дать такую веру, которая могла бы выступить объединяющей силой для русского народа. Он предположил, что, хотя русские протестанты и используют некоторые слова, похожие на то, что говорят американские протестанты, между этими группами существует лишь «поверхностное сходство». Он хотел служить и помогать Русской православной церкви и основывал свои взгляды на принятых в ХСМЛ положениях о служении среди местной церкви. Он был согласен с общими указаниями руководства русской миссии Союза по поддержке православных. Он дал следующие рекомендаци ХСМЛ: 1) изучать и посещать православные богослужения; 2) составить справочник по истории Русской церкви; 3) сотрудничать с местным духовенством при планировании программ; 4) размещать иконы в зданиях Союза и проводить православные молебны; 5) распространять информацию о ХСМЛ среди духо-

---

[21] Ibid. P. 41–45, 49, 52.

венства и мирян. «Мы можем оказать великую помощь Русской православной церкви. Русская православная церковь может оказать великую помощь нам. При взаимном уважении и энергичном сотрудничестве каждый в своей сфере может сделать многое для "бедной России"»[22].

Колтон продолжал работать в Советской России с 1922 по 1925 год с Американской администрацией помощи. За это время он смог понаблюдать за работой американских методистов, лютеран, баптистов и меннонитов в России. Методисты и баптисты поддерживали работу по созданию новых церквей, в то время как лютеране и меннониты занимались организацией помощи[23]. Он понимал, что в тех условиях Православная церковь сталкивалась с более жестким противодействием со стороны правительства, нежели «сектанты», к которым относились баптисты и евангельские христиане. Эта ситуация, несомненно, усилила его симпатию к православным. Он считал, что советское правительство с пониманием относится к сектантам, поскольку они подвергались гонениям в период, когда революционеры выступали против царского правительства. Кроме того, он считал, что правительство благоволит сектантам, так как это может помочь ослабить Православную церковь[24].

В 1922 году Колтон стал участвовать в сопротивлении Церкви требованию советского правительства передать религиозные ценности в качестве вклада на помощь голодающим. Патриарх и Синод уполномочили комитет обратиться за помощью к Колтону и попросили его связаться с руководством Американской администрации помощи. Церковь надеялась передать ценности в качестве залога для получения займа от США, который затем можно было бы направить на оказание дополнительной государственной помощи голодающим. Таким образом Церковь планировала защитить свои ценности от уничтожения. Колтон лично

---

22 Ibid. P. 53, 56–60.

23 Colton E. T. Contacts with the Russian Church, Jan. to Apr. 1922. P. 3–5. Russian Orthodox Church. Russian Work, Restricted, Ethan T. Colton Collection. KFYA.

24 Ibid. P. 2.

поговорил с полковником Хаскеллом, который выразил сочувствие бедственному положению Церкви, но отказался от реализации этого плана по трем причинам. Во-первых, этот план был бы расценен как политический шаг, нарушающий устав АРА для России. Во-вторых, надежные банкиры не приняли бы ценности в качестве залога. В-третьих, транспортные ограничения означали бы, что средства не смогут дать нуждающимся больше продовольствия[25].

В 1920-х годах Колтон также оказался втянут в попытки обновляемого проправительственного крыла православных «Живая Церковь» заручиться поддержкой американских методистов[26]. Колтон был методистом и резко выступал против этого движения, которое он считал схизматическим. Главным сторонником поддержки методистами этой группы стал бывший секретарь ХСМЛ Ю. Геккер, обладавший необычайной способностью втягивать Союз в различного рода спорные ситуации. Геккер был весьма плодовитым радикальным писателем и откровенным противником традиционного православия, которое он считал лишенным нравственной силы и творческого мышления. В одной из статей он утверждал, что «русский действительно набожен, хотя его набожность имеет мало общего с его моральными нормами» [Hecker 1920: 898]. В другой работе он добавил, что «религия имеет мало общего с формированием морального кодекса и практик русского народа» [Hecker 1933: 33]. По причине своей недостаточной осведомленности он обходил своим вниманием то интеллектуальное брожение, которое было характерно для дореволюционного периода: «Существует некоторая ученость для сохранения традиционного богословия и защиты от еретиков, которые могут подорвать православную веру, но для оригиналь-

---

[25] Ibid. P. 5–6. См. [Patenaude 2002: 654–662]. Предложение Церкви Колтону не включено в отчет Патенода. Отчет Колтона проливает дополнительный свет на слухи, окружающие АРА и Русскую православную церковь; многие русские в то время верили, что сокровища Церкви были изъяты для оплаты продовольственной помощи АРА.

[26] Чтобы ознакомиться с недавними исследованиями «Живой Церкви», см. [Roslof 2002; Kenworthy 2000/2001: 89–130; Kimbrough 2002a: 105–118].

ного мышления в Православной церкви нет ни нужды, ни места» [Ibid.: 29]. В одной из своих статей, написанной в 1924 году, он едва ли пытался скрыть свое ликование по поводу советской атаки на Церковь. Он писал, что «русская церковная иерархия пожинает свою собственную жатву», поскольку она поддерживала подавление как неправославных групп, так и революционеров. Он надеялся, что в будущем Россия добьется успешного «слияния личностного элемента, о котором говорит Евангелие, с социальным элементом, о котором говорит коммунизм» [Hecker 1924: 554–555].

Геккер стал советником и пропагандистом «Живой Церкви» и советником А. И. Введенского, видного лидера этого движения. Колтон описывал усилия Геккера со смесью сочувствия и разочарования: «Он хочет, чтобы социальная программа правительства была успешной, потому что считает, что она имеет ту же цель, что и христианство, и следовательно, Церковь должна существовать в согласии с правительством»[27]. Геккер организовал встречу американского методистского епископа Дж. Л. Неульсена в Москве с лидерами «Живой Церкви», которые попросили помощи у американских методистов. Неульсен критически относился к старому режиму и с большим энтузиазмом воспринимал «Живую Церковь» и ее планы по модернизации Русской православной церкви[28]. Когда Колтон узнал о планах Геккера и этих методистских лидеров, он вмешался и предоставил информацию против «Живой Церкви», чтобы предотвратить дальнейшее развитие этих отношений. Он не хотел, чтобы его собственная деноминация «поддерживала раскольническую "Живую Церковь" и превращала ее в нечто похожее на методизм»[29]. Колтон также кон-

---

[27] Colton E. T. The Religious Situation in Russia, Nov. 1, 1923. P. 8–9. The Religious Situation in Russia. Russian Work, Restricted, Pamphlets. KFYA.

[28] Soviet Russia: Address of Bishop Neulsen to Annual Meeting, Board of Foreign Missions [1922]. P. 1–4. YMCA Relationships (1920–1925). 1. Russian Church. KFYA. См. также [Kimbrough 2002a].

[29] Colton E. T. The Russian Work Sequences with their Church Relations. n.d. P. 2–3. YMCA Relationships (1920–1925). 6. Russian Church. KFYA.

сультировал Федеральный совет церквей, занимавшийся тогда подготовкой политики непризнания «Живой Церкви» [Colton 1940: 155–156]. Он был убежденным сторонником патриархальной Церкви и отказывался поддерживать какие-либо конкурирующие фракции.

В эссе Колтона "The Russian Orthodox Church — a Spiritual Liability or Asset?" («Русская православная церковь — духовный недостаток или преимущество?»), опубликованном в 1925 году, оспаривается мнение Геккера о том, что гонения на Церковь были справедливым наказанием и желанным событием. Колтон писал, что многие из распространенных обвинений в безнравственности духовенства и злоупотреблении властью признаются образованными и преданными верующими. Однако он призывал своих читателей помнить и о более достойных священнослужителях, которые также страдают от преследований: «Светские власти в национальном масштабе пытаются приучить детей к отрицанию Бога. Разве в этих обстоятельствах хорошо для Царства Божьего порочить любящих Христа и подбадривать нападающих?»[30]

Личные взгляды Колтона и уже описанный опыт служения четко отражены в программном заявлении «Позиция ХСМЛ по отношению к церковным органам в России». В документе разъясняется позиция организации по двум позициям, вызывавшим разногласия: межконфессиональное служение (вызывавшее споры в России) и поддержка Патриаршей церкви (вызывавшая споры в США). Он признал, что будет трудно сотрудничать со всеми христианскими группами, желающими этого сотрудничества. Многие представители православного духовенства будут обеспокоены оказываемой ХСМЛ поддержкой американских протестантов, которые спонсировали евангелизацию в России.

---

[30] Colton E. T. The Russian Orthodox Church — a Spiritual Liability or Asset? Jan. 1, 1925, manuscript. P. 5. Russia, Colton E. T., Reports, Addresses, and Papers, 2 vols. KFYA. Позднее было опубликовано: Is the Russian Church Christian? // The Christian Century. May 7, 1925. P. 602–604.

С другой стороны, многие консервативные протестанты будут против помощи Русской церкви, «которая, по их мнению, утратила свою надежность и отягощена не только формализмом, но и суевериями»[31].

Д. А. Лоури, секретарь ХСМЛ, работавший среди эмигрантов в 1920–1930-х годах, предпринял серьезную попытку понять мировоззрение православных верующих и попытался применить полученные знания в своей работе. Некоторые из своих идей он обобщил в работе "A Method of Bible Study for Orthodox Groups" («Метод изучения Библии для православных групп»). Лоури писал о том, как поощрять групповое изучение Библии среди верующих этой конфессии, которые часто не решались приступить к обсуждению выбранного отрывка из Писания, если беседу не вел священник. Он отметил, что эта нерешительность коренится в уважении к Библии и страхе перед ересью. Лоури предложил использовать труды отцов Церкви, таких как Иоанн Златоуст, для выбора вопросов для обсуждения. Златоуст был известен своим пониманием проблем повседневной жизни[32].

В 1925 году американский ХСМЛ внес изменения в свой устав по вопросу требований к членству. Теперь любой, кто верит в «божественность» (термин, по-разному используемый разными группами) Иисуса Христа, мог быть активным членом с правом голоса. Таким образом, членами Церкви могли стать католики и православные. Однако «90 % руководящих или управляющих комитетов и все делегаты на национальных или международных

---

[31] Colton E. T. The Position of the Y.M.C.A. in Regard to Church Bodies in Russia. n.d. Russian Orthodox Church. Russian Work, Restricted, Ethan T. Colton Collection. KFYA. Похожий взгляд приводится Y-секретарем, см.: Ralph W. Hollinger. What American Protestant Churches Can Do for Russia. Apr. 15, 1920. Correspondence and Reports, 1920. Russian Work Restricted, Correspondence and Reports, 1918–1921. KFYA.

[32] A Method of Bible Study for Orthodox Groups (Prague) [1925]. P. 1–2. 1925. Russian Work — Europe, Restricted, Correspondence and Reports, 1920–1929, Annual Reports, 1920–1929. KFYA.

законодательных собраниях Союза должны быть членами протестантских евангелических церквей»[33].

В 1920-е годы, когда ХСМЛ начал работать среди православных эмигрантов, они оказались в новой среде. Среди наиболее консервативных элементов православной иерархии усилилась критика в адрес ХСМЛ. Кроме того, Церковь становилась все более популярной среди молодых людей, ищущих духовные корни. Y-секретари обнаружили, что переходят к исключительной поддержке православия и строят свои программы на конфессиональной, а не межконфессиональной основе. В одном из документов они защищали свою работу в России: «Ни в коем случае ответственные руководители Союза не имели намерения подрывать русское христианское учение. Просто их агенты были слишком мало информированы»[34]. Движение в сторону поддержки православных программ, таких как эмигрантское РСХД, YMCA Press и Свято-Сергиевская православная богословская академия, вызвало острые вопросы со стороны некоторых руководителей и секретарей. Одна из точек зрения была выражена в «Обзоре североамериканского служения ХСМЛ среди русских в Европе», подробном обзоре объемом более 250 страниц, в котором рассматривалась работа в течение 1920-х годов. В предисловии (безымянном) рецензент ставил под сомнение разумность поддержки исключительно Православной церкви. В документе выражалось сомнение в том, что эта Церковь когда-либо сможет «оказывать контролирующее влияние». Далее он предположил, что в основе программы может лежать «неизбежный результат тоски по родине»[35]. Однако далее в обзоре объяснялась основа принятой политики поддержки только православных программ: «Другие исторические конфессии имеют иностранное происхо-

[33] Anderson Paul B. Fundamentals of the Young Men's Christian Association, unpublished draft, 1929. P. 23. PBAP.

[34] Ibid. P. 40.

[35] International Survey Committee. Survey of North American YMCA Service to Russians in Europe [1930]. P. ii. Russia. International Survey — 1930, Roumania, Russia, South Africa, Box 12. KFYA.

ждение и до сих пор не смогли стать неотъемлемой частью русской культуры»[36].

Опыт и исследования П. Б. Андерсона, последовательного сторонника служения в строгом согласии с исповеданиями, стали ключевыми факторами в формировании этой позиции. В 1926 году в трехстраничном документе "The YMCA and the Russian Orthodox Church" («ХСМЛ и Русская православная церковь») он изложил прошлые и нынешние проблемы, которые разделяли ХСМЛ и Церковь. Андерсон рассмотрел некоторые конфликты, которые возникли между Союзом и более консервативными элементами Церкви в изгнании. Он объединил эти проблемы под семью заголовками:

> 1) «Неправильные представления о ХСМЛ»; 2) «Слабости православия»; 3) «Враждебное отношение к ХСМЛ со стороны органов власти»; 4) «Слабости ХСМЛ»; 5) «Фундаментальные различия между протестантами и православными»; 6) «Консерватизм против либерализма как в православных, так и в протестантских общинах»; и 7) «Вопросы, связанные с политической и социальной теорией».

Каждый раздел содержал ряд фундаментальных и второстепенных вопросов, которые послужили причинами возникновения этих конфликтов. Например, Андерсон описывал ошибочные представления некоторых православных о том, что ХСМЛ является масонской организацией, что у нее есть скрытые мотивы и что она «утратила веру в Христа как Спасителя и Бога». В каче-

---

[36] Ibid., Box 14–15. KFYA. Есть некоторая доля иронии в том, как руководители ХСМЛ последовательно называют русский протестантизм «иностранным». При этом первые баптистские и евангелические христианские церкви в Российской империи не было организованы иностранцами. Определенно существовало влияние Германии и Великобритании, однако, скорее всего, оно не превышало по своей силе влияние Византийской империи на Киевскую Русь в X и XI веках. Русские протестанты действительно переводили некоторые из используемых ими гимнов, ровно так же, как это делали представители древнерусской церкви с текстами, изначально написанными на греческом.

стве слабостей православия он перечислил ревность по отношению к реакции молодежи на программы ХСМЛ, поскольку подобных мероприятий у них не было. Он также упомянул «гордыню возраста» — неприятие всего нового. Касательно слабостей Союза он писал: «Настаивание на "минимализме" идей, с которыми могли бы согласиться все члены, а не на "максимализме", который позволил бы каждой конфессиональной группе привнести собственные религиозные идеи во всей своей полноте». С самого начала работы с русскими ХСМЛ предпочитал, чтобы члены движения не акцентировали внимание на конфессиональных и деноминационных различиях — в этом заключалась позиция минимализма. В итоге православные участники утверждали, что они должны иметь возможность в полной мере выражать свои православные убеждения в рамках движения Союза — это была позиция максимализма. Также были отмечены «неосведомленность секретарей о православии» и «использование денег, приводящее к быстрому росту, лишенному прочной духовной основы». В разделе «Фундаментальные различия» Андерсон написал: «Протестантизм — развивающаяся доктрина. Православие основано на догмах». Андерсон стремился рассматривать существующие конфликты со всех возможных точек зрения, вместо того чтобы сводить их к простому разделению на белое и черное. Важно отметить, что он часто оспаривал предыдущие действия ХСМЛ, но никогда не оспаривал то направление, в котором ХСМЛ двигался теологически[37].

Такая выраженная поддержка Андерсоном Православной церкви даже привела к некоторому отстранению от самых крупных протестантских церковных движений в России, баптистов и евангелических христиан, поскольку он считал их виновными в прозели-

---

[37] The YMCA and the Russian Orthodox Church. Nov. 27, 1926. P. 1–3. 1925. Russian Work — Europe, Restricted, Correspondence and Reports, 1920–1929, Annual Reports, 1920–1929. KFYA. Обзорная работа Андерсона по православию: The Eastern Orthodox Church in a Time of Transition // Over There with the Churches of Christ. Bulletin 15, 1936. New York: Central Bureau for Relief of the Evangelical Churches of Europe. P. 7–13. Pamphlets in English. Russian Work, Restricted, Pamphlets. KFYA. PBAP.

тизме, то есть активном переманивании людей из одной религиозной группы в другую. Он не хотел поддерживать И. С. Проханова, ключевого лидера евангелических христиан[38]. Андерсон, похоже, приравнивал любую протестантскую евангелизацию в России к прозелитизму, что является весьма сомнительным выводом в отношении страны со столь долгой историей сращения государства и Церкви. В своих книгах и статьях он не затрагивал вопрос о том, как именно подобная точка зрения могла сосуществовать с его регулярными призывами к полной религиозной свободе.

Книга Лоури "The Light of Russia" («Свет России») служила для читателей введением в православную жизнь и веру, а также давала представление о меняющейся позиции ХСМЛ. Он положительно оценил уникальную роль, которую Церковь играла с самых ранних дней Киевской Руси [Lowrie 1923: 126, 190–191]. Несмотря на свою горячую поддержку Русской церкви, он считал, что ХСМЛ может внести значительный вклад. Лоури, как и другие члены Союза, никогда не утверждал, что Церковь была свободна от слабостей, они оставались протестантами и верили, что им с их религиозным наследием было что предложить другим. Он надеялся увидеть большее внимание к Священному Писанию.

> Возможно, дополнительный упор на изучение Библии — это еще один шаг, который русское христианство могло бы сделать на пути своей реорганизации, обращаясь к Евангелию не просто как к источнику религиозного знания и вдохновения, но как к руководству для того, чтобы привнести христианство в каждый аспект повседневной жизни, как общественной, так и личной.

Лоури верил, что такие программы, как Богословский институт, могут вдохновить на изменения с помощью «нового типа духовенства, которое могло бы сохранить все хорошее от старого порядка и одновременно с этим привнести в свою работу

---

38 Letter from Paul B. Anderson to E. T. Colton, Feb. 14, 1933. ROTA, 1930–1933. Russian Work — Europe, Restricted, Russian Orthodox Theological Academy, Russian Student Christian Movement, Russian Student Fund. KFYA.

расширенные идеалы и более высокие культурные стандарты», чтобы «Церковь снова заняла свое надлежащее место в качестве проводника нации в ее моральной и религиозной жизни». Он резюмировал свое убеждение следующим образом:

> Если религия состоит исключительно в красивом богослужении, приверженности древним верованиям и обычаям, почитании святости в любом возрасте и искреннем желании распространять имя Иисуса Христа, то протестанты не способны ничему научить Россию; но если она означает, помимо всего этого, растущую активность на службе человечеству, глубокое понимание потребностей современной жизни и желание воспитывать свою молодежь так, чтобы она в будущем служила нуждающимся, то, возможно, у протестантизма есть послание для русского христианства.

Лоури считал, что американские протестанты должны работать в тылу, а не на передовой: «Православная церковь готова принять любую помощь, которую могут оказать ей другие христианские организации, но если цель проповеди состоит в том, чтобы ее мог понять русский менталитет, она должна вестись русскими» [Ibid.: 196–197, 232]. Это убеждение мотивировало сотрудников ХСМЛ, которые работали за кулисами, чтобы облегчить работу русских верующих. Колтон так подытожил отношения между этими двумя группами после 1917 года:

> Две группы, восточная и западная, православная и протестантская, священническая и евангелическая, пытались найти основу и метод для общей программы. В обеих группах были люди с ограниченными знаниями и пониманием духовной ценности доктрин, богослужений и обрядов друг друга. Некоторые такими же и оставались. Таких пришлось отстранить. Неосведомленные, но желающие учиться, учились. Неуклюжие приобретали навыки [Colton 1940: 151].

Многие русские православные верующие искренне ценили щедрую финансовую поддержку и помощь в реализации программ, оказываемую ХСМЛ. 10 мая 1918 года патриарх Тихон выступил со следующим заявлением в поддержку Союза: «Мы даем тем, кто выполняет эту добрую работу, наше молитвенное благословение, прося Господа помочь им в успешном выполнении этой задачи»[39]. Митрополит Евлогий объяснил, почему ХСМЛ и ВСХФ (Всемирная студенческая христианская федерация) получили его благословение: «Ни одна другая иностранная организация не помогала русской молодежи на ее пути к Церкви и самой Церкви с таким вниманием и таким уважением»[40]. Развитие позитивных отношений между ХСМЛ и православными описано в следующих главах. Однако многие представители православного духовенства яростно выступали против Союза как подрывной субхристианской организации, стремящейся к их уничтожению; другие получали помощь, но при этом втайне сохраняли свое настороженное отношение к этому американскому проекту. Наиболее распространенным обвинением было то, что ХСМЛ был масонской организацией. Другие опасались, что это был еврейский заговор, демоническое движение или программа замаскированного протестантского прозелитизма. Эти обвинения обсуждаются в конкретном контексте в других главах — в этом разделе представлены общие очертания и источники опасений, связанных с ХСМЛ.

Масонство появилось в России в XVIII веке как международная организация, проповедующая «братство», любовь к ближнему и равенство всех людей. Масоны подчеркивали общую веру в Бога вместо конкретных верований какой-либо одной религиозной группы, такой как Православная церковь. Дж. Биллингтон описывает масонство как «надконфессиональную деистическую церковь» [Billington 1970: 245][41]. Движение не вступало в открытое проти-

---

[39] Вестник Русского студенческого христианского движения, Aug. 17, 1919, First year of publication. N 1. P. 4. Lighthouse Herald. Russian Work, Restricted, Periodicals. KFYA.

[40] Letter from G. G. Kullmann to E. T. Colton, Jul. 28, 1926. P. 1. YMCA Relations (1926–). Russian Church. KFYA.

[41] См. также с. 242–252, где описывается масонство в России. Два недавних исследования масонства в России и Америке [Smith 1999] и [Dumenil 2002: 605–620].

востояние с Православной церковью и включало в свою деятельность русских священников, но некоторые масоны демонстрировали значительно большую лояльность масонству, чем православию. В 1792 году Екатерина II запретила масонскую деятельность, Александр I отменил этот запрет, но в 1822 году ввел его вновь [Zacek 1966: 412]. В 1900 году многие представители Русской церкви и государства продолжали противостоять идеям масонства. К подозрениям в масонской принадлежности ХСМЛ в первые годы его существования в России привели скорее очевидные сходства в верованиях между ними, нежели какие-либо документально подтвержденные организационные связи. В результате американским масонам не разрешалось работать в штате «Маяка»[42]. С 1900 по 1940 год ряд россиян обвиняли ХСМЛ в том, что он является масонской организацией. Эти обвинения обычно исходили от более консервативных православных священнослужителей. Как позже писал Н. М. Зёрнов, многие из них утверждали, что ХСМЛ был не чем иным, как крылом масонского движения. Поэтому целью Союза якобы был подрыв традиционного православного богословия и уничтожение Церкви. По мнению этих критиков все верующие, участвовавшие в работе Союза, были «обманутыми простаками» или агентами, купленными ХСМЛ [Zernov 1967: 670][43]. Обвинения против Союза были особенно интенсивными и публичными в середине 1920-х годов, когда ХСМЛ и эмигрантская Церковь работали над укреплением связей. Как указал Зернов, одно из частых критических замечаний было направлена на точку зрения многих секретарей, что Христос был лишь образцовым человеком, а не совершенным Богом и совершенным человеком. Как утверждалось в одном критическом отчете, ХСМЛ представляет «Иисуса Христа не как нашего Бога и Спасителя, а лишь как великого учителя». В этом отчете цитировалась книга Геккера

---

[42] Davis D. E. YMCA Russian Work: An Interview with Dr. Paul B. Anderson, Sept. 9, 1971. P. 62. Russian Work, Restricted, General, Personal Accounts. KFYA. На этой же странице Андерсон добавляет: «Естественно, во время войны это не имело никакого значения».

[43] Два примера таких обвинений [Иванов 1993] и [Иванов 1997].

о Союзе и две другие книги, опубликованные ХСМЛ в русском переводе: "The Social Principles of Christ" («Социальные принципы Христа») У. Раушенбуша и "The Manhood of the Master" («Человечность Учителя») Г. Э. Фосдика. В отчете сравнивались комментарии из масонских руководств с принципами ХСМЛ и делался вывод: «Сходство между этими двумя идеологиями — масонской и ХСМЛ — очень очевидно». Он процитировал В. В. Зеньковского, православного мыслителя, связанного с Союзом, чтобы доказать свою точку зрения; согласно этому отчету, Зеньковский написал: «Мы должны отринуть горделивую мысль, что Дух Божий можно найти только среди нас. Когда я находился среди христиан других конфессий, я чувствовал себя равно в Церкви»[44]. Такая точка зрения могла вызвать настоящий скандал среди ревнителей традиций православия.

Консервативные русские люди часто использовали слово «масонский» для описания человека или организации, которые демонстрировали хотя бы некоторые признаки масонства (антидогматизм, рационализм и т. д.). При этом непосредственное членство в масонской ложе не подразумевалось. В некотором смысле деятельность ХСМЛ в России не была масонской, поскольку не было обнаружено никаких доказательств, связывающих ее работу с масонством в России. Не было найдено никаких доказательств, которые бы подтверждали, что кто-либо из секретарей был масоном. В некрологе Л. П. Пеннингрота (1888–1973) отмечается, что он был членом масонской ложи, но это членство могло начаться после его службы в военное время. Однако в то же время можно утверждать, что ХСМЛ был масонским в той мере, в которой он продвигал ряд общих с масонством принципов. В Соединенных Штатах эти консерваторы, возможно, назвали бы ХСМЛ «модернистским» или «либеральным», но в России полемика между фундаменталистами и модернистами не сложи-

---

[44] Vostokoff Vladimir and Batiushkin N. S. Report Handed Over May 18/31, 1925 to the Episcopal Synod of the Russian Orthodox Church in Foreign Countries by the Former Members of the Church Administration Abroad. P. 5, 1–2, 7, 9. ROTA 1923–1929. Russian Work — Europe, Restricted, Russian Orthodox Theological Academy, Russian Student Christian Movement, Russian Student Fund. KFYA.

лась, поэтому они использовали слово «масоны», наиболее близкое по значению в их привычном словарном запасе.

Конечно, отсутствие документальных доказательств не означает, что связи не существовало. Документы об ХСМЛ в Польше содержат явные свидетельства контактов между масонскими ложами и руководством польского Союза. О них, возможно, знали противники ХСМЛ в России, особенно с учетом тесного политического и культурного взаимодействия между Россией и Польшей.

ХСМЛ также обвиняли в участии в «иудео-масонском» заговоре: согласно этой теории, евреи в прошлом захватили масонское движение, чтобы уничтожить Православную церковь, поэтому теперь Союз попал в сети еврейских лидеров. Критики часто указывали на еврейских переводчиков, нанятых ХСМЛ[45]. Теория заговора подкреплялась интерпретацией символов: например, в первые годы работы в России на униформе Y-секретарей и другом оборудовании часто был логотип с перевернутым треугольником. Как отмечалось ранее, некоторые русские верующие считали это знаком дьявола, поскольку вершина треугольника была направлена вниз, а не вверх[46].

Многие священнослужители были убеждены, что ХСМЛ намеревался «обратить русских в протестантизм», несмотря на заверения об обратном. Как отмечалось в одном отчете, «направленность этой работы явно протестантская. Сотрудничество с Православной церковью лишь терпится»[47]. Как описал этот процесс Зернов:

---

45 Davis D. E. YMCA Russian Work: An Interview with Dr. Paul B. Anderson, Sept. 9, 1971. P. 62. Russian Work, Restricted, General, Personal Accounts. KFYA.

46 Reitzel R. J. Brief Report on YMCA Work for Russians. Irkutsk, Dec. 18, 1919. [3]. Siberia 2. Russian Work, Restricted, North Russia: Archangel, Murmansk, Siberia. KFYA. 79. Vostokoff and Batiushkin, Report. P. 3.

47 Vostokoff Vladimir and Batiushkin N. S. Report Handed Over May 18/31, 1925 to the Episcopal Synod of the Russian Orthodox Church in Foreign Countries by the Former Members of the Church Administration Abroad. P. 3. ROTA 1923–1929. Russian Work — Europe, Restricted, Russian Orthodox Theological Academy, Russian Student Christian Movement, Russian Student Fund. KFYA.

> Тот факт, что эти международные организации [ХСМЛ, ХСМЖ и ВХСФ] публично отрицали какое-либо намерение прозелитизма и вели свою работу в духе уважения к восточным традициям, только усилил опасения консервативно настроенных христиан, которые подозревали, что за дружелюбием, проявляемым западными лидерами этих движений, скрываются какие-то особенно зловещие и тайные замыслы [Ibid.].

Это мнение об ХСМЛ было популяризировано в газетах и других периодических изданиях, которые комментировали деятельность Союза с разной степенью гнева и осторожности. Первый пример — статья, опубликованная в 1925 году в газете «Новое время», издании для монархически настроенных русских эмигрантов в Белграде. В ней уверенно утверждалось, что ХСМЛ была идеалистической группой американских капиталистов, находящихся под контролем евреев и масонов, — с доказательствами, содержащимися в (поддельных) «Протоколах сионских мудрецов».

> Как известно, хорошо организованный семитизм стремится захватить всю духовную жизнь христианских народов. Как это должно происходить, описано в так называемых «Сионских протоколах». <...> Семитизм стремится прибрать к своим рукам организации, которые влияют на духовную жизнь европейских христианских народов. Таким образом, масонство стало инструментом в руках евреев. Возможно, что другие организации, не имеющие ничего общего с семитизмом, также попадут в его руки. Даже ХСМЛ не устоял перед этой судьбой[48].

Второй пример — статья, опубликованная в «Вестнике РСХД» в 1927 году и содержащая более умеренную, но не менее резкую критику ХСМЛ. Ее автор, архиепископ Мефодий, рекомендовал

48　Pogodin A. Unexpected Unpleasantness // Novoe vremia, Apr. 3, 1925, N 1179, transl. in archive, 2. Corr. And Reports 1925–1949. Russian Work, Restricted, Publications, YMCA Press in Paris. KFYA.

осторожно оценивать деятельность Союза в каждом конкретном случае, оставляя окончательное решение о любых отношениях на усмотрение церковных властей. Во введении к заявлению архиепископа редактор привел следующий комментарий: «В страстной атмосфере наших церковных несогласий особое внимание широкой публики привлекают к себе голоса, обвиняющие своих противников в масонстве и в тайных ересях. Особенно же среди нас популярны ссылки на явно масонский характер ХСМЛ». Архиепископ писал, что Союз, очевидно, искренне служит Христу и поддерживает православную молодежь. Однако он также призывал к осторожности в принятии подарков от этой организации: «Союз одной рукой помогает православным, а другой — врагам православия; то, что делает правой рукой, разрушает левой рукой»[49].

Наиболее полный и прямой ответ американского ХСМЛ на всю вышеизложенную критику был изложен в брошюре «Основы Христианского союза молодых людей», дающей на 107 страницах общий обзор истории и политики организации и комментирующей историю работы ее русского направления вплоть до 1929 года. В ней содержалась значительная самокритика, что редко встречается в большинстве публикаций, опубликованных Союзом о работе русской миссии. В брошюре говорилось, что секретари допустили просчеты в сфере культуры во время своей службы в военное время: «Понятно, что в этих условиях было совершено немало ошибок, и в частности, по отношению к Православной церкви. Союз сожалеет об этих ошибках и готов признать те, за которые он действительно ответственен». В книге обсуждались слухи и недоразумения, которые возникли после войны. Автор признал, что у организации не было достаточно квалифицированных кадров для реализации планов по обслуживанию солдат и военнопленных. В связи с ощущаемой острой потребностью в персонале Союз принимал на работу людей, не

---

49 Архиепископ Мефодий / Союз Y.M.C.A. // Вестник Русского студенческого христианского движения. 1927. № 6 (июнь). С. 11–13 (второй год публикации).

обладающих необходимыми культурными и языковыми навыками. ХСМЛ также нанимал работников, которые были назначены российскими военными руководителями; эти работники не разделяли ценности Союза. Автор отметил, что организация берет на себя полную ответственность за эти решения. Он коснулся вопроса опубликованных ХСМЛ книг, написанных американскими либеральными христианскими авторами, и подчеркнул, что со всеми идеями, изложенными в этих книгах — отражавших философские дебаты Америки того времени, — руководители не соглашались и не соглашаются. В брошюре говорилось: «Не существует особого богословия Христианского союза молодых людей. Существует лишь богословия тех церквей и исповеданий, к которым принадлежат его члены — протестанты, римско-католики и православные»[50].

Неформальные дискуссии между руководителями ХСМЛ и православным духовенством из нескольких стран привели к трем официальным встречам, состоявшимся в 1928–1933 годах в Софии (Болгария), Кифисьи (Греция) и Бухаресте (Румыния). На этих заседаниях председательствовал Джон Мотт. На консультации 1928 года участники приняли Соглашение между представителями православных церквей и Всемирным комитетом ХСМЛ. Согласно этому документу, в странах с преимущественно православным населением ХСМЛ должен был проводить свою деятельность, консультируясь с ключевыми представителями духовенства. Это заявление осуждало и запрещало прозелитизм. Кроме того, в православных группах Y-активисты должны были преподавать Библию только в «полной гармонии с православным вероучением»[51].

После консультаций 1928 года международный лидер ХСМЛ В. А. Виссер 'Т Хоофт составил свои "Remarks on the Present

---

[50] ХСМЛ. Основы Христианского союза молодых людей. Paris: YMCA Press, 1929. 57–61.

[51] Davis D. A. Understanding between Representatives of the Orthodox Churches and the World's Committee of the Y.M.C.A., unpublished report, 1928. World's Committee — World's Committee and the Orthodox Church. KFYA.

Situation of the Orthodox Churches in the Balkan Area" («Замечания о современном положении православных церквей в Балканском регионе»). В этом эссе был подведен итог современному положению восточных церквей, а затем обсуждался широкий круг вопросов, связанных с работой ХСМЛ в Греции и других балканских странах. Разделы включали: «Предпосылки», «Признаки жизнеспособности», «Молодежь», «ХСМЛ в православных странах», «Отношения между православными церквями» и «Православие и западное христианство». Виссер 'Т Хоофт продемонстрировал свои знания исторического контекста, обобщая последствия Османского господства и греческого национализма. Говоря о консерватизме православия, он также указал на области относительной открытости и значение православного «ренессанса» начала XX века. Он охарактеризовал личности современных ему православных иерархов, с которыми был лично знаком. Обращаясь к двум признанным проблемам эпохи, подготовке духовенства и проповеди, он продемонстрировал глубокое знание вопросов и указал на достигнутый прогресс. Эссе написано с пониманием внутренней жизни Греческой церкви, в нем описаны два движения: Братство Zoe и Православное молодежное движение. Виссер 'Т Хоофт открыто описал противостояние в рядах ХСМЛ, вызванное расхождеием взглядов на принципы работы Союза в православных странах. В заключительных разделах документа, посвященного отношениям между православными и протестантами, он попытался посмотреть на существующие спорные вопросы с точки зрения православных, то есть верующих, которым он пытался служить. Виссер 'Т Хоофт завершил свое эссе кратким изложением того, как ХСМЛ видел свою работу на Балканах:

> Сейчас перед протестантским миром стоит вопрос, готов ли он вступить в истинное общение с православием, основанное на взаимном уважении и понимании, и поможет ли он православному миру более полно выразить свою Божественную миссию. Если протестантизм займет такую позицию, можно будет надеяться не только на новые плоды,

принесенные в жизнь православных народов, но и на значительное оживление Западной церкви благодаря старым, возрожденным церквям Востока[52].

Три консультации привели к публикации «Целей, принципов и программы ХСМЛ в православных странах», в которой были обобщены и разъяснены политические курсы, принятые в 1928 году[53]. Этот документ 1933 года отражал сдвиг в подходе Союза к православию: от смиренного принятия к прагматичной кооперации, и затем от ограниченной поддержки к восторженному одобрению.

---

[52] Visser 'T Hooft W. A. Remarks on the Present Situation of the Orthodox Churches in the Balkan Area, 1929. P. 15. Visser 'T Hooft Association Papers, May 1929. KFYA.

[53] Objectives, Principles, and Programme of Y.M.C. A's in Orthodox Countries (Geneva: World's Committee of Y.M.C.A.s, 1933). P. 16–17. PBAP.

Глава 4
Работа среди русских рабочих

Американский ХСМЛ разработал три основные программы для русских рабочих: общество «Маяк» в Санкт-Петербурге (1900–1918), Русскую политехническую школу заочного образования в Берлине и Париже (1921–1961) и Профессиональную школу ХСМЛ в Софии (1922–1924). В данной главе рассматривается развитие этих трех программ с особым вниманием к их целям, финансовым ресурсам, отношениям с Православной церковью, возникавшим разногласиям, проблемам и достигнутым результатам. Благодаря этим проектам Союз установил связи с православными мирянами и духовенством, но в то же время столкнулся с трудностями в своем продвижении протестантизма. Этот трансформирующий опыт привел последующих секретарей ХСМЛ к разработке новой философии служения, которая была тесно связана с православной верой. По этой причине данные проекты можно считать ранними шагами на пути к неоценимому вкладу Союза в развитие русского христианства.

Санкт-Петербургский «Маяк»

«Санкт-Петербургский комитет для оказания содействию молодым людям в достижении нравственного и физического развития» был основан в 1900 году. Несколько лет спустя он был переименован в Общество содействия нравственному, умственному и физическому развитию молодых людей. Эти официальные названия не использовались в повседневной жизни; большинство называло организацию обществом «Маяк» или даже просто «Маяк». Оно появилось в то время, когда движение популяризации физической культуры конца XX века пришло из Германии в Россию. Одна из ключевых идей этого движения заключалась в том, что психическое и физическое здоровье связаны между собой. Его сторонники предупреждали, что образ жизни работников в индустриальном обществе, такой как однообразный труд на фабрике или сидение весь день в непроветриваемом помещении конторы, вредны для организма. Спорт был представлен скорее как ключ к развитию личности, нежели как путь к славе победителя соревнований; внимание стало фокусироваться на здоровье и состоянии человеческого тела [McReynolds 2003: 87].

Цели и ход развития

Согласно уставу, «Общество ставит своей целью помощь в достижении нравственного, интеллектуального и физического развития молодых людей христианской веры от семнадцати лет и старше»[1]. Членами «Маяка» были в основном «белые воротнички» (занятые умственным трудом) из среднего класса, а не рабочие фабрик или студенты[2].

---

[1] The Constitution of the "Mayak," a Society for helping the moral, intellectual and physical development of young men, approved Dec. 30, 1911. P. 1. Mayak, 1905–1919. James Stokes Society including Saint Petersburg. KFYA. Многие записи программы «Маяка», по-видимому, были утеряны после 1917 года. После своего отъезда в 1917 году Гейлорд писал: «Я не смог привезти с собой никакие записи о работе "Маяка"», см.: Gaylord F. A. Notes about the Society Mayak (Y.M.C.A.) [no date]. P. 3. Correspondence and Reports 1903–1910. Russian Work Restricted, Correspondence and Reports, 1903–1917. KFYA.

[2] [Anderson Paul B.] Russian Work — Policy Study, Nov. 23, 1943. P. 1. Policy Studies. YMCA of the USA, Anderson, Paul B. KFYA. Видный историк Антон Карташев допустил ряд ошибок в своем описании истории работы ХСМЛ в России. Он называл «Маяк» программой для студентов, однако «Маяк» последовательно не допускал участие студентов в связи с возможной опасностью той популярности, которой пользовалось радикальное политическое поведение в студенческом сообществе. Он изобразил работу «Маяка» как

Основателем «Маяка» был нью-йоркский бизнесмен Джеймс Стокс (1841–1918). Он получил степень бакалавра и магистра права в Нью-Йоркском университете. За свою карьеру он пожертвовал более миллиона долларов на нужды ХСМЛ. Его главным представителем в России был пресвитерианин Ф. О. Гейлорд (1856–1943), получивший степень бакалазра в Йельском колледже и диплом Теологической семинарии Союза. До своей работы в России с 1899 по 1918 год он возглавлял Парижский ХСМЛ с 1887 по 1893 год. Еще одним сотрудником, присоединившимся позднее, был баптист Р. У. Холлингер (1887–1930), который получил степень бакалавра в Западном резервном университете, а с 1914 по 1921 год служил в России.

В иерархически-бюрократизированном мире поздней Российской империи и «Маяку», и Русскому студенческому христианскому движению требовались почетные покровители: ими стали принц Александр Петрович Ольденбургский и барон П. Н. Николаи[3]. Принц Ольденбургский «был женат на внучке императора Николая Первого, а его сын женился на сестре императора, так что он был тесно связан с императорской семьей». Структура руководства Общества при спонсоре включала президента и Совет, все они были людьми высокого статуса в Санкт-Петербурге того времени. У этих руководителей было мало прямых контактов с членами программы: в 1908 году Гейлорд жаловался, что у всех них недостаточно времени для участия и что «мало кто из ее членов имеет какой-либо живой христианский опыт»[4].

Стокс, член Международного комитета ХСМЛ, основал петербургский «Маяк» после долгой истории своего личного участия

работу провалившуюся, так как религия не была престижной темой среди студенчества, «Маяк» «не процветал, а увядал» [Карташев, Струве 1990: 3]. См. также [Алексеева 2007].

[3] Anderson Paul B. A Study of Orthodoxy and the YMCA. P. 18. Booklet printed in Geneva by the World Alliance of Young Men's Christian Associations, 1963. Pamphlets on Orthodoxy. YMCA of the USA, Anderson, Paul B, Box 1. KFYA.

[4] Gaylord Franklin A. Extracts from Report for the Year 1908 of the Society for the Moral, Intellectual, and Physical Development of Young Men in St. Petersburg, Russia. P. 5, 10. Correspondence and Reports 1903–1910. Russian Work Restricted, Correspondence and Reports, 1903–1917. KFYA.

в деятельности Союза. Он был одним из создателей ХСМЛ в Нью-Йорке. Во время своих частых поездок в Лондон он стал близким другом Дж. Уильямса, основателя организации. Стокс познакомился с Гейлордом через А. Ф. Бирда, пастора Американской церкви в Париже, где Гейлорд служил диаконом. Бирд порекомендовал Стоксу Гейлорда как человека, который мог бы помочь в укреплении французского ХСМЛ, действовавшего в Париже. В 1880-х годах Гейлорд работал с парижской ячейкой при финансовой поддержке Стокса. Перед тем как переехать в Париж, он провел некоторое время в США, посещая различные программы Союза, чтобы лучше понять, как именно должна развиваться дальше программа ХСМЛ. Стокс также поддержал идею основания отделения ХСМЛ в Риме — он стремился создать оплот Союза «прямо под носом у папы». С 1882 по 1884 год Гейлорд учился во Франции и Германии, пока восстанавливал свое слабое здоровье. С 1884 по 1887 год он преподавал в школе в Нью-Йорке. С 1887 по 1893 год он работал в Париже с ХСМЛ, а с 1895 по 1899 год был пастором Конгрегационной церкви Тринити в Нью-Йорке[5].

В 1898 году племянник русского дворянина, барон В. Б. Фредерикс, посетил гимнастическую выставку в парижском ХСМЛ, после чего поделился со Стоксом своим желанием увидеть подобную программу в России. Стоксу захотелось помочь в создании программы Союза в России, но вскоре он понял, что такое предприятие будет далеко не простым. Как позже писал Гейлорд, «царская империя была запретной территорией для любой демократической протестантской организации. Войти в эту автократическую, бюрократическую империю казалось столь же невозможным, как штурмовать Гибралтар с рыбацкими лодками, вооруженными рогатками» [Gaylord 1921: 107]. Однако позже, в 1898 году, Стокс посетил Санкт-Петербург и встретился с бароном Фредериксом. Он также познакомился с пастором Британо-американской церкви в Санкт-Петербурге А. Фрэнсисом

---

[5] Gaylord Franklin A. History of the Society Mayak, Petrograd, Russia. Lectures given on Jan. 4, Jan. 11, and Feb. 6, 1917. P. 2–3, 6, 9–10. Mayak, 1905–1919. James Stokes Society including Saint Petersburg. KFYA.

и У. Смитом, известным американцем в городе, представителем Westinghouse Company и Worthington Pump Company; эти люди стали убежденными сторонниками работы Стокса. Барон Фредерикс и Фрэнсис были друзьями, и через барона Стоксу удалось добиться встречи с императрицей Александрой Федоровной. На этой встрече императрица выразила свою симпатию плану Стокса и предложила ему прислать своего представителя для ознакомления с деятельностью российских благотворительных организаций; Стокс же пожертвовал 5000 рублей в благотворительные фонды императрицы. Он вернулся в Соединенные Штаты и отправил мисс Рейнольдс в качестве представителя в Санкт-Петербург для сбора сведений о благотворительности в России. Она провела исследование и вскоре отчиталась перед Стоксом — она также служила представительницей ХСМЖ[6]. В это время Стокс и Дж. Р. Мотт переписывались по поводу их общего интереса к русскому направлению ХСМЛ, Мотт написал Стоксу о своем желании обсудить финансирование будущих проектов и подчеркнул: «Я жду и жажду вашего сотрудничества, насколько вы сочтете возможным его оказать»[7].

Еще одной ключевой фигурой в создании «Маяка» был князь М. И. Хилков, который 20 лет прожил в США, работал в системе американских железных дорог и был осведомлен о работе железнодорожной миссии ХСМЛ. Он вернулся в Россию, где благодаря своему опыту смог достичь поста министра путей сообщения. В 1899 году Хилков познакомился с К. Хиксом (железнодорожным секретарем Международного комитета ХСМЛ), который приехал изучить возможность организации работы Союза с сотрудниками железных дорог в России, которая так и не была начата[8].

---

[6] Ibid. P. 10–12. Mayak, 1905–1919. James Stokes Society including Saint Petersburg. KFYA. См. также: [James Stokes], Recollections, Jun. 3, 1918. P. 21–22. 1918–1957. James Stokes, Biographical Records. KFYA.

[7] Letter from [John R. Mott] to James Stokes, Dec. 23, 1898. P. 1, 3. Correspondence 1890–1907. James Stokes Society including Saint Petersburg. KFYA.

[8] Gaylord Franklin A. History of the Society Mayak, Petrograd, Russia. Lectures given on Jan. 4, Jan. 11, and Feb. 6, 1917. P. 12–13. Mayak, 1905–1919. James Stokes Society including Saint Petersburg. KFYA. О князе Хилкове см. [Von Laue 1969: 79].

Однако во время этой поездки 1899 года вместе с Хиксом в Россию также отправился и Мотт[9]. Хикс провел в Санкт-Петербурге более месяца, в течение этого времени он вел переговоры о создании «Маяка» и программы для железнодорожников. Он сообщил, что Хилков успешно получил от императора пропуск для Хикса, который обеспечивал бесплатный проезд по государственным и частным железным дорогам в любую точку империи в течение четырех месяцев[10].

Гейлорд прибыл в Санкт-Петербург 6 мая 1899 года. Тем временем Хилков, барон Фредерикс, Фрэнсис и Смит пришли к выводу, что принц Ольденбургский лучше всего подойдет на роль почетного патрона[11]. Принц Ольденбургский был отставным военным и занимался филантропией. Его особенно интересовало движение за трезвость и укрепление здоровья. Он содействовал развитию Комитета Попечительства о народной трезвости, который создавал центры отдыха для бедных, где они могли наслаждаться недорогой едой и развлечениями без алкоголя. Принц также поддерживал лаборатории экспериментальной медицины и санатории. (Позже в одном из его санаториев Гейлорд познакомился с отцом Иоанном Кронштадтским.) Хикс встретился с принцем Ольденбургским, который активно обдумывал идею создания в Петрограде программы, подобной ХСМЛ. Принц попросил Хикса выступить с речью перед Комитетом Попечительства о народной трезвости в его дворце. Среди слушателей были два будущих члена Совета «Маяка». Принц согласился стать покровителем организации, которая в дальней-

---

9   Anderson Paul B. Memorandum on Policy for the Russian Work of the International Committee. Aug. 9, 1951. P. 1. Corr. and Reports 1950–1951. Russian Work — Europe, Restricted, Correspondence and Reports, 1930–1949, Annual Reports 1930–1949. KFYA.

10   Hicks C. J. Partial Report Concerning Railroad Department Matters in Russia, Constantinople, Apr. 20, 1899. P. 1. 1899–1917. Russian — International Division. KFYA.

11   Notes about the Society Mayak (Y.M.C.A.) [no date]. P. 1–3. Correspondence and Reports 1903–1910. Russian Work Restricted, Correspondence and Reports, 1903–1917. KFYA.

шем стала Обществом. Он указал, что Обществу также будет необходимо заручиться покровительством Святейшего Синода. Однако обер-прокурор К. П. Победоносцев отказался одобрить проект из-за связи с протестантизмом. Затем принц добился для Общества покровительства министра внутренних дел, который передал его под контроль Департамента полиции. Директор Департамента полиции С. Э. Зволянский вызвал Гейлорда, Фрэнсиса и Смита на собеседование 2 марта 1900 года, а 9 марта 1900 года временный устав получил одобрение Министерства внутренних дел[12]. «Маяк» был обществом, однако на русском языке использовалось слово «комитет». В 1900 году Общество получило разрешение на работу по «временным правилами» на три года — в 1903 году Общество должно было подать заявку на утверждение «постоянного устава». Руководители рассматривали возможность регистрации под именем принца Ольденбургского в качестве президента Общества трезвости. Однако было очевидно, что против этого выступит Министерство финансов, чье одобрение было бы необходимо. Общество было зарегистрировано под именем принца как частного лица (в этом случае Министерство финансов не принимало участия). Гейлорд, Смит и Фрэнсис объяснили, что эта регистрация позволила им «организовывать все, что мы сочтем нужным, чтобы способствовать моральному и физическому развитию молодых людей»[13]. Другими словами, они были довольны гибкостью, которую предоставлял устав.

В апреле 1900 года, после утверждения устава Общества, Стокс написал письмо императрице, в котором сообщил об успешной регистрации и попросил о дальнейшей поддержке.

---

[12] Notes about the Society Mayak (Y.M.C.A.) [no date]. P. 13–15. Correspondence and Reports 1903–1910. Russian Work Restricted, Correspondence and Reports, 1903–1917. KFYA. По информации из детально изученных документов не до конца ясно, как именно принцу удалось избежать оппозиции со стороны Победоносцева.

[13] Letter from Franklin Gaylord, Alexander Francis, and W. E. Smith to James Stokes, Mar. 14/27, 1900. P. 1–2. Correspondence 1890–1907. James Stokes Society including Saint Petersburg. KFYA.

В заключение письма он добавил: «Могу ли я также смиренно просить ваше императорское величество продолжать симпатизировать, интересоваться и защищать эти усилия достичь и повлиять во благо тех подданных вашего императорского величества, для которых существует новое Общество?» Стокс подписал письмо как «покорный и верный слуга вашего императорского величества»[14].

В первый Совет Общества вошли несколько выдающихся людей. Принц Ольденбургский происходил из знатной семьи, был православным, хотя был воспитан в Лютеранской церкви. И. Н. Турчанинов, тайный советник и бывший помощник начальника полиции Санкт-Петербурга, был председателем Совета, а также одним из ведущих членов Общества трезвости. Сенатор Н. С. Таганцев был профессором права и «величайшим уголовным адвокатом в России». В своем имении он активно развивал современные методы ведения сельского хозяйства. Князь П. С. Оболенский принадлежал к старинному дворянскому роду. П. А. Сидоров (председатель Совета) руководил известной школой. Э. Л. Нобель (казначей Совета) был племянником учредителя Нобелевской премии, приобретшим собственное состояние на бакинских нефтяных промыслах. Отец Н. В. Васильев представлял духовенство. В Совет также входили Фрэнсис и Смит[15].

П. Б. Андерсон писал, что лидеры русского евангелического движения Пашкова сыграли важную роль в получении разрешения на открытие «Маяка»: «Мотт не упоминал о движении Пашкова, насколько я знаю, но в других местах вы прочтете о последователях Пашкова, напрямую повлиявших на то, что идея

---

[14] Letter from James Stokes to Her Imperial Majesty, Alexandra Feodorovna, Apr. 20, 1900. Correspondence 1890–1907. James Stokes Society including Saint Petersburg. KFYA.

[15] Gaylord Franklin A. History of the Society Mayak, Petrograd, Russia. Lectures given on Jan. 4, Jan. 11, and Feb. 6, 1917. P. 2–3, 6, 9–10. Mayak, 1905–1919. James Stokes Society including Saint Petersburg. KFYA; Два года деятельности комитета содействия молодым людям в нравственном и физическом развитии в Санкт-Петербурге [1900-1902] (Санкт-Петербург: Товарищество «Голике и Виллборг», 1903. Russia, St. Petersburg, 1900–1921, 1962. KFYA.

открытия "Маяка" стала возможной. Об этом никто не упоминает, и я полагаю, что это потому, что Церковь была настроена против Пашкова»[16].

Первым помещением для Общества стали десять комнат на Литейном проспекте, 30, занимающие половину второго этажа с окнами, выходящими на проспект. Был заключен пятилетний договор и установлена арендная плата в размере 3500 рублей в год. «Маяк» начал работу 22 сентября 1900 года на основании временных правил, установленных 9 марта того же года. Официальное открытие Общества состоялось 4 октября 1900 года; на церемонии открытия присутствовал Стокс. В своем официальном приветствии Турчанинов рассказал о цели программы: он видел ее в оказании практической помощи молодым рабочим людям, прибывшим в столицу и нуждающимся в поддержке в адаптации к новой обстановке. Он считал, что это поможет избежать нравственных падений и распространения преступности среди этих людей. Стокс же в своем обращении затронул религиозную основу программы: «Я заметил, что любое начинание благотворительного характера в этой стране начинается с молитвы. Это на деле доказывает глубокую истину, согласно которой никакое физическое или моральное развитие не может быть достигнуто без религиозных мотивов». В течение первого года (1900–1901) 1016 мужчин принимали регулярное участие. Во второй год (1901–1902) регулярных участников было 1261. В первый год было 806 православных, 114 лютеран, 61 римский католик, 24 иудея и 5 старообрядцев. По возрасту участники делились следующим образом: 262 участников — от 17 до 20 лет, 345 — от 20 до 25, 271 — от 25 до 30, 99 — от 30 до 35, 28 — от 35 до 40, и еще 15 участников были старше 40. По образованию 534 человека имели только низшее, 225 — среднее, 119 — домашнее образование, 75 — специальное, 43 окончили сельскую школу и 20 имели высшее образование. По месту работы 235 человек работали на производстве или в торговле, 160 — в государственных учрежде-

---

[16] Davis D. E. YMCA Russian Work: An Interview with Dr. Paul B. Anderson, Sept. 9, 1971. P. 15–16. Russian Work, Restricted, General, Personal Accounts. KFYA.

ниях, 128 — в банках и конторах, 100 — в собственном бизнесе, 93 — на фабриках и заводах, 92 были ремесленниками, 82 работали на железной дороге, 44 — в частной службе, 44 — в страховании, а 31 работал со своими родителями. По сравнению со вторым годом в процентном соотношении эти показатели практически не изменились. Городские священники приглашались для проведения занятий на религиозные темы по воскресеньям с сентября по май. Эти занятия были посвящены таким темам, как, например, «Религия и современный человек», «Свобода совести», «Гоголь как учитель жизни» и «Мысли о счастье»[17].

«Маяк» привлекал к себе внимание благодаря размещаемой в печати рекламе и благосклонным отзывам в местных периодических изданиях. Например, статья, занявшая целую страницу в номере журнала «Нива» за 1901 год, подробно и с энтузиазмом описывала программу; в ней говорилось: «"Маяки", зажженные повсюду, могут со временем уберечь тысячи молодых людей от многих ошибок, а, может, даже и от смерти»[18]. Гейлорд сообщал, что «Новое время», «ведущая петербургская газета, дает нам скидку размером в одну третью часть на все объявления о нашей работе в своих колонках»[19]. Эта газета постоянно помогала Обществу с рекламой: «Несомненно, помощь, оказанная таким образом петроградской прессой, была самым большим подспорьем для роста Общества, так как мы не прибегали ни к какой форсированной кампании по привлечению членов для этой цели»[20]. Общество также получило довольно благосклонную огласку в Соединенных Штатах (по-видимому, благодаря рассылке пресс-релизов ХСМЛ). 6 мая 1901 года газета «Нью-Йорк

---

[17] Два года деятельности комитета содействия молодым людям в нравственном и физическом развитии в Санкт-Петербурге [1900-1902] (Санкт-Петербург: Товарищество «Голике и Виллборг», 1903. P. 7–8, 14–17, 20–21. Russia, St. Petersburg, 1900–1921, 1962. KFYA.

[18] Комитет содействия молодым людям в нравственном и физическом развитии // Niva. 1901. N 21. P. 402. Petersburg — Mayak, 1900–1916. Russian Work, Restricted, Correspondence and Reports by City. KFYA.

[19] Gaylord Franklin A. Extracts from Report for the Year 1908... P. 8.

[20] Gaylord Franklin A. History of the Society Mayak... P. 18, 20.

таймс» опубликовала статью «Общество, основанное жителем Нью-Йорка, становится все более популярным»[21], в которой говорилось, что Общество будет отмечать шестой месяц своей работы, и кратко описывалась разработка программы. Кроме того, «Маяк» регулярно упоминался в "The Missionary Review of the World" («Миссионерское обозрение мира») — протестантском журнале, который рассказывал о программах многих церквей и организаций по всему миру[22]. Издание Союза под названием "Association Men" также регулярно освещало эту программу[23]. Помимо этого, ХСМЛ появился в популярной религиозной книге Р. С. Латимера «С Христом в России» (1910).

> Есть еще одна и даже более интересная организация ХСМЛ, санкционированная Священным Синодом, — «Маяк». Его нельзя отнести к деятельности евангелистов, так как он активно поддерживается греческим духовенством и существует главным образом для молодых людей православной веры. «Маяк» — учреждение поистине ценнейшее [Latimer 1910: 42–43].

Программа «Маяка» стремилась помочь молодым людям наладить дружеские отношения друг с другом, проводя в рамках Общества разнообразные мероприятия. Сотрудники старались культивировать чувство общности между участниками програм-

---

[21] Society Founded by a New Yorker is Growing in Favor // New York Times. May 6, 1901. [no page number]. Petersburg — Mayak, 1900–1916. Russian Work, Restricted, Correspondence and Reports by City. KFYA.

[22] The Y.M.C.A. in Russia // The Missionary Review of the World, 1901 (January). Vol. 14, No. 1. P. 72; Young Men in Russia // Ibid. 1901 (April). Vol. 14, No. 4. P. 311–312; A Russian Y.M.C.A. // Ibid. 1902 (October). Vol. 15, No. 10. P. 788–789; Y.M.C.A. in St. Petersburg // Ibid. 1904 (June). Vol. 17, No. 6. P. 469; A Gift for Russia's Young Men // Ibid. 1905 (June). Vol. 18, No. 6. P. 470; For the Young Men of Russia // Ibid. 1908 (May). Vol. 21, No. 5. P. 387.

[23] For Young Men in Russia // Association Men. Jan. 1901. P. 133; Young Men in Russia // Ibid. Jul. 1902. P. 450–451; The Association in the Czar's Country // Ibid. Mar. 1906. P. 247; 5,000 Rubles from the Russian Government // Ibid. Feb. 1908. P. 233; The New Gymnasium of the St. Petersburg, Russia, Association, The Gift of James Stokes [caption of photos] // Ibid. May 1908. P. 383; World Wide // Ibid. Sept. 1908. P. 602; The "Miyak" (Lighthouse), St. Petersburg // Ibid. Mar. 1910. P. 246–247.

мы — «маячниками»[24]. Как говорится в одной из публикаций, «все это является очень действенным средством для создания крепкого товарищества между посетителями, для развития дружеских отношений и для укрепления дружбы между теми молодыми людьми, которые ранее чувствовали себя одинокими и покинутыми в этом огромном столичном городе». Это единение также подразумевало и международный аспект. «Маяк» публично не позиционировал себя как часть ХСМЛ (очевидно, чтобы избежать ассоциации с протестантскими корнями организации), но в своей брошюре открыто заявлял, что поддерживает братские отношения со многими объединениями молодых людей в Соединенных Штатах. Союз старался создать чувство общности, способствующее развитию ценностей организации. По стилю, подходу и содержанию годовых отчетов можно предположить, что организаторы стремились продемонстрировать эффективность (приводилась подробная статистика по бюджету и посещаемости), респектабельность (комментарии известных людей) и патриотизм (отмечалось, в чем заключалась польза мероприятий государству)[25].

19 сентября 1903 года «Маяк» получил полную государственную регистрацию, описанную в Уставе Санкт-Петербургского комитета для оказания содействия молодым людям в достижении нравственного и физического развития, состоящего под почетным попечительством Его Высочества принца Александра Петровича Ольденбургского. Одно из ключевых положений гласило, что если принц Ольденбургский сложит с себя полномочия почетного покровителя комитета, то устав утратит силу. И в этом случае для продолжения деятельности комитет должен будет представить в Министерство внутренних дел новый устав в течение трех месяцев после отставки[26].

---

[24] Известия «Маяка» (Петроград). Apr. 1916. P. 9. Russia, St. Petersburg, 1900–1921, 1962. KFYA.

[25] Два года... P. 48, 58.

[26] Statutes of the St. Petersburg Committee for the Moral and Physical Development of Young Men, under the Honorary Patronage of His Highness Prince Alexander Petrovich of Oldenburg, approved Sept. 19, 1903. P. 5. Russian Work. James Stokes Society including Saint Petersburg. KFYA.

В 1905 году Гейлорд организовал покупку нового здания для программы на Надеждинской улице, 35, за 118 500 рублей у российского подданного К. А. Никитина[27]. В 1908 году «Маяк» открыл собственный зал для гимнастики; стоимость строительства составила 37 000 рублей, большую часть из которых предоставил Стокс. В годовом отчете высоко оценивается его щедрость — Стокс не был анонимным дарителем. Очевидно, он хотел мотивировать русских жертвователей. В течение семи лет до открытия гимнастического зала «Маяк» пользовался залом, предоставленным Школой святых Анны и Иосифа[28]. Секретарь Э. Мораллер много писал о новом помещении: «Впервые перед русским народом предстает полностью оборудованный комплекс для занятий физической культурой. До сих пор гимнастический зал со специальной вентиляцией и преимуществами горячей и холодной душевой был чем-то неслыханным». На церемонии открытия отец Слободской произнес речь, в которой подчеркнул, что «в здоровом теле — здоровый дух»[29]. Этот акцент на здоровье часто повторялся в письмах, которые посылали Стоксу его коллеги в Санкт-Петербурге[30].

Новый спортивный зал и программы оказались привлекательны для многих молодых людей, и «Маяк» быстро стал популярным центром физической подготовки в Санкт-Петербурге. Один из секретарей заключил: «В нашем физическом отделении принимает активное участие больше мужчин, чем в любом клубе или

---

[27] Affidavit of Franklin A. Gaylord Concerning the Ownership by the Late James Stokes of Certain Property in Petrograd, Russia, Jul. 20, 1921. P. 1. Mayak, 1909–1919. James Stokes Society including Saint Petersburg. KFYA.

[28] Восьмой год деятельности «Маяка», общества содействия нравственному, умственному и физическому развитию молодых людей, 1907-1908 (Санкт-Петербург: Типография Главного управления уделов, 1909, P. 8–10. Russia, St. Petersburg, 1900–1921, 1962. KFYA.

[29] Letter from Erich L. Moraller to James Stokes, Mar. 26, 1908. P. 1–3. Correspondence 1–4/08. James Stokes Society including Saint Petersburg. KFYA.

[30] Letter from unidentified Mayak or YWCA worker to James Stokes, Mar. 28, 1908. P. 2. Correspondence 1–4/08. James Stokes Society including Saint Petersburg. KFYA.

гимнастическом обществе в Санкт-Петербурге»[31]. С 1907 по 1910 год в отделении физической культуры наблюдался значительный рост числа участников. В каждом семестре могли участвовать только 350 человек, и многим приходилось записываться в очередь. Кроме того, 150 студентам университета, политехнического института и медицинской академии было отказано, «потому что студентам запрещено быть членами Союза из-за их революционных наклонностей»[32]. Работа спортивного зала привлекла внимание образовательного сообщества города. Гейлорд писал Мотту:

> Мне представляется невозможным преувеличить размах доступной нам здесь, в Петербурге, возможности через наш «Маяк» оказать мощное влияние на будущее всего российского образования. Педагоги уже некоторое время изучают нашу работу; и все больше и больше мы служим для них образцом, особенно в нашем физическом отделе...[33]

Добавление нового спортивного зала позволило «Маяку» привлечь значительно больше врачей, юристов и офицеров, нежели церковнослужителей[34]. Секретари ХСМЛ использовали популярность программы для более личного обсуждения духовных вопросов с членами клуба: «Мы спрашиваем их, добросовестно ли они следуют учению Христа и признают ли они Его как своего личного Спасителя»[35]. В 1909 году Мотт направил

---

[31] Letter from Erich L. Moraller to James Stokes, Apr. 20, 1909. P. 2. Correspondence 1909. James Stokes Society including Saint Petersburg. KFYA. Как отмечает Гейлорд в [Gaylord 1921: 117] «Маяк» был первым местом в России, где играли в баскетбол.

[32] Moraller Erich. Report of the Physical Department and the Department of Bible Study in the Society "Miyak," [1910]. P. 6. Russian Work. James Stokes Society including Saint Petersburg. KFYA.

[33] Letter from Franklin Gaylord to John R. Mott, Sept. 7, 1909. [2]. Correspondence 1909. James Stokes Society including Saint Petersburg. KFYA.

[34] Gaylord F. A. Report of the Russo-American Society "The Mayak" of St. Petersburg, 1909–1910. P. 1–2. Russian Work. James Stokes Society including Saint Petersburg. KFYA.

[35] Letter from Erich L. Moraller to James Stokes, Feb. 1, 1909. P. 2. Correspondence 1909. James Stokes Society including Saint Petersburg. KFYA.

Харви Уинфреда Андерсона на работу в качестве помощника Мораллера. Андерсон получил степень бакалавра в Университете Миссури в 1907 году, после чего стал преподавать историю и атлетику; он был студентом-волонтером и членом Христианской церкви[36].

В 1910 году Гейлорд сообщил, что Петербургский совет «Маяка» единогласно высказался за создание отделения в Москве. В течение последующих восьми лет эта задача стала одной из центральных в деятельности Стокса и Гейлорда. В этот период руководители также столкнулись с различными проблемами, связанными с политическим климатом Санкт-Петербурга. В 1910 году Гейлорд сообщал, что хотя принц Ольденбургский и «имеет хорошие намерения», он «придерживается довольно узких взглядов и слишком сильно подвержен влиянию реакционного элемента в российской политике». Проблемы создавал и традиционный общественный уклад: как писал Гейлорд, «русскому бюрократу очень трудно относиться к человеку как к человеку, без постоянной оглядки на его социальное положение. Купцов и торговцев [порой] так холодно принимали члены нашего Совета, что в результате мы потеряли их как членов организации». Как отмечалось в главе 3, символ треугольника Союза часто вызывал непонимание у русских верующих. В этой связи разразился скандал из-за появления белых треугольников ХСМЛ на гимназических рубашках «Маяка» — вскоре в газетах появились обвинения в масонском влиянии. Министр правительства, благодаря которому организация получила подписку от императора, «дал понять, что ношение такой эмблемы повредит нашим интересам», из-за чего треугольники были удалены[37].

В 1910 году к сотрудникам присоединился Т. Х. Уззелл, энергичный молодой выпускник Университета Миннесоты. Он прибыл с одобрения ячейки ХСМЛ в Миннеаполисе: «В целом... я думаю, что мистер Уззелл был лучшим студентом из всех, кого

---

36 Letter from John R. Mott to Franklin Gaylord, Dec. 14, 1909. Correspondence 1909. James Stokes Society including Saint Petersburg. KFYA.

37 Gaylord. Report. 1909–1910. P. 1, 7–8.

Миннесота выпускала за последние годы». Уззелл был капитаном гимнастической команды в университете и членом почетного студенческого общества Phi Beta Kappa[38]. Его необычайно открытые и откровенные письма представляют собой нечто большее, чем наблюдения за Санкт-Петербургом, деятельностью Общества и его собственными трудностями. Вскоре после приезда он отправил Стоксу полное негодования письмо, в котором содержались его первые резко критические оценки русского православия и его икон. Он писал, что дьявол «отнял у людей Бога и дал им вместо него куски причудливой мишуры, обрамляющей ужасающее изображение лика Христа, похожее на литографию!»[39] Вскоре он с ужасом узнал, что большая часть времени будет посвящена изучению русского языка: «Я скорее ожидал, что сразу же стану человеком дела. Но вместо этого меня снова положили на схоластическую полку»[40]. Он смог принять участие в праздновании десятилетнего юбилея «Маяка» и написал статью для журнала ХСМЛ, в которой подытожил свое отношение к этому предприятию: «Американские деньги, мастерство и любовь только что завершили неоценимое христианское служение нуждающейся России»[41]. Уззелл написал Мотту в 1911 году, чтобы поделиться своим разочарованием в том, как организация подходит к служению в изменяющемся обществе. В письме он писал о своем пренебрежительном взгляде на отношения «Маяка» с Православной церковью и политическими властями. Уззелл утверждал, что сотрудничество с местными священниками было

---

[38] Letter from John F. Sinclair, assistant general secretary of the Minneapolis YMCA, to H. P. Anderson, Mar. 1, 1910. Correspondence 1910. James Stokes Society including Saint Petersburg. KFYA.

[39] Letter from Thomas H. Uzzell to Mr. and Mrs. James Stokes, Sept. 8, 1910. P. 1. Correspondence Aug. — Oct. 1910. James Stokes Society including Saint Petersburg. KFYA.

[40] Letter from Thomas H. Uzzell to Mr. and Mrs. James Stokes, Oct. 13, 1910. P. 3. Correspondence Aug. — Oct. 1910. James Stokes Society including Saint Petersburg. KFYA.

[41] Uzzell Thomas H. The Jubilee of St. Petersburg's "Miyak" // Association Men. Jun. 1911. P. 386.

контрпродуктивным: «Главная цель, которая вдохновляет деятельность "Маяка", никогда не будет понята, пока священники в золотых рясах с их бесконечными песнопениями не будут заменены русскими переводами сборника гимнов нашего Союза и откровенными евангельскими речами с трибуны». Он назвал это нежелательное участие священников частью нечестивого компромисса с государством и указал, что получать поддержку от правительства, уличенного в притеснениях молодых людей, которым он лично пытается служить, лицемерно:

> Мистер Гейлорд обедает с дворянами, тратит горсти рублей на кормление их лакеев и швейцаров, устраивает свидания с [императором], а мы сидим вечером за столами с молодыми людьми и слушаем, как они сетуют на то, что их самые прекрасные стихи и литература были изуродованы императорской цензурой, как их арестовывают за самые пустяковые проступки, как стоимость жизни становится разорительно высокой, а свобода передвижения и слова — предметом каждодневной неопределенности.

Далее он рассказывает, что доволен тайными группами по изучению Библии с «некоторыми из наших лучших людей» и высказывается в поддержку объединенного служения вместе со студентами в Москве[42]. Уззелл изложил свои взгляды гораздо более ярко, чем любой из других американских сотрудников «Маяка»; однако многие из них выражали подобные взгляды в более сдержанной форме.

Однако менее чем через два года после приезда в Россию Уззелла попросили уйти из «Маяка». В письме Мотту он подробно комментирует свой уход 1 мая 1912 года по причине неуточненных трудностей, связанных с его «характером». С ним был заключен двухлетний контракт. Сам Уззелл был доволен своим вкладом в работу и своим пребыванием в России. Однако, писал он,

---

42 Letter from Thomas Uzzell to John R. Mott, Apr. 17, 1911. P. 4–8. Correspondence and Reports 1911–1912. Russian Work Restricted, Correspondence and Reports, 1903–1917. KFYA.

«я привез с собой в Россию привычку, которую не до конца поборол дома»[43].

Ряд комментариев и событий в 1911 году показывают, что в попытке добиться признания со стороны властей организации пришлось поддаться консервативным тенденциям российской столицы. Гейлорд и Стокс встретились с премьер-министром П. А. Столыпиным, который упомянул, что хотел бы, чтобы его сын вступил в «Маяк», когда ему исполнится семнадцать лет. Они также посетили императора Николая II в Царском Селе: «Наша аудиенция у императора была в высшей степени удовлетворительной. Он предвосхитил все, что мы хотели сказать, чуть ли не заканчивая фразы, которые мы начинали говорить»[44]. Стокс заметил: «Мы действуем под руководством [российского] правительства, почти как агенты правительства»[45]. В январе 1912 года Совет изменил устав Общества, запретив вступать в него нехристианам. До этого момента среди членов Общества также было небольшое количество евреев. Мораллер представил это в отчете как досадную необходимость и заметил: «Подобное действие естественным образом объединяет “Маяк” с антисемитским движением в России и с реакцией». Никаких комментариев по поводу того, как «Маяк» будет относиться к нынешним членам еврейской общины, не последовало[46]. В письме Гейлорда к Мотту объяснялось, что консервативный климат в Обществе не был создан намеренно —

---

[43] Letter from Thomas H. Uzzell to John R. Mott, Apr. 9, 1912. P. 1–2. Correspondence and Reports 1911–1912. Russian Work Restricted, Correspondence and Reports, 1903–1917. KFYA.

[44] Letter from James Stokes to John R. Mott, Mr. Marling (chairman of the International Committee), and Mr. Murray (chairman of the Foreign Committee), Jun. 5, 1911. P. 2, 5–6, 9. Correspondence Nov. — Dec. 1911. James Stokes Society including Saint Petersburg. KFYA.

[45] Stokes James. Statement, Sept. 11, 1911. P. 7. Correspondence Sept. — Dec. 1911. James Stokes Society including Saint Petersburg. KFYA.

[46] Moraller Erich L. Report to the International Committee on the Work of the Society "Mayak" in St. Petersburg, for the year ending Sept. 15th (Aug. 30th old style) 1912. P. 17. Correspondence and Reports 1911–1912. Russian Work Restricted, Correspondence and Reports, 1903–1917. KFYA. Политическое давление, которое привело к этому решению, не описано в имеющихся документах.

он был обусловлен убеждениями покровителей «Маяка»: «...что бы я ни делал, я не могу избежать тесной связи с консервативными, чтобы не сказать реакционными. классами»[47].

К концу 1911 года «Маяк» получил обновленный устав, который отражал как возросший консерватизм, так и осторожный характер организации. Цель осталась прежней: «Общество ставит своей задачей помощь в достижении нравственного, интеллектуального и физического развития молодых людей христианской веры в возрасте от семнадцати лет и старше». Управляющий совет должен был состоять из 15 человек, и только трое из них могли быть иностранцами. Один из членов должен был быть православным священником. Стокс выбрал трех членов, а покровитель Общества — остальных 12. Участие студентов было категорически запрещено: «К участию в Обществе в качестве членов не допускаются: (а) лица, не достигшие совершеннолетия; (б) обучающиеся в учебных заведениях; (в) солдаты низшего разряда и воспитанники военных училищ; (г) лица, права которых ограничены судом». Общество должно было ежегодно представлять отчет в Министерство внутренних дел и префекту полиции Санкт-Петербурга. Никакой явно политической деятельности не допускалось: «В стенах "Маяка" запрещаются всякого рода политические собрания и встречи, произнесение политических речей, какого бы характера они ни были, ношение флагов, пуговиц, розетт и других значков, указывающих на принадлежность к той или иной политической партии». Поэтому «Запрещается распространять в стенах "Маяка" среди постоянных посетителей, как бесплатно, так и за деньги, [книги], брошюры, рисунки, прокламации, плакаты и т. п., каково бы ни было их содержание». Запрещались игры в карты, азартные игры, театр, алкоголь, танцы. Залы «Маяка» были открыты ежедневно с полудня до 11 часов вечера, а по воскресеньям и праздникам — с 15 до 23 часов[48].

---

[47] Letter from Franklin A. Gaylord to John R. Mott, Dec. 12, 1913. P. 1. Correspondence and Reports 1913–1914. Russian Work Restricted, Correspondence and Reports, 1903–1917. KFYA.

[48] The Constitution of the "Mayak"... P. 1–8, 14.

Будучи рукоположенным священнослужителем, Гейлорд испытывал сильнейшее разочарование из-за невозможности публично проводить уроки Библии для прихожан. Он написал Стоксу о своих попытках заставить американцев проводить больше религиозных занятий. Председатель русского общества подтвердил, что миряне[49] не могут проводить такие занятия[50].

Разделение между студентами и другими молодыми людьми привело к тому, что ХСМЛ пришлось проводить две отдельные программы, каждая из которых столкнулась со своими трудностями. Несмотря на легальный статус, «Маяку» препятствовало множество запретов и ограничений; у студентов-рабочих зачастую не было каких-либо правовых оснований для работы, но это означало также, что для них существовало меньше правил и предписаний, которым нужно было следовать[51].

Политические ограничения, консерватизм почетного покровителя, проблемы со здоровьем и начало Первой мировой войны — все это ограничило прогресс петербургского «Маяка» и заблокировало создание отделения в Москве. Гейлорд сообщил Мотту, что «политическая ситуация в России и личные [предрассудки] принца [Ольденбургского] продолжали ставить препятствия на пути нашей работы, в связи с чем образование нашего Совета в Москве было серьезно затруднено»[52].

Русские члены Общества разделяли всеобщий энтузиазм по поводу Первой мировой войны. Гейлорд высказал свою точку зрения в письме к Мотту. Он надеялся, что «конечным результатом этой войны будет расширение политических и религиозных свобод». Однако он считал, что победа России может привести к усилению

---

[49] В глазах Православной церкви протестантские пасторы являются мирянами и их рукоположение не признается, поскольку не имеет апостольской преемственности, см.: Православная энциклопедия.

[50] Letter from Franklin Gaylord to James Stokes, Apr. 21, 1912. P. 2. Correspondence 1912–1914. James Stokes Society including Saint Petersburg. KFYA.

[51] Letter from Franklin A. Gaylord to John R. Mott, Mar. 4, 1914. P. 1–2. Correspondence and Reports 1913–1914. Russian Work Restricted, Correspondence and Reports, 1903–1917. KFYA.

[52] Letter from Franklin A. Gaylord to John R. Mott, Sept. 21, 1914. P. 1. Russia, St. Petersburg, 1900–1921, 1962. KFYA.

власти самодержавия и государственной Церкви[53]. В 1914–1915 годах «Маяк» получал 5000 рублей непосредственно от царя в дополнение к 3000 из государственного бюджета и 2000 от Министерства финансов. По причине императорского вклада в бюджет «Маяка» Гейлорд ежегодно являлся для доклада царю в парадной форме. Кроме этого, казначей Нобель передал свое ежегодное пожертвование в 5000 рублей и еще 5000 на новый третий этаж здания. Петроградская городская дума добавила еще 3000. За 1914–1915 годы в программе «Маяка» приняли участие 2354 человека — это почти в два раза больше, чем в 1902 году. 34 % из них были в возрасте от 17 до 20 лет, 31 % — от 21 до 25 лет, что свидетельствует об относительном повышении среднего возраста участников за 13 лет. Статистические данные, собранные организацией, говорят о том, что разнообразие религиозной принадлежности и количество участников с высшим образованием практически не изменились с первых лет. Большинство участников работали в конторах — доля фабричных рабочих сократилась с 7 % в 1902 году до 2 % в 1915 году. Если посмотреть на финансовый отчет, то организация получила 77 628 рублей доходов и столько же расходов. Доходы состояли в основном из пожертвований (37 000 руб.), членских взносов и взносов посетителей (13 000), а также платы за курсы (19 000)[54]. После начала войны Джон Уонамейкер, богатый и известный филадельфийский бизнесмен, дал Мотту письменное обещание профинансировать строительство здания ХСМЛ для Москвы после окончания войны [Colton 1940: 17].

Пока война продолжалась, «Маяк» развивался, появлялось все больше новых членов Совета и секретарей. К 1916 году Холлингер стал помощником директора, а Герберт Грегори — физическим директором[55]. Новыми членами Совета с 1915 по 1917 год стали

---

[53] Letter from Franklin A. Gaylord to John R. Mott, Sept. 21, 1914. P. 2.

[54] «Пятнадцатый год»... P. 8, 78–79, 82–85; Redding Tracy W. The Work of the Y.M.C.A. in Russia 1900–1916, 1972. P. 3. Redding. Russian Work, Restricted, General, Personal Accounts. KFYA.

[55] Gaylord F. A., Hollinger Ralph W., Gregory Herbert. The James Stokes Society. The Society "Mayak" [1916]. P. 1. Mayak, 1912–1922. James Stokes Society including Saint Petersburg. KFYA.

профессор С. Ф. Платонов, купец И. С. Кручков, князь А. Д. Оболенский и отец Иван Слободской. Президентом Общества в то время был сенатор И. В. Мещанинов (бывший помощник министра народного просвещения и начальник тюремного управления Российской империи)[56]. Во время войны Общество также пополнилось русскими секретарями: в отчете за 1915 год отмечены три действующих сотрудника (Турпейнен, Образцов, Ярославцев) и два новых (И. П. Гапонцев и А. В. Юрьев)[57]. К октябрю 1917 года с программой работали пять американцев из Союза: Ф. Гейлорд, Ральф В. Холлингер, Дж. Дж. Сомервилл, Г. В. Лонг и Дж. Брекетт Льюис[58].

Политический климат военного времени, вероятно, способствовал появлению полицейского рапорта от 22 августа 1916 года, в котором содержалась подробная общая информация о связях ХСМЛ с «Маяком» в Санкт-Петербурге (вероятно, почерпнутая из публикации самого Союза). В нем описывались роли Стокса и Мотта и общие цели организации. В отчете также высказывались опасения по поводу связи между Американским баптистским обществом (АБО) и ХСМЛ. В отчете говорилось, что Департамент духовных дел ранее определил АБО как «одну из самых вредных среди иностранных сектантских организаций» из-за его активного финансирования баптистской работы в России[59].

Конец самодержавия в феврале 1917 года и политический хаос последовавших за ним месяцев создали неопределенность для будущего «Маяка», который был так тесно связан с павшим режимом. В письме от июля 1917 года Гейлорд выразил Стоксу нерешительный оптимизм и свою личную веру. Он писал, что в Россию могут прийти Гражданская война и голод, но «мы все

---

56 Affidavit of Franklin A. Gaylord... P. 2; Gaylord. Notes about the Society Mayak...
   P. 1–3.

57 Hollinger. The Mayak Society... Oct. 1915. P. 3. В источнике имена русских секретарей не упоминались.

58 Letter from E. C. Jenkins to James Stokes, Oct. 29, 1917. Correspondence 1917.
   James Stokes Society including Saint Petersburg. KFYA.

59 Police report dated Aug. 22, 1916. GARF, f. 102 OO, o. 1916, d. 266, l. 90, 90 reverse,
   100, 100 reverse, 101, 101 reverse.

равно надеемся на лучшее и продолжаем жить»[60]. В первые недели 1917 года Стокс закончил выплачивать ипотеку за объект и передал собственность Обществу Джеймса Стокса, которое по закону могло владеть имуществом в России. Однако все документы, необходимые для этой официальной передачи, находились в офисе главного нотариуса в Петрограде, когда в марте 1917 года в России началась революция. Они были полностью уничтожены огнем, охватившим зал записей; дубликатов этих документов не сохранилось. Гейлорд писал позже, что здание было размером 70 на 70 футов, а третий этаж был надстроен после покупки, так что здание стоило 100 000 долларов (при курсе рубля в 51 цент)[61]. В 1917 году Стоукс также передал официальное руководство «Маяком» от себя Иностранному комитету Международного комитета ХСМЛ. Эта политика была принята Иностранным комитетом 7 декабря 1917 года по просьбе Стокса; он планировал продолжать финансировать эту работу. Общество Джеймса Стокса сохранило право собственности на недвижимость в Петрограде, но Стокс намеревался передать ее в какой-то момент в будущем[62].

К августу 1917 года «Маяк» насчитывал более 3500 членов; в том же году Общество официально приняло Парижский базис и стало официальной организацией ХСМЛ[63]. К февралю 1918 года организация стала называться Христианский союз молодых людей, общество «Маяк»[64]. После Октябрьской революции организатор лекций А. А. Громов был арестован за участие в заговоре против большевиков. В результате «Маяк» в течение трех

[60] Letter from F. A. Gaylord to James Stokes, Jul. 8, 1917. P. 1. Correspondence 1917. James Stokes Society including Saint Petersburg. KFYA.

[61] Affidavit of Franklin A. Gaylord... P. 2–3.

[62] Letter from John R. Mott to James Stokes, Dec. 7, 1917. Correspondence 1917. James Stokes Society including Saint Petersburg. KFYA.

[63] Association Activities: Summary of the Year's Work in Russian Cities, Aug. 1917 to Aug. 1918. P. 1–2. Correspondence and Reports, 1918. Russian Work Restricted, Correspondence and Reports, 1918–1921. KFYA.

[64] Letter from Ralph Hollinger to F. P. Woodruff, Feb. 7, 1918. P. 1. Correspondence 1918–1919. James Stokes Society including Saint Petersburg. KFYA.

часов обыскивали солдаты[65]. 18 декабря 1917 года Гейлорд уехал из Петрограда в Америку. Позже он неоднозначно написал: «Я уехал по состоянию здоровья»[66]. 24 февраля 1918 года американские сотрудники «Маяка», за исключением Б. Льюиса, по требованию посла США покинули Петроград. Льюис вскоре уехал и передал «Маяк» русским секретарям во главе с Яковом Григорьевичем Турпейненом[67]. По оценкам, в 1918 году в организации состояло 3800 членов — «самая большая ячейка ХСМЛ в мире за пределами Северной Америки»[68].

Позднее Турпейнен описал последние дни петроградского «Маяка» в 1918 году. Он считал, что «начало конца» наступило, когда американские руководители покинули город в феврале 1918 года. Вскоре после этого местные комиссары попытались взять здание под свой контроль, но русским сотрудникам удалось отсрочить передачу. Однако 6 сентября окружной Комиссариат народного образования издал приказ о закрытии Общества. На следующий день прибыла группа чиновников из Комиссариата и потребовала от секретарей «Маяка» немедленно покинуть здание, после чего оно было опечатано. 25 сентября новый декрет предписывал национализацию имущества и активов Общества. Совет и сотрудники пытались аннулировать это решение, но сопротивление оказалось бесполезным. 31 октября чиновники арестовали исполняющего обязанности главного директора Турпейнена и президента Совета Мещанинова. Турпейнен оставался в тюрьме до ноября, а Мещанинов умер во время заключения 4 ноября. Позднее дело против них было закрыто за отсутствием состава преступления. Турпейнен завершил свой отчет

---

[65] Letter from Ralph W. Hollinger in Petrograd to Franklin Gaylord, [Dec. 19, 1917/ Jan. 1, 1918]. P. 1. Correspondence and Reports, 1918. Russian Work Restricted, Correspondence and Reports, 1918–1921. KFYA.

[66] Affidavit of Franklin A. Gaylord... P. 1.

[67] Association Activities... P. 1–2.

[68] Христианский союз молодых людей: его принципы и программа. Booklet prepared by the Russian department of the International Committee of the YMCA, New York, 1922. P. 4. Pamphlets in Russian. Russian Work, Restricted, Pamphlets. KFYA.

словами: «Так печально завершилась восемнадцатилетняя светоносная работа "Маяка"». Он добавил, что Комиссариат народного образования использовал помещения «Маяка» в качестве учебного центра[69]. Джеймс Стокс, основатель «Маяка», умер вскоре после закрытия Общества в октябре 1918 года[70].

Были предприняты попытки продолжить наследие Общества. Дональд Лоури смог открыть гражданский городской ХСМЛ в 1918 году в Москве[71]. Сомервилл и Лонг перенесли традиции ХСМЛ из Петрограда во Владивосток: «Название, устав, тридцать бывших членов, подкрепление в виде приезда Ральфа Холлингера и сама программа... все свидетельствовало о переносе лояльности и рабочего опыта с Невы» [Ibid.: 77–78].

Источники свидетельствуют о том, что здание «Маяка» в 1921 году было передано комсомолу[72]. Летом 1927 года Макнотен посетил Ленинград и осмотрел здание, которое было переоборудовано под общежитие для студентов. Гимнастический зал использовался; в одной из комнат висела большая вывеска со словами «Антирелигиозный уголок»[73].

Финансирование

За первый год работы (1900–1901) организация получила доход в размере 20 907 рублей, а расходы составили 16 696 рублей. В 1901–1902 годах суммы практически не изменились: 20 069

---

[69] Turpeinen J. G. Recollections of the last years activity of the Mayak Society for assisting in the mental, moral and physical development of young men in Petrograd for the period from Sept. 22, 1917 to Sept. 7, 1918, the day of its final closure. P. 4. Correspondence and Reports, 1921. Russian Work Restricted, Correspondence and Reports, 1918–1921. KFYA.

[70] A Tribute to a Friend: Remarks by Dr. John R. Mott at the Funeral of Mr. James Stokes in St. Paul's Church. Ridgefield, Conn. Oct. 1918. P. 2. Correspondence 1918–1919. James Stokes Society including Saint Petersburg. KFYA.

[71] Association Activities... P. 3.

[72] Anderson. Russian Work — Policy Study, Nov. 23, 1943. P. 2.

[73] Letter from Edgar MacNaughten to John Clark, Oct. 20, 1927. P. 2. 1927–1929. Russian Work — Europe, Restricted, Correspondence and Reports, 1920–1929, Annual Reports, 1920–1929. KFYA.

и 14 604 соответственно. Основными источниками дохода были пожертвования, сборы с членов и посетителей, а также плата за курсы. Основными расходами были аренда помещений и коммунальные услуги, оплата труда строителей, плата преподавателям и закупка оборудования для организации. В первый год основными жертвователями были Стокс (около 6000 рублей), принц Ольденбургский (1000), корпорация Вестингауз (1000), Нобель (500), Смит (500) и Н. Н. Брусницын (500)[74].

После того как «Маяк» получил постоянную регистрацию, Стокс начал строить планы по приобретению постоянного помещения. Он предложил 50 000 долларов на строительство нового здания, если из российских источников поступят соответствующие пожертвования в размере 100 000 долларов[75]. Как уже говорилось, в 1905 году он приобрел здание за 118 500 рублей, а вскоре после этого внес 37 000 рублей на строительство гимнастического зала. Поначалу Стоксу не удалось привлечь тот уровень финансовых пожертвований, на который он рассчитывал, но Общество постоянно привлекало новых богатых русских доноров. В декабре 1906 года Великий князь Михаил Александрович, брат императора, заинтересовался «Маяком», сделал взнос в размере 500 долларов и устроил обед для членов Совета в своем дворце в Гатчине[76]. Гейлорд объяснял нежелание некоторых русских жертвователей, сравнивая дар на «Маяк» с пожертвованием на основание церкви. Он писал, что русские люди иногда финансируют строительство православных зданий в попытке искупить свои грехи, однако эта мотивация не распространяется на общественные пожертвования[77].

К 1911 году плата за курсы составляла от одного до трех рублей в месяц. Восьмимесячный курс коммерческого отделения стоил

---

[74] «Два года...» P. 61–65.

[75] Y.M.C.A. in St. Petersburg // The Missionary Review of the World. 1904 (June). Vol. 17, No. 6. P. 469; A Gift for Russia's Young Men // Ibid. 1905 (June). Vol. 18, No. 6. P. 470.

[76] Gaylord. Extracts from Report for the Year 1908... P. 5.

[77] Gaylord Franklin. Notes by Mr. Gaylord on the Russian Work, Jul. 14, 1910. P. 2. "Mayak" 1905–1919. James Stokes Society including Saint Petersburg. KFYA.

40 рублей[78]. В 1913 году начальное жалованье нового американского секретаря программы составляло 125 долларов в месяц (250 рублей)[79]. К 1911–1912 году организация увеличила свои доходы и расходы более чем в три раза по сравнению с первым годом работы. Сумма, полученная от членских взносов и оплаты занятий, составила 24 117 рублей, а сумма, полученная от подписки, — 26 883 рубля. Расходы за этот период составили 51 000 рублей[80]. Эта тенденция сохранилась и в 1914–1915 годах, когда бюджет достиг 77 628 рублей. В последние месяцы своего существования «Маяк» столкнулся с большими финансовыми трудностями. В это время американский ХСМЛ оказал ему помощь на сумму около 100 000 рублей[81].

Отношения с Церковью

Как указано в главе 3, американские Y-лидеры неохотно взаимодействовали с православным духовенством, чтобы избежать вмешательства Церкви и государства в программу. В результате «Маяк», по-видимому, избежал какого-либо значительного сопротивления со стороны священников Санкт-Петербурга. В 1902 году в одном журнальном репортаже, основанном, судя по всему, на информации от одного из сотрудников, было отмечено:

> Благодаря высокому покровительству Санкт-Петербургское общество пользуется полной неприкосновенностью от вмешательства со стороны каких-либо ветвей власти. Гармония с правительством еще более укрепляется тем фактом, что религиозные аспекты деятельности Общества курируются священниками Православной русско-греческой церкви[82].

---

[78] The Constitution of the "Mayak". P. 15.

[79] Redding, 2.

[80] Moraller. Report to the International Committee... 1912. P. 20.

[81] Turpeinen. Recollections... P. 3.

[82] A Russian Y.M.C.A. // The Missionary Review of the World 1902 (October). Vol. 15, No. 10. P. 789.

Отчет, подготовленный Гейлордом в 1908 году, решительно подтверждал, что правительство «никогда не вмешивалось в работу» «Маяка». Кроме того, «церковные власти никоим образом не вмешивались в работу, и мы [получали] [неоплачиваемое] и охотное сотрудничество многих священников в течение последних девяти лет». Такая договоренность требовала от Гейлорда и его сотрудников воздерживаться от заметной публичной деятельности: «Иностранные пасторы или миссионеры, или [евангелисты], если бы стало известно об их конфессиональной принадлежности, вероятно, были бы сочтены в настоящее время опасными»[83]. Когда Трейси Реддинг прибыл для работы с «Маяком», Гейлорд посоветовал ему не использовать такие слова, как «миссионер» или «революция»[84]. Это соглашение поставило Гейлорда и его коллег перед дилеммой; они решили ее, работая тихо за кулисами. Они пригласили священника для проведения публичных религиозных программ, в то время как американские секретари проводили небольшие неформальные встречи для молитвы и изучения Библии[85]. Конечно, из каждого правила есть исключения, и Дж. Р. Мотт, похоже, был этим исключением. В 1909 году Мотт сообщил, что Святейший Синод направил в главный офис ХСМЛ официальное сообщение о том, что ему и барону Николаи запрещено читать лекции в России. Однако неназванный видный чиновник, слышавший речи Мотта, пресек эту попытку. Мотт рассказал о своих недавних встречах, проходивших под патронажем «Маяка». Священник одобрил его записи выступлений без изменений. «В этих двух обращениях была изложена сила греха с одной стороны и довлеющая сила Иисуса Христа с другой с такой определенностью, полнотой и свободой, какие только были доступны мне»[86]. Гейлорд ответил Мотту

---

83   Gaylord. Extracts from Report for the Year 1908… P. 6, 10.

84   Redding… P. 3.

85   Gaylord. Extracts from Report for the Year 1908… P. 9–10.

86   Letter [from John R. Mott], May 7, 1909. P. 1–2. Correspondence and Reports 1903–1910. Russian Work Restricted, Correspondence and Reports, 1903–1917. KFYA.

и поделился своими опасениями по поводу смелости Мотта; он предупредил его, что такое публичное послание может быть разрешено один раз, но не на регулярной основе[87]. Несмотря на свое частое недовольство ограничениями работы организации, Гейлорд считал, что это единственный выход. Он писал: «Принятая нами политика должна проводиться честно и с молитвой, пока от нас не требуют ничего нехристианского». Он отдельно исключил возможность более широкого сотрудничества с другими протестантами: «В настоящее время для нас небезопасно иметь какое-либо отношение к работе, проводимой различными религиозными конфессиями: методистами, баптистами и т. д.»[88]. Лидеры «Маяка» отдавали себе отчет в существующих ограничениях и пытались работать с духовенством, придерживающимся наиболее близких к их собственным взглядов, — социально активными священниками города. Мораллер сообщал, что ему удалось «пригласить наиболее либеральных и прогрессивных священников для проведения регулярных религиозных бесед. Этих священников выбирают потому, что они понимают молодых людей, и сочувствуют им, и могут вести прямую и приободряющую беседу»[89].

В 1911 году Гейлорд с надеждой говорил о «либеральном крыле» Православной церкви и ее будущем: «Наша миссия до [настоящего] времени была в основном в либеральном крыле Православной церкви. Со временем эта партия в Церкви будет расти, и жизнь, которая в ней есть, будет проявляться во все более качественной работе для наших молодых людей»[90]. Однако два года спустя, в 1913 году, он подчеркивал растущее влияние «реакционных» традиционалистов. Он выразил особую озабоченность по поводу нового митрополита Санкт-Петербургского Владимира и вмеша-

---

[87] Letter from Gaylord to Mott, Sept. 7, 1909. [2].

[88] Gaylord Franklin. Notes by Mr. Gaylord on the Russian Work, Jul. 14, 1910. P. 1.

[89] Moraller. Report of the Physical Department, [1910]. P. 10.

[90] Letter from [Franklin Gaylord] in Moscow to John R. Mott, Nov. 23, 1911. Correspondence and Reports 1911–1912. Russian Work Restricted, Correspondence and Reports, 1903–1917. KFYA.

тельства в работу методистов и баптистов. Гейлорд пришел к выводу, что «"Маяк" должен готовиться и к своим собственных битвам»[91]. Гейлорд ценил по крайней мере одного из более консервативных православных священнослужителей, отца Иоанна Кронштадтского. Этот священник обещал Гейлорду свои молитвы и пятикратно поцеловал в знак поддержки [Ibid.: 17].

Разногласия

Основным из противоречий в отношениях «Маяка» с российским обществом была убежденность русских людей в том, что ХСМЛ — масонская организация. В марте 1912 года Общество посетил архиепископ Антоний Волынский и произнес речь. Известно, что он считал «Маяк» сектантской организацией, распространяющей масонские идеи. Мораллер сообщил, что он выступил с докладом, встретился с Советом и затем благословил Общество. Секретарь почувствовал явное облегчение: «Теперь, когда представитель крайне реакционного крыла посетил "Маяк" и дал ему свое благословение, мы надеемся, что ложные слухи об Обществе больше не смогут причинить вреда»[92]. Однако уже в следующем месяце печатный орган Священного Синода «Церковный колокол» обрушился на «Маяк» как на организацию, которая занимается обращением православных в протестантизм или масонство[93]. Эти обвинения заставили Гейлорда быть более осторожным в выборе секретарей. Однако в 1913 году ему пришлось столкнуться с непростым выбором, когда он узнал, что один из его новых сотрудников, некий мистер Эймс, недавно стал масоном. Он написал Мотту, чтобы объяснить последствия, если

---

[91] Letter from Franklin Gaylord to John R. Mott, Jan. 29, 1913. Correspondence and Reports 1913–1914. Russian Work Restricted, Correspondence and Reports, 1903–1917. KFYA.

[92] Letter from Erich L. Moraller to James Stokes, Mar. 16/29, 1912. Correspondence 1912–1914. James Stokes Society including Saint Petersburg. KFYA.

[93] Letter [from Franklin Gaylord] to James Stokes, Apr. 5, 1912. 1. Correspondence and Reports 1911–1912. Russian Work Restricted, Correspondence and Reports, 1903–1917. KFYA.

об этом станет известно: «На нас будут продолжать нападать на том основании, что мы являемся масонским обществом». Далее Гейлорд обсуждает различные варианты решения этого вопроса: не вмешиваться, объяснить ситуацию членам Совета, отправить Эймса обратно в Америку или узнать, возможно ли убедить его выйти из масонов. Гейлорд предпочел последний вариант[94]. Вопрос о масонстве послужил поводом для дискуссии между Гейлордом и русским председателем Общества о праве американцев заниматься религиозным образованием. Гейлорду было сказано, что это невозможно и что все преподавание должно осуществляться православным духовенством: «Это должно оставаться привилегией священников, которые, насколько я могу судить, не знают, как ей пользоваться». Он признал трудность позиции президента: «Главная причина, которую мне приводил наш председатель, возражая против образования и преподавания Библии... заключалась в том, что в этом случае "Маяк" будет обвинен в преподавании масонства; и даже в случае постоянного присутствия десяти священников ничего бы не изменилось»[95].

Итоги

Общество поддерживали императорская семья, Православная и другие церкви, дворянство, бюрократия, интеллигенция и купцы. Известными русскими людьми, которые «проявляли большой интерес к Обществу», были сенатор А. Ф. Кони, граф Владимир Коковцов и отец Иоанн Кронштадтский[96]. В 1911 году Гейлорд написал Мотту: «С точки зрения русских, работа в Санкт-Петербурге является твердым успехом, но на ее осуществление ушло одиннадцать лет. Это учреждение с каждым годом привлекает все больше молодых людей, и среди работников царит полная

---

[94] Letter from Gaylord to Mott, Jan. 29, 1913.

[95] Letter from Franklin Gaylord to John R. Mott, May 4, 1913. Correspondence and Reports 1913–1914. Russian Work Restricted, Correspondence and Reports, 1903–1917. KFYA.

[96] Gaylord. Notes about the Society "Mayak". P. 1–3.

гармония»[97]. Сам Стокс, по-видимому, был весьма доволен доходностью своих инвестиций: «Работа в России выше всяких похвал и демонстрирует одно из самых великолепных открытий среди всех миссий, проводимых Союзом по всему миру»[98]. В годовых отчетах приводилось несколько кратких отзывов участников: например, «Благодаря этой организации я познакомился с некоторыми очень честными молодыми людьми. Для меня, человека, приехавшего из провинции, это очень важно». «Занятия гимнастикой, которые я посещал с большим усердием, были для меня очень полезны. Я стал чувствовать себя более энергичным, расслабленным и сильным. Я ходил на лекции и там находил новые темы для обсуждений с друзьями: я делился с ними своим мнением и слушаю, что они думают о лекциях»[99].

Организация получила высокую оценку в выступлении одного из депутатов Государственной думы: Василий фон Анреп, профессор медицины, заявил, что «Маяк» является «в высшей степени полезным». Министр народного просвещения на заседании Государственного совета отметил, что Университет Шанявского, частное учебное заведение в Москве, открытое для широкого круга молодежи, «вошло в число таких полезных учреждений, как "Маяк"»[100].

В 1926 году советский ученый И. Д. Левин включил «Маяк» в свое исследование дореволюционных клубов для рабочих. В этой книге Общество рассматривалось в контексте других организаций для рабочих и описывались действия нескольких групп. В книге также была представлена одна из ранних советских точек зрения на его деятельность.

---

[97] Letter from [Gaylord] to Mott, Nov. 23, 1911.

[98] Stokes James. To the Foreign Department of the International Committee of the Young Men's Christian Associations of North America, no date, 4. Correspondence 1890–1907. James Stokes Society including Saint Petersburg. KFYA.

[99] Третий год деятельности санкт-петербургского комитета содействия молодым людям в нравственном и физическом развитии (Маяка). Санкт-Петербург: Товарищество «Голике и Вильборг», 1904. P. 38–40. Russia, St. Petersburg, 1900–1921, 1962. KFYA.

[100] Reitlinger, ed. Vos'moi god... P. 17–18.

> В годы между первой революцией и войной 1914 года
> клубное движение занимало очень заметное место среди
> различных видов так называемого легального рабочего
> движения. Оно достигло особого уровня развития в сердце
> пролетарской борьбы, в Санкт-Петербурге, что придает
> этому движению особую значимость [Левин 1926: 3, 7][101].

Из клубов, обсуждаемых в книге, «Маяк» был первым возникшим клубом (хотя Левин указал, что, строго говоря, по его парадигме он не был рабочим клубом). Автор саркастически заметил, что богатый американец Джон Стокс основал клуб в память о своем сыне, который умер «от чрезмерно нехристианского образа жизни». Левин утверждал, что «Маяк» появился в 1900 году и просуществовал «до 1910 года и позже». Он описал противоречивую деятельность членов «Маяка», которые симпатизировали требованиям революционного движения, и быстрое изгнание этих молодых людей. Левин завершил свою статью подтверждением социального влияния «Маяка»: «Это Общество, пронизанное духом абсолютно благих намерений и находившееся под наблюдением множества священников, генералов и высокопоставленных лиц, сыграло довольно важную роль в просветительской работе среди рабочих» [Там же: 7–8].

Русская заочная школа в Берлине и Париже (1921–1961)

Идея Русской заочной школы появилась в 1920 году, когда стало известно, что в странах Центральных держав все еще находятся до 300 000 русских военнопленных, ожидающих репатриации. Руководство ХСМЛ поручило двум сотрудникам создать проект заочного образования, чтобы эти люди не теряли время. С. И. Кошкин приступил к разработке плана, а профессор Н. П. Макаров начал готовить курс по сельскому хозяйству.

---

[101] Стокса звали Джеймс, а не Джон. Организация не закрывалась в 1910 году, она продолжала существовать до 1918 года. Автору этого исследования не удалось задокументировать комментарий Левина в отношении сыновей Стокса.

Пол Б. Андерсон приступил к реализации по прибытии в Европу в 1921 году. Первый студент поступил на программу осенью того же года. Ценную рекламу обеспечили русские эмигрантские газеты и организация Земский союз[102]. В 1923 году в связи с закрытием лагерей центр внимания школы переместился с военнопленных на русских рабочих по всей Европе. Зачисленным студентам рассылался «Вестник самообразования»[103].

Статистика, собранная в 1924 году по студентам Русской заочной школы, дает более полное представление о молодых людях, которые участвовали в этой программе. Наибольшее число студентов (49,5 %) составляли люди в возрасте от 20 до 30 лет, еще 19 % были моложе 20 лет. В возрастную группу от 30 до 40 лет входило 25,5 % студентов. Большинство студентов (51 %) имели среднее образование, 32 % имели только начальное образование. Небольшое количество студентов (5,5 %) имели диплом высшего учебного заведения, еще 10 % провели некоторое время, получая высшее образование. По вероисповеданию 70 % были русскими православными, 9 % — католиками, 9,5 % — протестантами, 10 % — евреями, и только 0,5 % назвали себя атеистами. Многие (28 %) ранее служили в армии; другие были техническими работниками (15 %), студентами (14 %), государственными служащими или клерками (12,5 %), рабочими (7,5 %), учителями (6 %) или фермерами (6 %). Наибольший интерес вызывали технические курсы[104]. Как видно, многие студенты имели знания, такие как военные навыки, которые было трудно применить в эмиграции.

---

[102] The Russian Correspondence School, Berlin [1924]. P. 1, 5. Russian Correspondence School. Russian Work—Europe, Restricted, Russian Correspondence School, 1923–1930, Russian Superior Technical Institute, 1931–1961. KFYA. См. также [Карпенко и др. 2000: 326].

[103] Anderson Paul B. Report, Russian Correspondence School, 1923. P. 1, 3. Russian Correspondence School. Russian Work — Europe, Restricted, Russian Correspondence School, 1923–1930, Russian Superior Technical Institute, 1931–1961. KFYA.

[104] Russian Correspondence School of the American Y.M.C.A. Dec. 7, 1924. P. 1–3. Russian Correspondence School. Russian Work — Europe, Restricted, Russian Correspondence School, 1923–1930, Russian Superior Technical Institute, 1931–1961. KFYA.

Школа предлагала очень практичные курсы, чтобы помочь мужчинам зарабатывать на жизнь[105].

Программа получила положительную оценку в русской эмигрантской прессе: «Тихо, без всякой хвастливости, среди эмигрантов ведется очень полезная работа, о которой в широких кругах недостаточно известно. Я говорю о работе Русской политехнической школы, основанной северо-американским ХСМЛ»[106]. Заочная программа постепенно расширялась. В 1923 году зачисленные студенты проживали в 36 странах, а в 1929 году — в 61 стране. В 1922 году число студентов школы составляло 1145 человек, при этом к 1930 году оно выросло до 8112. С 1922 по 1929 год число предметов увеличилось с 6 до 163[107]. Статистика за 1930 год демонстрирует широкий охват этой программы обучения Союза. Студенты проживали на Балканах (2196), в Польше (1552), странах Балтии (1530), Западной Европе (924), Центральной Европе (909), Африке (262), Скандинавии (249), Азии (201), Северной и Южной Америке (150), России (124) и Австралии (15). Школа также собирала статистические данные о текущем и прежних местах работы. Эти данные показали, что в 1930 году среди студентов было

---

[105] Anderson Paul B. A School that Adjusts Men to Life, Apr. 1, 1928. P. 1–3. Russian Correspondence School. Russian Work — Europe, Restricted, Russian Correspondence School, 1923–1930, Russian Superior Technical Institute, 1931–1961. KFYA. Списки курсов и правила для студентов программы можно найти в следующих каталогах: Организация программы русских курсов заочного преподавания. 1923. Pamphlets in Russian. Russian Work, Restricted, Pamphlets. KFYA; Русская политехническая школа заочного преподавания North American Y.M.C.A., каталог, ценник, 1929. YMCA Press. YMCA of the USA, Anderson, Paul B. 1. KFYA; Русский высший технический институт во Франции, 1931. YMCA Press. YMCA of the USA, Anderson, Paul B. 1. KFYA; Русский высший технический институт во Франции, учебная программа и правила приема, академический факультет, 1932. Print on Russia. YMCA of the USA, Anderson, Paul B. 1. KFYA.

[106] Timasheff N. S. A Work That Will Have a Great Future, La Renaissance [Paris Russian daily], Jun. 17, 1930, transl. in archive. Russian Correspondence School. Russian Work — Europe, Restricted, Russian Correspondence School, 1923–1930, Russian Superior Technical Institute, 1931–1961. KFYA.

[107] International Survey Committee. Survey of North American YMCA Service to Russians in Europe [1930]. P. 76–77. Russia. International Survey — 1930, Roumania, Russia, South Africa, Box 12. KFYA.

меньше бывших солдат и офицеров, но гораздо больше рабочих, стремившихся повысить свою квалификацию (по сравнению с группой 1924 года)[108]. Статистика за 1933–1938 годы показала постепенное снижение числа новых зачислений и отсутствие студентов из СССР (по сравнению со 124 в 1930 году). Регионами с наибольшим количеством зарегистрированных студентов были Франция, Балтия и Балканы[109]. В 1931 году Заочная школа преобразовалась в Русский высший технический институт, который добавил в учебную программу вечерние курсы. Вторая мировая война прервала работу многих студентов, но школа продолжала функционировать в ограниченном режиме на протяжении всей войны. Русский высший технический институт окончательно закрылся 31 октября 1961 года из-за снижения числа поступающих. «Решение о закрытии института было принято в связи с изменившимися условиями. Поток изгнанников и беженцев прекратился...» Всего с 1921 по 1961 год в Заочной школе обучалось более 12 000 мужчин и женщин[110].

Профессиональная школа ХСМЛ в Софии (1922–1924)

Профессиональная школа ХСМЛ в столице Болгарии, Софии, возглавлялась Харви Г. Смитом и Уильямом Орром. Смит был выпускником Университета Висконсина; Орр ранее занимал

---

[108] [Statistics on Russian Correspondence School 1930]. Russian Correspondence School. Russian Work — Europe, Restricted, Russian Correspondence School, 1923–1930, Russian Superior Technical Institute, 1931–1961. KFYA.

[109] Russian Superior Technical Institute, Home Study Faculty, Comparative Statistics [1937]. Annual Reports 1933–1949. Russian Work — Europe, Restricted, Budgets and Appropriations, Correspondence and Reports, 1950–, Financial Transactions. KFYA; Russian Superior Technical Institute, Home Study Section [1939]. Russian Superior Technical Institute. Russian Work — Europe, Restricted, Russian Correspondence School, 1923–1930, Russian Superior Technical Institute, 1931–1961. KFYA.

[110] Letter from Paul B. Anderson to I. V. Morozov, Sept. 6, 1961. 1961. France, Russian Work, 1956–1968. KFYA; letter from Paul B. Anderson, Nov. 1, 1961. P. 1. 1961. France, Russian Work, 1956–1968. KFYA.

должность комиссара по вопросам образования штата Массачусетс[111]. Смит ранее пять лет проработал в Сибири, где выучил русский язык[112]. После Первой мировой войны было разработано множество образовательных программ для помощи русским беженцам в Болгарии. Например, в 1920 году было открыто две гимназии. Российский союз городов и другие организации поддержали создание ряда школ. Группа эмигрантов-инженеров и профессоров организовала техническую школу с «подготовительными инженерными курсами», которая давала мужчинам образование в области с явной нехваткой рабочей силы. Вечерние занятия начались в сентябре 1921 года под руководством А. Ф. Новицкого в трех отделениях: дорожное строительство и архитектура, электротехника и механика. Первая группа выпускников быстро нашла работу. Российский союз городов занимался поиском спонсоров для этой программы, в результате которого установил контакт с представителями американского ХСМЛ, который согласился финансировать программу. Программа была реорганизована и вновь открыта в конце 1922 года. Популярность программы привела к введению конкурса на поступление. Русский преподавательский состав продолжил работу под руководством американцев [Горяинов 1995: 140, 148–149].

Занятия в школе ХСМЛ проводились с 3 ноября 1922 года по 28 апреля 1924 года. Школа закрылась из-за отсутствия финансовой поддержки. Идея создания технической школы ХСМЛ зародилась в Константинополе (Стамбуле), где к тому времени собралось много молодых русских беженцев. Секретари Союза

---

[111] The Y.M.C.A. Vocational School, Sofia, Bulgaria, no date. P. 1. YMCA Vocational School, [Sofia], 1924. Russian Work — Europe, Restricted, Russian Orthodox Theological Academy, Russian Student Christian Movement, Russian Student Fund. KFYA.

[112] Smith Harvey G. The YMCA Vocational School in Sofia, Bulgaria, Sept. 22, 1923 — Jun. 18, 1924. 2. YMCA Vocational School, [Sofia], 1924. Russian Work — Europe, Restricted, Russian Orthodox Theological Academy, Russian Student Christian Movement, Russian Student Fund. KFYA.

Райал, Андерсон, Макнотен и Александр провели опрос и пришли к выводу, что есть потребность в краткосрочной практической профессиональной подготовке. Международный комитет ХСМЛ обратился к болгарскому послу в Вашингтоне с просьбой разрешить организовать школу в Болгарии, поскольку политические и финансовые условия там были сочтены относительно благоприятными. Разрешение было дано с обещанием предоставить здание по сниженной арендной плате. ХСМЛ выбрал двух секретарей для руководства программой: Х. Смита и У. Орра, который работал в качестве советника по образованию в европейском отделении Союза. Смит прибыл в августе 1922 года, а Орр — в сентябре. Основная цель школы была экономической — помочь мужчинам работать в более квалифицированных профессиях и зарабатывать больше. Смит обозначил один из ключевых аспектов данной цели: «эффективность». Всего 700 мужчин окончили курс и нашли работу. При организации программы в Софии Смит и Орр столкнулись с различными проблемами: поиск помещения, взаимодействие с бюрократическим аппаратом и организация жилья для студентов. Консультации с болгарами привели к разработке трех курсов в школе: геодезия, электротехника и механика, строительство и архитектура. Курсы длились шесть месяцев; каждый учебный день состоял из двух разных частей: теоретическое обучение и практика. Руководство школы состояло из секретаря американского ХСМЛ, русского директора, трех деканов для каждого из трех курсов, преподавателей и помощников. За время существования школы было получено 1700 заявлений, 780 из них были приняты, и 677 студентов завершили программу. Студенты прибывали через Константинополь и Болгарию. Школа также предлагала программу ХСМЛ с социальной, религиозной и физической тематикой. Воскресные проповеди, которые посещали 90 % студентов, проводил православный священник[113]. Король Болгарии Борис встретился

---

[113] Smith Harvey. History and Report of the Y.M.C.A. Vocational School, Sofia, Bulgaria, from its Beginning Sept. 1922 to its Close Jun. 18, [1924]. P. 1–9, 15, 19, 25. Tech School 1924. Bulgaria. KFYA.

с Орром и Смитом на час и выразил свое одобрение[114]. Расходы за два года работы школы составили 58 334 доллара[115].

Техническая школа для русских эмигрантов в Софии завершила свою первую шестимесячную программу в мае 1923 года. 270 студентов получили диплом, и 80 % из них нашли работу по специальности в течение недели после завершения программы. 600 человек подали заявки на вторую шестимесячную программу, но только 300 из них могли быть приняты[116].

В этой главе рассказано о попытках ХСМЛ организовать программы для молодых русских рабочих, которые могли бы удовлетворить их профессиональные, рекреационные и духовные потребности. Каждый сотрудник сталкивался с серьезными трудностями из-за политических, религиозных и финансовых ограничений. Однако эти программы внесли значительный вклад в жизнь людей, вынужденных приспосабливаться к новым реалиям начала XX века.

---

[114] Letter from William Orr to John R. Mott. Nov 19, 1922. P. 1. Tech School 1922–1924. Bulgaria. KFYA.

[115] Makarov G. Russian Balkan School, Sofia, Bulgaria, budget, Jun. 23, 1924. YMCA Vocational School, [Sofia], 1924. Russian Work — Europe, Restricted, Russian Orthodox Theological Academy, Russian Student Christian Movement, Russian Student Fund. KFYA.

[116] Report of the Russian Department for the Central European Mid-Winter American Secretaries Conference, Feb. 1–4, 1924. P. 4. 1924. Russian Work — Europe, Restricted, Correspondence and Reports, 1920–1929, Annual Reports, 1920–1929. KFYA; The Y.M.C.A. Vocational School, Sofia, Bulgaria, P. 1.

Глава 5

«Работа с теми, кто на войне»: ХСМЛ среди солдат

В этой главе описывается работа ХСМЛ с солдатами Российской империи, союзных и Центральных держав на территории России (а также с русскими войсками в других частях Европы) с 1914 по 1920 год. Сначала в обзоре описываются потребности, выявленные Союзом, и цели, поставленные его руководителями. Затем обсуждаются заслуживающие внимания события, после чего рассматривается экономическое положение ХСМЛ, спорные вопросы и взаимоотношения организации с русской православной иерархией. В заключение в главе дается оценка вызовов, стоявших перед ХСМЛ в военное время, а также результатов его программ[1]. Благодаря этой деятельности Союз смог в это непростое время установить более тесные связи в православном мире и проникнуться идеями православной веры, которая не всегда соответствовала ожиданиям протестантов. Эти опыты побудили

---

[1] Наиболее полным первоисточником по этой теме является [Taft et al. 1922]. Два вторичных источника [Davis D., Trani 1974] и [Steuer 1997]. В последнем источнике, диссертации Штойера, представлена справочная информация, необходимая для понимания целей и подхода программы ХСМЛ для России в военное время. Автор рассматривает проблемы, связанные с военнопленными Первой мировой войны, причины участия ХСМЛ и создание службы ХСМЛ для солдат в Европе. Как указано в сносках, в этой главе я в значительной степени опирался на превосходный анализ Штойера, поскольку в архивах ХСМЛ в Миннесоте хранится меньше документов, связанных с этим аспектом работы в России по сравнению с другими программами. См. также [Steuer 2009].

нескольких секретарей ХСМЛ, в первую очередь Пола Б. Андерсона, разработать философию миссионерской деятельности, которая была бы более близка православному мировоззрению. По этой причине эту работу можно считать важным шагом на пути к неоценимому вкладу ХСМЛ в поддержку русского православного христианства.

Цель

Во время войны в лагерях для военнопленных содержалось более 6 млн солдат и гражданских лиц; это число значительно превышало ожидания воюющих стран и имеющиеся ресурсы для обеспечения необходимых услуг. В Гаагских конвенциях 1899 и 1907 годов были сформулированы обязанности стран, держащих военнопленных; пленные должны были получать «продовольствие, жилье и одежду на тех же условиях, что и войска правительства, которое их захватило». Неожиданно высокое число пленных вынудило вовлеченные страны искать новые решения, включая участие нейтральных стран. К маю 1915 года правительство Соединенных Штатов стало единственной организацией, способной оказать помощь этим пленным. В первые месяцы войны политика нейтралитета США интерпретировалась как исключающая любое участие в делах военнопленных. Однако призывы из Европы и политическое влияние в Соединенных Штатах привели к пересмотру этой позиции в декабре 1914 года. Государственный департамент согласился оказывать помощь пленным под руководством американской консульской службы. Вместе с другими нейтральными странами представители США должны были инспектировать лагеря для пленных, контролировать поставки продовольствия и заниматься распределением финансовой помощи пленным. Однако американским посольствам в Европе не хватало персонала, инфраструктуры и опыта, необходимых для реализации программы подобного масштаба: «...американский дипломатический корпус не имел опыта оказания социальной помощи иностранным гражданам». Администрация президента США Вудро Вильсона вскоре поняла, что для выполнения международных соглашений Соединенными Штатами необходимо участие неправительственных организаций; ряд американских агентств социального обеспечения обладали инфраструктурой и руководством, необходимыми для оказания таких услуг военнопленным. Американский ХСМЛ откликнулся на просьбу правительства об оказании военнопленным физической, психологической и духовной помощи. Действуя в рамках Всемирного альянса ХСМЛ (с головным офисом в Женеве, в нейтральной Швейцарии) и сотрудничая с другими национальными ассоциациями, Союз запустил международную программу помощи военнопленным, чтобы оказывать им поддержку вне зависимости от их национальности и религиозных убеждений[2].

Развитие событий

Лидер ХСМЛ Джон Р. Мотт в сентябре 1914 года вместе с группой коллег отправился в Европу, чтобы ознакомиться с ситуацией и определить возможности оказания помощи со стороны Союза. Там они стали свидетелями переполненных больниц и увидели, насколько сложно было раненым солдатам поддерживать общение со своими семьями. Мотт и другие Y-активисты были мотивированы помочь; было решено собрать миллионы долларов и нанять секретарей для оказания помощи на местах. В декабре 1914 года он встретился с Международным комитетом ХСМЛ и попытался описать трагические последствия войны для солдат, студентов и беженцев. Мотт признавал, что война была катастрофой, но, сохраняя свой обычный оптимизм, предположил, что это уникальная возможность помочь поистине огром-

---

2   См. [Steuer 1997: 1–4]; letter from Paul B. Anderson to Eugene P. Trani, March 29, 1973, attachment to letter. P. 1. 1966–1984. Biographical Records, Paul B. Anderson. KFYA. Основной источник информации на данную тему — архивный документ: Meeting of the War Historical Bureau of the Young Men's Christian Association, Apr. 1, 1920, который включает комментарии к военной работе Колтона и Райалла. Correspondence and Reports, 1920. Russian Work Restricted, Correspondence and Reports, 1918–1921. KFYA. См. также: Anderson Paul B. Russian Prisoners of War, no date [1920 or 1921]. PBAP.

ному количеству людей. Однако главной проблемой была необходимость сочетать оказание помощи с политикой нейтралитета, которой придерживались США [Steuer 1997: 45–47].

В январе 1915 года Мотт встретился с президентом Вильсоном в Белом доме, чтобы обсудить свои впечатления от поездки в Европу. Они встречались ранее в октябре 1889 года в Уэслианском университете в Коннектикуте; Вильсон был профессором, а Мотт посещал его в качестве представителя Студенческого волонтерского движения. Их дружба была основана на общей деятельности в организации и участии в этом движении — они разделяли оптимистическое протестантское мировоззрение и интерес к высшему образованию. Они оба принимали участие в создании Федерального совета церквей Христа в 1905 году. Еще одним примером их связи было предложение Вильсона Мотту почетной степени Принстонского университета в 1910 году. На встрече 1915 года они обсудили возможности ХСМЛ по оказанию помощи военнопленным с сохранением нейтралитета США. Они пришли к соглашению, что

> ...план по оказанию помощи военнопленным как в странах Антанты, так и в странах Центральных держав удовлетворит острую потребность, и такая политика будет органично дополнять внешнюю политику администрации. Американский ХСМЛ теперь имел поддержку президента для реализации амбициозной программы помощи в Европе [Ibid.: 48–50].

Американский ХСМЛ и правительство США становились все более взаимозависимыми в ходе войны: каждая из сторон полагалась на другую в достижении своих целей. Вильсон с самого начала поддерживал программу ХСМЛ. Секретари Союза полагались на американских послов и их сотрудников в Берлине, Париже, Риме, Вене и Петрограде, чтобы установить успешные контакты с местными чиновниками: «...авторитет Союза был явно укреплен официальной поддержкой со стороны США». Сотрудники Вильсона также предоставляли Союзу официальные каналы связи и разведывательную информацию. Y-секретари часто связывались со своим офисом в Нью-Йорке через американские консульства. Американские дипломаты предоставляли секретарям на местах политически значимые сведения. Изменение политической ситуации, такое как вступление Соединенных Штатов в войну, могло привести к тому, что сами сотрудники ХСМЛ были бы заключены в тюрьму как граждане враждебных государств. Поэтому эта договоренность позволяла им быть в курсе всех возможных изменений, которые потребовали бы сложных логистических мер. Одним из примеров такого взаимодействия было сотрудничество с секретарями ХСМЛ в Германии, получавшими политическую информацию, которая привела к разрыву дипломатических отношений между США и Германией в феврале 1917 года. Это позволило им своевременно организовать свою эвакуацию из страны: секретари покинули Германию на поезде посла США. Правительство США также время от времени предоставляло материалы и финансовые средства для программ помощи Союза. Например, посольство США в Стамбуле арендовало складские помещения для продовольствия, предназначенного для военнопленных. Правительство США также отправляло поезда с продовольственной помощью для голодающих военнопленных Центральных держав, содержавшихся в Сибири, через систему распределения ХСМЛ. Союз оказывал различную точечную помощь дипломатическим сотрудникам США, которые были перегружены рядом обязательств, предусматриваемыми международными соглашениями. Секретари представляли необходимые отчеты о местонахождении и условиях содержания лагерей военнопленных, освобождая чиновников от этой ответственности. К. А. Штойер утверждает, что эту работу не следует называть шпионажем: «...их отчеты не отражали деятельность по "сбору разведданных" для правительства США». ХСМЛ также помогал правительству США, распределяя продовольствие и медикаменты среди военнопленных, особенно после 1916 года, хотя это не входило в основные обязанности Союза. Подход Вильсона можно охарактеризовать как корпоративизм — достижение целей правительства с помощью крупных организаций. Иногда инфраструктура и расположение

ХСМЛ позволяли Союзу быть единственной нейтральной благотворительной организацией, способной в тех условиях оказывать помощь [Ibid.: 447–449].

В июне 1915 года секретари ХСМЛ А. С. Харт и Дж. Дэй посетили несколько лагерей для военнопленных в России, чтобы собрать информацию об условиях и возможностях. Они были уполномочены генералом М. А. Беляевым. В начале своего путешествия они встретились с московским генерал-губернатором и рассказали о работе ХСМЛ с русскими пленными в Германии. Они отправились в Курган, чтобы посетить тюрьмы для военнопленных и госпиталь, — руководители запросили книги и спортивное оборудование. Затем они отправились в Петропавловск, Омск, Ново-Николаевск и Томск. Они сообщили, что везде условия были хорошие, но не хватало амуниции для отдыха[3]. Дональд А. Лоури позже начал работать с военнопленными в лагере в Томске; он сообщил, что там проводились занятия по 23 предметам, включая французский язык, коммерцию и торговлю, аэронавтику и геологию. Они также организовали библиотеку и еженедельные религиозные службы для протестантов, католиков и евреев[4].

В ключевом отчете Джерома Дэвиса обобщены первые шаги в работе ХСМЛ по другому направлению — уже не с военнопленными, а с русскими солдатами. В январе 1917 года генерал А. Н. Куропаткин разрешил ХСМЛ работать с одним из полков в Туркестане при условии, что не будут использоваться печатные материалы. В феврале Союз получил разрешение на работу со всеми русскими войсками в Туркестане. В июле работа была расширена на шесть полков в Москве. В августе премьер-министр дал свое одобрение на работу ХСМЛ с войсками в Иркутске,

---

[3] Harte A. C. Harte and Day to the Hospitals and German Prisoners' Camps in Siberia, Petrograd, Jun. 25, 1915. P. 1–4. Correspondence and Reports, 1915–1916. Russian Work Restricted, Correspondence and Reports, 1903–1917. KFYA.

[4] Letter from Donald A. Lowrie to John R. Mott, Sept. 11/24, 1916. P. 1–2. Correspondence and Reports, 1915–1916. Russian Work Restricted, Correspondence and Reports, 1903–1917. KFYA.

Томске, Казани, Киеве и Одессе, но на фронте секретарям Союза работать не разрешалось. В сентябре военный министр империи официально одобрил деятельность ХСМЛ, а премьер-министр разрешил работать на всех фронтах. Это привело к ускоренному развертыванию секретарей и поставок по всей стране. Правительство предоставило Союзу здание в Москве, а один из генералов разрешил использовать 40 зданий, расположенных на западном фронте. Был сформирован Московский городской совет ХСМЛ, в который вошли: генерал-губернатор Москвы, министр юстиции, американский консул, председатель солдатских депутатов, жена генерала А. А. Брусилова и другие официальные лица. В Москве также был организован национальный офис ХСМЛ. Дэвис так описал американским читателям главную цель работы в военное время:

> Основная цель военной деятельности Союза заключается в служении России, ее правительству и ее солдатам всеми имеющимися в нашем распоряжении силами. Мы верим, что наше послание будет донесено не словом, а делом. Мы считаем, что чем упорнее мы будем стремиться в нашем служении к идеалам Учителя, тем нагляднее мы будем показывать тот идеал, который отстаивает наш Союз.

Он объяснил: «В течение двух недель после возвращения солдата из окопов ему практически нечего делать. <...> Его основное занятие — курение... сон или азартные игры и прочие вредные развлечения». Лидеры Союза предоставляли материалы и организовывали занятия по чтению, письму, играм и музыке. Дэвис хотел, чтобы 30 американских секретарей создали городские ассоциации для резервных войск. Здания для нужд ХСМЛ уже были открыты в Москве, Киеве, Одессе, Казани, Иркутске и Ташкенте. По плану Дэвиса, в России должны были работать в общей сложности 830 американских секретарей, занятых на всех направлениях ХСМЛ[5].

---

[5] Davis Jerome. Association History in the Making in Russia, Oct. 22/Nov. 4, 1917. P. 1–3. Correspondence and Reports, 1917. Russian Work Restricted, Correspondence and Reports, 1903–1917. KFYA.

Когда новые сотрудники ХСМЛ прибывали в Россию, они часто испытывали разочарование из-за низкого уровня организации и руководства. Харт курировал помощь военнопленным в России и других странах Европы; изначально он отвечал за работу с российской армией. Летом 1917 года он покинул Россию, временно передав свои полномочия исполняющему обязанности старшего секретаря Дж. Дэвису, который работал с К. Уилером, до своего предполагаемого возвращения в октябре 1917 года. Дэвис подвергался критике за слабые административные навыки; в ноябре 1917 года секретари ХСМЛ сформировали Совет по военной работе. Харт не смог вернуться в Россию, а его преемник, Э. Т. Колтон, назначенный 5 декабря 1917 года, фактически прибыл в Россию только в марте 1918 года. Вследствие этого, как объяснялось в ретроспективном отчете ХСМЛ, «в течение всего этого критического периода администрация находилась в руках людей, чьи полномочия были временными и которые не считали себя в состоянии принимать решения, имеющие жизненно важное значение» [Taft et al. 1922: 427; Davis D., Trani 1974: 475].

В конце 1919 года Уилер, оглядываясь на прошедшие три года работы в России в условиях войны, писал о том, насколько масштабным было это предприятие. Более 300 американцев со всех концов Соединенных Штатов собрались вместе и работали среди разных слоев российского общества во многих регионах империи. Они работали на всех этапах революции. Он так резюмировал общие цели этой работы:

> 1. Помочь восстановить боевой дух русской армии и народа в их борьбе против германского империализма. 2. Продолжать служение во всех классах и партиях русского народа, тем самым способствуя укреплению дружбы между Америкой и Россией. 3. Помочь русскому народу заложить духовные и материальные основы для новых институтов самоуправления, основанных на принципах и идеалах американской демократии.

Эти комментарии отражают убеждение, распространенное в ХСМЛ во время Гражданской войны 1918–1921 годов, что большевизм не возобладает в России и что демократии суждено прийти на замену царской автократии. Затем Уилер приводит основные трудности, с которыми столкнулись секретари Союза: сложность в изучении русского языка, отсутствие аналогичного опыта, быстро меняющаяся ситуация, нехватка снабжения и частые проблемы с коммуникацией и транспортом[6].

Уилер подытожил работу, выделив три периода. Первый период начался с Февральской революции и закончился Брест-Литовским мирным договором. Второй период был переходным, предшествовавшим Гражданской войне и интервенции союзников. Третий период начался в августе 1918 года и включал Гражданскую войну в России[7].

Первый период длился с марта 1917 года по март 1918 года, от Февральской революции до Брест-Литовского мирного договора. В центре внимания в этот момент находилась русская армия. Менее чем через месяц после Февральской революции в войну вступили Соединенные Штаты, что потребовало отзыва американских секретарей, работавших с русскими военнопленными в лагерях в Германии. В июне 1917 года Соединенные Штаты признали Временное правительство. Это привело к формированию миссии в Россию от правительства США во главе с Э. Рутом, в которую входил Мотт. Во время этой поездки им удалось получить разрешение на проведение благотворительной деятельности среди русских войск, и после возвращения в Соединенные Штаты был начат набор сотрудников. Миссия стартовала в Туркестане, затем началась работа с гарнизонами в Москве, Киеве, Одессе и Минске. 20 октября 1917 года, после консультаций с министром юстиции, министром иностранных дел, военным министром, главнокомандующим русскими войсками и премьер-министром, правительство Александра Керенского единогласно приняло постановление, официально одобрившее дея-

---

6   Memorandum from Crawford Wheeler to John R. Mott and E. T. Colton, Report on War Time Activities in Russia, Nov. 22, 1919. [3–5]. WWI Field Reports (binder 2). Russia, Colton E. T., Reports, Addresses, and Papers, 2 vols. KFYA.

7   Memorandum from Crawford Wheeler to John R. Mott and E. T. Colton, [7–9].

тельность ХСМЛ среди действующих и вспомогательных войск русской армии. Это одобрение предоставило Союзу бесплатный железнодорожный транспорт, таможенное оформление и почтовую доставку [Taft et al. 1922: 428–429].

Вскоре после Октябрьской революции прибыло около 50 новых рекрутов, которые обнаружили, что новое советское правительство планирует вести переговоры о заключении мира с Центральными державами. Русские солдаты покидали фронт, и продолжать официальную работу с войсками стало невозможно [Ibid.: 419]. Луис Даннингтон прибыл в Россию в этот период и описал тот хаос, который ему пришлось лицезреть: секретари оказались в эпицентре уличных боев и испытывали большие трудности с покупкой продуктов питания. Он писал: «Часто мы оказывались в центре толпы, по которой стреляли пулеметчики большевиков, и люди гибли совсем рядом с нами. Улицы были буквально усыпаны трупами и ранеными»[8].

Вскоре после Октябрьской революции работа Союза с русскими солдатами на фронтах прекратилась, и секретари отступили в центральные районы, где пытались продолжить свою деятельность. К февралю 1918 года работа с русской армией прекратилась, поскольку армия утратила свою целостность как институция. На конференции в Самаре в марте 1918 года Союз скорректировал свои цели, программы и политику с учетом изменившейся ситуации. Ряд секретарей решили, что им следует присоединиться к армии союзников, в то время как другие считали, что для дела союзников будет более полезно служить в России. Другие решили остаться в России из гуманитарных соображений. Дальнейшие обсуждения привели к конкретным назначениям: 16 человек в Москву (семь для оказания помощи возвращающимся русским военнопленным, три для гражданской программы и шесть для руководства и управления финансами), пять в Самару, четыре в Казань, два в Нижний Новгород, один в Петроград, два в Архангельск и Мурманск. Два сотрудника в Ереване про-

---

8   Extracts from interview with Mr. Louis L. Dunnington, [no date]. P. 1. Dunnington. Russian Work, Restricted, General, Personal Accounts. KFYA.

должали свою работу в программе, а трое секретарей из «Маяка» в Петрограде начали гражданскую программу во Владивостоке. Шестеро были направлены работать с Чехословацким корпусом в Сибири; двое были отправлены для оказания помощи поезду с сербскими беженцами, пересекающему Сибирь, а один был отправлен для оказания помощи сербским солдатам, направляющимся во Францию из арктических портовых городов. Трое специалистов по сельскому хозяйству планировали работать среди крестьян Поволжья. Шестеро сотрудников оставили работу в ХСМЛ, чтобы поступить на службу в американское консульство [Ibid.: 427, 430–431].

Второй период работы Союза с солдатами продолжался с марта 1918 года по август 1918 года. Это был переходный период Гражданской войны. Деятельность ХСМЛ велась в нескольких направлениях: совместная работа по оказанию помощи с Американским Красным Крестом, гражданские программы в городах центральной России, сельскохозяйственная выставка, которая путешествовала по разным городам, стоящим на Волге, общественные работы в Самаре и помощь сербскому поезду с беженцами[9]. В то время существовало четкое различие между работой Красного Креста, который распределял предметы снабжения и медицинскую помощь, и ХСМЛ, который помогал в обмене личными сообщениями и денежными средствами с членами солдатских семей[10]. Лидер Красного Креста, Рэймонд Роббинс, был гораздо более вовлечен в политическую работу, чем Y-активисты. Пол Б. Андерсон позже подытожил: «Мы были озабочены тем, что мы могли сделать для людей»[11].

Третий период начался в августе 1918 года, и его центральным событием была Гражданская война. В июле и августе 1918 года союзные войска, в том числе американские, были развернуты

---

[9] Memorandum from Crawford Wheeler to John R. Mott and E. T. Colton, [8].

[10] Letter from Anderson to Trani, Mar. 29, 1973, attachment to letter. P. 1.

[11] Davis D. E. YMCA Russian Work: An Interview with Dr. Paul B. Anderson, Sept. 9, 1971. P. 45–46. Russian Work, Restricted, General, Personal Accounts. KFYA.

в Мурманске и Архангельске; Соединенные Штаты также начали сотрудничество с Японией с целью оказания военной поддержки чехам, поддержания работы Транссибирской железнодорожной магистрали и защиты военных материалов во Владивостоке. Эта интервенция во время Гражданской войны в России была частью стратегии союзников в Первой мировой войне. 3 марта 1918 года Россия подписала Брест-Литовский мирный договор с Германией. Весной и летом 1918 года, до начала Гражданской войны, американские войска были отправлены в Архангельск и Владивосток, чтобы предотвратить захват Германией военного оборудования на севере и нефтяных месторождений на юге. Однако военная операция, поначалу казавшаяся прагматичной, превратилась в борьбу против большевиков: войска союзников оказали довольно «вялую» поддержку белым армиям. Для советской власти и историков эта интервенция на протяжении многих лет служила ключевым доказательством западного плана по удушению Советской России [Grogin 2001: 16–17].

Участие ХСМЛ в интервенции союзников было одним из самых спорных аспектов деятельности Союза в России — как для участников, так и для советского правительства. Поэтому следует тщательно рассмотреть общие мотивы и обоснование Союза для этой программы. В отчете ХСМЛ были признаны несколько факторов, поспособствовавших этой противоречивой ситуации, — отсутствие ясности в отношении целей войск союзников и опасные условия, в которых работали сотрудники ХСМЛ. Однако в отчете было подытожено, что эти действия, «несмотря на свою неудачность, были неотъемлемой частью политики союзников того времени, и с помощью сибирской экспедиции была сделана попытка компенсировать потери союзников, вызванные заключением мира между Россией и Германией в марте 1918 года». Авторы отчеты ссылались на государственную политику США в отношении военных действий, сформулированную в августе 1918 года: «...единственной целью, для которой будут использоваться американские войска, будет охрана военных складов, которые впоследствии могут понадобиться российским войскам, а также оказание такой помощи, которая может быть приемлема для россиян в организации их самообороны». ХСМЛ должен был стать частью государственного проекта США по оказанию помощи России, разработанного в связи с планами военной интервенции:

> Для содействия этой инициативе правительство США предложило направить комиссию из предпринимателей, сельскохозяйственных экспертов, консультантов по организации труда, представителей Красного Креста и ХСМЛ для участия в гуманитарной, образовательной и экономической деятельности по восстановлению России.

Далее в отчете объяснялось одно из последствий вмешательства для ХСМЛ — прекращение работы на территории России, контролируемой Советами. Интервенция потребовала эвакуации американского посольства и всех официальных представителей США из Советской России, поэтому правительство не могло обеспечить защиту: практически все сотрудники ХСМЛ покинули подконтрольную большевикам территорию. Поэтому в фокусе внимания сотрудников оказались различные военные подразделения союзников и гражданское население в Северной России и Сибири [Taft et al. 1922: 420, 433–435]. В этот период ХСМЛ обслуживал различные воинские части: чехословацких солдат в Сибири, возвращавшихся русских военнопленных, русские антибольшевистские армии (включая Народную армию и войска правительства Колчака), а также американские экспедиционные силы и союзные армии в Сибири и на севере России. Начиная с этого периода услуги ХСМЛ также распространялись и на гражданское население Сибири.

Программа ХСМЛ по оказанию помощи солдатам союзных войск в Северной России началась с подготовки одного из секретарей к работе в Архангельске в первой половине 1918 года. Осенью прибыло около 5000 американских солдат, а в октябре — 25 американских секретарей из центральной России; затем секретари последовали за развертыванием войск. В конечном итоге персонал ХСМЛ включал почти сотню американских, канадских и британских секретарей, а также русских помощников. Четверо американских секретарей были взяты в плен во время работы на фронте с солдатами союзников: двое были освобождены в Москве с помощью представителя ХСМЛ в Копенгагене, который отправился в Советскую Россию для переговоров об их освобождении. Брайант Райалл с некоторыми другими сотрудниками Союза были доставлены в Лубянку в то же время, когда там содержался Пол Б. Андерсон (об этом более подробно говорилось в главе 2). В августе 1919 года посольство США дало указание всем американцам покинуть Северную Россию, и программа американского ХСМЛ была прекращена. Все американские сотрудники Союза, за исключением одного аудитора, покинули территорию Русского Севера к сентябрю 1919 года. Союз начал работу с войсками союзников также на Дальнем Востоке и в Сибири: к февралю 1919 года пять станций Союза работали для солдат союзников недалеко от Владивостока. Услуги также предоставлялись в Роскальных, на Сучанском руднике, в Спасском, Харбине и Хабаровске. Летом 1919 года ХСМЛ обслуживал русских солдат и гражданских лиц в Ново-Николаевске (ныне Новосибирск), предоставляя им игровые площадки, образовательные курсы, киносеансы для солдат и посещения инвалидов войны. Программа закончилась с наступлением советских войск осенью 1919 года [Ibid.: 435–437, 441, 445].

Г. С. Фелпс, один из лидеров Союза, высоко оценил усердную работу, моральные качества и бескорыстность работников (в том числе пятнадцати женщин, работавших в отделениях и станциях ХСМЛ) в Сибири. Они были наняты разными способами. Некоторые из них служили секретарями ХСМЛ в российских войсках, другие работали в Японии, Китае и на Филиппинах, остальные были американскими и британскими бизнесменами, прибывшими в Сибирь до войны. Кроме того, пятнадцать секретарей и помощников служили в американских и канадских вооруженных силах в Сибири[12].

---

[12] Phelps G. S. Siberian Expedition Report, Nov. 3, 1920. P. 38. Siberia. Russian Work, Restricted, North Russia: Archangel, Murmansk, Siberia. KFYA.

ХСМЛ также сотрудничал с «Первым русским легионом», Русским экспедиционным корпусом, контингентом русских солдат, которые прибыли во Францию в 1916 году и продолжали сражаться на стороне союзников после официальной капитуляции России. После капитуляции они были отрезаны от России советским правительством. Первый контакт был установлен С. Б. Вейси и Дж. Дэем, которые ранее служили в России[13]. После перемирия во Франции было 30 000 освобожденных русских военнопленных, а также 20 000 «старых солдат» и еще 2000 из боевых войск. ХСМЛ управлял 110 центрами для работы с этими группами людей, разбросанными по всей территории Франции. Как обычно, программы включали образование, спорт, библиотеку, кино и столовые. Об этом направлении работы Союза с симпатией отзывался Б. А. Бахметев, бывший тогда послом России в Вашингтоне. Он писал: «Я большой сторонник вашей организации, потому что верю в ее огромную моральную силу»[14].

Джером Дэвис был первым американским секретарем ХСМЛ, который работал с солдатами в России; его история — одна из сотен, составляющих панораму опыта работы Союза в России военного времени. Его лично нанял Мотт после разговора с ним в Оберлинском колледже. Дэвис не хотел прерывать учебу, но Мотт считал, что «современные средства уничтожения в войне настолько ужасны, что война не может длиться более нескольких месяцев». Дэвис начал свою работу, практически не зная русского языка; его знания ограничивались тем, что он успел изучить на корабле во время пересечения Атлантики. Вскоре после прибытия он отправился в семидневное путешествие на поезде

---

[13] Letter from George M. Day to John R. Mott, annual report for 1918. P. 1. Correspondence and Reports, 1918. Russian Work Restricted, Correspondence and Reports, 1918–1921. KFYA; An Army without a Country // Association Men. Sept. 1918. P. 26–27.

[14] An Account of Service Rendered Russian Soldiers and Russian Liberated Prisoners of War in France, [no author, 1919]. P. 1–2, 5. Correspondence and Reports, POW, 1919–1920. Russian Work Restricted, Correspondence and Reports, 1918–1921. KFYA.

в Туркестан, чтобы начать работу с военнопленными. Это быстрое начало работы, по-видимому, было мотивировано соглашением ХСМЛ с немецкими властями, которые разрешили членам Союза помогать союзным пленным при условии, что организация обслуживает немецких, австрийских и турецких пленных в России. Дэвис был потрясен социальными условиями в Туркестане: «...крестьяне были фактически рабами. Царь считался "божественным правителем". Фактически помещик мог делать почти все, что угодно с девушками на своей территории. Люди умирали от голода и болезней на улицах. Попрошайничество и проституция были обычным явлением». По его оценкам, только восемь процентов населения Туркестана были грамотными. Позже Дэвис отправился в Петроград и встретился с Керенским для переговоров о работе ХСМЛ. Дэвис находился в Москве во время большевистского переворота 1917 года вместе с рядом других секретарей. Дэвис и Кроуфорд Уилер помогали транспортировать раненых в безопасное место. По словам Дэвиса, «после окончания боевых действий генеральный консул США направил телеграмму в США, в которой сообщалось, что Американский Красный Крест оставался в своих помещениях на протяжении всего времени боевых действий, в то время как ХСМЛ прославился тем, что выносил убитых и раненых». Затем он сел на поезд до Петрограда, чтобы получить разрешение от нового правительства на продолжение работы ХСМЛ с солдатами. Работа была одобрена одним из большевистских чиновников, который предоставил записку, разрешающую снятие средств ХСМЛ через Государственный банк. Однако кассир банка отказался выдать средства и потребовал письмо от Троцкого или Ленина. Дэвис нашел Троцкого и объяснил ему суть работы ХСМЛ, после чего Троцкий предоставил банку необходимую записку, что разрешило все дальнейшие проблемы Дэвиса с банком. Дэвис был категорически против интервенции со стороны США: «Я был потрясен, узнав, что Соединенные Штаты планируют помочь свергнуть большевистский режим». Он согласился начать работу в Архангельске только в том случае, если большевистский режим рухнет через два месяца, как предсказывал посол США. Однако предсказание этого дипломата оказалось неверным, и Дэвис уехал: «Два месяца спустя Ленин и Троцкий действительно были еще живы. Я встретился с послом в Архангельске, а затем уехал в Соединенные Штаты, где выступил против вмешательства» [Davis J. 1967: 24–26, 43–49].

Противодействие Дэвиса действиям правительства США резко контрастировало с взглядами Дж. Р. Мотта, который решительно поддерживал президента Вильсона и его политическую философию. В июле 1918 года Мотт написал президенту письмо, в котором выразил поддержку его активной политике в отношении России, которая, по его мнению, поможет тем, кто «ищет больше света и свободы». М. К. Барнс, занимавшийся анализом мировоззрения Мотта и тех причин, по которым он столь решительно поддерживал подход Вильсона к России, подчеркивает, что убеждения и действия Мотта отражали его надежду на то, что Царство Божье скоро придет как в Америку, так и в Россию. Он верил, что Соединенные Штаты будут играть ведущую роль в этом мировом развитии благодаря своей экономической и политической мощи и готовности президента «следовать Провидению». Мотт верил, что Царство Божье придет в Америку только при условии выполнения ей своего христианского долга, который заключался в распространении Царства Божьего по всему миру. И Мотт, и Вильсон надеялись увидеть Россию в качестве восточного форпоста нового политического образования, центром которого станет Вашингтон. Христианское видение Мотта было тесно связано с американскими политическими планами и национальными амбициями. Как резюмирует Барнс, Мотт «был полностью убежден, что мечты Вильсона в отношении России были на самом деле мечтами о Боге». Кажется довольно ироничным, что впоследствии его отождествление с интересами США способствовало запрету деятельности ХСМЛ в СССР. В своей поддержке продолжения военных действий русской армии Мотт настолько сблизился с политикой Вильсона, что утратил возможность активно выступать от имени Русской православной церкви — своей первой любви в России [Barnes 1992: 222–224].

Финансирование

Работа ХСМЛ по оказанию помощи военнопленным изначально финансировалась несколькими богатыми филантропами в ответ на просьбы Мотта. Однако рост расходов привел к расширению круга спонсоров. Союз начал сотрудничество с несколькими другими американскими международными организациями социального обеспечения в Объединенной военной кампании ноября 1918 года, по результатам которого в итоге удалось собрать 203 млн долларов, что стало самой большой суммой, когда-либо собранной для добровольной программы. Доля американского ХСМЛ составила 58,65 %, то есть 108 500 000 долларов [Steuer 1997: 456]. Организация при этом потратила почти 8 млн долларов на военную работу в России [Taft et al. 1922: 456][15]. Бюджет военной работы в России на период с 1 ноября 1918 года по 31 октября 1919 года составил 1 600 000 долларов[16].

Отношения с Церковью

Как было сказано в главе 3, в военный период ХСМЛ демонстрировал довольно ограниченную поддержку Русской православной церкви; отношение Союза к Православной церкви было положительным, но подход был скорее межконфессиональным. Г. С. Фелпс попросил Ф. К. Мередита посвятить все свое рабочее время изучению русского православия и разработке оптимального подхода к Церкви. Фелпс писал: «С самого начала нашего движения в России одним из основных принципов было стремление работать с максимальной симпатией и в самом тесном сотрудничестве с Православной церковью»[17].

---

[15] Статистика, приведенная в источнике, не сопровождается никакими уточнениями.

[16] Recapitulation of Budget for Russian Army Work, [1918–1919]. Correspondence and Reports, 1919. Russian Work Restricted, Correspondence and Reports, 1918–1921. KFYA.

[17] Phelps. Siberian Expedition Report... P. 35–37.

Разногласия

После Октябрьской революции критики со всех сторон осуждали ХСМЛ за отсутствие нейтралитета. Советы подозревали секретарей в работе на союзников, но все-таки не отказывались от материальной помощи для русских, возвращавшихся из лагерей для военнопленных. Не-большевики считали ХСМЛ марксистами. Большевики видели в ХСМЛ инструмент Вашингтона, поскольку организация часто помогала врагам Советов, особенно в Северной России и Сибири. В Мурманске один из Y-секретарей временно и неофициально исполнял обязанности консула США, что выглядело очень подозрительно [Davis D., Trani 1974: 479, 483]. Здесь ХСМЛ столкнулся с трудной дилеммой — он пытался оставаться на стороне союзников и поддерживать их, но одновременно с этим оказывать помощь солдатам любых войск, которые в ней нуждались. Как отмечено в заключительном отчете ХСМЛ, «именно эта беспристрастность вызывала подозрения у всех сторонников...» [Taft et al. 1922: 420]. Организация также столкнулась с рядом трудностей при работе в Сибири в связи с омским правительством: «Открытые возражения против ХСМЛ заключались в том, что он коммерциализирован, что в нем работают евреи, что он является прикрытием для прозелитизма и что его секретари являются пробольшевистскими»[18].

Убеждение Мотта в том, что во время войны американские и христианские цели могут быть увязаны в единое целое, получило поддержку у многих протестантов основного течения, но другие религиозные группы, такие как меннониты и квакеры, отвергли эту формулировку. Одно консервативное протестантское издание решительно отвергло то видение патриотизма, которого придерживался Мотт, и его терпимость к модернистским взглядам: «...в чаше, которую варит доктор Мотт, есть яд, и все

---

[18] Letter from E. T. Colton to Boris Bakhmatieff of the Russian Embassy in Washington, D.C., Oct. 31, 1919. P. 3. Correspondence. Russian Work, Restricted, Ethan T. Colton Collection. KFYA.

те, кто еще не поддался тонкому одурманивающему очарованию этих дней человеческого величия и могущества, должны во весь голос кричать об опасности». Этот автор критиковал недавнее послание Мотта, в котором тот утверждал, что мировая война принесет положительные изменения, такие как «объединение наций в христианское братство». Особую настороженность у него вызвало явное одобрение Моттом эволюционных теорий и высшей библейской критики. Автор предпочел воздержаться от высказывания своего открытого отвращения к Мотту за то, что тот якобы заявил, что «быть активным важнее, чем быть ортодоксальным»[19]. По сравнению с американским скептиком Х. Л. Менкеном, «закоренелым» ненавистником ХСМЛ, эту критику еще можно считать мягкой. Менкен же в своей критике открыто высказывал свое недоверие в отношении истинных причин работы Союза в военное время. В 1920 году он писал:

> Мне неведомо, награждает ли ХСМЛ своих [разносчиков] шоколада и похитителей душ… Если нет, то правительство должно как-то отметить этих весьма характерных героев войны за демократию. Ветераны фронта, правда, очень уж их не любят и имеют привычку обрушиваться на них нетрезвой нецензурной бранью. Они завышали цены на сигареты; они пытались отбить охоту к общению у французских дам; они часто исчезали, когда в воздухе начинали разрываться снаряды. Что же, кто-то говорит одно, кто-то другое. Наверняка по крайней мере некоторые из этой бледной и елейной братии в своей работе последовали примеру Учителя, потому что жаждали спасения душ, а не просто потому, что хотели сбежать из окопов[20].

Несмотря на широко распространенный оптимизм ХСМЛ, Первая мировая война подорвала его развитие, помешав даль-

---

[19] См.: The Gospel Message / published by the Gospel Union Publishing Company, Kansas City, Missouri, no date. P. 11–12. Correspondence and Reports, 1915–1916. Russian Work Restricted, Correspondence and Reports, 1903–1917. KFYA.

[20] Цит. по: [Putney 2001: 204].

нейшему расширению его влияния. До войны американский, британский и немецкий ХСМЛ тесно сотрудничали в качестве партнеров в рамках Всемирного альянса ХСМЛ. Война разрушила это единение; в период с 1914 по 1920 год члены альянса не собирались на пленарные заседания [Putney 2001: 41]. Кроме того, американское протестантское миссионерское движение было ослаблено тесной связью между церквями и военными усилиями. Как объяснил один ученый, «отождествление миссионерских и национальных целей в военное время привело к серьезной потере доверия к миссиям в течение послевоенного десятилетия». Вступление США в войну отражало вступление в войну многих европейских стран с их энтузиазмом по поводу «священной войны». Большинство протестантских, католических и еврейских лидеров поддержали участие в войне; оппозиция квакеров, меннонитов и свидетелей Иеговы не была воспринята с пониманием. Ш. Мэтьюз, христианский ученый-модернист из Чикагского университета, высказался от имени многих христианских интеллектуалов, заявив, что отказ поддержать войну для американца равносилен отступлению от христианской идеи. Евангелист Билли Сандей, более консервативный в своем богословии протестант, участвовал в митингах «Повесить кайзера»; он говорил, что христианство и патриотизм синонимичны в той же мере, что ад и предатели. В результате такое поведение в военное время противоречило предполагаемому интернационализму основного течения христианской благотворительности и миссионерской деятельности. Война подорвала идею о моральном превосходстве Европы и Соединенных Штатов, которое служило оправданием для прямой ассоциации между христианизацией и цивилизацией. «После первоначального послевоенного подъема основные протестантские миссии переживали более или менее устойчивый спад вплоть до Великой депрессии» [Showalter 1990: 12–13, 261][21].

---

21 См. также [Dorsett 1991: 113–114].

К. А. Штойер пытается подчеркнуть политическую мотивированность работы ХСМЛ с эмигрантами. Он описывает работу Союза как «идеологическую борьбу» с большевизмом, «которая продлится на протяжении всей холодной войны» [Steuer 1997: 450, 457–458, 460]. Однако архивные документы не подтверждают безоговорочный характер его оценки. Многие секретари были антибольшевиками и, без сомнения, продвигали собственные политические программы. Однако примеры таких участников, как Дж. Дэвиса, Ш. Эдди и Ю. Геккера, а также радикально настроенных русских сотрудников ХСМЛ показывают, что программа Союза не была изначально разработана как политическая программа, нацеленная на подрыв большевизма. Основными мотивами работы ХСМЛ с русскими эмигрантами были в первую очередь гуманитарные, во вторую очередь религиозные и лишь изредка политические.

Оценки

Секретари ХСМЛ сталкивались с трудностями в работе с европейскими военнопленными из-за различных подозрений: мотивация членов Союза часто подвергалась сомнению. Многие чиновники опасались, что секретари были вражескими агентами. В связи с этим, например, американские граждане с немецкими фамилиями не могли работать в России или Великобритании из-за возражений со стороны военных властей. Некоторые военнопленные предполагали, что члены ХСМЛ были пропагандистами, действующими в интересах их врагов. Многие католики, православные и мусульмане подозревали их в прозелитизме. Еще одним серьезным ограничением была нехватка кадров, отчасти из-за требования знания европейских языков [Ibid.: 450–452].

Несмотря на недоверие и ограничения, ХСМЛ значительно улучшил условия содержания пленных в тех местах, где его работа была возможна. Однако результаты программы помощи военнопленным со стороны Союза, может, и соответствовали заявленным целям качественно, но точно не количественно.

Секретари просто не могли обслуживать настолько огромное количество пленных и взаимодействовали только с небольшой их частью. Наивысший размах их деятельности был достигнут в феврале 1917 года, когда 68 секретарей обслуживали более 6 млн пленных (Россия удерживала 1 500 000 человек внутри своих границ; 2 500 000 русских удерживались в качестве военнопленных или пропали без вести в зарубежных странах). Штойер пишет: «Страдания военнопленных в Первой мировой войне, возможно, были слишком большим испытанием, особенно для одной организации, предоставляющей помощь». ХСМЛ подвергся критике за отказ от политики нейтралитета после вступления США в войну в начале 1917 года: «После того как Конгресс объявил войну Германии, Международный комитет решил оказать полную поддержку военным усилиям союзников, вместо того чтобы сохранять свою нейтральную политику в своей поддержке первоначальной миссии американского ХСМЛ». Другие критики утверждали, что ХСМЛ продавал товары американским солдатам с целью извлечения прибыли, что нарушало соглашение Союза с Квартирмейстерским корпусом США. Расследование этого вопроса переросло в публичную дискуссию о достоинствах и недостатках самой программы обслуживания военнопленных. Сенатский комитет постановил, что завышение цен не было преднамеренным. Союз включил в цены транспортные расходы, но впоследствии армия США покрыла их. Штойер отмечает: «Ущерб был нанесен, и имидж Союза был запятнан негативной оглаской» [Ibid.: 454–455, 456n17, 458, 473].

Оценка самим ХСМЛ работы в России была неоднозначной, были выявлены как неудачи, так и успехи. В обзоре программы ХСМЛ говорилось:

> По меркам огромной, кипящей жизнью России, общие достижения были не столь значительными. Однако, учитывая условия и соотношение числа работников и миллионов обслуживаемых людей, эти усилия представляются существенными достижениями. Первая цель — помочь

русским солдатам на войне — не была достигнута. Вторая — оказать помощь тысячам солдат в арктических снегах и сибирских степях, оказавшимся в тяжелейших условиях, и облегчить страдания гражданского населения — была достигнута в той мере, в какой позволяли условия работы. Остается надежда на то, что демонстрация человеческого братства и американской помощи сможет восстановить или вдохновить некоторых россиян на веру, которая сейчас погребена под ненавистью, страхами, амбициями и жестокостью войны, и таким образом помочь им найти путь к размеренной мирной жизни.

Автор отчета добавил: «Все влияние, оказанное союзными странами, не смогло удержать Россию в войне. Вероятно, эта задача была невыполнимой» [Taft et al. 1922: 420–421, 457].

Советские исследователи нашли в деятельности ХСМЛ в военное время много поводов для критики. Работа с солдатами была упомянута в статье 1926 года о Церкви и международном рабочем движении в советском журнале «Антирелигиозник»: «ХСМЛ проводит огромную работу в армии. Как американский империализм мог бы обойтись без армии? За работу в американской армии во время войны ХСМЛ получил 162 млн долларов. Из них 6 млн долларов были потрачены на контрреволюционную работу в Советской России»[22].

В другой статье 1926 года в журнале «Антирелигиозник», посвященной революционной борьбе против ХСМЛ в Китае, отмечалась деятельность Союза в России: «Эта организация играла и до сих пор играет недооцененную роль в мировом рабочем движении». Автор описывал ХСМЛ как «империалистический заслон» (военное подразделение, выдвигаемое впереди основных сил для их защиты от врага или предупреждения о приближении врага) против революционного брожения. Автор завершает статью осуждением стремления ХСМЛ препятствовать развитию классового сознания и революционной активности среди фабричных рабочих:

---

[22] Шейнман М. Церковь и международное рабочее движение // Антирелигиозник. 1926. № 2 (фев.). С. 55.

> ХСМЛ учит молодых рабов капиталистического Молоха
> [древнего семитского божества, которому приносили
> в жертву детей] «любить своего хозяина», не роптать на
> него, учит раболепию и смирению. И она достигает успеха,
> обманывая и ведя за собой миллионы рабов капитала всех
> цветов кожи и рас[23].

В исторической статье, опубликованной в 1932 году в журнале «Безбожник», рассматривалась роль ХСМЛ в интервенции на Русском Дальнем Востоке. Автор Б. Кандидов утверждал, что Союз был агентом американского капиталистического империализма — по-видимому, автор чувствовал необходимость предупредить советских читателей о постоянной угрозе, исходящей от этой организации. В частности, он критиковал ХСМЛ за поддержку чешских войск в Сибири и дачу показаний в Вашингтоне о событиях в Советской России. Он рассказал о клубе ХСМЛ, созданном для солдат в Самаре, который открылся в июне 1918 года. На одном из собраний клуба ораторы призывали к свержению советской власти и поддержке капиталистических армий. Кандидов подытожил: «Все эти выступления сектантов в Америке преследовали одну цель: оправдать политику империалистов и отправку их войск, пушек, боеприпасов и всевозможного снаряжения белогвардейцам». Далее он писал:

> Прикрывать свои действия лицемерными речами, использовать всевозможные отрывки из «Священного Писания», болтать о «справедливости», «великих религиозных идеях» и так далее, было очень удобно для обмана масс; сектантские организации в истории империалистической интервенции в Сибири и на Дальнем Востоке последовательно выполняли свою работу: они помогали тем, кто пытался задушить пролетарскую революцию. В этом задании их деятельность была разнообразной: они вербовали интервентов, пытались «поднимать дух» империалистических войск и белогвардейских банд, шпионили, доносили на людей властям, распро-

---

23 Ф. Ф. Антихристианское движение в Китае // Там же. № 1 (янв.). С. 57–59.

страняли контрреволюционную литературу, клеветали на советскую власть, а когда это было необходимо, сами брали в руки винтовку[24].

Работа американского ХСМЛ с солдатами стала самым противоречивым направлением его деятельности в России, вызвав наибольшее количество вопросов со стороны критиков. Эту критику следует оценивать в свете более широкой долгосрочной цели организации по оказанию религиозной, физической и социальной поддержки всем слоям русской молодежи.

---

[24] Кандидов Б. Интервенция на Дальнем Востоке и роль сектантства (1918–1921 гг.) // Безбожник. 1932. № 13–14. 30 июля. С. 8–9. См. также: Григорцевич С. Из истории американской агрессии на русском Дальнем Востоке (1920–1922) // Вопросы истории. 1951. № 8 (авг.). С. 59–79.

Пол Б. Андерсон

Мальчики на занятии гимнастикой в санкт-петербургском «Маяке»

Мальчики на занятии рестлингом в санкт-петербургском «Маяке»

Пол Б. Андерсон

Пол Б. Андерсон со своими русскими друзьями

Глава 6
Русское студенческое христианское движение на родине

Американский ХСМЛ участвовал в работе двух русских студенческих христианских движений (РСХД), которые были схожи по своим целям, но радикально отличались по подходу. В этой и следующей главах дается обзор истории этих двух различных групп. В этой главе описывается та из них, которая развивалась в России до и после 1917 года, а в главе 7 рассматривается РСХД, созданное в Западной и Центральной Европе после революции. В первых частях каждой главы определяются потребности, которые каждое движение считало важными, и цели, которые оно преследовало, а затем описываются ход событий, определивших судьбы соответствующих организаций. Во второй части глав рассматриваются их финансовые ресурсы, в третьей — их отношения с иерархией Русской православной церкви, а также вопросы, вызвавшие внутренние разногласия. В заключение каждой главы дается обзор значимых результатов и вызовов, с которыми столкнулись движения.

Благодаря своим отношениям с РСХД в России ХСМЛ установил связи с отчужденными от Русской церкви студентами. Отчасти это отчуждение было вызвано ее тесной связью с авторитарным правительством. Секретари ХСМЛ успешно интегрировали небольшие групповые встречи и ежегодные конференции активистов в жизнь РСХД — эти традиции продолжились и в эмиграции. Секретари постоянно обогащали свое понимание русских культурных ценностей и стилей коммуникации, делясь этими знаниями в письмах руководителю организации, Джону Р. Мотту. Они налаживали отношения с русскими студентами, которые впоследствии сыграли ключевую роль в эмигрантском студенческом движении. Опыт работы с РСХД в России позволил ХСМЛ впоследствии оказать поддержку эмигрантскому РСХД, что внесло огромный вклад в жизнь русского православия в XX веке.

Цели

Когда барон Павел Николаевич Николаи (1860–1919), лютеранский аристократ, владелец поместья в Финляндии и дома в Санкт-Петербурге, приступил к налаживанию отношений с российскими студентами в 1890-х годах, он почувствовал их глубокую моральную и духовную жажду. Эти мужчины и женщины переживали период политических волнений, и многие из них посвящали большую часть своего времени социалистическим собраниям, которые, однако, сам Николаи не поддерживал. Часто студенты отвергали любое влияние на себя со стороны духовенства и придерживались идей модной в то время философии материализма [Langenskjold 1924: 96][1]. Николаи считал, что даже те, кто происходил из религиозных семей, не обладали живой личной верой в Бога. Поэтому он создал студенческое движение, чтобы через него проводить работу по евангелизации. Он объяснял: «Цель всех наших собраний — привести души к Христу, к полному обращению... Для меня это означает искреннее отречение от всех известных грехов, полную отдачу своей личности Христу» [Ibid.: 107].

---

[1] Этан Колтон утверждал, что Георгий Чичерин, народный комиссар иностранных дел с 1918 по 1930 год, приходился родственником барону Николаи, см.: Colton E. T. In Support of the Budget for Work among Russians in 1923. P. 3. Russia — Speeches and Reports, Germany — Articles. Russia, Colton E. T., Reports, Addresses, and Papers, 2 vols. KFYA. См. также [Гундерсен 2004] и [Алексеева 2007].

Джон Р. Мотт был оптимистом, но его видение духовного состояния русских студентов в 1909 году также было далеко от позитивного:

> В сообществе русского студенчества явно видна самая острая нужда, которую можно встретить среди студентов всего мира. Здесь буквально десятки тысяч студентов. Как класс, они практически лишены всякой религии. Хотя как российские подданные они номинально являются членами Православной церкви, они презирают православное христианство, потому что считают Русскую церковь инструментом угнетения и причиной вопиющих социальных преступлений, о которых им хорошо известно. Таким образом, эти студенты представляют собой не девственную почву, а землю, покрытую плевелами, джунгли ложных представлений и опасных теорий... Истинный Христос скрыт от них. Им также не известны никакие моральные ограничения... Литература, которая питает их умы, являет собой ту степень духовного отчаяния, которую олицетворяют Шопенгауэр и Ницше.

Он был разочарован религиозными ограничениями, введенными Православной церковью во время его поездки в Россию в 1909 году: «В последнюю неделю моих встреч Священный Синод почти единогласно принял постановление, запрещающее миссионерам из-за рубежа выступать на религиозные темы в России». Он провел шесть дней в Москве и одиннадцать дней в Санкт-Петербурге. В Москве он выступал пять вечеров подряд, и на каждом из его выступлений присутствовало в среднем по 1000 человек. «Я встретил не одного, а нескольких студентов, которые серьезно подумывали о самоубийстве. Поразительное количество российских студентов ежегодно совершают самоубийство»[2]. Мотт считал, что основная потребность российских студентов была духовной; он также считал, что проблемы в сфере веры могут иметь физические последствия. Организаторы студенческого

---

[2] Letter from John R. Mott, Apr. 12, 1909. P. 1–3. Correspondence and Reports 1903–1910. Russian Work Restricted, Correspondence and Reports, 1903–1917. KFYA.

движения рассматривали свои усилия как уникальную попытку: в 1914 году один из американских секретарей написал, что РСХД было «единственной христианской организацией в России, целью которой было религиозное преобразование молодежи страны»[3].

Развитие событий

Двумя главными лидерами дореволюционного Русского студенческого христианского движения были Николаи и Мотт; они познакомились в 1899 году на собрании ХСМЛ в столице Финляндии, в Хельсинки. Мотт попросил Николаи сопровождать его во время своей поездки в Россию, чтобы встретиться со студентами и изучить возможность для создания миссии в университетской среде. Барон согласился, что «низкий моральный уровень российского студенчества, а также его духовные потребности делают такую работу крайне необходимой» [Brandenburg 1976: 137]. Николаи организовал небольшие встречи в Санкт-Петербурге, Москве и Дерпте (ныне Тарту, Эстония), где Мотт вел дискуссионные группы. Познакомившись с потребностями этих молодых людей, Мотт пришел к убеждению, что Россия является «самым нуждающимся и сложным студенческим полем во всем мире» [Latourette 1957: 370]. Николаи внимательно выслушал мечту Мотта о студенческом служении в России и почувствовал, что его опыт в работе по евангелизации все это время готовил его к этой работе. 18 ноября 1899 года он встретился с четырьмя немецкими студентами в Санкт-Петербурге, чтобы основать РСХД. Движение росло медленно, и через два года только небольшая группа собиралась на еженедельные занятия по изучению Библии в доме Николаи [Langenskjold 1924: 92, 101][4]. Однако

---

[3] Scott Roderick. The Young Men's Christian Association in Russia: Annual Report for 1913–1914 of Roderick Scott. P. 2–3. Correspondence and Reports 1913–1914. Russian Work Restricted, Correspondence and Reports, 1903–1917. KFYA.

[4] Дореволюционный период работы РСХД по-прежнему вызывает интерес в России; память об активной духовной организации в сфере высшего образования сохраняет свою привлекательность для многих читателей. В одной из недавних публикаций на тему представлен обзор движения и личной

в 1902 году группа добилась значительного прогресса, когда несколько русских студентов обратились в христианство. Кроме того, к ним присоединились несколько православных верующих [Brandenburg 1976: 138]. Эти люди решили не покидать православие ради протестантизма, начав понимать важность тех сложных обрядов, которые составляли основы богослужения в их Церкви. Изучение Библии и дискуссии проходили по традиционной евангелической схеме, с акцентом на личное толкование и применение. Николаи даже перевел на русский язык книгу Мотта "Individual Work for Individuals" («Индивидуальная работа для индивидуумов») [Langenskjold 1924: 108, 111]. В 1905 году движение приняло исповедание, которое гласило: «На основании Евангелия я верю в Господа Иисуса Христа как Сына Божьего, я испытал внутреннее обновление, я отдал себя Господу и знаю, что Он принял меня» [Brandenburg 1976: 139].

Движение распространилось в университеты Москвы в 1907 году и Киева в 1910 году. Мотт посетил Николаи в 1909 году, через десять лет после их первой встречи, и барон снова организовал евангелизационные собрания для Мотта в Санкт-Петербурге и Москве. Николаи рекламировал эти собрания, и на них пришли сотни людей. Многие заинтересованные мужчины начали посещать библейские кружки, организованные движением. После своей поездки Мотт нанял помощников для Николаи из числа сотрудников американского ХСМЛ [Latourette 1957: 370–371].

Пятнадцать лет роста РСХД сменились быстрым упадком сразу после начала Первой мировой войны. Большинство студентов были вынуждены бросить учебу, чтобы служить в армии, а другие вернулись в свои родные города. Однако Николаи с уверенностью надеялся, что движение сможет продолжать работу. В феврале 1918 года он написал Мотту: «Студенты разбежались. Но я верю, что Бог когда-нибудь вернет вас к нам, и мы еще увидим славные времена» [Langenskjold 1924: 154–155]. Однако менее чем через год Николаи умер, заразившись паратифом.

____

жизни его участников, изложенный в довольно драматичном стиле [Грачев 1997]. Книга также содержит несколько страниц с фотографиями РСХД и его участников.

Ограниченная деятельность движения продолжалась под руководством Владимира Марцинковского, который стал верующим благодаря своей работе в РСХД. В 1923 году правительство сослало его из-за того влияния, которое он своей деятельностью оказывал на молодежь [Brandenburg 1976: 141–144].

Американский ХСМЛ впервые направил секретарей для работы со студентами в Россию в 1908 году[5]. С 1908 по 1914 год Союз спонсировал труд четырех студенческих секретарей: Дж. Дэя (1882–1958), Х. У. Андерсона (1882–1945), Ф. А. Шварца (1889–1962) и Р. Скотта. В 1908 году Андерсон и Дэй были отправлены на работу с Николаи и начали изучать русский язык в Санкт-Петербурге. Затем Андерсон переехал в Лесной, пригород Санкт-Петербурга, чтобы начать работу в Политехническом институте Петра Великого. Дэй проработал год в университете в Петрограде, а затем переехал в Киев, чтобы продолжать свою работу там. В 1913 году Шварц и Скотт прибыли в Санкт-Петербург, чтобы начать изучение языка[6].

Антон Карташев писал, что дореволюционное Русское студенческое христианское движение было прямым наследником миссии лорда Редстока: он сравнивал салонные собрания Редстока с собраниями Николаи [Карташев, Струве 1990: 4][7]. Лорд Редсток был английским аристократом, который проповедовал в домах петербургской знати в 1870-х годах. Его послание было простым евангельским христианством, но он не выступал прямо против Православной церкви. Однако он столкнулся с сопротивлением со стороны церковных иерархов. После возвращения Редстока в Великобританию движение возглавил полковник В. А. Пашков; как и Николаи, он также служил среди студентов.

---

[5] Anderson Paul B. Memorandum on Policy for the Russian Work of the International Committee. Aug. 9, 1951. P. 1. Corr. and Reports 1950–1951. Russian Work — Europe, Restricted, Correspondence and Reports, 1930–1949. Annual Reports 1930–1949. KFYA.

[6] Scott Roderick. The Young Men's Christian Association in Russia: Annual Report for 1913–1914... P. 3–4.

[7] Также об отношениях лорда Редстока и барона Николаи см. [Гундерсен 2004: 25–27]. Более недавнее исследование, посвященное Пашкову и Редстоку [McCarthy 2004].

Развитие событий в Санкт-Петербурге/Петрограде

Описание работы в России начинается с обзора событий в Санкт-Петербурге (Петрограде) и Киеве, двух основных городах, где американцы участвовали в деятельности РСХД, а затем рассматривается расширение движения. Дэй, первый секретарь, отправленный для работы с русскими студентами, прибыл в Санкт-Петербург в 1909 году; он был тепло встречен Николаи на пристани в Хельсинки. Они отправились в Выборг, где Дэй посетил поместье барона. Затем он остановился в своей квартире в Санкт-Петербурге, после чего начал жить в русской семье. Вскоре Дэй познакомился с Ф. Гейлордом из «Маяка», Э. Мораллером и несколькими людьми из университета. Барон представил его группе как студента, изучающего русский язык, который затем будет помогать движению. По словам Дэя, «таким образом, мы избегали любого проявления официальности и пытались поставить [все] на простую честную основу дружбы и товарищества». Один студент пригласил его посетить Санкт-Петербургский университет: «Какая пестрая толпа буйных, но при этом многообещающих парней! Смешавшись с толпой в длинном променаде, затянутом сигаретным дымом, я почувствовал, как кровь забурлила в жилах от великолепного вызова, который они бросали христианским усилиям»[8].

Николаи произвел сильное впечатление на Дэя; теплое гостеприимство барона и его открытость по отношению к студентам, казалось, привлекали многих на собрания в его доме. Дэй также был впечатлен активным участием студентов в группах по изучению Библии, которые использовали в качестве учебного пособия брошюру Николаи[9]. В письме 1912 года, написанном Л. Ивановой, студенткой из Санкт-Петербурга, были изложены ее впечатления

---

8   Letter from George M. Day to John R. Mott, Oct. 12, 1909. P. 1–3. Correspondence and Reports 1903–1910. Russian Work Restricted, Correspondence and Reports, 1903–1917. KFYA.

9   Letter from George M. Day to John R. Mott, Nov. 25, 1909. P. 1–2. Correspondence and Reports 1903–1910. Russian Work Restricted, Correspondence and Reports, 1903–1917. KFYA.

от движения с точки зрения русской женщины. Она недавно посетила конференцию студенческих активистов и с восторгом делилась своим опытом учебы у П. Р. Слезкина, профессора Киевского политехнического института. Он произвел на нее впечатление «умного, серьезного и способного человека». Она написала: эта конференция «помогла мне исправить некоторые из моих мыслей и чувств, от которых я не могла избавиться сама...» Поэтому она также убедила свою подругу в Киеве присоединиться к студенческому движению[10]. К 1913 году студенческое движение приобретало все большее влияние среди женщин в Санкт-Петербурге. Согласно одному отчету, «в последнее время в Женском медицинском институте кампании левой части студенчества стали в целом затруднительными, поскольку существует и активно расширяется "христианский кружок", который выступает против любых забастовок и политических кампаний»[11].

Осенью 1912 года коллега Дэя Андерсон начал создавать новую программу в институте в Лесном. Андерсон организовал «ралли», агитационную встречу, на которой мужчин приглашали присоединиться к группам по изучению Библии, и 20 человек записались в две группы. Слезкин прочитал первую публичную лекцию на тему «Христианство и цивилизация», которую посетили 1000 студентов. Вторая лекция была прочитана Николаи и называлась «Религиозные движения среди студентов разных стран». К концу первого семестра 35 человек были зачислены в пять библейских кружков. Однако посещаемость несколько снизилась: Андерсон предположил, что некоторые группы были «удручающе скучными». Он также был обеспокоен относительно низким уровнем участия в кружках в институте, насчитывающем 6000 студентов.

---

[10] Police excerpt of letter from L. Ivanova in St. Petersburg to Ivan Adrianovich Chopovsky, a peasant and a student of the Kiev Polytechnical Institute, Sept. 22, 1912. GARF f. 102 OO, o. 1912, d. 266, l. 1. Все документы, помеченные аббревиатурой GARF (Государственный архив Российской Федерации), взяты из хранилища особого отдела департамента полиции Министерства внутренних дел Российской империи.

[11] Police report on St. Petersburg, Jan. 18, 1913. GARF f. 102 OO, o. 1913, d. 266, l. 1 and 1 reverse.

Он предположил, что охват программы должен быть шире и в нее стоит включать другие темы помимо изучения Библии и что даже те студенты, которые часто считают, что и так имеют достаточное понимание Писания, должны видеть пользу в прохождении этой программы для себя. Зачислившись в институт в качестве обычного студента, он был воодушевлен теплым приемом. Студенты попросили его преподавать английский язык, и институт предоставил ему лекционный зал[12].

Андерсон вел группы по изучению Библии, а также занятия по боксу и легкой атлетике:

> У нас с этими парнями было много хороших раундов, и я довольно близко познакомился с некоторыми из них. Однажды один из крупных парней слишком сильно ударился о мой кулак во время бокса и пролежал две недели в больнице. Я одолжил ему деньги, чтобы он мог оплатить счет за лечение, когда вышел из больницы, и с тех пор он стал моим близким другом. Я до сих пор не могу определить, что именно завоевало его расположение: удар или деньги.

Группа в Лесном получила регистрацию от Совета Политехнического института. Андерсон и его новые друзья встретились с членами Совета, чтобы заручиться их одобрением. Это позволило им использовать конференц-залы института и распространять литературу без необходимости дополнительно договариваться с местными властями или церковными чиновниками. Андерсон с большим удовлетворением сообщил: «Мы пользуемся благосклонностью директора института, дружбой профессоров и уважением лучших представителей студенчества»[13]. Остальные студенты, участвовавшие в петроградском движении, собирались в арендованном помещении в центре города, где в их распоряже-

---

[12] Letter from Harvey W. Anderson to John R. Mott, Jan. 6/19, 1913. P. 1–8. Correspondence and Reports 1913–1914. Russian Work Restricted, Correspondence and Reports, 1903–1917. KFYA.

[13] Letter from Harvey W. Anderson to John R. Mott, Nov. 5, 1913. P. 2–4. Correspondence and Reports 1913–1914. Russian Work Restricted, Correspondence and Reports, 1903–1917. KFYA.

нии были конференц-зал, библиотека и кухня. Совместные собрания для мужчин и женщин проводились по воскресным вечерам, а прочие собрания — в течение недели. В городе работали четыре русских секретаря: одна женщина на полной ставке, один мужчина на полной ставке и два мужчины на неполной ставке[14].

К 1914 году в Санкт-Петербурге разгорелся серьезный конфликт между некоторыми российскими студентами и секретарями американского ХСМЛ. В апреле 1914 года Шварц написал Этану Колтону письмо, в котором выразил свое недовольство программой Союза для русских студентов. Он поделился своими критическими замечаниями о руководстве студенческого движения: «Нынешнее руководство российского студенческого движения лишено широкого видения и энтузиазма». Его особенно расстраивало отношение русских к американским секретарям ХСМЛ: «Они не обращаются за помощью и не просят совета у людей, занятых сейчас этой работой. Похоже, что американцы не считаются ни желательными, ни ценными активами для их пропаганды»[15]. Скотт разделял подобное разочарование:

> Я сомневался в таких фундаментальных вещах, как то, что американец может действительно помочь русскому в более глубоких аспектах его жизни или оказать эффективную помощь в студенческом движении, или в том, что жизнь американцев не была на самом деле потрачена впустую в грандиозном эксперименте[16].

Шварц представил Мотту несколько различных подходов к будущей работе. Он жаловался, что РСХД, похоже, не заинтересовано в его помощи: «К нам относятся с интересом и симпатией, но с весьма небольшими ожиданиями». Один из вариантов

---

[14] Scott Roderick. The Young Men's Christian Association in Russia: Annual Report for 1913–1914... P. 2–3.

[15] Letter from Philip A. Swartz to E. T. Colton, Apr. 1, 1914. P. 1–3. Correspondence and Reports 1913–1914. Russian Work Restricted, Correspondence and Reports, 1903–1917. KFYA.

[16] Letter from Roderick Scott to John R. Mott, Jul. 10, 1914. P. 1. Correspondence and Reports 1913–1914. Russian Work Restricted, Correspondence and Reports, 1903–1917. KFYA.

заключался в том, чтобы продолжать действовать как прежде и надеяться на улучшение отношения. Второй вариант заключался в том, чтобы обратиться к РСХД с просьбой о формальном приглашении на должность секретаря, однако он сомневался, что это могло увенчаться успехом. Третьим вариантом было начать работать бизнесменом или преподавателем английского языка и использовать свободное время для работы со студентами, но он хотел работать полный рабочий день в качестве секретаря ХСМЛ. Четвертый вариант заключался в создании программы для студентов по типу «Маяка». Он полагал, что это вызовет резкое противодействие со стороны Православной церкви. Пятый вариант заключался в том, чтобы получить назначение секретарем Всемирной студенческой христианской федерации. Он мог бы работать в качестве советника, а не администратора[17].

Шварц подробно изложил свои опасения по поводу отношений с российскими студентами, которые приняли решение избегать руководства американских секретарей. Он отметил, что было принято постановление с просьбой «не оказывать больше никакой помощи, финансовой или иной, со стороны Америки». Шварц был разочарован тем, что его опыт руководства американскими студентами не ценился русскими. Поэтому он подумывал о продолжении обучения в аспирантуре, что могло бы повысить его статус среди студентов: «Задача состоит в том, чтобы завоевать их доверие благодаря знанию языка, статусу ученого и духовной силе». Однако вскоре он узнал, что не может вернуться в Россию. В отчете не была указана причина, но это могло быть связано с военными ограничениями в отношении иностранцев с немецкими фамилиями. Рассмотрев несколько вариантов трудоустройства в Соединенных Штатах, он принял должность помощника пастора в Центральной пресвитерианской церкви Нью-Йорка[18].

---

[17] Letter from Philip A. Swartz to John R. Mott, Jul. 11, 1914. P. 1–5. Correspondence and Reports 1913–1914. Russian Work Restricted, Correspondence and Reports, 1903–1917. KFYA.

[18] Swartz Philip A. Annual Report of Philip A. Swartz, [Sept. 30, 1914]. P. 7–8, 10–11. Correspondence and Reports 1913–1914. Russian Work Restricted, Correspondence and Reports, 1903–1917. KFYA.

Андерсон пробыл в России дольше, чем Шварц и Скотт, и в своем письме к Мотту он попытался проанализировать причины конфликта между студентами и секретарями. Он сгруппировал свои опасения по следующим категориям: личные трудности, этнические различия и предрассудки. Он считал, что одной из причин проблемы было то, что секретарей пригласил участвовать в программе Николаи, а не сами члены движения. Он хотел решить эту проблему и разработать план, по которому секретари могли бы работать бок о бок с русскими студентами: «Я хотел бы видеть братское сотрудничество. Я не ожидаю, что они должны "проглатывать" все, что им предлагают, но они должны относиться к нам так же, как к русским секретарям, и сотрудничать с нами в разработке планов работы движения»[19].

Позже, в 1914 году, война затмила все внутренние конфликты, существовавшие в группе. Андерсон стал активным членом Комитета студентов Политехнического института по оказанию помощи раненым русским солдатам[20]. В 1915 году он отметил, что проблемы войны теперь стали вопросом первостепенной важности среди всех прочих: «Наши крупные публичные собрания были отменены из-за трудностей с полицией». Он оставил руководство студенческим христианским кружком активным студентам и начал работать в больнице для русских студентов, открывшейся ранее в Политехническом институте. Андерсон и другие занимались санитарной и сестринской работой[21].

---

[19] Letter from Harvey W. Anderson to John R. Mott, May 17, 1914. P. 1–7. Correspondence and Reports 1913–1914. Russian Work Restricted, Correspondence and Reports, 1903–1917. KFYA.

[20] Anderson Harvey W. Annual Report to the International Committee of the Young Men's Christian Associations of the Christian Circle of the Polytechnic Students of the Polytechnic Institute of Peter the Great, affirmed by the Institute Council, for the year ending Sept. 30, 1914, Jan. 1915. P. 2–6. Correspondence and Reports 1913–1914. Russian Work Restricted, Correspondence and Reports, 1903–1917. KFYA.

[21] Anderson Harvey W. Annual Report of the Student Christian Circle of the Polytechnic Institute of Petrograd, for the year beginning Oct. 1st, 1914 and ending Sept. 30, 1915. P. 2. Correspondence and Reports 1915–1916. Russian Work Restricted, Correspondence and Reports, 1903–1917. KFYA.

Варвара Максимовская, студентка из Санкт-Петербурга, участвующая в движении, поделилась своим мнением в письме к Слезкину. Она предположила, что студенты из ее группы возмущены присутствием американцев в руководстве: «Неужели мы настолько глупы, что не можем научиться молиться без американцев?» Максимовская, похоже, возмущалась тем, что стала объектом миссионерской деятельности: «Я думаю, что здесь страдает национальная гордость. Пусть преданные своему делу иностранцы едут в Китай, в Индию, в Африку, но, когда они появляются здесь, многие в нашей группе считают это оскорбительным...» Она не возражала против краткосрочных визитов иностранцев, но отвергала любую долгосрочную помощь из-за рубежа: «Лучше обойтись без американских денег и без американских ищеек»[22]. Максимовская высказала мнение одного из крыльев петербургской группы, которое хотело развиваться по собственным планам под покровительством русских профессоров, а не Дэя и американских секретарей ХСМЛ. Она не ценила вклад Дэя и подозревала его в неискренней мотивации (например, желании политической или финансовой выгоды).

Развитие событий в Киеве

«Студенческий христианский кружок» в Киеве преследовал три цели: «...найти среди студентов всех высших учебных заведений тех, кто симпатизирует распространению Евангелия Христова в студенческой среде», затем «сплотить верующих студентов и придать им сил для борьбы с неверием среди своих товарищей» и, наконец, «вести активную христианскую пропаганду в студенческих центрах в независимом от конкретных конфессий духе». Один наблюдатель резюмировал философию движения следующим образом: «Его члены приходят к выводу, что христиане разных конфессий могут работать вместе для общего богоугодного дела, и что вероисповедание — это личное

---

[22] Excerpt of letter from Varvara Maksimovskaia in St. Petersburg to Petr Rodionovich Slezkin in Kiev, Feb. 7, 1914. GARF f. 102 OO, o. 1914, d. 266, l. 1 and 1 reverse.

дело совести, которое следует уважать. Они, основываясь на слове Евангелия, больше всего ценят содержание, а не форму — не букву, а дух»[23]. Как и в Санкт-Петербурге, киевская студенческая группа образовалась как программа по евангелизации.

В письме Анны Георгиевны Гермайзе, написанном подруге, можно найти более личное описание киевской группы с ее небольшими «кружками». Гермайзе обучалась на высших женских курсах в Киеве, и участие в киевских кружках сыграло ключевую роль в ее личностном становлении в студенческие годы: «В моей жизни на курсах... самое сильное впечатление на меня произвели кружки. Ни лекции, ни рефераты, ни книги не удовлетворяли меня так глубоко и не наполняли мою жизнь так, как эти кружки». В ее письме виден живой энтузиазм по поводу киевского движения: «Я верю, что в будущем этому [киевскому] кружку предстоит большая миссия — он покорит весь мир»[24].

Дэй начал работать в Киеве в 1913 году после пребывания в Санкт-Петербурге. Вскоре после своего прибытия он познакомился с молодым человеком из Киевской духовной академии. Этот студент пришел на одно из собраний активистов и задал несколько сложных вопросов О. И. Кулешовой, одной из руководителей группы:

> ...когда она начала цитировать несколько весомых русских комментариев, он вскоре изменил свое отношение к ней на уважительно-восхищенное. В конце собрания мы с мисс Кулешовой поблагодарили его за приход и выразили пожелание, чтобы он продолжал приходить и делиться с нами плодами своего богословского образования.

Студент пригласил их на чай в свою комнату в академии.

---

[23] Police report, Jan. 10, 1913. GARF f. 102 OO, o. 1912, d. 59 ch 32 l B, ll. 147 reverse, 148 reverse, 149.

[24] Police excerpt of letter from Anna Georgievna Germaize, a student of the higher women's courses in Kiev, to Sofia Iosifovna Ostashevskaia, a teacher at the Minsk Men's Gymnasium in Minsk, Nov. 2, 1912. GARF f. 102 OO, o. 1912, d. 266, l. 3 and 3 reverse.

> Итак, на следующий день в 5:30 мы оказались там... в самой цитадели наших друзей-врагов. Если бы митрополит узнал, что руководители «этого ненавистного сектантского движения студентов» распивают чаи и между делом распространяют свою пропаганду в стенах Православного богословского института, о, какой гнев и какие проклятия обрушились бы на нас!

Два студента-богослова из академии начали посещать воскресные занятия. Они рассказали Дэю, что:

> ...один из их молодых профессоров с большим одобрением относится к нашему движению и даже призвал этих молодых студентов познакомиться с ним поближе, узнать о нем как можно больше, чтобы затем рассказать ему. Из-за давления со стороны высших церковных властей этот профессор и еще один или два более либеральных священнослужителя не могут открыто проявлять интерес к движению или участвовать в нем[25].

В начале 1914 года Дэй и киевские студенты разрабатывали планы по расширению своего влияния: Марцинковский должен был выступить с публичной речью на тему «Образованный человек и Евангелие», а Николаи должен был затем выступить с библейскими посланиями для группы и помочь набрать активных членов в кружок[26]. Одним из главных принципов Дэя, типичного в этом смысле секретаря ХСМЛ, была эффективность: как он сказал членам в Киеве, «моя цель приезда в Россию... заключалась в том, чтобы сотрудничать с этими работниками в деле обеспечения максимальной эффективности движения»[27].

---

[25] Letter from George M. Day to John R. Mott, Oct. 26, 1913. P. 2–3. Correspondence and Reports 1913–1914. Russian Work Restricted, Correspondence and Reports, 1903–1917. KFYA.

[26] Letter from George M. Day to John R. Mott, Feb. 23, 1914. P. 2, 5–6. Correspondence and Reports 1913–1914. Russian Work Restricted, Correspondence and Reports, 1903–1917. KFYA.

[27] Letter from George M. Day to E. T. Colton, Dec. 5, 1913. P. 2. Correspondence and Reports 1913–1914. Russian Work Restricted, Correspondence and Reports, 1903–1917. KFYA.

Другое письмо между студентами в этот период помогает увидеть работу кружков в Киеве под другим углом. Один из них рекомендовал собрания студенческого христианского кружка, где сочувствующий профессор поддерживал верующих студентов: «На твоем месте я бы пошел туда, чтобы задать вопросы, которые вызывают сомнения у многих неверующих. Это было бы чрезвычайно полезно и интересно со всех точек зрения»[28].

Конечно, начало войны оказало глубокое влияние на студентов и сотрудников ХСМЛ как в Киеве, так и в Санкт-Петербурге. Дэй прокомментировал дискуссию среди христианских студентов по поводу военной этики. Одна группа отстаивала пацифизм, а другая смотрела на участие в текущей войне как на необходимую самооборону[29]. В 1915 году Дэй начал работать в госпитале Американского Красного Креста при Политехническом институте, который насчитывал 400 коек. Он оказывал пациентам разнообразную помощь и вместе с русскими студентами раздавал копии Нового Завета[30].

Конфликт, казалось, последовал за Дэем из Санкт-Петербурга в Киев. В 1915 году он выразил разочарование тем, что профессор Слезкин не хотел получать разрешение полиции на проведение больших воскресных собраний во время войны: Дэй назвал это поведение «робким». По словам Дэя, некоторые студенты посещали собрания Религиозно-философского общества, которое «не испытывало никаких трудностей с получением разрешения на проведение собраний Общества». Дэй добавил, что у него и Слезкина были очень разные взгляды на движение: Слезкин считал, что Православная церковь должна быть в центре движения и что спорт и религия — вещи несочетаемые. Он также считал, что

---

28 Excerpt from letter from "Tolya" in Petrograd to Anatoly Petrovich Teremets, a university student in Kiev, Jan. 18, 1915. GARF f. 102 OO, o. 1915, d. 266, l. 1.

29 Day George M. Student Life and Thought in Russia at the Present Time. P. 1–2, 5. Correspondence and Reports 1913–1914. Russian Work Restricted, Correspondence and Reports, 1903–1917. KFYA.

30 Letter from George M. Day to John R. Mott, Feb. 24, 1915. P. 1–5. Correspondence and Reports 1915–1916. Russian Work Restricted, Correspondence and Reports, 1903–1917. KFYA.

движение должно быть более русским и менее западным по духу. Дэй считал, что Слезкин потерял связь с молодежью: «Атмосфера в Союзе стала тяжелой из-за ультрареакционного, крайне церковного, полумонашеского духа, который в значительной степени исходит от нашего профессора». Дэй пришел к выводу, что «профессор ведет Киевскую ячейку Союза прямиком в морг». Однако после того как здания Политехнического института, Женского университета и Коммерческого института были эвакуированы для военных нужд и вследствие этого университет был перенесен в Саратов, Дэй также писал, что: «Виной этой окончательной катастрофы для студенческой христианской организации в Киеве является не ее профессор, а военные обстоятельства»[31].

Формирование движения

РСХД развивалось как единое движение, объединявшее усилия активистов и студентов в Петербурге, Киеве, Москве и других городах. Студенческое движение было задумано как межконфессиональное, поскольку православие было государственной религией, и евангелизационное, так как число практикующих христиан в высших учебных заведениях было невелико. Группу не спонсировала и не оказывала ей сколько-нибудь значительной поддержки ни одна церковь. Николаи объяснял, что он «ни за, ни против какой-либо церкви». Он призывал православных молодых людей участвовать в жизни движения, не настаивая на том, чтобы они покидали свою церковь. Однако многие православные активно противостояли движению как агенту нежелательного влияния в стране, хотя и не ограничивали деятельность группы. В Киеве один православный профессор опубликовал осуждающую статью во влиятельном церковном журнале, в заключение которой он заявил: «Если вы хотите

---

[31] Day George M. Annual Report 1915. P. 16–20. Correspondence and Reports 1915–1916. Russian Work Restricted, Correspondence and Reports, 1903–1917. KFYA.

разрушить государство и Церковь, то для этой цели Студенческое христианское движение будет чрезвычайно полезно». В течение нескольких лет лидеры движения пытались получить официальное признание со стороны правительства. Московский митрополит воспротивился этой попытке и призвал Священный Синод принять официальную резолюцию против признания [Brandenburg 1976: 101, 131–132, 135]. Пол Б. Андерсон указал на межконфессиональный характер РСХД, написав, что «оно не является протестантским движением». Николаи «испытывал большое уважение к православию», но правительство не позволило Церкви одобрить какую-либо студенческую организацию из-за опасений по поводу политического радикализма студентов. Поэтому движение «объединяло как мужчин, так и женщин православного, лютеранского или кальвинистского вероисповедания». По этим причинам оно «не имело значительной поддержки ни со стороны университета, ни со стороны Церкви»[32]. Николаи сыграл основополагающую роль в установлении межконфессионального принципа студенческого движения; как описал Роберт Латимер:

> Барон — лютеранин, который служит своему Богу, с состраданием заботясь об этих заблудших овцах. Наша беседа была посвящена именно этой теме. «Мы не несем никакой ответственности за изменение веры кого-либо, — сказал барон Николаи. — Наш долг — провозглашать истину так, как мы ее понимаем. Их духовные решения — это их личное дело, и они имеют законное право их принимать. Если они святостью своего образа жизни свидетельствуют о том, что что-то в их душе действительно изменилось, мы, конечно, благодарны Богу; но мы не несем ответственности за любое изменение вероисповедания. Мы доносим до каждого обращенного, что такой вопрос является их личным свободным выбором. Нашей целью является не простое изменение вероисповедания или номинальной религии, а избавление от греха и смерти» [Latimer 1910: 96].

---

[32] Anderson Paul B. Russian Work — Policy Study, Nov. 23, 1943. P. 1. Policy Studies. YMCA of the USA, Anderson Paul B., 3. KFYA.

Николаи считал, что евангелизация среди студентов достигнет наибольших успехов при участии христианских профессоров. В 1906 году он писал Мотту о Сергее Булгакове: «Он был учеником Маркса, но, похоже, стал христианином и проповедует словом как сказанным, так и написанным так, что это привлекает студентов, выдвигая (как они говорят) божественность Христа и Его воскресение на первый план». Обращение и активная деятельность этого профессора были уникальным источником вдохновения для Николаи: Булгаков личным примером «доказал, что можно вернуть представителей интеллигенции в Церковь, не заставляя их отказываться от социальных или политических интересов, которые стали изначальной причиной их отдаления их от Церкви» [Geffert 2010: 111][33].

Дэй работал в движении как в Санкт-Петербурге, так и в Киеве, и в обоих городах сталкивался с различными трудностями. Описание его работы дает представление об общем опыте американских секретарей в этих городах. По словам Дэя, его должность представителя ХСМЛ создавала проблемы при объяснении его статуса русским студентам, поскольку «в их головах сразу возникает множество предрассудков и заблуждений». Поэтому он решил «сделать акцент на том, что мы являемся студентами, а не занимаемся продвижением Всемирного студенческого христианского движения», глобальной сети студенческих организаций ХСМЛ и ХСМЖ. Студенты движения пригласили Дэя вести занятия по изучению Библии. Он с радостью сообщил, что Николаи предоставил свою квартиру на Мойке, дом 30, для использования членами движения: один человек жил в квартире и работал секретарем офиса. Одна комната использовалась как офис и зал для собраний, а другая — как библиотека и читальный зал. В этой квартире мужчины регулярно собирались по воскресеньям на вечерний чай. Такая возможность устраивать встречи облегчала посетителям участие в собраниях. Как упоминалось ранее, Дэй работал с другим американцем, Андерсоном. Их еженедельный

---

[33] Об эволюции взаимоотношений между Булгаковым и РСХД см. [Bird 1996: 93–121]. См. также [Latimer 1910: 97–98].

график выглядел следующим образом: понедельник вечером — свободное время, вторник и среда вечером — проведение уроков английского языка для членов движения, четверг вечером — группа по изучению Библии, пятница и суббота вечером — учебные занятия для ведущих групп по изучению Библии, а воскресенье вечером — собрание студентов в квартире Николаи. Утро и день были посвящены лекциям в университете и урокам языка[34].

Серия лекций служила средством просвещения и способом объединения участвующих в движении студентов из разных городов. В 1912 году Николаи пригласил лидера американского ХСМЛ Шервуда Эдди выступить перед студентами в Санкт-Петербурге, Киеве и Москве. Он писал, что церковные власти протестовали против его выступлений, но представители политической власти дали ему разрешение выступить. 400 человек посетили каждую из его лекций в Киеве, которые проводились в самых больших доступных залах. Он прочитал четыре лекции: «Рациональная основа религии», «Смысл жизни», «Величайший вопрос в мире (Что вы думаете о Христе?)» и «Как сформировать сильный нравственный христианский характер». Он отметил, что многие студенты подумывают о самоубийстве и что Россия больше всего нуждается в «нравственном характере». Кроме того, «ей не нужно больше конкурирующих иностранных сект, а жизненно важна жизнь для великой Церкви, которая у нее уже есть»[35]. Эдди сообщил о своих встречах с молодыми людьми и перечислил двенадцать наиболее частых вопросов, задаваемых во время и после этих встреч[36]: 1) В чем смысл жизни? 2) Как

---

[34] Day George M. Annual Report to the International Committee on the Student Work of Russia for the year ending Sept. 30, 1910. Oct. 20, 1910. P. 2–4, 7, 9–10, 12–15. Correspondence and Reports 1903–1910. Russian Work Restricted, Correspondence and Reports, 1903–1917. KFYA.

[35] Eddy Sherwood. A Month among Russian Students, [1912]. P. 1–3. Correspondence and Reports 1911–1912. Russian Work Restricted, Correspondence and Reports, 1903–1917. KFYA.

[36] Eddy Sherwood. Revelations of Russian Character, Mar. 1912. P. 1. Correspondence and Reports 1911–1912. Russian Work Restricted, Correspondence and Reports, 1903–1917. KFYA.

христианин может обладать мирскими благами? 3) Должен ли я следовать учениям Христа, как это делает Толстой? 4) Возможно ли найти Бога без уединения монастыря? 5) Может ли христианин наслаждаться искусством и природой — или ответ лежит в аскетизме? 6) Почему Бог допускает страдания? 7) Как можно совместить свободную волю человека и верховенство Бога? 8) Может ли милосердный Бог требовать несправедливого наказания невиновных? 9) Можно ли примирить Евангелие с современной наукой и жизнью? 10) Как я могу примирить христианство с моими революционными принципами? 11) Как я могу познать Бога и уверовать в Него? 12) Может ли христианин совершить самоубийство? В традиционном для ХСМЛ стиле он пытался показать, насколько христианская вера актуальна для молодежи.

Ежегодные конференции активистов также объединяли студентов. Дэй сообщил, что на осенней конференции в 1911 году «различные местные группы объединились в национальное движение». Руководители приняли политику и конституцию. В это время к Николаи присоединилась новая покровительница РСХД — Н. И. Оржевская, богатая и влиятельная женщина, вдова генерал-губернатора Киева. Она оказала финансовую поддержку работе в Киеве, в том числе выделила стипендию Кулешовой как секретарю студентов. Оржевская успешно работала над юридической регистрацией движения. Ее положение в аристократии и Православной церкви, очевидно, должно было стать очень ценным для движения. Активисты были также довольны тем, что профессор Слезкин решил публично выступить в поддержку Всероссийского студенческого движения — он был первым, кто это сделал. Он был президентом студенческой группы в Киеве и преподавал студентам библейские курсы. Кроме того, он написал брошюру в защиту организации от нападок одного профессора теологии[37].

---

[37] Day George M. Annual Report to the International Committee on the Student Work in St. Petersburg for the year ending Sept. 30, 1912, [Sept. 1912]. P. 1–9. Correspondence and Reports 1911–1912. Russian Work Restricted, Correspondence and Reports, 1903–1917. KFYA.

Движение добилось значительного прогресса за год до начала войны, начав набирать обороты, и будущее казалось светлым. Первый секретарь российского движения П. И. Чекмарев, выпускник Санкт-Петербургского технологического института, приступил к работе в январе 1913 года. Примерно в это же время Александр Никитин, один из ключевых студенческих лидеров, отправился в трехмесячную поездку по Америке, чтобы посетить различные программы и конференции ХСМЛ по маршруту, запланированному Ш. Эдди. Таким образом Никитин надеялся привнести новые идеи в работу в России. Активисты также представили регистрационные документы министру внутренних дел; документы включали письменное заявление об одобрении, подписанное деканом Политехнического института в Лесном, известным профессором Петербургского университета и известным православным священником. Дэй объяснил: «Тот факт, что эти два весьма известных профессора и не менее известный священник добровольно поддержали наше начинание, является показателем общественной поддержки и доверия, которыми начинает пользоваться молодое движение»[38].

В. Ф. Марцинковский стал влиятельным активистом движения — он был избран заместителем председателя. Слезкин был избран президентом и поделился со студентами, что это был самый счастливый момент в его жизни. Осенью он также читал публичные лекции в Санкт-Петербурге на тему «Христианство и цивилизация». 700 человек заполнили зал Технического института в Лесном: как прокомментировал один из студенческих лидеров, «директор института был ошеломлен, увидев такое поразительное [количество пришедших] студентов, пришедших послушать религиозную лекцию. Содержание лекции было превосходным»[39].

Журналом РСХД был «Студенческий листок» с подзаголовком «Журнал студенческого христианского движения». Выпуски

---

[38] Ibid. P. 1–9.

[39] Letter from [Aleksandr Nikitin] to John R. Mott, Oct. 13, 1912. P. 1–3. Correspondence and Reports 1911–1912. Russian Work Restricted, Correspondence and Reports, 1903–1917. KFYA.

включали редакционные комментарии, статьи, новости движения и ВСХФ⁴⁰, письма, литературные рассказы и рецензии на книги. Пропагандировался международный и межконфессиональный характер ВСХФ. Заявленной целью этого небольшого журнала было «распространение в студенческой среде живой и активной христианской веры и христианского образа жизни»⁴¹. В выпуске «Студенческого листка» за январь — февраль 1913 года были опубликованы статьи, посвященные самоубийствам и религиозным взглядам студентов той эпохи⁴². В США журнал "The Missionary Review of the World" публиковал материалы о работе ВСХФ с российскими студентами⁴³.

В 1913 году российские лидеры РСХД посетили США и познакомились с американским ХСМЛ в его родной среде. Одиннадцать делегатов от РСХД приняли участие в летней конференции ВСХФ в Лейк-Мохонк, в штате Нью-Йорк. Представители прибыли из Москвы, Санкт-Петербурга, Киева и Дерпта. Делегацию возглавлял Николаи, который был избран заместителем председателя конференции Федерации, в ее состав также входила Оржевская. Перед конференцией они смогли посетить языковые курсы и побывать в Принстонском и Колумбийском университетах. По словам Дэя, эта поездка придала новый импульс и открыла новые перспективы для студенческого движения в России. Он считал важным налаживание новых связей со студенческими активистами из других стран. На конференции РСХД было официально принято в ВСХФ. Кроме того, было принято решение отправить Дэя в Киев — в принятии этого решения участвовали Николаи, Мотт, Слезкин и Кулешова. После пребывания в США

---

⁴⁰ ВСХФ — Всемирная студенческая христианская федерация, об организации далее в главе.

⁴¹ Студенческий листок, январь — февраль 1912, № 1. P. 3–8. Student Leaflet. Russian Work, Restricted, Periodicals. KFYA.

⁴² Там же, 1913, № 1. P. 9–17. Student Leaflet. Russian Work, Restricted, Periodicals. KFYA.

⁴³ Among Russian Students // The Missionary Review of the World. 1908 (May). Vol. 21, No. 5. P. 386–387; Signs of Life in Russia // Ibid. 1911 (February). Vol. 24, No. 2. P. 84;; Work Among Russian Woman Students // Ibid. 1912 (May). Vol. 25, No. 4. P. 388–389.

Марцинковский стал полноправным сотрудником студенческой работы — в качестве выездного секретаря со штаб-квартирой в Москве. До принятия этой должности он пять лет проработал преподавателем русской литературы. Почти 100 студентов приняли участие в конференции актизистов в Выборге, состоявшейся в сентябре 1913 года[44].

Из-за войны студенты РСХД не смогли собраться на свою ежегодную конференцию руководителей осенью 1914 года. В Петрограде и Киеве крупные собрания были невозможны из-за военного положения. В Москве таких ограничений не было, поэтому организация там была несколько более активной[45]. Во время войны конфликт между студентами и секретарями продолжался. В июле 1915 года Андерсон размышлял о разногласиях, с которыми сталкивались все четыре американских секретаря ХСМЛ, работавшие с русскими студентами. Американцы и русские не смогли выработать общий подход к укреплению веры студентов и привлечению новых членов в группу. По словам Андерсона, большинство трудностей было связано с разными представлениями о работе. Русские предпочитали программу, основанную в первую очередь на религии, а американцы хотели расширить подход, чтобы привлечь больше участников. Андерсон рекомендовал отправить четырех секретарей в качестве официальных представителей ХСМЛ, которые могли бы заняться разработкой программы для студентов, подобной «Маяку», при полной поддержке Международного комитета. Они бы стимулировали работу нынешнего РСХД, но не участвовали бы в ней напрямую на данном этапе[46].

---

44 Day George M. Annual Report for Year Ending Sept. 30, 1913. P. 1–14, 19–21. Correspondence and Reports 1913–1914. Russian Work Restricted, Correspondence and Reports, 1903–1917. KFYA.

45 Day George M. Kiev, Russia, Annual Report for the Year Ending Sept. 30, 1914. P. 5–10. Correspondence and Reports 1913–1914. Russian Work Restricted, Correspondence and Reports, 1903–1917. KFYA.

46 Anderson H. W. The Russian Student Situation, Facts about the Situation, [Jul. 1, 1915]. P. 1–4. Correspondence and Reports 1915–1916. Russian Work Restricted, Correspondence and Reports, 1903–1917. KFYA.

Война привела к Февральской и Октябрьской революциям, а это, в свою очередь, привело к дискриминационным ограничениям в отношении РСХД. Одна из свидетельниц этих трудных дней, студентка из Петрограда, в 1983 году вспоминала, как движение повлияло на нее и как она помогала скрывать документы от большевиков, начавших расследование деятельности РСХД. Сначала она не была впечатлена: «Когда, студенткой, на Бестужевских курсах в Питере, я увидела витрину "Движения", я подумала: "И это студентки, какие отсталые..."». Позже она решила посетить собрание: «Но потом попала на какую-то лекцию, курс изучения Евангелия от Марка по пособию Павла Николаевича Николаи (†1919, протестанта). Курс повторила и... Евангелие меня не выпустило. Два года борьбы, через два с половиной года — член движения». Она ценила межконфессиональный подход группы: «В кружках принимали участие представители разных исповеданий, и я это очень ценила... Вскоре я начала разбираться в вероисповедных различиях протестантов и православных и меня потянуло в Православную церковь». Затем она вспоминает свой опыт после Октябрьской революции 1917 года: «...застала ликвидацию петербургского кружка. Целую ночь сжигала частный архив Павла Николаевича Николаи, письма к нему движенцев. Этим надеялась многих сохранить от ареста. Удалось»[47].

Очевидно, что отношения между русскими христианскими студентами и секретарями из США не были бесконфликтными. Русских часто привлекали инновационные американские подходы к вере и общине, но иногда их раздражали ожидания и привычки гостей. Однако также очевидно, что русские члены организации прислушались к нескольким предложениям Дэя, Андерсона, Шварца и Скотта и переформулировали свои идеи, продолжая свое развитие и работу после отъезда американцев. После революций 1917 года американский ХСМЛ играл гораздо менее заметную роль в деятельности РСХД в Советской России. Однако

---

[47] Выдержки из писем 1983 г. старой «движенки», участвовавшей в работе движения до и в начале революции в Петербурге, Киеве, Москве // Вестник Русского христианского движения. 2003. № 2. Вып. 186. С. 331–334.

американское влияние продолжалось благодаря тайному финансированию, неформальной помощи секретаря Альберта Т. Коркорана и постоянному влиянию подхода ХСМЛ.

Владимир Марцинковский

Возможно, наиболее ярким примером американского влияния на РСХД, инициативу, возникшую в России, была деятельность В. Ф. Марцинковского, секретаря РСХД, продолжившего традиции межконфессионального служения даже после изгнания из России в 1923 году[48]. Марцинковский окончил историко-филологический факультет Санкт-Петербургского университета и с 1907 по 1913 год работал учителем в гимназии. В своей автобиографии он отмечал, что в свою бытность студентом университета написал исследовательскую работу о реформаторе Н. И. Новикове (1744–1818) и русском масонстве XVIII века, основываясь на исследованиях, проведенных в Публичной библиотеке Санкт-Петербурга. (Он не указал, были ли эти исследования мотивированы обвинениями в адрес ХСМЛ в масонстве.) В 1913 году Марцинковский начал работать с РСХД по приглашению Николаи. Он читал лекции и проводил дискуссии на религиозные темы в университетах и других высших учебных заведениях Москвы, Петрограда, Киева, Одессы и Самары; его лекции начали привлекать значительную аудиторию, отчасти благодаря подходу нового режима к религии [Марцинковский 1929: 254, 256].

Весной 1918 года РСХД провело конференцию в Самаре, на которой было принято решение о расширении евангелизационной программы организации. Прошлый опыт противодействия со стороны православного духовенства побудил их обратиться к местному духовенству с просьбой с встрече для обсуждения своих планов. На встречу пришло несколько священнослужителей. Один из выступавших священнослужителей был миссионе-

---

48 Щукин С. В. Ф. Марцинковский, 1884–1971 // Вестник Русского студенческого христианского движения. 1971. № 3–4. Вып. 101/102. С. 323.

ром, занятым борьбой против «сектантства»; он подчеркнул, что изучение Библии мирянами ведет только к ереси и сектам. Представители РСХД заявили, что они хотят «работать с благословения Церкви и под руководством пастырей». Один из представителей РСХД, выпускник Санкт-Петербургской духовной академии, напомнил духовенству об их ответственности за мирян. После встречи некоторые священнослужители выразили свою поддержку программе и позже пригласили активистов выступить в своих церквях [Там же: 54–55].

Летом 1918 года Самарский педагогический институт был преобразован в университет. Марцинковский был приглашен выступить на церемонии открытия: он прочитал лекцию на тему «Смысл высшего образования». В то время город не находился под контролем советского правительства. Студенты университета подали администрации прошение с просьбой добавить курс по этике. Совет профессоров пригласил Марцинковского преподавать этот курс, и он продолжал работать в Самаре в течение полутора лет. Во время поездки в Москву он посетил лекцию народного комиссара просвещения А. В. Луначарского на тему «Почему не надо верить в Бога?». В зале было около 3000 человек. Марцинковский, конечно, не был согласен с оратором, поэтому решил попросить разрешения публично ответить. Луначарский ответил, что это лекция, а не дебаты. Однако он позволил аудитории принять решение путем устного голосования, и на ответ было отведено десять минут. Это событие привело к другим публичным дебатам, в которых участвовали Луначарский, Марцинковский, а также ведущие православные священники, раввины и толстовцы. Еще одним участником был В. И. Иванов, известный философ и поэт [Там же: 58–59, 72, 78, 96–104][49].

Взгляды Марцинковского сочетали в себе элементы русского православия и евангелического протестантизма, но он был прихожанином Православной церкви. В период 1919–1920 годов

---

[49] Описание этих событий и связанных с ними мест, приводимое в контексте роста более широкого движения евангелизма в России, см. [Rowe 1994: 71–78].

он посвятил время изучению и обсуждению вопроса о крещении. В конце концов он решил, что не может принять православную точку зрения, согласно которой допускается крещение младенцев, и пришел к убеждению, что креститься должны только верующие взрослые. Он встретился с патриархом Тихоном, чтобы обсудить вопрос крещения, поскольку ранее патриарх утвердил его в качестве мирянина-проповедника для православных церквей. Марцинковский представил документ со своими взглядами на крещение и организовал встречу. Тихон принял его дружелюбно и обсудил его опасения. Патриарх рассмотрел доктринальную позицию Церкви и предложил ему подготовить предложение для предстоящего церковного собора. На встрече Марцинковский подчеркнул, что не хочет покидать Православную церковь. Однако 1 сентября 1920 года он был повторно крещен. Он объяснил: «Принимая крещение по вере, я не имел намерения... выступать из Православия». Однако он не был удовлетворен тем, что оставался в Церкви, в которой не проводилась работа по преобразованию и обновлению православия: «...я верил в возможность евангельской реформации внутри его [православия] и считал даже нужным оставаться в его среде, для свидетельства о необходимости личного возрождения и сознательного приема каждого ответственного члена в Церковь». Он пояснил: «Поэтому формально я не уходил из православия и не делал по этому поводу соответственных заявлений». Однако он понимал, что духовенство не оставит без внимания его повторное крещение: «...из-за этого действия я оказался вне данной церкви, ибо она естественно перестала признавать меня своим членом, не допуская до участия в таинствах». Он также писал, что надеется увидеть русскую веру, которая представляла бы собой

> ...синтез, сочетание западной мужественной активности и восточной нежно-женственной созерцательности. Ценности православия, его некоторые глубокие догматические толкования, его пение и музыка должны быть сохранены и оживотворены той сознательной личной верой, которою богато свободно-евангельское христианство.

Марцинковский, по-видимому, применил идеи ХСМЛ о мужественности и адаптировал их к русской культуре. Когда позже один русский священник спросил его, является ли он баптистом или евангелическим христианином, он ответил, что поддерживает дружеские отношения с обеими группами и разделяет их основные убеждения. Однако он не присоединился ни к одной из этих групп [Там же: 110–111, 113, 124, 231, 232n34, 263, 266][50].

4 марта 1921 года Марцинковский был арестован ЧК после обыска в его квартире. Свое заключение он отбывал на Лубянке и в Таганской тюрьме. Сначала причиной ареста была названа контрреволюционная деятельность. На время расследования он был заключен в тюрьму. В тюрьме Марцинковский смог перечитать роман «Бесы» Ф. М. Достоевского, который получил в передаче один из его сокамерников. О своем впечатлении от прочтения он позже напишет: «...какая удивительно тонкая картина того, что происходит сейчас на Руси — и именно в смысле русского богоборчества!» В конце концов он был освобожден из тюрьмы после того, как подписал заявление, что не будет вести «организационную и агитационную работу среди студенчества». Он решил, что это относилось скорее к политической деятельности, нежели к религиозной. После освобождения он узнал, что его коллега по РСХД была заключена в тюрьму на такой же срок [Там же: 134, 138, 139, 149, 150, 236, 239].

Вскоре работа Марцинковского была вновь прервана. В декабре 1922 года Государственное политическое управление (ГПУ) вызвало его на допрос. Его настойчиво допрашивали о его взглядах на войну, военную службу и пацифизм. Он ответил, что отвергает военную службу и войну, но не будет призывать солдат отказываться от участия в боевых действиях. 2 января 1923 года чиновники сообщили ему, что он будет выслан в Германию за его участие в «разложении Красной армии». Ему также сказали, что он будет выслан из России вместе с В. Г. Чертковым (другом Льва Толстого) и В. Ф. Булгаковым (бывшим секретарем Толстого).

---

[50] Для более детального знакомства с религиозными взгляда Марцинковского см. [Марцинковский 1996].

Марцинковский встретился с другим чиновником и спросил его о причине своего отъезда. Ему ответили, что он не считается политической угрозой, но «линия вашей работы для нас в настоящее время вредна... Но самое главное зло вашей работы в том, что вы работаете среди студентов». Он покинул Россию 20 апреля 1923 года. В 1929 году он писал о своих надеждах на Церковь: «Нет, Русская православная церковь еще не дожила до реформации. Церковный корабль все еще ищет светского буксира. Но есть в русской православной среде живые люди, горячо стремящиеся к преобразованию Церкви — в духе Евангелия, и оно придет» [Там же: 241, 271–273, 277–279, 295, 302]. Советская пресса опубликовала некролог после его смерти в 1971 году: «Его многочисленные [книги] являются клеветой на нашу реальность, в которой он под видом толкования библейских текстов... выступал против коммунизма, называя его "разъедающим дымом, от которого нужен противогаз — религия"»[51].

Развитие событий после 1917 года

Марцинковский был одной из ключевых фигур в руководстве РСХД в Советской России, хотя нельзя сказано, что его роль была определяющей для работы всего движения. В период Гражданской войны 1918–1921 годов академическая жизнь была прервана политическими и экономическими изменениями, проходящими в стране. Большинство университетов и институтов в крупных городах могли продолжать работать на очень слабом уровне. Многие вернулись в сельскую местность или нашли работу в других городах. Деятельность движения в Петрограде прекратилась, но продолжалась в Москве и Киеве, хотя и менее активно. Наиболее распространенной формой взаимодействия были встречи в небольших группах и помощь друг другу в материальных нуждах, таких как дрова и еда. Те, кто уехал из столиц, продолжали работу по мере возможности. Например,

---

[51] Подоляк В. Миссионеры антикоммунизма // Наука и религия. 1971. № 12 (дек.). С. 55.

в Самаре была образована новая группа, в которую входили студенты из Москвы и Петрограда. Взаимодействие между группами по всей России было незначительным до тех пор, пока в 1920 году в Москве не была проведена конференция федерации. В это время председателем был избран В. А. Амбарцумов, секретарем — А. С. Шереметева, казначеем — Марцинковский, а Кулешова и С. А. Хинце были приняты в качестве дополнительных членов центрального комитета. В 1920/1921 учебном году федерация вновь начала более активно работать и восстанавливать структуру организации. Она продолжала следовать принципам ВСХФ, чтобы «привлечь студентов к Христу посредством методичного изучения Священного Писания, с тем чтобы христианская вера активно проявлялась в жизни». Студенты вновь начали более регулярно собираться в небольших группах для изучения Библии и в более крупных группах для обучения по таким темам, как искупление Христа и обращение апостола Павла. Федерация считала «активными членами» тех, кто регулярно посещал уроки по Библии и «пришел к сознательной вере в Христа как своего личного Спасителя». Они должны были активно участвовать в работе организации. Кроме того, они должны были подписаться под исповеданием федерации: «Я верю в Христа и Бога, Спасителя моего и мира. На основании Евангелия я исповедал свои грехи. Я предаю себя Ему и знаю, что Он принял меня». Работа продвигалась с трудом из-за ограничений свободы вероисповедания и свободы печати. В 1921 году работа велась в основном в Петрограде, Москве, Киеве, Одессе и Самаре. Восемь работников возглавляли служение, которое включало 400 активных членов в России. Следующая конференция должна была по плану состояться 19–21 августа 1921 года в Москве[52].

Трагический голод начала 1920-х годов оказал влияние на РСХД. Члены организации, наряду со многими другими студентами и профессорами, получали помощь от Американской адми-

---

[52] Ambartsumov W. Report of the Russian Student Christian Federation during the Period 1918–1921. P. 1–6. Correspondence and Reports, 1921. Russian Work Restricted, Correspondence and Reports, 1918–1921. KFYA.

нистрации помощи (АРА). Весной и летом 1922 года АРА открыла свои первые столовые для студентов в Петрограде, Москве, Казани, Одессе и Екатеринославе (ныне Днепр, Украина). Столовые управлялись АРА и поддерживались ХСМЛ (как описано в главе 1). Программа оказала помощь 10 000 человек. Студенты Самарского, Саратовского и Томского университетов получали питание от программ Европейской помощи студентам[53]. Этан Колтон, сотрудник ХСМЛ, работавший под эгидой АРА, писал, что «студенты и профессора оказываются в экономически бедственном положении, пытаясь прокормиться и одновременно заниматься культурой и обучением. Это невозможно сделать без помощи, поступающей из богатых ресурсов нашей страны и более благополучных стран Европы». Он продолжил: «Великие ученые, педагоги, врачи, художники и писатели живут за чертой бедности, и в этом истощенном состоянии к ним приходит болезнь и обрывает их жизни»[54].

В отчете РСХД за 1922–1923 годы описывалась деятельность движения, в котором работали 20 штатных сотрудников. Подавляющее большинство членов отдавали десятую часть своего дохода движению, хотя это не было обязательным требованием. В 1920 и 1921 годах были проведены конференции, а в 1922 и 1923 годах состоялось расширенное заседание центрального комитета. В это время издательская деятельность была запрещена, но проводились публичные лекции, которые посещали до 2000 человек. Популярными темами лекций были: «Пришествие Христа», «Можем ли мы жить без Христа?» и «Нужна ли нам религия?». В отчете добавлялось, что интерес к миссионерской работе растет; студенты встречались с другими верующими, чтобы обсудить христианское служение среди нехристианского населения России[55].

[53] Ogden Helen. Russian Student Life // Intercollegian. Oct. 1922. P. 7.

[54] Colton E. T. Report on the Condition of Students and Professors in Russia. Mar. 28, 1923. P. 4–5. Articles #2. Russian Work, Restricted, Ethan T. Colton Collection. KFYA.

[55] Russia. Impressions of the Russian Student Christian Movement. For the period Oct. 1st, 1922 — Jun. 30th, 1923. P. 1–5. RSCM. Russian Work — Europe, Restricted, Russian Orthodox Theological Academy, Russian Student Christian Movement, Russian Student Fund. KFYA.

ХСМЛ оказывал подспудную поддержку американскому секретарю А. Т. Коркорану, чтобы он помогал в этой работе. В 1924 году в отчете ХСМЛ отмечалось, что необходимо найти частное финансирование для частичной поддержки Коркорана, «демобилизованного секретаря, который остается в России как человек, вынужденный зарабатывать на жизнь, преподавая английский язык, и одновременно служа в качестве [связного] офицера Русского студенческого христианского движения и связующего звена с внешним миром». В этом же отчете было указано: «Этот абзац ни в коем случае не должен быть задокументирован»[56]. В отчете за 1925 год добавлялось, что РСХД «вновь было вынуждено уйти в подполье из-за законодательства, не допускающего легального существования межконфессиональной организации». Однако сотрудники получали питание и помощь в решении жилищных проблем. РСХД также получало печатные материалы — «новую христианскую литературу, поставляемую им тайно». В одном городе 150 студентов собирались на тайные занятия по изучению Библии[57]. В другом отчете американского ХСМЛ за 1925 год подробно описывались меры, принятые в России для борьбы с религией: это было основной мотивацией для поддержки ХСМЛ, продолжающего работу в России. В отчете описывалось давление: «В течение нескольких недель несколько активистов в Москве были арестованы, но решительность, с которой работа продолжается, не ослабевает»[58]. В 1926 году Коркоран описал трудности, с которыми он столкнулся. Из-за его регулярных контактов со студентами за ним был установлен постоянный милицейский надзор. Местная газета напечатала о нем

---

56   Report of the International Committee to the National Council, Department, Russian — Overseas Division, [1924]. P. 11. 1924. Russian Work — Europe, Restricted, Correspondence and Reports, 1920–1929, Annual Reports, 1920–1929. KFYA.

57   Russia [a report for 1924–1925]. P. 4–5. 1924–1925. Russian Work, Restricted, Correspondence and Reports, 1922–1944. KFYA.

58   Private Report on the Russian Religious Situation, Jan. 1925, Prepared under the direction of John R. Mott. P. 6. Russian Orthodox Church. Russian Work, Restricted, Ethan T. Colton Collection. KFYA.

уничижительную статью и назвала его «американским "попом"». В 1923 году он был задержан милицией, а его коллега из британского ХСМЛ был выслан из России. Несколько студентов были позже допрошены об их связях с Коркораном. Его вызвали в отделение милиции и сообщили, что его виза будет аннулирована; позже он узнал, что это было сделано по приказу высших государственных органов. Коркоран подробно описал многочисленные трудности, с которыми сталкивались студенты-христиане. В соответствии с требованиями закона, РСХД подало заявку на получение лицензии в 1922 году, но ответа получено не было. В 1923 году правила выдачи лицензии религиозным организациям запрещали члену одной организации быть членом другой. Кроме того, для членства не могло проводиться никаких религиозных испытаний. Таким образом, существование межконфессиональных организаций было невозможно, и сохранить целостность РСХД было нельзя. Поэтому в 1923 году заявка не была подана. Многие христианские студенты были отчислены из университетов и институтов в 1924 году как «идеологически чуждые элементы»; участие в христианской группе часто служило причиной отчисления[59].

В 1928 году, уже в условиях сталинского режима, РСХД продолжало свою работу втайне, поскольку движение было запрещено. Однако 55 групп по изучению Библии продолжали собираться[60]. По состоянию на 1925 год 48 человек из движения были арестованы. Шесть секретарей, получающих регулярное жалованье, работали в Москве, Ленинграде, Ростове, Самаре и Киеве. Несмотря на эти трудности, десять студентов из движения планировали вступить в православное духовенство. Колтон утверждал: «Движение не является официальной частью Православной церкви, но активно ее поддерживает. Все активисты, за исключением двух в Ленинграде, являются православными. Из 53 членов

---

[59] Letter from A. T. Corcoran to E. T. Colton, Sept. 16, 1926. P. 1–2. 1926. Russian Work, Restricted, Correspondence and Reports, 1922–1944. KFYA.

[60] Fourth Report on the Fund "to Strengthen and Enrich the Russian Orthodox Church," Mar. 1928, no page numbers. Russian Church Fund. Russia. KFYA.

в этом городе только трое являются протестантами»[61]. Пол Б. Андерсон сообщил, что около 1928 года власти арестовали и сослали 40 наиболее активных участников РСХД, что фактически положило конец деятельности движения в России[62]. Однако в другом отчете указывалось, что группы продолжали собираться вплоть до 1934 года, когда их деятельность «была подавлена Сталиным»[63].

Финансирование

Под руководством Джона Р. Мотта американский ХСМЛ финансировал большую часть работы, описанной в этой главе, хотя в проанализированных документах содержится мало сведений о бюджетах до 1925 года. В 1925 году на двухлетний период было выделено 10 200 долларов для РСХД в СССР[64]. Бюджет движения на 1926–1927 годы составлял 12 423 рубля, из которых 10 642 рубля были выделены на заработную плату. Один секретарь движения получал 100 рублей в месяц, два — по 140, а три (неженатые) — по 70 рублей. 800 рублей было получено от бывших членов за рубежом, а 1579 — собрано внутри Советского Союза[65]. Бюджет на 1927–1928 годы составлял 4407 рублей, из которых 350 было собрано внутри страны[66]. Движение в Советском Союзе частично финансировалось за счет пожертвований Фонда Джона

---

[61] Colton E. T. Russian Student Christian Movement, [1927]. P. 1–3, and attachments. RSCM. Colton, Ethan T., Papers. KFYA.

[62] Anderson Russian Work Policy Study... P. 2.

[63] The Russian Student Christian Movement in France, Dec. 1969, with an appendix "Memorandum presented by the Russian Student Christian Movement to the International Committee YMCA," May 12, 1964. RSCM Program Audit 1969. France, Russian Student Christian Movement 1950s–1960s, Chekhov Publishing Co. 1957, Local Associations, 1922–1960s. KFYA.

[64] Brief Outline of Budget, Present and Prospective Leaders of Orthodox Church in Russian Emigration [1925]. P. 1. 1924–1925. Russian Church. KFYA.

[65] Colton E. T. Russian Student Christian Movement, [1927]. P. 1–3, and attachments.

[66] Ibid., [1928]. P. 1–4. Russia. KFYA.

Д. Рокфеллера-младшего на программу поддержки, разработанную американским ХСМЛ, — «Укрепление и обогащение Русской православной церкви»[67].

Отношения с Церковью

С самого начала РСХД привлекало к участию православных студентов, но движение не пользовалось какой-либо поддержкой со стороны иерархии. Это привело к ограничению его деятельности, но расширило привлекательность РСХД для тех, кто был открыт духовно, но закрыт для официальной Церкви. Официальная Церковь была очень непопулярна среди студенчества. Некоторые отдельные члены духовенства и православные миряне активно поддерживали движение и рассматривали его как средство привлечения молодежи в Церковь. Другие активно противостояли ему: например, И. Г. Айвазов, миссионер Московской епархии и кандидат богословских наук, осуждал деятельность Николаи и студенческой группы: «Они работают с умом и вероломством». Он также писал, что, поскольку Мотт скоро выступит в Москве, «необходимо выразить протест против иностранных пропагандистов»[68].

Итоги

РСХД внесло значительный вклад в формирование многих будущих православных интеллектуалов, а также дало опыт и подготовку одному из самых влиятельных баптистских проповедников в СССР. В 1944 году А. Карев занял пост генерального секретаря Всесоюзного совета евангельских христиан-баптистов, руководства новой объединенной деноминации. Он был выпускником политехнического института и принимал активное участие

---

[67] Fourth Report on the Fund "to Strengthen and Enrich the Russian Orthodox Church," Mar. 1928.

[68] Police excerpt of a letter from I. Aivazov of Moscow to Archbishop Anthony (Volynsky) in St. Petersburg, Jan. 25, 1909. GARF f. 102 OO, o. 1909, d. 72, l. 2.

в студенческом движении, благодаря чему познакомился с Моттом и Эдди. В 1920-х годах он проповедовал в протестантских церквях по всему Советскому Союзу, обучал пасторов в Ленинградской библейской школе и писал статьи для журнала «Христианин». В 1950-х годах он стал самым влиятельным пастором в движении. В «Братском вестнике» (конфессиональном журнале для пасторов) часто публиковались его проповеди, библейские комментарии и богословские исследования. У. Саватский, ведущий исследователь религии в России, так резюмирует его карьеру: «Он был самым образованным, умным и способным из московского руководства. Куда бы он ни пошел, люди встречали его с любовью, потому что чувствовали, что его сердце переполнено любовью к ним» [Sawatsky 1981: 180–181].

В истории христианства есть много примеров начинаний, которые привели к непредвиденным результатам. Конечно, Мотт и Николаи не предвидели конфликтов между студентами и секретарями, которые возникли, и не ожидали потрясений в виде Первой мировой войны, революции и Гражданской войны. Однако они вместе со своими соратниками разработали программу, которая создала новые религиозные и социальные возможности для сотен студентов, многие из которых были отчуждены от Церкви своих предков. Среди этих студентов появилось много таких, как Владимир Марцинковский, которые стали авторитетами для других студентов. Работа ХСМЛ с РСХД аналогична межкультурной работе Союза со студентами в таких странах, как Китай и Япония, и служит наглядным примером для сравнительного исследования. Однако этот проект также заложил основу для совершенно другой программы, которая будет развиваться в Русском Зарубежье после 1917 года.

Глава 7
Русское студенческое христианское движение за рубежом

Русское студенческое христианское движение в эмиграции, которое развивалось в разных странах Европы после революции, является прямым наследником более раннего студенческого движения в России. Однако отличительной чертой нового движения является его более тесная связь с жизнью Православной церкви. ХСМЛ продолжил свое сотрудничество с новым РСХД и оказал огромное влияние на российское студенчество. Под влиянием Союза РСХД помогло большому количеству молодых мужчина и женщин найти связь с Церковью и способствовало возрождению их веры. Многие интеллектуальные и религиозные лидеры русского зарубежья вышли из рядов РСХД и продолжили возрождение православия, которое существовало отныне в новой среде, лишенное всякой поддержки и контроля со стороны государства.

Цели

В. В. Зеньковский, профессор психологии и православный верующий, анализировал потребности русских студентов, проживающих в Западной Европе после революции, и обратил внимание на серьезный упадок морали и духовности. Его оценка была схожа с оценкой Николаи, о которой говорилось в предыдущей главе. Однако Зеньковский считал, что потребности студентов после революции только обострились. Из-за хаотичных политических и военных событий, связанных с Первой мировой войной, революцией и Гражданской войной, тысячи молодых людей университетского возраста начинали новую жизнь в качестве беженцев в городах Западной и Центральной Европы. Многие из них начали свое высшее образование в России до войны и теперь искали возможности его окончить. К 1926 году более 8200 русских эмигрантов поступили в высшие учебные заведения Европы: 3200 проживали в Чехословакии, 1000 в Югославии и 700 во Франции. Остальные были разбросаны по разным городам Европы. Многие правительства и гуманитарные организации вносили свой вклад в покрытие расходов на образование. Старшее поколение русских эмигрантов также оказывало материальную поддержку. Таким образом, примерно 6600 из 8600 русских студентов получали стипендии на обучение и проживание. Хотя многие студенты получали значительную финансовую помощь, их жизнь нельзя было назвать простой. Большинство стипендий обеспечивали только минимальные потребности, поэтому многие фактически были вынуждены жить в бедности. Большинство из них столкнулись с новым вызовом — продолжением своего обучения на новом языке. Они пережили сложный психологически переходный период после нескольких лет службы в армии или физического труда. Кроме этого, находясь в столь непростых условиях, они были лишены возможности обратиться за помощью к своим семьям, оставшимся на родине, или обществам, которые могли оказать поддержку только на территории России[1].

Рассматривая необходимость религиозного служения, лидеры РСХД также осознали, что эти мужчины и женщины были единственной большой группой русской молодежи, способной полу-

---

[1] Zander L. Russian Students in Emigration, unpublished paper, 1926. P. 1–4. PBAP. Обзор деятельности РСХД [Карпенко и др. 2000: 333–379]. Также см. комментарий Зеньковского о пути развития Движения в его рукописях, хранящихся в Бахметевском архиве: «Мои встречи с выдающимися людьми», «Мое участие в Русском студенческом христианском движении». Vasilii Zen'kovskii Collection, Bakhmeteff Archive, Columbia University, New York City.

чить религиозное образование. Советское правительство официально закрепило запрет религиозной деятельности в законе 1929 года, согласно которому «религиозным объединениям запрещается... организовывать специальные молитвенные или иные собрания для детей, молодежи, женщин, а также общие собрания для изучения Библии, литературы, рукоделия, религиозного обучения и т. д., собрания, группы, кружки»[2].

Руководители РСХД прилагали усилия, пытаясь удовлетворить социальные и религиозные потребности людей и содействовать сохранению культуры русского православия в эти критические годы. По словам Зеньковского и Л. Н. Липеровского, движение было создано для тщательного изучения идей христианства и активного и организованного участия в жизни Церкви[3]. Активисты помогали студентам в понимании православного вероучения и участии в литургии[4]. ХСМЛ описывал свою деятельность как усилия по формированию характера и религиозному образованию молодежи[5]. Как православные участники, так и американские члены ХСМЛ заявляли, что движение было частью программы по сохранению православной культуры, подвергавшейся нападкам со стороны большевиков. Один из секретарей ХСМЛ объяснял: «Дух российской молодежи должен быть сохранен для России, он должен быть морально возвышен в союзе с всем богатством русской культуры» [Davis D. 1987: 32].

Принятое официальное заявление о целях РСХД было широким, но при этом весьма конкретным:

> Основной целью Русского студенческого христианского движения за рубежом является объединение верующей молодежи для служения Православной церкви и привлечения неверующих к вере во Христа. Оно стремится помочь

---

2   [RSCM], The Struggle for Youth, unpublished brochure, [1931]. PBAP.

3   Zenkovsky V. V. and Liperovsky L. N. Orthodox Youth, unpublished brochure, 1927. PBAP.

4   См. [Latourette 1957: 379].

5   Anderson Paul B. Fundamentals of the Young Men's Christian Association, unpublished draft, 1929. P. 42. PBAP.

своим членам выработать христианское мировоззрение и ставит перед собой задачу подготовить защитников Церкви и веры, способных вести борьбу с современным атеизмом и материализмом[6].

Конечно, часто существует некоторый разрыв между заявленной целью организации и реальными целями, которые мотивируют ее членов. В 1926 году секретарь ХСМЛ сообщил о результатах опроса, проведенного среди участников РСХД в Европе; в опросе спрашивалось, каковы основные цели движения. Подавляющее большинство (32 человека) ответили: «...пробудить молодежь и привести ее к настоящей религиозной жизни в Православной церкви». Десять ответили, что цель заключается в служении будущей России; два ответили — в знакомстве Запада с православием; еще один ответил — в борьбе с атеизмом и коммунизмом[7].

Развитие событий

В изгнании в РСХД участвовали четыре социальные группы: дореволюционное духовенство, ученые, активные лидеры дореволюционного движения и молодое поколение, выросшее в эмиграции. При таком разнообразии движению потребовалось около семи лет (с 1923 по 1930 год), чтобы выработать свой подход на ежегодных конференциях. Первая общая конференция состоялась в 1923 году в Пршерове (Пшерове), Чехословакия; движение решило, что оно будет функционировать на основе православной конфессиональной программы, а не межконфессионального подхода. В 1924 году в Пршерове активисты решили,

---

6   Anderson Paul B. North American Y.M.C.A., Russian Service in Europe, Administrative Report for the Year 1936. P. 9. Annual Reports 1933–1949. Russian Work — Europe, Restricted, Budgets and Appropriations, Correspondence and Reports, 1950–, Financial Transactions. KFYA.

7   Letter from G. G. Kullmann to E. T. Colton, Jan. 11, 1926. P. 1. 1925. Russian Work — Europe, Restricted, Correspondence and Reports, 1920–1929. Annual Reports 1920–1929. KFYA.

что организация должна иметь неполитический характер и быть открытой для членов всех политических убеждений. Конференция 1925 года в Хопово, Югославия, рассмотрела вопрос о характере кружков и решила, что они будут православными братствами, но сотрудничество в них будет свободным, и они не должны быть подчинены строгой иерархии. После 1925 года движение начало регулярно собираться во Франции. В 1926 году движение собралось в Бьервиле, а в 1927 году местом проведения конференции стал Клермон-ан-Аргонн, где было подтверждено, что РСХД будет иметь неклерикальный характер — без формальной привязки к конкретной иерархии или юрисдикции. В 1928 году активисты движения собрались в Монфорте, чтобы определить цели по работе с молодежью и служению Церкви; встреча в 1929 году в Савезе была посвящена развитию основополагающего православного мировоззрения. На седьмой конференции 1930 года в Буасси обсуждение сосредоточилось на практической реализации целей и подтвердилось экуменическое направление движения. Л. А. Зандер, который стал исполнять обязанности генерального секретаря в 1936 году, отмечал, что на этих конференциях движение рассматривало четыре серьезные проблемы: растущий национализм, экономические трудности, межпоколенческие различия и различия между программами[8].

Одним из ключевых секретарей ХСМЛ в эмигрантском РСХД был европеец (а не американец, как большинство) Г. Г. Кульман (1894–1961). Он получил университетское образование в Германии и степень юриста в Цюрихском университете. Он принадле-

---

8 Zander L. General Survey of the Russian Student Christian Movement, Sept. 1937. P. 1–4. RSCM. Russian Work — Europe, Restricted. Russian Orthodox Theological Academy, Russian Student Christian Movement, Russian Student Fund. KFYA. О конференции 1925 года см.: Kullmann G. G. Annual Conference of the Russian Student Christian Movement Outside Russia Held in the Russian Monastery of Hopovo (Jugoslavia) From Sept. 11th to Sept. 17th, 1925, Oct. 5, 1925. Karlovitz Criticism. Russian Church. KFYA. О конференции 1927 года см.: Liperovsky L. N. The Fifth Annual Assembly of the R.S.C.M, Nov. 10, 1927. RSCM. Russian Work — Europe, Restricted, Russian Orthodox Theological Academy, Russian Student Christian Movement, Russian Student Fund. KFYA.

жал к Швейцарской реформатской церкви, но в 1930-х годах перешел в русское православие. С 1918 по 1919 год он был секретарем ХСМЛ по работе со студентами в Швейцарии, но в 1920 году начал работать с американской программой для русских эмигрантов. Еще одной важной фигурой был Д. А. Лоури (1889–1974), выпускник Вустерского колледжа, который позже получил докторскую степень в Пражском университете. Он работал в России с 1916 по 1922 год и продолжал работать с русскими, в первую очередь с русскими студентами, с 1922 по 1932 год. Позже он продолжил свою работу в ХСМЛ с 1939 по 1952 год с военнопленными и беженцами. Одним из ведущих русских секретарей ХСМЛ, работавших со студентами, был Ф. Т. Пьянов (1889–1969). Будучи православным верующим, он работал Y-секретарем с 1917 по 1918 год в России; в 1920 году он возобновил эту работу в Европе в рамках программ РСХД и Action Orthodoxe. Позже он был отправлен нацистами в лагерь Бухенвальд.

Кульман был привлечен к работе в ХСМЛ Арчи Хартом и отправлен на курс подготовки по работе с русскими в Кливленде. Сначала он помогал русским беженцам в лагере, затем начал работать со студентами в Берлине вместе с Амосом Эберсолом и Пьяновым. Он помогал многим поступить в немецкие университеты благодаря своему опыту — сам он ранее учился в Германии. Кульман, Пьянов и Пол Б. Андерсон установили контакты с русскими интеллектуалами. Кульман входил в редакционный совет YMCA Press и был советником журнала «Путь». Он был ключевым сторонником перехода РСХД в православное движение. В 1935 году он приехал в Соединенные Штаты на время отпуска и учебы. Вместе с ними приехали его жена Андрея и трое детей. Однако вскоре после этого он и его жена развелись. Год спустя он женился на М. М. Зерновой и стал прихожанином Русской православной церкви. Он ушел из ХСМЛ и поступил на службу в Службу помощи беженцам, связанную с Лигой Наций[9].

---

[9] Letter from Paul B. Anderson to Ethan T. Colton, Nov. 28, 1961. P. 1–2. Biographical Records, Kullman, Gustave Gerard, 2 folders. KFYA.

По-видимому, Кульман был единственным секретарем ХСМЛ в России (с 1900 по 1940 год), который принял православие.

Основание второго РСХД было совместным предприятием русских студентов и студенток и американского ХСМЛ. В начале 1920-х годов значительные группы русских студентов начали собираться в университетах пяти европейских городов. Начали создаваться группы в Белграде, Софии и Париже, в то время как Y-секретари Кульман, Эберсол, Ральф Холлингер и Лоури организовывали встречи в Берлине и Праге[10]. Они пытались понять мышление и приоритеты русских профессоров и студентов, давая им советы и ободряя их. На встречах учащиеся и профессора собирались для изучения и обсуждения Библии, трудов отцов Церкви и русской философии. Они также встречались для взаимной поддержки и помощи[11].

Русские студенты из различных европейских отделений собрались на свою первую конференцию в 1923 году в Пршерове, Чехословакия. Эта встреча, организованная Зеньковским, была посвящена проведению литургии. Это событие стало памятным опытом для участников, которые поделились своими трудностями и общим стремлением к христианской жизни. На конференции в Пршерове молодые мужчины и женщины решили, что движение не должно быть межконфессиональным, а должно носить русско-православный характер. Они пригласили к участию выдающихся русских православных профессоров, живущих в эмиграции, которые оказали глубокое влияние на выбор направления деятельности студентов[12]. В 1924 году эти студенты и профессора основали РСХД как автономную организацию с центральным бюро в Праге, в Чехословакии. В 1926 году центр переехал в Париж и использовал помещения ХСМЛ во французской столице [Ibid.: 29].

Помимо регулярных встреч и конференций, движение участвовало в различных новаторских проектах. Оно взаимодейство-

---

[10] Anderson Paul B. Notes on the Development of Y.M.C.A. Work for Russians Outside Russia, 1919–1939, unpublished paper, 1940. P. 7. PBAP.

[11] Zenkovsky V. V. and Liperovsky L. N. Orthodox Youth... P. 1.

[12] Anderson Paul B. Notes on the Development of the Y.M.C.A... P. 7.

вало с Всемирной студенческой христианской федерацией и подталкивало группу к изменению одного из основных элементов своей философии. До 1926 года федерация действовала как межконфессиональный орган, в котором группы-члены пытались сосредоточиться на элементах христианской веры и практики, которые принимали все члены — как протестанты, так и католики или православные. В 1926 году федерация начала действовать как экуменическая организация, в которой группы-члены поощрялись к выражению веры и практики своей конфессии во всей полноте. Члены русского движения начали встречаться с англиканскими студентами в Англии, чтобы исследовать общие элементы своей веры и поощрять гармонизацию отношений между православными и англиканскими верующими. Эти студенты основали в 1927 году Братство Святого Албания и Святого Сергия[13]. Н. М. Зернов, получивший докторскую степень в Оксфордском университете, участвовал в деятельности братства и занимал должность секретаря с 1934 по 1947 год. Он стал одним из самых деятельных и влиятельных членов всего движения [Ware 1981: 11]. В 1930-х годах православные студенты начали встречаться с молодежью в деревнях прибалтийских государств, чтобы помочь им углубить понимание веры. Эти усилия привели к созданию Христианского крестьянского молодежного движения. Во Франции несколько студентов начали работу по сохранению традиционной русской практики иконописи. Они собирались на занятия в здании ХСМЛ в Париже[14]. Другая группа в Париже посвятила себя регулярной работе с детьми русских эмигрантов, живущих в городе. Сотни мальчиков и девочек участвовали в лагерях и клубных встречах[15]. Руководство движения, особенно Зеньковский, повлияло на направление работы ХСМЛ в таких преимуществен-

---

[13] Anderson Paul B. Notes on the Development of the Y.M.C.A... P. 13–15. Собрание статей англоязычного журнала "Sobornost", издаваемого Обществом, было опубликовано также и на русском языке [Содружество 1998].

[14] Anderson Paul B. Notes on the Development of the Y.M.C.A... P. 18, 23.

[15] Zenkovsky V. V. and Liperovsky L. N. Orthodox Youth... P. 2.

но православных странах, как Греция и Болгария. Мотт провел три важных консультации, на которых лидеры ХСМЛ и православные священнослужители высоких чинов должны были обсудить усиление сотрудничества[16].

По мере того как студенты и профессора участвовали в широком спектре мероприятий, они постепенно теряли контакт с международным движением. По мере расширения сферы деятельности организации администрация децентрализовалась и стала меньше контролировать различные начинания[17]. Несколько групп фактически образовали независимые ассоциации, поэтому в 1935 году движение было официально реорганизовано [Davis D. 1987: 32]. До Второй мировой войны РСХД продолжало работать из своей штаб-квартиры в Париже и вносить значительный вклад в религиозное образование славянской эмигрантской молодежи во Франции[18].

Особая важность в создании РСХД заключалась в том контексте, который сложился в мире русских эмигрантских студентов того периода. Они чувствовали необходимость организоваться и сотрудничать для материальной и интеллектуальной поддержки, а также «создать собственную структуру для любой будущей роли, которую они могли бы играть на родине». Марк Раев отмечает, что кружки РСХД имели под собой давнюю традицию — интеллектуальные кружки были основной формой обмена важными идеями начиная с XVIII века. В XIX веке они приобрели еще большую популярность. Многие из них появились в эмиграции, когда молодые люди собирались вместе, «чтобы найти ответы на свои эмоциональные страдания и жажду самосовершенствования, а также посвятить себя работе на общее благо своей родины». РСХД возникло в этой среде под влиянием как русских, так и американских традиций; оно стало «молодежным движением, единственным в своем роде» [Raeff 1990b: 71, 91, 134].

---

[16] Anderson Paul B. Notes on the Development of the Y.M.C.A... P. 19.

[17] Ibid. P. 27.

[18] Anderson Paul B. Notes on the Development of the Y.M.C.A... P. 31.

Амос Эберсол был первым американским секретарем ХСМЛ, который организовал работу с русскими студентами в Берлине. Он был назначен на эту должность после того, как стало известно, что несколько сотен русских поступили в технические школы и университет Берлина. Ему помогал Пьянов, который взял на себя руководство после отъезда Эберсола в 1922 году. Пьянову помогал Кульман, который возглавлял работу ХСМЛ с русскими в Германии. Мари Бреше, секретарь РСХД в России, начала работать с русскими студентами в Праге в 1921 году, когда в Пражском университете училось около ста русских и украинских студентов. В том же году чешское правительство пригласило 3000 русских беженцев из Константинополя и с Балкан учиться в Пражском университете и других учебных заведениях этого региона. Холлинджер, С. М. Кини и Лоури были первыми американскими сотрудниками ХСМЛ, возглавившими эту службу[19].

Н. М. Зернов был одним из первых лидеров студенческого движения в Белграде; после революции он начал изучать теологию в местном университете. Он рассказал, что в его факультете училось много русских студентов, но он начал общаться с группой, члены которой «искали в богословии ответа на вопросы, поднятые революцией». Он рассказал, что они начали регулярно встречаться для обсуждения общих проблем, что в конечном счете привело к созданию православного студенческого кружка, в котором были представлены самые разные культурные, политические и религиозные взгляды. Однако, как объяснил Зернов, «свое единство мы нашли в Церкви». В течение первого года встреч обсуждались произведения таких авторов, как святой Игнатий (Богоносец), Исаак Сирин, Владимир Соловьев и Михаил Гершензон. Зеньковский начал участвовать в этом кружке вскоре после его создания в 1921 году. В то время он преподавал психологию в университете. Его первые лекции о православной культуре и революции в России вызвали бурные дискуссии

---

[19] Russian Headquarters [1924]; Work for Russian Students in Berlin. P. 1; Work for Russian Students in Prague. P. 1. 1924. Russian Work — Europe, Restricted, Correspondence and Reports, 1920–1929. Annual Reports 1920–1929. KFYA.

среди студентов. Он утверждал, что одной из причин революции была поддержка Церкви самодержавия: люди покинули Церковь, потому что она поддерживала правительство и ограничивала личные свободы. Не все разделяли его взгляды, но, тем не менее, Зеньковский стал одним из самых активных членов кружка. Частым гостем на собраниях кружка был митрополит Антоний (Храповицкий), один из трех кандидатов в патриархи в 1918 году. До 1923 года Зернов и кружок в Белграде не знали о том, что ХСМЛ работал с православными студентами в Праге и Париже. Поэтому они были весьма удивлены, получив телеграмму от Р. Холлингера, сотрудника ХСМЛ, в которой тот высказывал свое желание встретиться с белградским кружком. Как объяснял Зернов, «На всех западных христиан мы смотрели, как на еретиков, а ХСМЛ, с ее красным треугольником, казалась нам масонской и враждебной Церкви организацией». Однако они решили встретиться с ним и были впечатлены его знанием православия и умением говорить по-русски. Зернов и другие обратили внимание на его «искренность», но другие не были так в ней уверены. Эта встреча с Холлингером привела Зернова и белградский кружок к участию в межконфессиональных студенческих конференциях и завязыванию знакомств за пределами православной среды. Решение начать этот процесс было нелегким, поскольку многие возражали против участия в этих конференциях или получения денег от неправославных организаций. На первых международных встречах, организованных ВСХФ, членам белградского кружка представилась возможность познакомиться со многими студентами, которые мало что знали о православии. Как описал Зернов, у них было много возможностей для «миссионерской работы» среди еретиков. Его открытость к англиканам (особенно англокатоликам) со временем увеличилась благодаря участию во встречах. Его первые впечатления были таковы, что эти студенты были «наивными» и что «от них исходил дух оптимизма». Его также впечатлил их громкий смех. В конце концов он решил, что эти молодые люди не были еретиками, а искренними верующими, которые не испытали «богатства и полноты православной традиции». Однако они исповедовали веру в Троицу и в Иисуса Христа как Сына Божьего. Зернов был менее впечатлен немецкими протестантами. Ему казалось, что они были полны сомнений в существовании Бога. Их очень привлекал философский пантеизм и цели революции в России: «...казалось, они были готовы помочь Ленину и Троцкому в походе против западных демократий». Его опыт привел его к развитию более тесных контактов между православными и англокатолическими студентами. Он решил, что «задача нашего поколения — примирение христиан Востока и Запада». Спустя годы Зернов описал свою признательность за работу руководства американского ХСМЛ, в частности Макнотена, Андерсона и Кульмана:

> Их опыт и благожелательство были ценны для Движения. С ними сразу установились отношения полного доверия и дружбы. Хотя через руки их проходила финансовая помощь, получаемая Движением от иностранцев, они никогда не держали себя начальством. Наоборот, они были увлечены русским православием и культурой, хорошо говорили по-русски и отождествляли себя всецело с Движением. Каждый из них был специалистом в своей области [Зернов, Зернова 1973: 28–30, 33–35, 45–49, 144].

Американский ХСМЛ и русские студенты-активисты начали разрабатывать конкретные планы служения для более широкой работы со студентами-эмигрантами по всей Европе. Александр Никитин, участник дореволюционного РСХД, предложил «Евангелизационную кампанию среди русских студентов в Европе», которая получила одобрение Мотта. План состоял в том, чтобы пригласить Владимира Марцинковского, Липеровского и Стояна Петкова для работы в качестве секретарей ХСМЛ на жалованье наряду с Макнотеном и Мари Бреше; работа с русскими должна была проводиться под русским руководством. Никитин поговорил с профессором Антоном Карташевым, который был готов оказать помощь. План предусматривал проведение конференции в Праге в сентябре 1922 года. Одной из целей было создание Центрального комитета профессоров и секретарей для руководства служением среди русских студентов в Европе Русской студенческой христианской ассоциации. На конференции должен был быть разработан план служения на предстоящий год. Никитин планировал пригласить на конференцию пятерых профессоров: Г. В. Флоровского, Карташева, профессора П. И. Новгородцева (лектора Берлинского ХСМЛ), князя Н. С. Трубецкого (лектора Болгарской студенческой христианской ассоциации) и протопресвитера Г. И. Шавельского (профессора, лектора Болгарской студенческой христианской ассоциации)[20].

Эти планы так и не были полностью реализованы из-за разногласий среди руководителей движения, особенно заметных на конференции в Пршерове в 1923 году. Спустя годы Милица Зернова написала о своих воспоминаниях об этой первой общей конференции РСХД: «Уже в первый вечер стало ясно, насколько разнообразны были собравшиеся группы». Большинство составляли студенты из разных городов Европы; большинство из них были глубоко привязаны к Православной церкви. Было также несколько профессоров, многие из которых были бывшими марксистами. Третья группа включала протестантских представителей студенческого движения из дореволюционной России. Наконец, была группа православных верующих, которые возражали против любой иностранной помощи в связи с опасениями по поводу масонства. Зернова пришла к выводу, что «казалось, что эти люди никогда не придут к соглашению»[21]. Сергей Булгаков, Липеровский, Никитин и Марцинковский участвовали в дореволюционном РСХД и присутствовали на конференции 1923 года.

Основной темой обсуждения на конференции в Хопово в 1925 году, в которой участвовали стс студентов и гостей, было различие между «кружками» и «братствами». Более традицион-

---

[20] Letter from A. Nikitin to Ruth Rouse, Jul. 18, 1922, with attached document: Evangelistic Campaign Amongst Russian Students in Europe. P. 1–3. 1920–1923. Russian Work — Europe, Restricted, Correspondence and Reports, 1920–1929. Annual Reports, 1920–1929. KFYA.

[21] Письмо, присланной Милицей Зерновой на съезд Русского студенческого христианского движения (ноябрь, 1984) // ACER-RSCM Tribune. 1985 (Jan. — Feb.). No. 1. P. 42. ACER.

ные православные участники хотели развивать братства в консервативном духе под контролем иерархии. Более прогрессивные участники предпочитали более неформальную организацию, которая не препятствовала бы привлечению новых участников[22].

Однако после конференции 1923 года некоторые межконфессиональные русские кружки продолжали свою деятельность — РСХД в Чехословакии состояло из нескольких таких кружков. Бреше возглавляла межконфессиональный кружок, который организовал три группы по изучению Библии для новых участников. Русский епископ Сергей руководил православным кружком, который изучал идеи православия. Лоури принимал у себя группу, которая изучала Библию, историю Церкви и русскую религиозную философию. Все они собирались в Праге; кружки, которые собирались на окраинах города, возглавляли студенты. Русский отдел ХСМЛ располагал помещением в Студенческом доме, который служил местом встреч и библиотекой. Однако к 1925 году секретари ХСМЛ оценили, что их совместные усилия охватили только 10 % русского студенческого населения Праги[23].

В первые годы существования РСХД за рубежом четыре ключевых участника были известны как «профессора». Николай Бердяев считался «свободомыслящим» и «великим провокатором». Карташев представлял опыт православных духовных академий и Санкт-Петербургских религиозно-философских собраний; он также служил министром во Временном правительстве. Зеньковский занимался преподаванием и организацией; он возглавлял собрания. Булгаков разделял многие из этих качеств, а также был священником. Он сыграл определяющую роль в выборе движением церковного и православного характера; он возглавил переход от дореволюционного межконфессионального направления к конфессиональному подходу. Булгаков также подчеркивал две идеи, которые стали центральными для РСХД:

---

22 Kullmann G. G. Annual Conference, Oct. 3, 1925. P. 2–3.

23 Report of the Russian Student Department, Prague, Dec. 31, 1925. P. 1–6. 1925. Russian Work — Europe, Restricted, Correspondence and Reports, 1920–1929. Annual Reports, 1920–1929. KFYA.

христианская культура («церковность» жизни) и требование свободы (без внешнего контроля) [Кырлежев 1999: 82–85].

Православный конфессиональный подход РСХД был проблематичным для ряда секретарей ХСМЛ: Андерсон сообщил о встрече, в которой приняли участие несколько сотрудников, работающих в Европе. Было обсуждено много тем, связанных с работой с русскими, в том числе и с РСХД: «Могу сказать, что несколько человек выразили опасение, что наши связи с Русским студенческим христианским движением в Европе построены на неправильной основе, — что мы рискуем отвратить студентов от ХСМЛ, а не привлечь их к нему»[24].

Говоря о влиянии, которое ХСМЛ оказывал на РСХД и на выбор движением конфессионального направления, стоит в первую очередь упомянуть личность Кульмана. Движение было очень привязано к нему, и многие были очень разочарованы, когда узнали, что он может покинуть русское направление, чтобы стать генеральным секретарем ВСХФ. Лидеры РСХД, в том числе Зернов, написали письмо, в котором выразили свою озабоченность по поводу слухов о том, что Кульман навсегда покидает должность. «Мистер Кульман обладает совершенно особым даром понимания русского народа и чувства нашего отношения к религии». Они заключили: «Мы настойчиво просим вас не отрывать мистера Кульмана от нас и не разрушать тем самым работу, которая вот-вот началась в эмиграции и которая, с Божьей помощью, может быть продолжена с еще большим успехом в самой России»[25].

В 1927 году руководители русской работы ХСМЛ вместе с РСХД за рубежом достигли соглашения о том, что ХСМЛ не будет организовывать отдельную программу для русской молодежи, а вместо этого сосредоточит свои усилия на поддержке

[24] Letter from Paul B. Anderson to Ethan T. Colton, Feb. 6, 1926. P. 1–2. 1925. Russian Work — Europe, Restricted, Correspondence and Reports, 1920–1929. Annual Reports, 1920–1929. KFYA.

[25] Letter from RSCM leaders in France to John R. Mott, Jul. 6, 1926. P. 1–3. 1925. Russian Work — Europe, Restricted, Correspondence and Reports, 1920–1929. Annual Reports, 1920–1929. KFYA.

работы РСХД[26]. Некоторым европейским руководителям Союза было трудно принять это соглашение. Колтон выразил обеспокоенность тем, что такая позиция в конечном счете может сделать невозможным какой-либо реальный вклад со стороны ХСМЛ. Он заявил, что желает не просто укреплять свою организацию, но верит, что она может внести практический вклад в дело Царства Божьего среди русских[27]. Кульман ответил Колтону, что его больше беспокоит *содержание* работы с русскими, чем *форма* организации или использование *названия* ХСМЛ. Он не разделял точку зрения Колтона и попытался объяснить свою позицию в письме. В письме приводится информация о том, почему американские активисты ХСМЛ в Париже решили отказаться от идеи создания «Русского ХСМЛ» под руководством эмигрантов, который бы осуществлял руководство различными видами деятельности в Европе. Кульман не считал, что их «русские друзья» будут готовы взять на себя финансовую поддержку программ, начатых американцами, таких как YMCA Press. Отчасти это связано с «глубоким и практически [неискоренимым] недоверием к "фирме" — ХСМЛ». Он поддержал идею помочь РСХД стать более автономным и самодостаточным и также отстаивал свою точку зрения как соответствующую принципам ХСМЛ: «Нет ни одного аспекта нашей работы, который не соответствовал бы традиционным целям и задачам ХСМЛ. Ни одно из наших действий не противоречит программе и сфере деятельности ХСМЛ»[28].

В отчете РСХД за 1927 год описывалась его философия и отношения с западными организациями. В отчете признавалось, что кружки движения были созданы на основе опыта ХСМЛ

---

[26] Memorandum from Paul B. Anderson to V. V. Zenkovsky, Jun. 8, 1932. RSCM. YMCA of the USA, Anderson Paul B., 3. KFYA.

[27] Letter from E. T. Colton to G. G. Kullman, Jul. 5, 1928. P. 1–2. 1927–1929. Russian Work — Europe, Restricted, Correspondence and Reports, 1920–1929. Annual Reports, 1920–1929. KFYA.

[28] Letter from G. G. Kullmann to E. T. Colton, Oct. 3, 1928. P. 4. 1927–1929. Russian Work — Europe, Restricted, Correspondence and Reports, 1920–1929. Annual Reports, 1920–1929. KFYA.

с привнесением ценностей русского православия. Однако движение «подтверждает полную независимость от любых неправославных организаций». РСХД было готово принять помощь от неправославных организаций, которые желали помочь. В отчете были указаны конкретная поддержка, полученная от ХСМЛ и других западных верующих:

> Опыт христианской деятельности в мире, высокий уровень личного внимания к Христу, мудрое сочетание веры с делами в жизни, даже мелочи повседневной жизни — вот наиболее существенные характеристики духовного богатства, которое западный христианский мир открыл перед движением[29].

В 1929 году Бердяев объяснил уникальность и значение опыта РСХД:

> Не существует традиции православного христианского движения молодежи. Это новое, творческое дело; традиции еще предстоит создать... Христианское движение молодежи — единственное место в русской эмиграции, где «правые» и «левые» мирно сотрудничают друг с другом. Враждебность политических партий во многом мешает духовной работе среди русской эмиграции. Надо сказать, что отношения с ХСМЛ благоприятно влияют на нейтрализацию и предотвращение этой партийной враждебности[30].

Еще одним важным вкладом Бердяева была нетерпимость внутри организации к религиозному национализму с его неприятием чужих идей. Он призывал членов движения задуматься получше о значении крайних позиций: «Национализм несовместим с христианством; он противоречит христианскому духу экуменизма. <...> Воинствующий национализм в настоящее время представляет собой величайшую опасность для самого

---

29 Русское студенческое движение за рубежом. Paris: RSKhD, 1928. P. 4–7. ACER.

30 Berdiaeff Nicholas. Difficulties of Religious Work among the Russian Youth, Dec. 27, 1929. P. 1–2. YMCA Relations (1926–). Russian Church. KFYA.

существования человечества»[31]. Бердяев также способствовал принятию движением конфессионального подхода, утверждая, что истинное межконфессиональное сотрудничество наиболее плодотворно, когда каждый участник в полной мере живет своей верой. Однако противоречия внутри РСХД привели к отдалению Бердяева от движения. Несколько членов обсуждали возможность бойкота его лекций, поскольку считали, что он не является поистине православным. В ответ Бердяев написал резкое письмо председателю Зеньковскому и прекратил свои официальные связи с РСХД. Он больше не читал лекции в штаб-квартире движения и начал выступать в парижском центре социальных услуг [Lowrie 1960: 192–193].

В 1930-е годы движение столкнулось с различными экономическими проблемами, а также с философскими спорами. В 1930 году РСХД насчитывало 1220 активных участников и 68 кружков[32]. Его Комитет социального обслуживания предоставлял ряд услуг русским, испытывавшим финансовые трудности в 1930-е годы. Сюда входили столовая, где регулярно подавали еду, и приют для безработных, где было 45 спальных мест. Юридический отдел РСХД помогал многим с оформлением документов, необходимых для иностранных работников во Франции[33]. В 1930 году в Париже функционировали восемь кружков. Три из них обсуждали Библию, одна группа сосредоточилась на Нагорной проповеди, а другая — на теме «Христианство и современная жизнь». Еще один кружок назывался «Братство Святой Троицы». Другие изучали труды отцов Церкви, социальные проблемы, литературные произведения и современную Россию[34]. «За Русь. За Веру!» стало

---

[31] Berdiaeff N. The Ideological Crisis of the Movement, n.d. P. 3. RSCM. Russian Work — Europe, Restricted, Russian Orthodox Theological Academy, Russian Student Christian Movement, Russian Student Fund. KFYA.

[32] International Survey Committee. Survey of North American YMCA Service to Russians in Europe, [1930]. P. 131. Russia. International Survey — 1930, Roumania, Russia, South Africa, Box 12. KFYA.

[33] Russian Service in Europe, World's Youth, Apr. 1936. P. 74–76.

[34] International Survey Committee. Survey of North American YMCA Service... P. 139.

девизом движения в эти годы[35]. В 1936 году парижское отделение РСХД и церковь Введения во храм Пресвятой Богородицы покинули офисное здание ХСМЛ и переехали в здание на улице Оливье-де-Серр (которое движение приобрело в 1951 году)[36].

Эмигрантское РСХД имело неопределенные отношения с ВСХФ, отчасти из-за ситуации со своим старшим сестринским движением в России. Официально эмигрантское РСХД не было членом ВСХФ, поскольку движение за рубежом должно было оставаться отделенным от движения в России по политическим причинам. Однако эмигрантское движение работало в тесном контакте с ВСХФ[37].

Мария Скобцова была ключевым участником РСХД в 1930-х годах; среди всех женщин, работавших в организации, она особенно выделялась откровенностью и прямолинейностью своих высказываний. Ее смелая и яркая личность в сочетании с ее страстной поддержкой служения бедным повлияла на многих студентов в эмиграции. В России она присоединилась к революционному движению и участвовала в литературных кружках, собравшихся вокруг Александра Блока и Вячеслава Иванова. В молодости она импульсивно вышла замуж, родила ребенка и вскоре после этого развелась. Во время революции она занимала должность мэра Анапы на Черном море. Там отступающая белая армия арестовала и судила ее за симпатию к большевикам. Позже, после изменения политической ситуации, Скобцова избежала казни как контрреволюционерка только благодаря тому, что притворилась близкой подругой жены Владимира Ленина. В конце концов она приняла монашество, но ее образ жизни не утратил своего революционного духа, поскольку она посвятила себя служению бедным. Она

---

[35] Za Rus'. Za Vieru! (For Russia. For the Faith!). Promotional brochure for the RSCM, [1933]. P. 1. RSCM. Russian Work — Europe, Restricted, Russian Orthodox Theological Academy, Russian Student Christian Movement, Russian Student Fund. KFYA.

[36] Zander L. The Life of the Russian Student Christian Movement outside Russia: 1933–1953. Aug. 1954. P. 3. ACER.

[37] International Survey Committee. Survey of North American YMCA Service... P. 196.

принимала участие в активных интеллектуальных дискуссиях с учеными движения, такими как Бердяев, Булгаков и Георгий Федотов. Скобцова также бродила по парижским рынкам, прося еду, чтобы поделиться с бедными. Поздно ночью она искала бездомных, чтобы помочь им [Plekon 2002: 59, 78–79][38].

Кружки РСХД в Латвии, Эстонии и Выборге (Финляндия) продолжали развиваться в 1930-х годах. Два кружка собирались в Выборге для изучения христианской апологетики и философии. Они привлекали участников из русского колледжа в городе[39]. Одной из самых трагических страниц в истории РСХД была история И. А. Лаговского, Т. Е. Десен и Н. Н. Пенкина, трех лидеров движения в Прибалтике. В 1933 году Лаговский был назначен секретарем РСХД по странам Балтии; он и его соратники продолжали работать в этом регионе после присоединения этих стран к СССР в 1940 году. Профессор С. Г. Исаков из Тартуского университета изучил более 700 страниц допросов в деле о РСХД в архивах КГБ. Эти записи дают представление о деятельности Лаговского, Десен и Пенкина. Когда их спросили об антисоветском характере их работы, Лаговский ответил: «Движение поставило перед собой задачу бороться с современным материализмом и атеизмом, привлекать молодежь в Церковь и помогать в формировании религиозного мировоззрения. Оно построено на основах, противоположных коммунизму». Документы также рассказывают об их судьбе: «В начале апреля 1941 года на закрытом заседании военного трибунала было вынесено решение — расстрел. Через несколько дней приговор был приведен в исполнение». Согласно документам из архивов КГБ, Лаговский был арестован НКВД 5 августа 1940 года, поскольку «его деятельность опасна для государственного строя и безопасности». Он был переведен в Ленинград и обвинен в преступлении: «Лаговский Иван Аркадьевич, будучи участником Русского студенческого

---

[38] См. также [Гаккель 1992].

[39] Lockhart J. G. The Russian Student Christian Movement in the Baltic States [193–]. RSCM. Russian Work — Europe, Restricted, Russian Orthodox Theological Academy, Russian Student Christian Movement, Russian Student Fund. KFYA. См. также [Плюханов 1993].

христианского движения в Эстонии, вел антикоммунистическую деятельность и работу, враждебную Советскому Союзу, что является достаточным основанием для обвинения в преступлении по статье 58, пункт 4». В документах также содержалась информация о его ранней жизни и образовании — он получил степень кандидата богословия в Киевской духовной академии. В 1919 году он покинул Россию на корабле и отправился в Константинополь. Переехал в Париж и работал ассистентом в Православном богословском институте. В 1933 году переехал в Тарту и работал там с РСХД[40].

Вторая мировая война стала огромным испытанием для РСХД. Зандер писал, что движение было вынуждено прекратить свою официальную деятельность, но члены организации могли продолжать работать в приходах и школах. Война заставила штаб-квартиру РСХД отказаться от основного направления своей работы — координации движений по всей Европе: «...все связи с зарубежьем были прекращены, жизнь стала ненормальной и небезопасной, существовала угроза мобилизации, [тюремного заключения] или превращения в беженца». С осени 1939 года по весну 1944 года центральный офис пытался работать в трех направлениях: духовная поддержка русских солдат во французской армии, однодневные конференции и экуменическая работа. Как и все общественные организации, РСХД не имело законного права проводить рекреационные встречи, несмотря на их неполитический характер. Нацистскими властями было начато расследование о деятельности организации, а в помещениях прошел обыск. Было изъято несколько документов, а дела опечатаны. В марте 1943 года Зандер был вызван в гестапо и допрошен по поводу своей экуменической деятельности. Ему было приказано заниматься только домашними академическими проектами и не участвовать в какой-либо социальной работе, иначе он будет арестован. Ему было сказано: «Достаточно одного простого

---

40 Милютина Тамара. Дело РСХД в Эстонии // Вестник русского христианского движения. 1995. Вып. 171, № 1–2. С. 189–192. См. также: Ivan Arkad'evich Lagovskii, [n.d.]. ACER.

приказа, чтобы отправить тебя туда, где тебя больше никто никогда не увидит». Однако церковь, расположенная недалеко от штаб-квартиры, смогла легально продолжить работу по некоторым из направлений деятельности движения[41].

После войны беженцы из Эстонии и Латвии основали ответвление РСХД в Германии. Однако из-за дальнейшей эмиграции участников в США это отделение было реорганизовано (уже в Америке) в Христианское движение русских студентов в Америке. Его устав определял организацию как органическую часть европейского РСХД. Профессор М. М. Карпович из Гарвардского университета был одним из первых президентов.

«Вестник РСХД» был возобновлен в 1949 году в Германии и в 1950 году переехал обратно в Париж. В 1952 году Кирилл Ельчанинов сменил Зандера на посту генерального секретаря[42].

«Инициативная группа» русских эмигрантов в Германии обратилась к руководству с просьбой разрешить зарегистрировать немецкую РСХД. В своем письме они рассказали об истории движения в странах Балтии во время войны: после оккупации 1940 года многие члены движения продолжали активно исповедовать свою веру, а некоторые из-за этого лишились жизни. Ряд членов РСХД смогли попасть в оккупированные Германией зоны СССР и служить в церквях, среди молодежи и детей[43].

В 1957 году Международный комитет ХСМЛ передал большинство прав и обязанностей, которые были у YMCA Press и United Publishers, Ltd., Русскому студенческому христианскому движению, которое согласилось управлять обеими организациями в соответствии с заявленными целями и задачами[44].

---

[41] Zander L. Statement on the Activity of the Russian Student Christian Movement during the war period 1939–1944, Dec. 1, 1944. P. 1–5. Lev Zander archive (korobka 4, papka 1, #1:18). ITOS.

[42] Zander L. The Life, 4–5. ACER.

[43] V Sovet R.S.Kh.D. Parizh, Apr. 20, 1948. P. 1. Lev Zander archive (korobka 16, papka 4, #4:1). ITOS.

[44] Proposed Articles of Agreement between The International Committee of Young Men's Christian Association and the Russian Student Christian Movement, Mar. 7, 1957. P. 1. RSCM. YMCA of the USA, Anderson Paul B., 3. KFYA.

С 1961 по 1979 год РСХД отправило в СССР более 500 000 книг. Они также отправили сотни посылок нуждающимся людям и семьям тех, кто был заключен в тюрьму по религиозным мотивам. Отец Дмитрий Дудко писал из СССР: «Мы возлагаем на вас большие надежды»[45]. Многие советские читатели высоко ценили журнал «Вестник», издаваемый РСХД. Один читатель писал:

> Русское студенческое христианское движение — это символ и пример будущего церковного сообщества, столь необходимого здесь. Отец С. Булгаков писал об этом 25 лет назад в статье под названием «Служение РСХД в Церкви». Единственным религиозным журналом за последние годы был ваш «Вестник». Вы даже не можете себе представить, с каким вниманием и надеждой читается каждый номер, каждая страница вашего журнала[46].

«Вестник» был важным аспектом работы РСХД; Зандер выразил свою признательность за богатое содержание каждого номера — интеллектуальные размышления и творческие дискуссии о христианской жизни[47].

В 1970-е годы РСХД начало уделять особое внимание двойной направленности своего служения — России и Западу. С появлением новых поколений русских эмигрантов многие из них начали осваивать языки стран, в которых проживали. Движение стало уделять больше внимания подготовке православных христиан к жизни на Западе. А. П. Князев подчеркивал, что развитие «французского православия» было особенно стратегически важным

---

[45] Русское студенческое движение за рубежом. Помощь верующим в России. Publicity newsletter, [1980]. P. 1–2. RSCM Relations. YMCA of the USA, Anderson Paul B., 3. KFYA.

[46] Digest of a Letter from Russia to the editor of the "Messenger of the R.S.C.M". Summer 1969. P. 3. RSCM Program Audit 1969. France, Russian Student Christian Movement 1950s–1960s, Chekhov Publishing Co. 1957, Local Associations, 1922–1960s. KFYA. Одобрительный комментарий А. И. Солженицына о «Вестнике» см. [Solzhenitsyn 1995: 219, 224].

[47] Zander L. The First Period of the Life of the Russian Student Christian Movement. Aug. 1954. P. 5. ACER.

в связи с широким распространением переосмысления традиционных христианских доктрин в западном христианстве. Он утверждал, что Запад «сейчас охвачен неоарианской ересью», и объяснял, что для христианского Запада, «как и некогда для Ария, Христос уже не истинный Богочеловек, Спаситель, Победитель греха и смерти, а в лучшем случае, только учитель морали»[48].

Сотый номер «Вестника» был опубликован в 1971 году. За годы своего существования «Вестник РСХД/РХД» превратился из организационного бюллетеня РСХД в «толстый журнал» для русского эмигрантского мира. До 1939 года роль «толстого журнала» играли «Путь» и «Новый град», ни один из них не продолжил выходить после войны. «Вестник» не претендовал на роль наследника этих журналов, но именно он в итоге заменил их[49]. Первый номер был издан редакторами Лаговским и Зерновым 1 декабря 1925 года. С 1930 по 1931 год ответственность за редакцию несли Лаговский и Г. Федотов, а с 1937 по 1939 год редактором был Зеньковский. С 1940 по 1948 год «Вестник» не издавался. В 1949 году появились две разные версии журнала — в Германии (под редакцией А. Киселева, а затем Г. Бенигсена) и в Париже (под редакцией Ивана Морозова). В 1950 году издание было объединено в Париже под редакцией Морозова. С 1952 по 1969 год Морозов был соредактором вместе с Н. А. Струве, который в настоящее время занимает пост редактора[50].

Начиная с 112-го номера в 1974 году редакторы внесли два значительных изменения в обложку «Вестника». Из названия было убрано слово «студенческий». Кроме того, надпись на обложке «Париж — Нью-Йорк» была заменена на «Париж — Нью-Йорк — Москва». Это были не просто косметические изменения, поскольку «Вестник» больше не был просто журналом студенческого движения. Редакторы журнала рассматривали издание как посланника русско-

---

[48] Князев А. Пути движения. Декабрь, 4, 1970. P. 5–6. ACER.

[49] Струве Никита. Сотый номер // Вестник Русского студенческого христианского движения. 1971. № 2. С. 3–4.

[50] Краткая история вестника Р.С.Х.Д. // Там же. С. 5–6.

го христианского движения, которое связывало Париж с Нью-Йорком и Москвой. Несмотря на то что в СССР еще не было организационной базы, духовная связь послужила объединяющим фактором для верующих, преодолевая географические границы[51].

Финансирование

В 1920–1930-е годы американский ХСМЛ предоставлял движению людские и финансовые ресурсы. В 1926 году РСХД организовало свою первую кампанию по сбору средств, следуя примеру Союза в Соединенных Штатах. Они выбрали одну неделю для сбора пожертвований в русской эмигрантской общине. В 1926 году было собрано 19 755 французских франков, в 1927 году — 29 613, а в 1928 году — 90 000. В 1928 году ХСМЛ обеспечил 20 % местного бюджета РСХД в Париже. Остальные 80 % поступали из кампании по сбору средств и других источников дохода[52]. В 1930 году движение располагало довольно большим бюджетом — более 35 000 долларов. Члены организации внесли 26 % этой суммы, а американский ХСМЛ пожертвовал 24 %. Международный ХСМЛ также обеспечил дополнительные 9 %, а ВСХФ — 7 %. Вклад других русских, европейцев и американцев покрыл остальную часть бюджета[53]. Однако с наступлением мирового экономического кризиса пожертвования резко сократились. В результате движение было вынуждено сократить свою деятельность в 1930-е годы. Обший бюджет организации в Париже на 1936–1937 годы включал главное управление, детский дом, воскресную школу, отделы по работе с мальчиками и девочками, медицинскую службу, библиотеку и летние лагеря. Общая сумма составила 293 822 франка[54].

---

[51] Еще о направлении журнала // Там же. 1974. № 2–3. Вып. 112/113. С. 3–4.

[52] Русское студенческое христианское движение за рубежом в 1928 году. Paris: RSKhD, 1929. P. 16. ACER.

[53] [RSCM].

[54] Financial Report of the Russian Student Christian Movement in Paris for the year Oct. 1st 1936 — Oct. 1st 1937. Feb. 2, 1938. P. 1–3. RSCM. Russian Work — Europe, Restricted, Russian Orthodox Theological Academy, Russian Student Christian Movement, Russian Student Fund. KFYA.

Отношения с Церковью

Хотя многие священнослужители из русских эмигрантов поддерживали РСХД, некоторые категорически выступали против его деятельности. Большинство священников выступало за более тесные контакты с церквями Европы и Америки, однако небольшая, но влиятельная консервативная группа выступала за полное отделение от неправославных церквей. Митрополит из первой группы, Евлогий, приветствовал деятельность движения и поддержку со стороны ХСМЛ [Zernov 1978: 173–174]. Он считал, что «это начало новой России, светлой, прекрасной и глубоко религиозной. Движение обращается к Православной церкви за руководством и вдохновением»[55]. Вторая группа духовенства, Архиерейский Синод, возглавляемый митрополитом Антонием (Храповицким), собралась на Карловацком соборе в Югославии в 1926 году и выступила с осуждением ХСМЛ и Всемирной студенческой христианской федерации как «антихристианских». Постановление собора запрещало православным верующим общаться с этими группами. Однако большинство духовенства и верующих не приняли это заявление [Latourette 1957: 380]. Ряд священников обвинили РСХД в отступлении от догматов веры, в ереси, в «марксизме». Увлеченность «кающихся марксистов» религией вызвала подозрения православных. Были также высказаны упреки по поводу отсутствия в самом названии Русского студенческого христианского движения слова «православный». Высказывались предположения, что организация тайно «продалась» католицизму. Философы были обвинены в теологическом модернизме [Костиков 1990: 251]. Брин Гефферт комментирует: «Обвинения в симпатиях к масонству — своего рода универсальное осуждение, часто используемое консервативными православными, критикующими группы, которые казались им недостаточно православными, — циркулировали задолго до осуждения Карловацкого собора». Гефферт описывает дилемму митрополи-

---

[55] Korenchevsky V. The Russian Student Christian Movement, unpublished pamphlet, 1926. P. 15. PBAP.

та Антония, связанную с осуждением ХСМЛ. Митрополит фактически не согласился с постановлением Синода, но он не был готов отделиться от него ради РСХД. Этот Совет служил ему опорой власти, и он был философски ближе к этому кругу, чем к РСХД и общине митрополита Евлогия. В этом контексте Антоний направил РСХД неловкое и противоречивое письмо, в котором пытался продемонстрировать одновременно поддержку студенческому движению, ХСМЛ и Синоду. Он заверил членов движения, что признает их «преданность Православной церкви». Однако он также призвал движение к «смирению, терпению и *послушанию*» и предупредил их об опасностях, связанных с «избытком» свободы. Это письмо не улучшило отношения Синода и его сторонников с РСХД, и в итоге Антоний перешел к явной враждебности по отношению к Движению. Гефферт резюмирует: «После осуждения РСХД сохранил средний курс, твердо отказываясь признавать другие конфессии равными православию, но при этом отказываясь прекращать отношения с этими конфессиями» [Geffert 2010: 114–118]. Зернов написал митрополиту Антонию и выразил свое разочарование решением Совета: «Были ли действительно предприняты все необходимые шаги для установления истинного характера ХСМЛ? Я знаю, что их не просили предоставить какие-либо материалы, а когда они захотели это сделать, им сказали, что в этом нет необходимости»[56].

Белградский кружок РСХД вышел из движения в 1928 году из-за критики протестантского влияния[57].

> Несмотря на все свои добрые дела, Русское студенческое христианское движение не смогло избежать одной из обычных опасностей эмигрантской жизни в виде атак со стороны политических экстремистов. Например, связи движения с ХСМЛ вызвали подозрения у крайне правых, что в евангелической деятельности движения присутствует масонское влияние [Johnston 1988: 88].

---

[56] Letter from Nicolas Zernoff to Metropolitan Anthony, Jul. 16, 1926. P. 4. Karlovitz Criticism. Russian Church. KFYA.

[57] International Survey Committee. Survey of North American YMCA Service… P. 127.

Разногласия

В течение первых шестнадцати лет существования РСХД в группе возникло три значительных конфликта. Первый был связан с взаимоотношениями РСХД и ХСМЛ. В 1927 году Эдгар Макнотен, старший секретарь ХСМЛ, хотел расширить служение Союза среди русских молодых людей, но лидеры движения возразили. Они считали, что только их организация должна отвечать за служение среди этих людей. После рассмотрения вопроса ХСМЛ согласился с позицией руководителей РСХД[58]. Вторая тема для дискуссий были отношения РСХД с Церковью. Одна группа выступала за систему руководства из мирян, а другая группа желала, чтобы руководство осуществлялось духовенством. В конце концов движение приняло первую модель управления. Студенты также спорили, должен ли общий фокус группы быть духовно-философским по своей природе или более сосредоточенным на практической работе в Обществе. Постепенно группа решила сосредоточиться на вопросах духовного характера и приняла лозунг «оцерковление жизни» [Davis D. 1987: 30–33].

Карташев описал полемику 1920-х годов о том, должно ли движение быть межконфессиональным или преимущественно православным, сопоставив опыт Марцинковского и Никитина, двух лидеров дореволюционного РСХД, которые внесли свой вклад в эту дискуссию. Он назвал Марцинковского «твердокаменным антицерковником», который «драматически впал… в сектантство» (термин, который Карташев использует для обозначения евангелического христианства). Никитин, с другой стороны, «трогательно исповедовал свой решительный переход к православной церковности» [Карташев, Струве 1990: 8–9].

Липеровский объяснил свое видение межконфессионализма:

> В течение последнего года нашей деятельности среди русских студентов ясно проявились два направления в работе, а именно два разных понимания принципа межконфессио-

---

58 Anderson Paul B. Notes on the Development of the Y.M.C.A… P. 12–13.

нализма. Первое понимание заключается в том, что межконфессиональные христианские кружки общаются друг с другом на основе приведения студентов ко Христу.

Этот подход был сосредоточен на евангелизации; таким образом, поощрялось участие членов в жизни Церкви без привнесения в организацию каких-либо отличительных верований или литургии своей Церкви. Участие в жизни Церкви было, по сути, личным делом человека. «Вторая тенденция среди студентов... также принимает и ценит принцип межконфессионализма, но понимает его как объединение конфессиональных кружков и групп». В этом плане кружки стали бы некоей формой общей церковной жизни, и в таком виде могли бы тогда взаимодействовать с кружками другой конфессии. Студенческие христианские кружки по своей сути являются православными, но в настоящее время это представляется «незаконным». Липеровский хотел узаконить вторую версию межконфессионализма и поощрять студентов свободно развивать свою православную веру в кружках и более широком христианском движении русских студентов[59].

Политические вопросы могли привести к расколу в движении, поэтому в конечном итоге была принята следующая политика:

> Движение носит строго неполитический характер. Его члены могут заниматься политической работой в различных национальных организациях, но само движение самым определенным образом стоит в стороне от политической борьбы. Оно объединяет представителей самых противоположных политических и экономических взглядов, что особенно сложно сделать среди русских[60].

Однако «правые эмигрантские издания, такие как "Двуглавый орел" (орган "Монархического совета"), постоянно распространяли ложные слухи о связях РСХД с масонством, поскольку

---

59 Liperowsky L. N. Memorandum of Conversation of Mr. R. W. Hollinger and Dr. L. N. Liperowsky on May 9, 1924, Prague. P. 1–3. Russia. KFYA.

60 Korenchevsky V. The Russian Student Christian Movement... P. 14.

организация получала субсидии от иностранцев, в частности от ХСМЛ». К концу 1920-х годов в РСХД возникли серьезные разногласия по поводу идеи «оцерковления». Разногласия часто принимали форму спора между поколениями. «Отцы» сосредоточивались на влиянии Церкви в социальной сфере, а «дети» уделяли больше внимания российской национальной политике. В 1930-е годы эти дебаты переросли в раскол между правым и левым крыльями РСХД. В 1933 году РСХД подтвердило свой аполитичный подход. Однако никакое решение не могло скрыть возникающие разногласия внутри организации. «Левые» пытались найти общие точки соприкосновения между христианством и социализмом, в то время как «правые» заняли жесткую антикоммунистическую позицию. Некоторые члены правого крыла демонстрировали более крайний русский национализм. Левые последовали примеру Бердяева, и в 1930-х годах ведущую роль в их теологии играла Дева Мария. Никитин, который был активистом дореволюционного движения, играл ведущую роль в правых кругах. В 1935 году РСХД переехало в собственное помещение по адресу улица Оливье-де-Серр, 91, в Париже. Это отражало стремление лидеров движения сделать его полностью русской организацией, независимой от американского ХСМЛ. В 1930-е годы работа религиозных кружков ослабла — «из-за снижения внимания к миссионерской деятельности» по сравнению с 1920-ми годами [Карпенко и др. 2000: 339, 343–345, 349, 353–359].

Митрополит Евлогий затронул спорный вопрос об ХСМЛ и масонстве на собрании Союза в Болгарии, на котором в качестве гостей присутствовали несколько православных иерархов. Он заключил, что нет никаких доказательств организационной связи между ХСМЛ и масонством, хотя отдельные члены ХСМЛ могли свободно вступить в масонство, если они того пожелают. Евлогий добавил: «Думаю, что лица, обвинявшие ХСМЛ в масонстве, сами не верили в обвинения (настолько они были необоснованны и нелепы), но воспользовались ими для нападения на меня» [Евлогий 1947: 536–537].

Итоги

Хотя студенческое движение, профессора и ХСМЛ не были едины в определении своих задач и приоритетов, это не мешало им довольно успешно достигать своих целей: они укрепляли верность православию среди молодых эмигрантов, формировали их характер и сохраняли русскую православную культуру. К 1930 году почти 3000 из 8200 русских студентов участвовали в деятельности движения: программа охватила почти треть своей потенциальной аудитории. Кроме того, значительная часть студентов состояла в религиозных учебных группах. В 1930 году во Франции 343 из 1406 участников движения проводили встречи с религиозной учебной группой[61]. Здание ХСМЛ в Париже стало настоящим центром русской культуры с разнообразием программ и атмосферой взаимной поддержки. РСХД также способствовало улучшению взаимопонимания между восточными и западными христианами. Братство Святого Албания и Святого Сергия помогло многим английским и русским христианам более полно ознакомиться с наследием друг друга. Лидеры движения часто экспериментировали с новыми программами и не всегда достигали своих целей, пытаясь применить на практике идеи, которые требовали проверки. Возможно, самым слабым местом движения была неспособность поддерживать сотрудничество между членами, которые отличались друг от друга своими целями или сильными сторонами. Однако, несмотря на неизбежные трудности, нельзя недооценивать то влияние, которое РСХД смогло оказать на русскую студенческую диаспору. Американский ХСМЛ поддерживал эмигрантское студенческое движение так же, как и его дореволюционного предшественника.

В 1950-х годах Зандер сообщал, что РСХД по-прежнему выполняет свою задачу:

> Я думаю, что это наиболее исполненная жизни организация, которая у нас есть в эмиграции. Во многих отношениях ее работа уникальна (единственный теологический журнал —

---

[61] [RSCM].

на русском и французском языках); единственная организация, которая проводит религиозные летние лагеря; воскресные школы, кружки, религиозные конференции для молодежи и так далее. РСХД — это настоящая миссионерская организация: дети христианизируют своих родителей![62]

В 2003 году Струве, редактор «Вестника», рассказал о роли, которую сыграл ХСМЛ в истории РСХД:

Первый толчок пришел с протестантского Запада, что вызывало потом, даже когда движение оправославилось, негодование консервативно и замкнуто настроенных церковников. Не пора ли признать, что здоровые семена, посеянные с Запада, могут дать прекрасные всходы на восточной православной почве?[63]

Сотрудники ХСМЛ внесли значительный вклад в организацию и методы РСХД, поскольку подобные организации, организованные усилиями мирян, были редкостью в России. Это особенно касалось работы с девочками и мальчиками. Секретари ХСМЛ также проводили обучение по сбору средств, что помогло движению увеличить объемы пожертвований из российских источников. Движение, в свою очередь, передало этот опыт другим российским организациям. «Таким образом, движение является силой, создающей новую религиозную интеллигенцию и через нее новую религиозную культуру для России»[64].

Иерархи Православной церкви недавно отметили вклад некоторых верующих эмигрантов, связанных с РСХД: члены эмиграции во Франции были канонизированы Священным Синодом Вселенского патриархата в январе 2004 года. Тогда были канонизированы отец Димитрий (Клепинин) (1904–1944) и мать Мария

---

[62] Letter from L. Zander to E. R. Hardy of Westdean Rectory, Seaford, Sussex, England, May 13, 1959. Lev Zander archive (korobka 15, papka 5, #5:3). ITOS.

[63] Струве Н. РСХД как пророческое явление в Церкви // Вестник Русского христианского движения. 2003. № 1. С. 327–329, 332.

[64] International Survey Committee. Survey of North American YMCA Service. P. 194–195, 130.

(Скобцова) (1891–1945). Отец Димитрий и мать Мария вместе с другими спасли жизни множества евреев во время нацистской оккупации. В конце концов они были депортированы в Германию. Клепинин умер от пневмонии в лагере Дора 9 февраля 1944 года. Мария была убита в газовой камере в Равенсбрюке 31 марта 1945 года. Свидетели утверждали, что она заняла место некоего другого заключенного[65].

Советские писатели также отмечали роль РСХД. В брошюре А. В. Белова и А. Д. Шилкина, озаглавленной «Религия в идеологической борьбе» [Москва, 1970, 62 страницы, тираж 90 000 экземпляров], рассматривалась деятельность различных антикоммунистических периодических изданий, при этом особое внимание уделялось статьям в «Вестнике». Авторы утверждают, что «в литературе, о которой идет речь, борьба против марксизма-ленинизма ведется с позиций христианства, правда, христианства, подновленного и подчищенного, христианства в идеале». Карташев, Зеньковский и другие участвовали в создании изданной в Нью-Йорке книги под названием «Православие и жизнь», которая вызвала у авторов вышеупомянутой брошюры следующую рецензию:

> Затаив злобу на советскую власть, которая в годы Великой Октябрьской революции отняла все привилегии... руководители движения не могут забыть, что и они оказались у разбитого корыта. Так ничего и не поняв за 50 с лишним лет, они продолжают ненавидеть Советский Союз, новое поколение русской эмиграции стремятся воспитать в духе ненависти к коммунизму, к советской власти, используя для объединения молодежи движение, прикрываемое, казалось бы, невинной вывеской «студенческого христианского движения».

Они завершили свою резкую отповедь оценкой «Вестника» как «посвятившего себя борьбе с силами прогресса, мира, подлинного гуманизма», обвинив в журналистской нечестности: «...то

---

65 Ecumenical Patriarchate to Glorify Mother Maria (Skobtsova), Companions // The Orthodox Church 2004 (Mar./Apr.). Vol. 40, Nos. 3/4. P. 14.

и дело на страницах "Вестника" появляются клеветнические статейки о будто бы непрекращающихся репрессиях против верующих в СССР, о произволе местных властей, о беззакониях, творящихся в России. Эти вымыслы подхватываются, подаются как абсолютно достоверные»[66].

Вероятно, лучший комплимент о ценности вклада ХСМЛ в РСХД прозвучал от Евлогия, духовного вождя многих участников движения, который писал, что

> ...мы [РСХД] пользовались материальной поддержкой [ХСМЛ] этой богатой и дружественной нам организации. ХСМЛ, правда, нам помогала и помогает, но мы оставались верны нашей идеологии, которая легла в основание нашего объединения, и всегда подчеркивали нашу внутреннюю независимость, что не мешало нам поддерживать самые добрые отношения с нашими друзьями. Во главе ХСМЛ в первые годы эмиграции стояли Э. И. Мак-Нотен, П. Ф. Андерсон, Г. Г. Кульман — деятели широких взглядов и бережного отношения к нашей идеологии. Они поддерживали нас, никогда не пользуясь благотворительностью, как средством для пропаганды своего вероучения среди русских [Там же: 535].

---

[66] Советские пропагандисты о «Вестнике» // Вестник Русского студенческого христианского движения. 1971. № 2. Вып. 100. С. 12–21. Похожая критика РСХД, YMCA Press и Православного богословского института со стороны советского автора [Воронцов 1970: 372–394]. В данной статье очень подробно рассматривается работа Пола Б. Андерсона, Николая Бердяева, Сергея Булгакова, А. Карташева и Н. Струве.

Глава 8
«Страсть к чтению»: работа с изголодавшимися читателями

Все эти годы это издательство давало русским, в России, настоящий хлеб жизни. <...> Я действительно должна свидетельствовать, что жажда знаний гораздо сильнее, чем голод. <...> Самая большая помощь, которую мы можем получить, — это именно та помощь, которую нам оказал Пол Андерсон [Anderson 1985: preface].

Наталья Солженицына высоко оценила работу издательства YMCA Press[1] во время выступления на пресс-конференции в Нью-Йорке в 1982 году. Ее замечания подчеркнули значение небольшого предприятия, основанного 60 лет назад. Во время Первой мировой войны ХСМЛ начал издавать практические учебники и труды по протестантизму для жителей России. Однако впоследствии издательская деятельность Союза сосредоточилась на религиозной литературе для русских эмигрантов, проживающих в Западной и Центральной Европе. Изначально в списке русских изданий ХСМЛ были сочинения таких представителей основного протестантского течения, как Г. Э. Фосдик. Через несколько лет среди этой теологической литературы стали

---

[1] YMCA Press — известно также как «ХСМЛ-Пресс», далее употребляются оба варианта.

преобладать работы русских православных авторов, таких как Сергей Булгаков.

В этой главе прослеживается история русского издательства ХСМЛ («ХСМЛ-Пресс») от его основания до 1940 года. Сначала коротко приводятся важные события и эволюция, которую претерпели цели организации, затем они анализируются более подробно. Во втором разделе рассматриваются экономическое развитие организации и ее отношения с русскими православными иерархиями. В заключение дается оценка наиболее заметных вызовов, с которыми столкнулось издательство YMCA Press, результатов его работы и наследия. Эта глава показывает, что издательство YMCA Press было центральным элементом той помощи, которую оказывал ХСМЛ православной общине. Публикуя произведения многих выдающихся русских авторов, Пол Б. Андерсон вместе со своими коллегами способствовали интеллектуальному, духовному и культурному диалогу между авторами и читателями. Список опубликованных работ включает широкий спектр философских, теологических, литературных и исторических шедевров[2].

История издательства и его и цели

Уникальная роль «ХСМЛ-Пресс» в истории русской эмиграции отмечается в различных исследованиях, например, так: «...небольшое учреждение нарю де ла Монтань Сент-Женевьев остается старейшим и важнейшим издательством русских книг за пределами России. Его заслуги перед русской культурой в эмиграции неоценимы» [Johnston 1988: 54]. Однако в таких оценках обычно не уделяется внимания первоначальному протестантскому руковод-

---

[2] Другая версия этой главы была опубликована, см.: Miller Matthew L. A Hunger for Books: the American YMCA Press and Russian Readers // Religion, State and Society. 2010 (March). Vol. 38, No. 1. P. 53–73. Более краткая версия этой главы на русском языке: Миллер М. Л. Страсть к чтению: американское издательство «ХСМЛ-Пресс» и российские читатели // Русское наследие в странах восточной и центральной Европы / ред. А. В. Антюхов. Брянск: Брянский государственный ун-т, 2010. С. 58–62. Краткое введение в историю YMCA Press и его публикаций [Гуревич 2004].

ству замечательного православного издательства, оказанному им, несмотря на заявленную аполитичность, политическому влиянию и работе YMCA Press в России и Украине в недавнее время.

За всю историю существования издательства его возглавляли шесть видных деятелей: Ю. Геккер, Пол Б. Андерсон и Н. А. Бердяев руководили им до 1940 года; после войны руководство перешло к Д. Лори, И. В. Морозову и Н. А. Струве[3]. Андерсон заложил организационную основу для работы издательства, а Бердяев определил его интеллектуальное направление. Литературная продуктивность Бердяева продолжалась наряду с его редакторской и общественной деятельностью: «Написание девяти книг за пятнадцать лет, помимо множества статей и бесчисленных лекций, было бы значимым достижением для любого человека. Кроме того, как и ранее в Берлине, Бердяев продолжал уделять значительную часть своего времени работе со студентами и другими молодыми людьми» [Lowrie 1960: 192]. Издательство построило свою программу на его произведениях, заметно расширившись за рамки его личного участия; издательство напечатало практически все русские издания его книг. Никита Струве начал свою деятельность в сложный переходный период в 1950-х годах и долгое время продолжал руководить издательством в Париже. Струве писал, что после смерти Бердяева в 1948 году руководство YMCA Press перешло к американским лидерам, которым были чужды взгляды и опыт Андерсона и Лоури. Те, кто получил в свое управление работу с русскими книгами, не разделяли религиозно-философского подхода издательства: для них он казался чуждым и неактуальным. Поэтому Андерсон смог организовать передачу прав собственности на YMCA Press Русскому студенческому христианскому движению [Карташев, Струве 1990: 25–27].

Марк Раев отмечает YMCA Press в своей монографии "Russia Abroad" («Россия за рубежом»). С XIX века художественная литература была важнейшим элементом интеллектуальной и культур-

---

3 Встреча с Н. А. Струве, директором YMCA Press и редактором «Вестника» 16 мая 2005 года в книжном магазине издательства в Париже. Никита Алексеевич Струве (1931–2016) — внук Петра Бернгардовича Струве (1870–1944).

ной жизни России. После 1920 года эмигранты рассчитывали, что эта тенденция сохранится, поэтому литературное творчество и издательское дело поддерживали «чувство единства и сплоченности» в эмигрантской среде. Раев резюмирует возникшую дилемму: «Не было недостатка в потенциальных авторах, но, учитывая обстоятельства жизни эмигрантов и экономическое положение в мире, создать издательство и найти типографию было нелегкой задачей. Еще труднее было организовать распространение среди широко разбросанных и бедных покупателей». Однако эмигранты смело приступили к новым литературным проектам; многие надеялись, что издания можно будет распространять как в Советской России, так и в России за рубежом — благодаря климату, сложившемуся в связи с началом ленинского НЭПа. С 1918 по 1928 год в Берлине насчитывалось 188 издательств русских эмигрантов. «Большинство из них существовали весьма недолго, многие успели выпустить всего несколько книг. Тем не менее это число весьма впечатляет и не имеет аналогов ни в одном из эмигрантских центров». Финансовая стабильность YMCA Press позволила ему внести более долгосрочный вклад в издание высококачественной интеллектуальной литературы. Финансовая поддержка американского ХСМЛ также косвенно обеспечила материальную помощь ряду русских авторов, которые в противном случае были бы вынуждены искать другую работу [Raeff 1990b: 69, 73–78].

С 1915 по 1924 год издательская деятельность ХСМЛ была сосредоточена на удовлетворении интеллектуальных потребностей русских. Во время Первой мировой войны секретари считали, что среди русских военнопленных существует стремление к получению знаний. Они хотели предоставить материалы, которые могли бы способствовать повышению уровня образования пленных. Во время Гражданской войны в России руководители ХСМЛ поняли, что война нарушает образовательный процесс во всей стране. Они пришли к выводу, что в пределах России существует потребность в технических руководствах [Davis D. 1987: 25–26], а также в учебниках для начальной школы и университетов[4].

---

[4] Anderson Paul B. The American Y.M.C.A. in Service for Russia, Nov., 1926. P. 3. PBAP.

Ключевой фигурой в переходе издательства от практических учебников к русской религиозной мысли (и параллельно с этим переезду из Праги в Берлин) был А. С. Ященко, берлинский издатель нового журнала «Новая русская книга». Он планировал издать сборник статей по современным проблемам русского православия. Этот сборник стал одной из двух первых книг, изданных под маркой YMCA Press. «Проблемы русского религиозного сознания» были опубликованы вместе с книгой Бердяева «Мировоззрение Достоевского» в 1924 году. Таким образом, издательство начало публиковать религиозно-философские книги для трех уровней образования: высшего, среднего и низшего[5].

После 1924 года издательская деятельность Союза была направлена на удовлетворение религиозных потребностей русской эмигрантской общины в Европе. Несколько секретарей, работавших среди эмигрантов, отметили растущий интерес «миллиона тоскующих по родине» к литературе, которая бы удовлетворила их стремление к традиционной православной культуре [Anderson 1985: 106]. Они считали, что на дефицит русской религиозной литературы повлияло три фактора. Во-первых, советское правительство ввело жесткие ограничения на издание религиозных книг и периодики[6]. Во-вторых, правительство также вело ожесточенную войну с религией с помощью атеистической литературы. Например, в течение первых трех месяцев 1930 года советские типографии напечатали более 140 млн брошюр антирелигиозного содержания [Colton 1940: 134]. Наконец, лишь немногие издательства в Европе были готовы печатать русскую религиозную литературу в связи с ее относительно невысокой прибыльностью[7].

Руководители русского издательства ХСМЛ поставили перед собой цели, которые, как им казалось, соответствовали потреб-

---

[5] Иванова Е. В. Деятельность издательства YMCA Press в Берлине // Вестник Русского христианского движения. 2004. № 2. Вып. 188. С. 342, 350–351.

[6] Anderson Paul B. Russian Literature Service "YMCA Press," Mar. 1, 1928. P. 1. PBAP.

[7] Ibid. P. 2.

ностями их аудитории. Первоначально Союз выпускал учебники для русских, в том числе для военнопленных и эмигрантов, и надеялся экспортировать их в больших количествах в Россию. Директора Заочной школы использовали эти книги в своих учебных программах [Latourette 1957: 377]. Однако после 1924 года основной целью издательства YMCA Press стало производство русской православной религиозной литературы.

Путем выпуска такого рода книг организация пыталась формировать характер молодежи, работать с современными ХСМЛ социальными проблемами и сохранять традиционную русскую культуру. В одной из публикаций YMCA Press издательство сформулировало свою цель как создание «положительного и полезного влияния на формирование характера молодежи из числа эмигрантов и местного населения, а также на сохранение их верности Церкви»[8]. Руководители призывали авторов обращаться к социальным и моральным проблемам, таким как атеистический материализм и вопросы труда, с подчеркнуто православной христианской точки зрения. Кроме того, руководители YMCA Press надеялись, что издание качественных произведений по философии и теологии поможет сохранить и развить русскую христианскую культуру[9].

Русское издательское дело началось во время Первой мировой войны благодаря усилиям Юлия Геккера, теологически либерального методистского священника, выросшего в Санкт-Петербурге. Во время войны Геккер работал в русских лагерях для военнопленных в Австро-Венгрии, преподавая грамоту солдатам из крестьянской среды. Благодаря этому опыту он создал серию учебников для начальной школы [Anderson 1985: 90]. После завершения своей работы в Венгрии Геккер вернулся в Америку и получил разрешение и финансирование от ХСМЛ на реализацию обширного проекта по изданию учебников [Ibid.]. Он начал

---

[8] Anderson Paul B. Fundamentals of the Young Men's Christian Association, unpublished draft, 1929. P. 44. PBAP.

[9] Anderson Paul B. Russian Literature Service... P. 5–6.

работу в швейцарской Женеве и привлек к проекту русских помощников. В рамках этой программы Геккер и его сотрудники начали издавать различные книги на русском языке по истории, антропологии, науке и религии с оттиском "World Alliance YMCA" [Ibid.: 91].

Однако Геккер так и не смог лично распространять книги, поскольку в 1920 году Джон Р. Мотт отстранил его от руководства программой. По-видимому, Мотт не соглашался с политикой Геккера по сотрудничеству с русскими социалистами. Н. А. Рубакин, социалист, помогал ему в издании научно-популярных книг. В рамках программы было напечатано всего шесть книг, в том числе одна работа Фосдика, американского пастора и автора, продвигавшего модернистскую теологию [Ibid.: 91, 104]. Многие православные читатели-эмигранты были оскорблены высказанными в книгах точками зрения, так как они отражали религиозные и философские взгляды, противоречащие традиционному православному учению [Colton 1940: 132].

Геккер публично демонстрировал свое пренебрежение к русскому православию. В 1920 году он написал статью "The Religious Characteristics of the Russian Soul", в которой заметил, что для русского «мораль имеет мало общего с его религиозной жизнью» [Hecker 1920: 902]. В 1933 году он писал: «Православие — это… следование старым обрядам и обычаям, которое имеет мало или не имеет совсем никакого отношения к Библии и основным догмам Церкви» [Hecker 1933: 26].

Наиболее заметная полемика вокруг издательской деятельности ХСМЛ развернулась в самом начале функционирования программы. Геккер возглавил распространение среди русских различных книг, в том числе ряд оскорбивших многих в русской православной общине произведений американских протестантов, хотя были также и те русские, которые находили эту литературу очень ценной. Как отмечалось ранее, Геккер начал русскую издательскую программу, когда работал с военнопленными в Австрии в лагере Визельбург. Он организовал печать нескольких школьных учебников и избранных произведений русской классической литературы в связи с нехваткой материала для чтения. Он продолжил эту работу после того, как был вынужден переехать в Швейцарию после вступления Соединенных Штатов в войну. Средства были предоставлены Советом по военным делам. Когда работа по оказанию помощи военнопленным была завершена, он запросил средства для создания постоянного отдела русских публикаций. Он получил 50 000 долларов на программу, задачей которой было издание литературы, соответствующей целям ХСМЛ. Предполагалось издать четыре типа книг: 1) религиозные, моральные и эстетические; 2) технические, профессиональные и образовательные; 3) научно-популярные; и 4) книги по истории, экономике и социологии. В список книг вошли четыре книги Х. Э. Фосдика: "The Meaning of Prayer" и "The Manhood of the Master" (обе были напечатаны), "The Assurance of Immortality" и "The Meaning of Faith" (обе в подготовке). Также в списке была книга Уолтера Раушенбуша "The Social Principles of Jesus". Были напечатаны и книги Геккера об ХСМЛ: "The YMCA at Work" и "Under the Sign of the Red Triangle"[10]. Геккер в течение года отвечал за 150 000 заключенных (за этот период через лагеря прошло 200 000 человек). Занятия включали лекции и обучение неграмотных мужчин — в одном отчете утверждалось, что «сотни, а возможно, и тысячи людей научились читать в этих тюремных лагерях»[11].

Однако К. В. Сахаров, председатель Русского национального общества, в 1921 году написал в ХСМЛ письмо с жалобой на несколько книг, изданных Союзом для русских. Он заявил, что они прямо или косвенно нападают на Русскую православную церковь и что «все они заражены позорной социалистической, радикальной и даже коммунистической пропагандой». Сначала он привел подробности из книги Рубакина "Great Words of Life".

---

[10] Hecker Julius F. Statement Pertaining to Department of Foreign Language Publications, n.d. Julius Hecker, 1915–1924. Russian Work, Restricted, Correspondence and Reports, 1922–1944. KFYA.

[11] Orr William. Educational Work of the Young Men's Christian Associations, 1916–1918 // Department of the Interior, Bureau of Education, Bulletin, 1919, No. 53. Washington: Government Printing Office, 1919. P. 24.

Его особенно возмутило то, что в книге высмеивалось традиционное христианское понимание Бога, греха, таинств и Церкви[12].

К. В. Хиббард из нью-йоркского офиса ответил в своем письме напрямую Сахарову, поблагодарив за высказанное мнение, но не принося извинений. Он отметил, что одна из книг по истории России, осужденная Сахаровым, никогда не распространялась, и предположил, что точка зрения Сахарова вряд ли будет разделена русскими[13]. Через месяц Этан Т. Колтон написал общее письмо «друзьям нашей службы от имени России» в ответ на «нападки» Русского национального общества на отдел русской литературы. Колтон охарактеризовал Общество как группу «крайне реакционных» русских, связанных с бывшим черносотенцем. Он пояснил, что эта группа направила в Союз письмо протеста с цитатами из нескольких книг, а затем переслала это письмо многим русским православным священникам. Колтон утверждал, что одна из книг, подвергшихся нападкам, "Great Words of Life", была написана Рубакиным, бывшим атеистом-материалистом, который обратился «к философской христианской позиции». Таким образом, его книга была защитой веры, написанной для атеистов, а не нападением на веру, как предполагала группа. Колтон завершил свое письмо объяснением ликвидации Комитета по русской литературе. Причиной было названо отсутствие возможности работать в России: Геккер «ушел в отставку с расформированием штата»[14].

В 1922 году руководители российского отделения ХСМЛ возобновили издательскую программу. Они использовали средства, выделенные на проект Геккера, для покупки хорошо оборудованной типографии с современными печатными машинами

---

[12] Letter from Constantine Sakharov to the YMCA, Apr. 8, 1921. P. 1–7. Correspondence and Reports, 1921. Russian Work, Restricted, Correspondence and Reports, 1918–1921. KFYA.

[13] Letter from C. V. Hibbard to Constantine Sakharov, Apr. 12, 1921. P. 1. Correspondence and Reports, 1921. Russian Work, Restricted, Correspondence and Reports, 1918–1921. KFYA.

[14] Letter from E. T. Colton. To the Friends of Our Service in Behalf of Russia, May 26, 1921. P. 1–4. Correspondence. Russian Work, Restricted, Ethan T. Colton Collection. KFYA.

в Праге[15]. Такое расположение казалось идеальным из-за экономических условий и удобства транспортного сообщения [Colton 1940: 132–133]. Джеймс Нидерхаузер, американский секретарь, ранее работавший в Сибири, был директором новой программы до 1923 года. Андерсон тесно сотрудничал с Нидерхаузером в эти годы в качестве директора Берлинской заочной школы, а в 1923 году Андерсон также стал директором издательства [Davis D. 1987: 26]. Нидерхаузер решил назвать предприятие IMKA TISK — чешский перевод названия YMCA Publishers [Anderson 1985: 97].

В 1923 году YMCA Publishers напечатало перевод книги Мотта "Facing Young Men with the Living Christ" и выпустила еще 36 книг, в основном учебники для Заочной школы. Однако в том же году советское правительство объявило эмбарго на ввоз русскоязычных изданий. Нидерхаузер и Андерсон создавали крупномасштабное производство, рассчитывая экспортировать огромные количества учебников в Россию. После введения эмбарго завод практически стал бесполезным, поскольку остался только небольшой рынок европейских эмигрантов [Latourette 1957: 377–378], после чего Андерсон написал: «Мы остались ни с чем» [Ibid.: 102].

В 1924 году, после весьма выгодной в финансовом смысле продажи пражского завода, издательство переехало в Париж вместе с Заочной школой и студенческим движением. Как упоминалось ранее, цели YMCA Press также изменились. В Берлине у Андерсона уже сложились довольно хорошие отношения с эмигрантским академическим сообществом. Он сотрудничал с Бердяевым, изгнанным московским профессором философии, в создании Свободной философской академии. Когда Андерсон и его коллеги начали осознавать интеллектуальную и религиозную жизнеспособность православного сообщества, они решили сосредоточиться на публикации православной литературы на русском языке. Однако издательство продолжало выпу-

---

[15] Anderson Paul B. Notes on the Development of Y.M.C.A. Work for Russians Outside Russia, 1919–1939, 1940. P. 8. PBAP.

скать небольшие тиражи учебников для поддержки Заочной школы [Ibid.: 378]. Готовые книги печатали местные типографии [Ibid.: 127].

На протяжении многих лет русские авторы писали жития святых, чтобы вдохновлять и подавать пример молодым русским мужчинам и женщинам. Поэтому, работая вместе с русскими консультантами, Андерсон решил издать историческую биографию святого преподобного Сергия Радонежского; он выбрал Б. К. Зайцева, опытного романиста, для написания этой книги. Эмигранты с энтузиазмом покупали эту работу, поэтому издательство продолжало публиковать новые жития святых [Ibid.: 118].

В 1924 году издательство YMCA Press опубликовало сборник статей о современных проблемах русской религиозной философии под названием «Проблемы русского религиозного сознания». Андерсон объяснил значение этой публикации:

> Этот том... произвел впечатление на русскую читающую публику, показав, что ХСМЛ был не протестантской прозелитической организацией, а скорее стремился в своей работе отражать самобытное мышление и стремления русского народа. Это задало тон нашей программе. <...> Таким образом, ХСМЛ отождествлял себя с творческой православной доктриной [Ibid.: 118–119].

Издательство YMCA Press продолжало выпускать академические работы по религиозной философии и теологии в дополнение к более популярным духовным сочинениям. Через пять лет после первой публикации на православную тему издательство выпустило восемь работ, объединенных заголовком «Проблемы жизни и религии», восемь философских трудов, четыре теологических текста, три работы о церковных службах и восемь книг серии «Жития святых и история Православной церкви»[16]. Еще одной ранней публикацией был перевод русской православной

---

[16] Anderson Paul B. Fundamentals, appendix... P. 9.

литургии на английский язык, выполненный Изабеллой Ф. Хэпгуд: «Высшие прелаты Русской церкви, как в Америке, так и в Европе, одобрили эту версию — единственное существующее полное издание на английском языке»[17].

Бердяев стал ведущим русским автором YMCA Press. Он также активно участвовал в религиозной жизни Парижа и наладил дружеские отношения с православными, католиками и англиканами[18]. Он работал старшим редактором, сотрудничал с Андерсоном, Кульманом и Б. П. Вышеславцевым, еще одним профессором философии из Москвы. Он работал тщательно и основательно, лично оценивая каждую присланную на проверку рукопись [Lowrie 1960: 201]. В 1925 году Бердяев обсудил с Андерсоном возможность издания журнала, который мог бы служить форумом для обмена религиозными, философскими и литературными идеями. Созданный благодаря специальному финансированию от Мотта, журнал «Путь» стал неотъемлемой частью программы YMCA Press. Бердяев был единственным редактором всех 61 номера журнала, изданных в период с 1925 до 1940 год, когда немецкое вторжение во Францию привело к прекращению его издания [Anderson 1985: 141–142][19]. Он разрешал публиковать самые разные мнения, отказывая только «явно мракобесным или злонамеренным реакционерам» [Ibid.: 199].

Издательство выпускало три журнала: «Путь» (1925–1940), «Новый град» (1934–1939) и «Православная мысль» (1928–1954). «Новый град» имел более социально-политический уклон, нежели «Путь», — его редактором был Г. П. Федотов. «Православная

---

[17] Association Press, New York. Advertising Copy on the Russian Service Book. Orthodox Service Book. Russian Church. KFYA.

[18] Anderson Paul B. Administrative Report of Paul B. Anderson for 1939, Paris, France, Jan. 25, 1940. P. 5. Annual Reports 1933–1949. Russian Work — Europe, Restricted, Budgets and Appropriations, Correspondence and Reports, 1950–, Financial Transactions. KFYA. Бердяев также продолжал тесно сотрудничать с французскими католическими философами и писателями, включая Жака Маритена и других, связанных с журналами "Esprit" и "Temps présent".

[19] [Аржаковский 2000] представляет собой весьма подробную (изложенную на 656 страницах) оценку философских течений, представленных авторами журнала, и идеологической эволюции издания.

мысль» включала статьи, написанные профессорами Православного богословского института[20]. Колтон изначально предполагал иную редакционную политику «Пути». Он хотел создать межконфессиональный журнал, который бы охватывал как православие, так и протестантизм, в то время как Андерсон и Г. Г. Кульман представляли себе журнал, посвященный исключительно русскому православию. При этом Кульман не был против межконфессионального журнала, особенно если бы в нем уделялось внимание католицизму. Однако он чувствовал, что его русские друзья больше всего хотели бы видеть журнал о русской религиозной мысли, основанной на православии. Кроме того, он опасался, что многие русские эмигранты, особенно более консервативные, увидят в журнале «протестантскую американскую пропаганду» и не примут его. Кульман считал, что в журнале должны обсуждаться западные христианские идеи, но полагал, что русские авторы должны быть свободны в выборе подхода[21]. Недавнее исследование Л. Д. Езовой описывает широту охвата журнала «Путь», который был «настоящей энциклопедией русской духовной культуры». Темы включали богословие, философию, экуменическое движение, древнюю историю, молодежное служение, события в Советской России и многие другие темы. Езова также подчеркивает «уникальный» подход редакции: Бердяев допускал свободу выражения мнений и не позволял идеологии доминировать в журнале [Езова 2001: 49–50, 63]. Конечно, не все приветствовали «Путь» с распростертыми объятиями: он «был встречен с восторгом одними и резкой критикой другими рецензентами. Его обвиняют в том, что он слишком либерален и слишком православен»[22].

Колтон поддерживал издание православной литературы, но опасался, что эти книги не найдут отклика у настроенной мате-

---

[20] Anderson Paul B. A Brief History of YMCA Press, Feb. 1972. P. 10. Corr. and Reports 1950–. Russian Work, Restricted, Publications, YMCA Press in Paris. KFYA.

[21] Letter from G. G. Kullmann to E. T. Colton, Feb. 10, 1925. P. 2–3. Y Press. YMCA of the USA, Anderson Paul B., 3. KFYA.

[22] Anderson Paul B. Russian Service in Europe, Annual Report for the Year 1925, P. 8. Annual Reports, 1925–1929. Russian Work — Europe, Restricted, Correspondence and Reports, 1920–1929, Annual Reports, 1920–1929. KFYA.

риалистически русской молодежи. Он попросил Андерсона найти автора для книги о марксизме и христианстве, которая привлекла бы таких студентов к христианству[23].

Андерсон испытывал трудности в деловых отношениях с YMCA Press из-за весьма хаотичной конкуренции, существовавшей между русскими издателями в Париже. В 1925 году эти издатели начали сотрудничать и образовали местное профессиональное общество с Андерсоном в качестве председателя. Это сотрудничество развивалось, и в 1931 году фирмы создали акционерное общество под названием Les Editeurs Réunis («Объединенные издатели»). Как упоминалось ранее, Вторая мировая война нарушила работу YMCA Press, которая к 1939 году издала в общей сложности 274 наименования. До войны «ХСМЛ-Пресс» удалось стать ведущим издателем философских и религиозных книг на русском языке[24].

Вторая мировая война прервала публикации и распространение в Европе. Продажи были ограничены Францией и программой ХСМЛ для военнопленных, которая предоставляла книги русским, содержавшимся в немецких лагерях. 1940-е годы принесли издательству еще одно испытание — смерть двух его главных авторов, Булгакова и Бердяева, в 1944 и 1948 годах соответственно. Д. А. Лоури стал директором издательства в 1947 году, поскольку Андерсон курировал работу в Европе для американской ячейки ХСМЛ. Лоури ушел на пенсию в 1955 году, и издательство было передано РСХД[25].

Финансирование

Союз предоставил издательской программе Геккера начальное финансирование Геккера: Международный комитет выделил 250 000 долларов в качестве Фонда русских учебников [Davis D.

---

[23] Letter from E. T. Colton to John R. Mott, May 24, 1926. P. 5. YMCA Relations (1926–). Russian Church. KFYA.

[24] Anderson Paul B. Notes... P. 9, 20, 32; Anderson Paul B. // The Christian Century. 1985 (Aug. 14–21). No. 25. P. 730.

[25] Anderson Paul B. A Brief History of the YMCA Press... P. 10–11.

1987: 25]. После ухода Геккера это финансирование было переведено на типографию в Праге [Latourette 1957: 377]. После продажи пражского производства ХСМЛ почти полностью окупил свои инвестиции — даже после печати тысяч учебников[26]. Однако инвестиция в этот проект видится все же неразумной со стороны русского направления ХСМЛ. Дональд Дэвис отмечает, что «главной целью этого мало уместного гуманизма была Россия, хотя никакого конкретного предложения никому в СССР сделано не было» [Davis D. 1987: 26]. Пражские средства стали Фондом русской литературы, активом издательства [Colton 1940: 133]. Этот фонд позволил руководству YMCA Press начать деятельность в качестве издательского бизнеса.

В 1920-е годы издательство поддерживало деловые отношения с русскими книжными магазинами в четырнадцати странах, но не смогло достичь самоокупаемости: Союз продолжал его финансировать, руководствуясь следующей мотивацией:

> Ни одно из существующих русских издательств не может позволить себе издавать религиозные книги. Они вынуждены издавать не те книги, которые необходимы для развития духовной культуры, а лишь те, которые будут пользоваться наибольшим спросом. Таким образом, в нынешней ситуации издательскую деятельность может продолжать только та организация, которая заинтересована в духовном благополучии и готова пойти на определенные финансовые жертвы. На данный момент в России такой организации нет[27].

После смерти Бердяева его наследник передал права на его книги в обмен на пожизненную ежегодную выплату. Это обеспечило издательству стабильный источник дохода[28]. Помимо суб-

---

[26] Anderson Paul B. Notes... P. 11.

[27] International Survey Committee. Survey of North American YMCA Service to Russians in Europe, [1930]. P. 100, 115. Russia. International Survey — 1930, Roumania, Russia, South Africa, Box 12. KFYA

[28] Anderson Paul B. International Committee YMCA, Russian Work in 1949. P. 5. Russian Literature Account #3 1949–1950. YMCA of the USA, Anderson Paul B., 2. KFYA.

сидий от ХСМЛ, доходов от продажи книг и прибыли от переводов Бердяева, издательство также получало финансирование от Восточноевропейского фонда. Когда издательство «Чехов» было ликвидировано, YMCA Press получило его оставшиеся запасы; вырученные средства были реинвестированы в финансирование новых изданий[29].

Отношения с Церковью

Консервативное руководство Русской православной церкви продолжало с недоверием относиться к американскому ХСМЛ даже после того, как издательство начало публиковать традиционную православную литературу. В 1926 году группа влиятельных епископов выступила с заявлением, в котором объявила ХСМЛ «антихристианским» и запретила членам Православной церкви организовываться под эгидой Союза. Однако к 1939 году большинство священнослужителей эмигрировавшей в Европу Русской православной церкви благословили работу ХСМЛ [Ibid.: 134, 183–184].

Издательство, как и РСХД, было непосредственно затронуто решениями Архиерейского Собора Русской Зарубежной Церкви, который собрался в Карловце, Югославия, в 1926 году. Совет подтвердил свое ранее высказанное осуждение ХСМЛ, ХСМЖ и ВСХФ как антихристианских и еретических организаций и пригрозил отлучением от Церкви православных верующих, поддерживающих отношения с этими группами. ХСМЛ был назван «масонским» из-за публикации двух книг: "The Social Principles of Jesus" Раушенбуша и "Manhood of the Master" Фосдика. Ключевые авторы, в том числе Бердяев, Булгаков, Карташев и Зеньковский, были обвинены в ереси[30]. Одним из примеров последствий этого решения является письмо в YMCA Press архиепископа Феофана Софийского. Архиепископ написал, чтобы

---

[29] Anderson Paul B. A Brief History of the YMCA Press... P. 12.

[30] Letter from Paul B. Anderson to E. T. Colton, Jul. 19, 1926. Karlovitz Criticism. Russian Church. KFYA.

объяснить, почему он не может участвовать в деятельности издательства. Он заявил, что решение Синода от ноября 1926 года запрещает епископам и духовенстзу Русской православной церкви участвовать в деятельности издательства YMCA Press. Он отдельно упомянул «энергичную агитацию» сотрудников ХСМЛ в деле продвижения признания Соединенными Штатами Советского Союза и в работе «Живой Церкви»[31]. Кульман и Андерсон активно работали над устранением опасений Совета. После Второй мировой войны издательство начало сотрудничество с патриархом Московским Алексием I: патриарх запросил книги для вновь открытых духовных академий и семинарий[32].

Несомненно, свой наибольший вклад в русскую православную эмигрантскую общину издательство внесло после переезда организации в Париж в 1924 году. Активно изучая потребности и желания русской диаспоры, Андерсон и его коллеги смогли оказать помощь в той из областей, где она была наиболее необходима. Во время своего пребывания в Париже Андерсон пытался приобретать все произведения на религиозные темы, изданные в Советском Союзе[33]. Благодаря этому исследовательскому опыту Андерсон смог отточить свои навыки и повысить эффективность сотрудничества с эмигрантами в их стремлении сохранить православную культуру.

По крайней мере пятью своими достижениями за эти годы американский ХСМЛ обязан деятельности YMCA Press. Издательство выпустило сборник выдающихся теологических и философских трудов, которые широко использовались среди русских православных священнослужителей и мирян в эмиграции. Преподаватели Свято-Сергиевской православной богословской академии смогли распространять свои труды через издательство YMCA Press [Kasinec 1972: 41]. Издательство помогло Бердяеву

---

[31] Letter from Archbishop Feofan to N. A. Klepinin, Dec. 2, 1926, transl. in archive. YMCA Relations (1926–). Russian Church. KFYA.

[32] Anderson Paul B. Russian Work in Europe, Report on Consultations in Jul. and Aug. 1949. Aug. 9, 1949. P. 2. 1964. France, Russian Work, 1925–1965. KFYA.

[33] Anderson Paul B. Notes... P. 17–18.

издавать «Путь», единственный в мире интеллектуальный журнал, целиком посвященный русскому православию [Lowrie 1960: 199]. Как объяснил преемник Андерсона, «ценность такой литературы… можно оценить только на фоне мрачной государственной прессы коммунистической России, которая изливает потоки материалистического атеизма» [Colton 1940: 134]. Издательство также способствовало изданию литературы для всей русской эмигрантской общины благодаря своей поддержке "Les Editeurs Reunis". Однако Андерсон и его коллеги также внесли вклад в развитие читательской аудитории других стран, поскольку несколько изданных ими книг были переведены другими агентствами на английский, французский, немецкий и другие языки [Latourette 1957: 378]. Эти переводы познакомили многих католиков и протестантов с учением Русской православной церкви.

Вызовы

Два основных вызова, с которыми столкнулась издательская программа ХСМЛ в России, возникли из-за программы Геккера и слишком поспешного планирования пражского проекта. Геккер выпускал произведения, которые оскорбляли многих русских эмигрантов. Руководители издательства в Праге, по-видимому, не уделили должного внимания систематическому изучению потребностей своей аудитории и оптимальных путей распространения изданий.

Во время Великой депрессии Андерсон сумел убедить своих начальников активно поддерживать издательство, которое выпускало религиозно-философские труды, сильно отличавшиеся от предпочитаемых американскими протестантами христианских книг более практической направленности. Главным печатным изданием YMCA Press был журнал «Путь», который Раев оценивает как «наиболее значительный религиозный журнал русской эмиграции». ХСМЛ в Нью-Йорке и другим спонсорам Андерсон продвигал его как имеющий «потенциальное значение для философско-религиозного возрождения в Советской России в будущем. Судя по примерам нелегальной бердяевской группы в Ленинграде в 1960-х годах и живому интересу, проявленному некоторыми кругами диссидентской советской интеллигенции, эта надежда, похоже, не была совсем напрасной». «Путь» явно не был инструментом своих капиталистических благодетелей, поскольку он продолжал дореволюционную традицию, критиковавшую как революционный материализм, так и буржуазный капитализм: «...они продолжили и расширили критику, которую высказывали бывшие марксисты, такие как Струве, Булгаков» [Raeff 1990b: 144, 146].

Итоги

К 1955 году YMCA Press издало 400 наименований тиражом 126 342 экземпляров [34]. Однако американские лидеры русского направления ХСМЛ часто говорили, что их больше всего интересует работа с людьми. Одним из важных для них примеров такой работы был русский юноша, написавший благодарственное письмо редактору за сентябрьский номер журнала «Путь» за 1925 год, — выпуск помог ему в его пути к православию. Он описал свои прошлые испытания в Гражданской войне, попытку самоубийства, борьбу с туберкулезом и поиски смысла жизни. Чтение статей журнала «принесло покой и радость моей душе, измученной тщетными поисками Истины»[35].

Наследие

Конечно, влияние деятельности YMCA Press в 1920–1930-х годах можно лучше оценить, кратко рассмотрев его развитие после Второй мировой войны. В 1946 году издательство начало отправлять экземпляры всех опубликованных книг Русской православной церкви в Советский Союз. Небольшое количество

---

[34] Lowrie Donald A. Study of Russian Publishing Program, Jan. 5, 1955. P. 1. 1/55. France, Russian Work, 1954–1955, N. Goncharof Research Project, 1954–1955. KFYA.

[35] Letter from Vladimir [Nosovich] to the editor of Put', Feb. 28, 1926. P. 1. Russian Work. YMCA of the USA, Anderson Paul B., 3. KFYA.

изданий было отправлено Патриархату или одному из ведущих епископов для использования в богословских школах[36]. После войны YMCA Press опубликовало полное собрание сочинений Ф. М. Достоевского, которое в то время было недоступно в СССР. Издательство также расширило публикацию художественной литературы, включая произведения Анны Ахматовой, Марины Цветаевой, Андрея Платонова и Владимира Войновича[37]. «Возрождение издательства началось с окончанием второй оттепели Хрущева и с развитием самиздата, который быстро превратился в тамиздат. Издательство получало рукописи часто без ведома авторов» [Карташев, Струве 1990: 30]. В 1967 году издательство стало первым на Западе, переиздавшим роман М. А. Булгакова «Мастер и Маргарита» (впервые опубликованный в журнале «Новый мир»). К 1959 году произведения Бердяева были переведены на четырнадцать языков. Более десяти работ было опубликовано на каждом из следующих языков: на английском, французском, немецком и испанском.

1950-е годы положили конец прямому участию американского ХСМЛ: Андерсон курировал процесс выхода Международного комитета ХСМЛ из своей русской миссии в Париже. Права собственности на YMCA Press были переданы РСХД, парижский офис Союза был закрыт, а для Свято-Сергиевской православной богословской академии был сформирован попечительский совет. Андерсон, по-видимому, очень тщательно подходил к каждой детали перехода, особенно в отношении финансов и вспомогательного персонала.

В 1961 году YMCA Press приобрело помещение, включая книжный магазин на рю де ла Монтань Сент-Женевьев, 11, в Па-

---

[36] Letter from Paul B. Anderson to John R. Mott, Apr. 19, 1951. P. 2. Corr. and Reports 1950–. Russian Work, Restricted, Publications, YMCA Press in Paris. KFYA. Однако позднее Андерсон пояснил, что «YMCA Press не совершает никаких нелегальных отправок в Советский Союз». Letter from Paul B. Anderson to Harry Brunger, Sept. 1, 1975. P. 2. Solzhenitsyn. YMCA of the USA, Anderson Paul B., 3. KFYA.

[37] YMCA Press, promotional sheet, [197]. 1–2. YMCA Press. YMCA of the USA, Anderson Paul B., 1. KFYA.

риже: с этим переездом началась новая эра для издательства [Там же: 28–29]. Парижский книжный магазин посещали самые разные читатели, в том числе студенты католического колледжа в Риме, где священники проходили подготовку для подпольной религиозной работы в СССР. Митрополит Николай, экзарх Московского патриарха в Западной Европе, и епископ Никодим, глава Отдела внешних церковных связей Московского патриархата, посетили книжный магазин и приобрели множество изданий. Андерсон прокомментировал: «Это свидетельствует об интересе Московского патриархата к нашим публикациям. Они не могут публиковать богословские или другие религиозные труды в СССР, за исключением ежемесячного журнала и [альманаха]».

В 1960-е годы в СССР вырос интерес к публикациям YMCA Press. Источники внутри страны сообщали, что книга Зеньковского «История русской философии», изданная YMCA Press, была размножена на мимеографе (500 экземпляров) и распространена среди ведущих интеллектуалов Русской православной церкви и некоторых членов Академии наук. Джоэл Найстром из ХСМЛ отметил своим коллегам, что YMCA Press «является неотъемлемой частью борьбы внутри Советского Союза за превращение русской культуры в творческие христианские каналы. Она ведет борьбу американских и мировых христиан против коммунистического атеизма».

В конце 1960-х и 1970-х годах издательство получило широкую известность благодаря публикации нескольких произведений А. И. Солженицына. Оно выпустило первую полную русскую версию романа Солженицына «Раковый корпус». Публикация книги Солженицына «Архипелаг ГУЛАГ» 28 декабря 1973 года стала настоящей сенсацией. Впервые издательство привлекло к себе внимание всего мира. За несколько недель было продано 50 000 экземпляров — рекорд для русского эмигрантского книгоиздательства. Струве позже отметил, что только тогда многие американские лидеры ХСМЛ узнали об издательской деятельности, проводимой для русских в Париже; он также отметил ироническое сходство между изгнанием интеллектуалов Лениным в 1922 году и изгнанием Солженицына Брежневым в 1974 году.

«Первое позволило создать издательство, второе дало ему новый импульс» [Там же: 30–31][38]. Один журналист высказал следующее мнение: «В конце концов все сводится к следующему: YMCA Press не занимается местью или идеологическими войнами. Оно занимается, конечно же, продвижением христианской веры»[39]. 9 апреля 1975 года Солженицын посетил офис YMCA Press в Париже: там присутствовали Пол Б. Андерсон, Струве, И. Морозов, А. Ельчанинов и другие. Андерсон и Солженицын обсудили первые дни пребывания американца в России в 1917 и 1918 годах — автор знал о его заключении в Лубянской тюрьме. Андерсон пригласил его в Соединенные Штаты, и Солженицын сказал, что хотел бы воспользоваться исследовательскими библиотеками в Америке. Они также беседовали о работе ХСМЛ в Соединенных Штатах; в официальной части встречи обсуждались авторские права, распространение изданий и т. д.[40] На этой встрече Солженицын подарил Андерсону книгу с надписью: «Полу Андерсону с благодарностью и уважением, в память о том, как много он сделал для русской культуры»[41].

В своей автобиографии лауреат Нобелевской премии Солженицын назвал своих издателей «бескорыстными» [Solzhenitsyn 1979: 383][42]. Когда он впервые встретил Андерсона, он восклик-

---

[38] Более подробно о деталях публикации книги «Архипелаг ГУЛАГ» А. И. Солженицына см.: Архипелаг ГУЛАГ // Вестник Русского студенческого христианского движения. 1973. № 2–4. Вып. 108/110. С. iii, v. В этом же выпуске «Вестника» можно ознакомиться с самой первой публикацией эссе Солженицына «Жить не по лжи» на страницах vii–viii, 1–3.

[39] Marder Irving. One of the Focal Points of World Publishing. International Herald Tribune, Feb. 14, 1975, no page number. Articles. Russian Work, Restricted, Publications, YMCA Press in Paris. KFYA.

[40] Anderson Paul B. Visit with [Aleksandr Solzhenitsyn] and his wife at the YMCA Press in Paris, Apr. 13, 1975. Solzhenitsyn. YMCA of the USA, Anderson Paul B., 3. KFYA.

[41] Letter from Anderson to Brunger, Sept. 1, 1975. P. 1–2.

[42] Чтобы ознакомиться с более подробным описанием того, как развивались отношения между Солженицыным и издательством YMCA Press, см. [Solzhenitsyn 1995: 216, 218, 222–223, 229–230, 235, 245, 247–248].

нул: «Отец ИМКИ!» [Davis D. 1986: 57]. Однако издательство поддерживало Солженицына и менее очевидным образом. Публикуя произведения Бердяева и Булгакова, издательство косвенно вдохновляло Солженицына продолжать их критику материализма и атеизма. Читатели в Советском Союзе распространяли произведения эмигрантов подпольно. Зернов писал, что многие эмигранты 1970-х годов, вдохновленные этой литературой, пытались «следовать идеям, которые были в центре внимания их дедов» [Zernov 1976: 326]. В 1974 году издательство опубликовало сборник эссе Солженицына и других авторов под названием «Из-под глыб», в котором подчеркивалась необходимость моральной и этической революции в Советской России. «Из-под глыб» пошел по стопам таких изданий, как «Вехи» и «Из глубины», поскольку философские позиции и литературные формы этой публикации 1974 года следовали моделям более ранних сборников [Hayward 1975: v–vii][43]. Эти эссе призывали к возвращению к идеям Бердяева и Булгакова. Солженицын писал: «История — это сами мы, и не минуть нам самим взволочить на себя и вынести из глубин ожидаемое так жадно» [Солженицын 1974: 5]. Поддерживая творчество Солженицына, американский ХСМЛ способствовал развитию одного из направлений русской литературы.

К 1970-м годам «Вестник Русского христианского движения» стал выполнять ту роль, которую в межвоенные годы играл журнал «Путь», — это был объемный журнал, посвященный философским, религиозным и литературным исследованиям [Карташев, Струве 1990: 34–35]. Оба журнала издавались для широкой аудитории русской эмиграции. Издательство продолжало публиковать произведения, которые оставались запрещенными в Советском Союзе до прихода М. С. Горбачева. Среди них были произведения Максимилиана Волошина, Осипа Мандельштама, Анны Ахматовой, Льва Гумилева, Марины Цветаевой и ряда менее известных поэтов и писателей.

---

[43] Комментарий к «Из-под глыб» [Raeff 1975: 476–488].

В 1990 году директор издательства Никита Струве писал:

Долгие годы, почти 70 лет, издательство YMCA Press стояло почти одиноко на страже русской культуры. Ныне, когда началось раскрепощение России, оно станет одним из ее очагов, наравне с отечественными издательствами. Общее дело дедов, отцов и внуков здесь, за рубежом, или там, в России, YMCA Press, оглядываясь не без законной гордости на длинный пройденный путь, готово продолжать свое служение русскому слову и русской православно-богословской и церковной культуре [Там же: 40][44].

В 1990 году издательство смогло открыто вернуться в Россию. 17 сентября в Библиотеке иностранной литературы в Москве открылась выставка «70 лет издательству YMCA Press: 1920–1990». Она была организована Книжной палатой СССР и издательством «Художественная литература». Это событие позволило Струве впервые въехать в СССР. Следующей весной, в марте 1991 года, издательство было представлено на выставке в Ленинграде. На этом мероприятии Д. С. Лихачев (1906–1999), литературовед, которого многие считали хранителем русской культуры, размышлял о значении авторов, книги которых были изданы ХСМЛ. Струве также поделился с участниками мероприятия воспоминаниями о людях, которые основали издательство, но не дожили до его возвращения в Россию. Струве особо отметил вклад Мотта в этот проект [Августин 2001: 163–164][45]. С 1990 по 1992 год издательство YMCA Press открыло в Москве, Санкт-Петербурге, Новосибирске, Киеве, Твери, Орле, Воронеже и Ставрополе общественные библиотеки на базе других крупных существующих библиотек. Проект был поддержан патриархом Алексием II. С 1990 по 1992 год «ХСМЛ-Пресс» работало над созданием российского партнерского издательства «Русский путь», перепечатывающего книги YMCA Press. За эти два года

---

[44] Еще один взгляд на роль издательства YMCA Press в работе по сохранению русской религиозной культуры и в продвижении православия на Западе [Weidle 1976: 4, 6].

[45] См. также [Struve 1991: 43–45].

было продано более 150 000 книг[46]. Торжественное открытие библиотеки-фонда «Русское Зарубежье» состоялось в Москве 9 декабря 1995 года. Основателями этого нового проекта стали YMCA Press, Общественный фонд Солженицына и правительство города Москвы. На мероприятии выступили Солженицын, Струве и митрополит Смоленский Кирилл. Здание библиотеки находится по адресу: Москва, ул. Нижняя Радищевская, д. 2. В июне 1996 года библиотека провела специальное мероприятие, на котором Солженицын представил свою коллекцию из 800 рукописных мемуаров русских эмигрантов. На открытии Библиотечного фонда Струве отметил, что это событие является частью возвращения наследия русских эмигрантов после демонтажа коммунистического строя. Он пояснил:

> Сегодня, открывая Библиотеку-фонд Русского Зарубежья, мы, содействуя этому возвращению, начинаем пока еще скромное, но по мысли и перспективе знаменательное дело. Впервые потомки русских эмигрантов — говорю не только от себя, но от многих моих современников... ощущают, что в сердце России открывается дом для них, заветный, родной, свой, посвященный делу их отцов и дедов[47].

В сентябре 2000 года в Москве издательство торжественно отпраздновало десятую годовщину своей работы в России. За эти десять лет издательство представило выставки своих книг в 50 российских городах[48].

---

[46] Москвин В. YMCA Press в городах России и Украины // Вестник Русского христианского движения. 1992. № 3. Вып. 166. С. 280–281. О выставке 1990 года в Москве см. также: Выставка издательства YMCA Press в Москве // Там же. 1990. № 2. Вып. 159. С. 307–310. О дальнейшей поездке на Русский Север см. [Привалов 2002]. Более широкий обзор издательского дела в России после 1985 года см. [Batalden 1993: 232–247].

[47] Струве Н. «ХСМЛ-Пресс» по городам и весям России и столицам восточной Европы // Вестник Русского христианского движения. 1996. № 1. Вып. 173. С. 277–280.

[48] Емельянова Т. 10-летие «ХСМЛ-Пресс» в России // Там же. 2000. № 3. Вып. 181. С. 266.

Оглядываясь на деятельность «ХСМЛ-Пресс», американские и российские участники обычно подчеркивали уникальность и своевременность этой программы. В 1955 году Д. Лоури пришел к выводу: «Если бы не существовало издательства YMCA Press, многие из этих книг, вероятно, никогда бы не были написаны»[49]. Выдающийся историк-эмигрант А. В. Карташев, который сотрудничал с ХСМЛ, размышлял о достижениях издательства и утверждал, что оно «достойно высокой моральной премии». Он пришел к выводу, что «наш русский долг» заключается в том, чтобы воздать Полу Б. Андерсону и американским основателям «справедливое признание за их деяние, превосходящее меры сознательного предвидения и их, и вместе нашего собственного» [Карташев, Струве 1990: 1, 6, 12–14]. В 1980 году Струве прокомментировал недавние события, в результате которых пресса получила больше рукописей из СССР. Он был доволен развитием этого «диалога», который он рассматривал как «сотрудничество в моральном восстановлении страны»[50]. Влияние YMCA Press и ее авторов продолжается в России и сегодня: возвращение эмигрантов заняло больше времени, чем ожидалось, но надежды первого поколения осуществились, по крайней мере частично, после их отъезда.

---

[49] Lowrie D. A. Study of Russian Publishing Program... P. 1.

[50] «ХСМЛ-Пресс», 80-е годы (интервью с директором издательства [Никитой Струве] Владимиром Аллоем) // Русская мысль (Париж). 1980. № 3325. 11 сент. С. 12.

Глава 9

Учителя и священники: Свято-Сергиевская православная богословская академия

> Пятьсот лет назад святой Сергий построил свой монастырь в сердце непроходимого леса. Мы создаем этот монастырь посреди шумного города, в самом центре мировой цивилизации. <...> Как бы я хотел, чтобы это место стало теплым и светлым центром православия. <...> Я надеюсь, что наши иностранные друзья, представители западного христианства, также смогут найти путь к этому святилищу. <...> Мы должны показать им всю красоту православия [Lowrie 1951: 11].

Этими словами митрополит Евлогий выразил свои пожелания в отношении нового в Православного богословского института[1] в Париже в 1925 году во время освящения новосозданного храма на Сергиевском подворье. В начале 1920-х годов несколько русских православных священников в Европе и руководители русского направления ХСМЛ решили, что необходимо организовать учебный институт для будущих священников. При финансовой поддержке и административном руководстве американского

---

[1] В тексте намеренно сохранены два исторических наименования одного учреждения — Православный богословский институт и Свято-Сергиевская православная богословская академия; мотизировка и история названий — далее в этой главе.

ХСМЛ русские преподаватели академии создали престижное заведение, в котором многие священники прошли подготовку для служения в эмигрантской общине. Эти профессора также опубликовали ряд заслуживающих внимания богословских и исторических трудов. В этой главе рассматривается развитие Свято-Сергиевской богословской академии с момента ее основания в 1925 году до 1940 года. Сначала в обзоре представлены те потребности, которые привели к созданию нового института, и основные цели его основателей. Затем рассматриваются ключевые события в развитии института. Во втором разделе исследуется история финансирования, спорные события и ее связь с руководством Русской православной церкви. В заключение рассматриваются наиболее примечательные итоги работы академии и ее наследие. Как показывает эта глава, ХСМЛ повлиял на судьбу Свято-Сергиевской православной богословской академии и каждого из ее преподавателей, сделав значительные финансовые вложения, поощряя широкий спектр мнений по вопросам богословия и службы, подавая пример практического служения современным прихожанам и развивая прочную сеть глобальных связей. Поддержка ХСМЛ академии, наряду с помощью РСХД и YMCA Press, внесла существенный вклад в прогресс и распространение русского православия.

Американский ХСМЛ активно вкладывался в развитие «первой по-настоящему свободной русской богословской академии в истории». Ее первоначальным названием было «Православный богословский институт в Париже» ("Institut de Théologie Orthodoxe de Paris"). Слово «русский» не было включено в название. В 1940 году, в пятнадцатую годовщину школы, митрополит Евлогий официально изменил русское (но не официальное французское) название на «Свято-Сергиевская православная богословская академия» [Ibid.: 19–20, 90]. Основатели избегали называть ее «академией» из уважения к четырем высшим учреждениям дореволюционного богословского образования. Название «Православный богословский институт» было выбрано как знак того, что он был продолжением Православного богословского института, который действовал в Петрограде с 1919 по 1921 год, после того как большевистский режим закрыл все четыре академии наряду с другими высшими богословскими учебными заведениями [Kniazeff 1997: 10]. Институт часто называли Сергиевским подворьем или просто подворьем[2].

Цели

Основной целью института была подготовка русских православных священников для служения в эмигрантской общине. Как позже писал Зеньковский, «первою целью, ради которой был создан Православный богословский институт, была и поныне остается подготовка священников. Для достижения этой цели недостаточно одного богословского образования, но необходимо и церковное воспитание». Школа была призвана укреплять дух будущих священников, а не только их умы. Объяснение Зеньковского отражало его многолетнюю связь с ХСМЛ, которая подчеркивала важность всестороннего развития: духовного, умственного, социального и физического. Литургия была центральным элементом учебной программы: «Посещение [ежедневных] богослужений в храме Сергиевского Подворья было вменено в обязанность студентам Православного богословского института с самого его основания»[3]. Следующей по важности целью было содействие развитию русского богословия.

Эдгар Макнотен, ключевой лидер русского ХСМЛ, собиравший средства для института, описал пять основных потребностей, которые могли бы быть удовлетворены с помощью русской православного богословского института в Западной Европе. Во-первых, он указал на острую нехватку священников среди эмигрантов. Макнотен оценил соотношение русских эмигрантов и священников как 7000 к одному[4]. Лев Зандер, профессор академии, добавил, что многие просьбы русских верующих о свя-

---

2   Anderson Paul B. A Brief History of YMCA Press, Feb. 1972. P. 7. Corr. and Reports 1950–. Russian Work, Restricted, Publications, YMCA Press in Paris. KFYA.

3   Зеньковский В. Духовно-воспитательная работа Православного богословского института // Вестник Русского христианского движения. 1985. № 3. Вып. 145. С. 246.

4   MacNaughten Edgar. Report on the American Aid to Strengthen and Enrich the Russian Orthodox Church, unpublished paper, Oct. 1931. P. 2. PBAP.

щеннике не могли быть удовлетворены. Он также отметил, что многим действующим священникам было за 70 лет[5]. Кроме того, Пол Б. Андерсон, советник академии, объяснил, что многие молодые люди из РСХД желали стать священниками.

Макнотен также подчеркнул необходимость интеллектуальной подготовки священников для будущего России. Поскольку советское правительство официально запретило богословское образование в пределах своих границ, ХСМЛ пришел к выводу, что молодые люди должны иметь возможность получать образование в других странах Европы[6]. Сергей Булгаков, самый известный из профессоров Свято-Сергиевской академии, писал, что до революции 1917 года в четырех богословских академиях России, высших учебных заведениях, занимавшихся религиозным образованием, учились 862 студента и обучали 120 преподавателей[7]. К концу 1918 года советское правительство эти академии закрыло [Lowrie 1951: 1].

В 1920-е годы российские университеты начали активно продвигать атеистическую философию. Макнотен выразил необходимость подготовки священников, чтобы «более разумно решать проблемы в будущей России». Он также указал, что российские ученые-богословы нуждаются в возможности развивать свою славянскую богословскую традицию через ее осмысление и печатные публикации. Наконец, Макнотен выразил желание создать платформу для дискуссий между православными мыслителями и англиканскими интеллектуалами Великобритании и Америки[8].

Основывая Православный богословский институт, православные священнослужители и руководители ХСМЛ надеялись, что

---

[5] Zander L. A., ed. Religious News Sheet of the Russian Orthodox Theological Institute in Paris, unpublished newsletter, Oct. 1927. P. 2–3. PBAP.

[6] MacNaughten Edgar. Report on American Aid… P. 3.

[7] Bulgakoff Sergius. The Sanctuary Lamp of St. Sergie: The Russian Academy in Paris // The Russian Refugee Church and Student Movement. London: Appeal for the Russian Clergy and Church Aid Fund, [192-]). P. 7. PBAP.

[8] MacNaughten Edgar. Report on American Aid… P. 3.

он сможет удовлетворить эти пять потребностей. Из-за религиозных репрессий в Советской России Свято-Сергиевская академия являлась единственной традиционной русской православной семинарией с 1925 по 1944 год. В течение этого периода в Москве и Ленинграде действовали академии «Живой Церкви», но эти школы находились за пределами основного русла русского православия из-за раскола[9]. Основной целью парижской академии была подготовка русских священников как для нынешней эмигрантской общины в Европе, так и для будущих приходов в России[10]. Андерсон и его коллеги из Союза помогали академии, потому что были убеждены, что она может стать краеугольным камнем «для поддержания христианизирующего влияния русского православия не только в эмиграции, но и во всех церквях Запада» [Anderson 1985: 156].

Развитие событий

В феврале 1921 года священники Русской православной церкви в Париже с благословения митрополита Евлогия начали проводить неофициальные «курсы высшего богословского образования» [Kniazeff 1997: 9][11]. Они решили обратиться к руководителям американского ХСМЛ, чтобы узнать, могут ли они рассчитывать на их поддержку в создании более формального духовного института для подготовки священнослужителей. Зандер сыграл ключевую роль в привлечении американского ХСМЛ: он встретился с Джоном Р. Моттом на конференции ВСХФ в Пекине в 1922 году и представил идею учреждения для подготовки молодежи к служению в Церкви. Мотт также обсудил эту идею в Пекине с Л. Н. Липеровским и А. И. Никитиным, которые были знакомы с Моттом еще со времен дореволюционного РСХД[12].

---

[9]   Bulgakoff Sergius. The Sanctuary Lamp... P. 7. См. также [Roslof 2002].

[10]   Zander L. A. Religious News Sheet... P. 3.

[11]   О митрополите Евлогии см. также [Костиков 1990: 326–333].

[12]   Памяти профессора Л. А. Зандера: 19.02.1893–17.12.1964 // Вестник Русского студенческого христианского движения. 1964/1965. № 4. Вып. 75/76. С. 29.

Однако ХСМЛ также рассматривал другие варианты финансирования подготовки русских священнослужителей. Одно из предложений 1924 года о создании годичной программы в Москве исходило от Павла Флоренского, известного священника и профессора Московской духовной академии. Он «выдвинул эту идею как представитель других пастырей Русской церкви, которые признают авторитет патриарха Тихона». Предлагаемая годичная программа должна была быть открыта для студентов всех христианских конфессий в России. Финансовую поддержку и приглашенных лекторов предоставили бы американские, британские и европейские церкви. ХСМЛ мог бы покрыть расходы на перевод и публикацию. Программа делала бы акцент на новых формах социального служения и актуальных вопросах теологии[13]. До революции Флоренский и его друг Булгаков мечтали о заведении «свободном, современном и вместе с тем верном традиции, богословской школе» [Аржаковский 1999: 111]. В апреле 1924 года Колтон написал Мотту, что среди сотрудников ХСМЛ и руководства Русской церкви не наблюдалось единодушия в вопросе русской православной семинарии в Европе. Поэтому он санкционировал учреждения десяти стипендий для русских православных студентов в богословской школе в Константинополе, где некоторые русские уже начали учиться. Он также поднял вопросы, связанные с предлагаемой московской программой — годичной межконфессиональной программой Флоренского[14].

Летом 1924 года митрополит Евлогий определился со своим подходом в этом вопросе и написал Мотту письмо с просьбой о помощи в приобретении здания немецкой лютеранской церкви в Париже для использования как здания семинарии. Он поделился своими мотивами: «По всей Европе, [везде, где] собрались русские беженцы, можно найти молодых людей, жаждущих по-

---

[13] Outline of a Plan in the Direction of Establishing a Theological Academy in Moscow under the Patronage of Western Churches, 1924. P. 1–3. Russian Orthodox Church. Russian Work, Restricted, Ethan T. Colton Collection. KFYA.

[14] Memorandum from E. T. Colton to John R. Mott, Apr. 23, 1924. 1924–1925. Russian Church. KFYA.

лучить надлежащую подготовку для священства». Здание «сейчас выставлено на продажу в соответствии с положениями Версальского договора о собственности иностранцев. <...> Поэтому нам необходимы 135 000 французских франков, или около 6750 долларов, чтобы приобрести данное помещение»[15]. Церковь, основанная пастором Фридрихом фон Бодельшвингом в 1858 году, когда-то до этого была приютом для бедных детей[16].

В книге «Россия за рубежом» М. Раев описывает освящение церкви и территории в 1925 году в честь святого Сергия Радонежского, покровителя Московского княжества, а также открытие академии. Ее учебный план был основан на программах дореволюционных учебных заведений [Raeff 1990b: 20]. Андерсон и Г. Г. Кульман обсудили вопрос приобретении земельного участка с Моттом, который предоставил 5000 долларов из Фонда ХСМЛ. Благодаря этому и некоторым другим пожертвованиям митрополит приобрел участок в собственность и приступил к набору преподавательского состава и студенческого корпуса. Андерсон и Кульман входили в спонсорский комитет академии [Anderson 1985: 13].

30 апреля 1925 года начались занятия с четырьмя профессорами [Lowrie 1951: 19]. К началу третьего учебного года (1927/1928) в академии уже учились 46 студентов. Возраст студентов колебался от 22 до 40 лет. Некоторые из них ранее учились в теологических академиях в России, остальные были инженерами, монахами, студентами, рабочими и офицерами. Многие из них приехали в Париж из Болгарии, Чехословакии, Германии, Сербии, Бельгии, Финляндии и Эстонии. Они учились по традиционной академической теологической программе и участвовали в церковной жизни академической Церкви. Каждый студент посещал 90-минутную службу утром и 45-минутную службу вечером.

---

[15] Letter from Metropolitan Eulogius to John R. Mott, Jul. 28, 1924. P. 1–2. YMCA Relationships (1920–1925) 2. Russian Church. KFYA. По-видимому, Евлогий решил разрешить сложившуюся ситуацию отсутствия консенсуса, решительно воспользовавшись возможностью купить это помещение.

[16] Из прошлого Сергиевского подворья // Вестник Русского студенческого христианского движения. 1927. № 11 (нояб.). С. 20.

Кроме того, они пели в хоре, служили чтецами и поддерживали чистоту храма[17]. Студенты занимали три довольно переполненные комнаты в общежитии и собирались на обеды в академии. Они могли учиться в библиотеке семинарии, которая к 1931 году насчитывала более 2000 томов[18].

К 1931 году в Свято-Сергиевской академии преподавали шесть профессоров, семь временных лекторов и два дополнительных учителя языков. Эти люди были прекрасными учеными [Huntington 1933: 142], большинство из них получили образование в лучших школах России. С 1925 по 1939 год в Свято-Сергиевской семинарии работали 17 профессоров. В следующем списке перечислены преподаватели с указанием их предметов и количества научных трудов, опубликованных до 1954 года:

Н. Афанасьев
Каноническое право и история ранней Церкви (2)
С. Булгаков
Догматика и христианская социология (21)
Епископ Кассиан (С. С. Безобразов)
Новый Завет и греческий язык (3)
Архимандрит Киприан (Константин Керн)
Патристика, пастырское богословие и греческий язык (4)
Г. Федотов
История западных церквей и агиология (8)
Г. Флоровский
Патристика, догматика и моральное богословие (3)
В. Ильин
Литургика и история философии (5)
А. Карташев
История Церкви (3)
П. Ковалевский
Латинский язык (2)
К. Мочульский
История западных церквей, латинский и церковно-славянский языки (5)
Б. Сове
Ветхий Завет

---

17 Zander L. A. Religious News Sheet... P. 3.

18 MacNaughten Edgar. Report on American Aid... P. 2.

Ф. Спасский
	Литургика и латинский язык (1)
С. Верховский
	Догматика и нравственное богословие
Б. Вышеславцев
	Нравственное богословие (5)
В. Вайдле
	Христианское искусство и история западных церквей (5)
Л. Зандер
	Философия, педагогика и сравнительное богословие (3)
В. Зеньковский
	Философия, апологетика и история религии (7)
[Zander 195-: 5–99][19]

Перечисленные ранее предметы демонстрируют широкий охват программ обучения, предлагаемый в академии.

Студенты и профессора Свято-Сергиевской академии участвовали в новаторских программах религиозного образования. В 1927 году, после возвращения из США, Зеньковский создал религиозно-педагогический факультет, который издавал различные учебные материалы и проводил курсы подготовки для добровольцев Русской православной церкви. В первый год работы кафедры 60 волонтеров из разных европейских стран приняли участие в четырехдневной конференции, посвященной изучению педагогических методов, разработанных католиками и протестантами. Кроме того, руководители конференции провели несколько сессий, посвященных методологии антирелигиозной работы с молодежью в Советском Союзе[20].

Преподаватели и студенты Свято-Сергиевской академии также сыграли важную роль в развитии Братства Святого Албания и Святого Сергия. Профессора Булгаков, Флоровский и Федотов участвовали в этих встречах, на которых члены РСХД встречались с англиканскими студентами, чтобы исследовать общие элементы их веры и укреплять общение между двумя церквями [Zernov 1979: 9][21].

---

[19] См. также [Zander 196-].

[20] Zander L. A. Religious News Sheet... P. 4.

[21] См. также [Geffert 2004: 105–141].

Булгаков, один из самых выдающихся членов преподавательского состава, преподавал в академии с момента ее основания до своей смерти в 1944 году. Андерсон писал: «...сочетание его замечательных интеллектуальных и духовных талантов с его абсолютно русской привязанностью к Церкви и народу сделало его естественным лидером русского религиозного возрождения в Париже и на Западе в целом» [Anderson 1985: 184]. Руководство ХСМЛ знало, что, помогая Булгакову, они тем самым могут помочь более широкому православному сообществу. Булгаков был сыном священника, но в молодости обратился к атеизму и марксизму. После изучения философии и политической экономии в Германии он разочаровался в идеях Маркса и вернулся в Православную церковь вместе с Бердяевым и другими известными интеллектуалами [Harakas 1962: 92]. В 1925 году он принял должность профессора догматического богословия в Свято-Сергиевской академии, где он выстроил личные отношения со многими студентами и следовал строгому графику учебы и написания работ. Булгаков публиковал книги и статьи в журналах по теологии, экуменизму, философии, социологии и экономике [Zander 195-: 5–16]. Он написал шесть своих наиболее значительных теологических трудов в виде двух трилогий. Первая серия, посвященная теме божественной мудрости в мире, включала такие труды, как «Купина Неопалимая», «Друг Жениха» и «Лествица Иаковля». Эти книги содержали учение о Деве Марии, Иоанне Крестителе и ангелах. Вторая серия разрабатывала отношения Бога и человечества (понятие богочеловечества) и включала такие работы, как «Агнец Божий», «Утешитель» и «Невеста Агнца» [Bulgakov 1976: xv–xvi].

Булгаков сыграл важную роль в руководстве Русской православной церковью, когда ее члены начали участвовать в экуменическом движении. В 1932 году он принял участие в Оксфордской конференции «Жизнь и труд», на которой многие священнослужители обсуждали практические аспекты церковного сотрудничества. В 1937 году он также посетил Эдинбург для участия в конференции «Вера и порядок», посвященной теологическим вопросам церковного единства. В 1934 и 1936 годах он побывал в Соединенных Штатах, чтобы встретиться с руководством Епископальной церкви. Во время этих визитов Булгаков выступил с речами в Колумбийском университете в Нью-Йорке и в Сибери-Западной богословской семинарии в Эванстоне (штат Иллинойс) [Harakas 1962: 102–103].

Булгаков возглавлял группу православных ученых в Свято-Сергиевском институте, которые в период своего преподавания в нем ставили перед семинаристами серьезные духовные задачи и написали множество сложных и глубоких трудов. В 1969 году Александр Шмеман, декан Православной духовной семинарии Святого Владимира в Нью-Йорке, опубликовал библиографический обзор под названием "Russian Theology: 1920–1965", в котором признавал существенный вклад этих людей и рассматривал их работы в контексте современной русской православной религиозной мысли. Шмеман отметил, что в Свято-Сергиевской академии «блестящая группа ученых, представляющих самые разные слои общества, сумела несмотря на сложные материальные условия поддерживать очень высокий уровень богословской работы и достичь замечательной продуктивности». Рассматривая каждый раздел богословия, Шмеман комментировал работы многих профессоров Свято-Сергиевской академии. Он писал о трудах Булгакова и Флоровского в области догматического богословия и исследованиях Керна в области литургики. Шмеман отметил, что Федотов был «настоящим пионером» в агиологии, области знания, занимающейся святыми и понятием святости. Кроме того, он написал, что труды Зеньковского и Флоровского по философии были «абсолютно необходимы для каждого студента, изучающего русское православие» [Schmemann 1969: 7, 24–26].

Финансирование

Первоначальная кампания по сбору средств принесла пожертвования от Мотта и ряда других спонсоров, в том числе 4000 франков от Э. Л. Нобеля (который в том числе поддерживал петербургский «Маяк») и 100 000 франков от еврейского филантропа

М. А. Гинзбурга. Англиканские источники собрали почти 40 % первого операционного бюджета Института на 1926 год; многие англикане рассматривали эту поддержку как средство укрепления отношений с православным духовенством [Geffert 2010: 38]. Дж. Д. Рокфеллер-младший с 1926 по 1929 год пожертвовал в общей сложности 66 932 доллара на «укрепление и обогащение жизни Русской православной церкви». Эти средства были в основном использованы для работы Православного богословского института[22]. В 1930-е годы финансирование от Рокфеллера было прекращено, поэтому секретари ХСМЛ занялись поиском дополнительных спонсоров, особенно из англиканской/епископальной общины. Однако Великая депрессия осложнила финансирование академии. Предлагаемый бюджет на 1933–1934 годы был установлен в размере 232 300 франков, что было меньше, чем в предыдущие годы. Предлагаемая заработная плата профессоров на 1933–1934 годы стала заметно ниже по сравнению с 1931–1932 годами. Например, зарплата Булгакова снизилась с 2210 франков в месяц до 1200[23]. В 1934 году Мотт участвовал в сборе средств, с которым связан комментарий митрополита Евлогия об экономическом положении семинарии: «В настоящее время ее положение действительно критическое, близкое к [катастрофе]». Мотт добавил: «Студенческое общежитие и столовая примитивны. В среднем в комнате стоит десять кроватей. Один или два крючка на студента служат в качестве шкафов и вполне достаточны для всей одежды, которой он владеет»[24].

---

[22] Anderson Paul B. Memorandum on Policy for the Russian Work of the International Committee. Aug. 9, 1951. P. 5. Corr. and Reports 1950–1951. Russian Work — Europe, Restricted, Correspondence and Reports, 1930–1949, Annual Reports 1930–1949. KFYA.

[23] Budget of the Russian Orthodox Theological Institute in Paris, Jul. 1st, 1933 — Jun. 30, 1934. ROTA, 1930–1933. Russian Work — Europe, Restricted, Russian Orthodox Theological Academy, Russian Student Christian Movement, Russian Student Fund. KFYA.

[24] Mott John R. The Russian Theological Academy of St. Sergius — an Appraisal, [1934]. P. 4–5. ROTA, 1934–. Russian Work — Europe, Restricted, Russian Orthodox Theological Academy, Russian Student Christian Movement, Russian Student Fund. KFYA.

Профессора Свято-Сергиевской семинарии продолжали свою академическую работу, несмотря на экономические трудности 1930-х годов, и вплоть до 1939 года продолжали ежегодное обучение 30 студентов, проживавших в семинарии. К 1938 году было зачислено 168 студентов из 13 стран [Lowrie 1951: 27]. Академия работала с чрезвычайно ограниченным бюджетом; в 1927 году расходы составили 18 000 долларов[25]. Эта сумма покрывала расходы на питание и книги (46 %), заработную плату восьми профессоров (30 %), содержание здания и коммунальные услуги (15 %) и общие расходы (9 %) [Ibid.: 77]. Четыре года спустя этот бюджет вырос до 19 000 долларов[26].

Как упоминалось ранее, Мотт совершил крупное финансовое пожертвование на покупку земельного участка. Хотя американский ХСМЛ уже не вносил средства в бюджет академии напрямую, руководители русского направления Союза помогали координировать пожертвования из английских и американских источников [Latourette 1957: 381]. Макнотен и Кульман посетили Соединенные Штаты в 1927 году, чтобы встретиться с потенциальными донорами в Нью-Йорке и Бостоне [Anderson 1985: 157]. Благодаря их усилиям в пяти американских городах были созданы комитеты, которые в первый год внесли более 11 000 долларов[27]. Эти группы объединились в постоянный комитет в рамках Епископальной церкви, который ежегодно собирал значительные средства на содержание школы [Colton 1940: 147]. Американский ХСМЛ также содействовал получению финансовой поддержки от Англиканской церкви, которая в 1923 году учредила «Призыв к помощи русскому духовенству» для сбора средств на многочисленные нужды Русской церкви. Эта организация, переименованная в 1926 году в «Призыв к помощи русскому духовенству и Фонд помощи Церкви», внесла существенный вклад в бюджет академии. К 1939 году англикане пожертвовали около 75 000 фунтов стер-

---

[25] Zander L. A. Religious News Sheet... P. 3.

[26] MacNaughten Edgar. Report on American Aid... P. 2.

[27] MacNaughten Edgar. Report on American Aid... P. 1.

лингов на различные нужды Русской православной церкви [Davis D. 1980: 42–43]. Студенты также внесли значительный финансовый вклад, гастролируя с хором семинарии, который принимал добровольные пожертвования. К 1936 году 46 % бюджета поступало из британских источников, 41 % — от американских доноров и 13 % — от русских [Lowrie 1951: 32, 87].

Разногласия

Одна из «внешних» полемик, связанных с Институтом, касалась его финансирования. В 1926 году Андерсон размышлял о последствиях, к которым привело создание Фонда помощи Русской церкви. Одним из них было утверждение некоторых православных критиков, что митрополит Евлогий, академия и студенческое движение передали контроль над своей работой ХСМЛ в обмен на финансирование. В связи с этим Андерсон заявил: «На нас лежит ответственность обеспечить их финансово, пока они не смогут привлечь достаточно последователей, которые могли бы полностью поддерживать их в этой работе»[28]. В. И. Востоков и Н. С. Батюшкин были лишь двумя из многих представителей более консервативного крыла Русской эмигрантской церкви, утверждавших, что митрополит Евлогий и профессора Свято-Сергиевской академии «продались» Союзу и «его масонско-еврейским руководителям». Они писали: «Многие люди писали Евлогию с просьбой объяснить, почему академия организуется на средства ХСМЛ и еврея Гинзбурга. <...> Чем объяснить столь щедрый подарок в 7000 долларов для ХСМЛ? Будет ли ХСМЛ иметь право голоса при принятии решений о [выборе] профессоров?»[29] Эти возражения, по-видимому, ко-

---

[28] Anderson Paul B. Russian Service in Europe, Annual Report for the Year 1926, 10. Annual Reports, 1925–1929. Russian Work — Europe, Restricted, Correspondence and Reports, 1920–1929, Annual Reports 1920–1929. KFYA.

[29] Vostokoff V. and Batiushkin N. S. Report Handed Over May 18/31, 1925 to the Episcopal Synod of the Russian Orthodox Church in Foreign Countries by the Former Members of the Church Administration Abroad. P. 1–2, 11–12. ROTA, 1923–1929. Russian Work — Europe, Restricted, Russian Orthodox Theological Academy, Russian Student Christian Movement, Russian Student Fund. KFYA.

ренятся в понятном недоверии, поскольку пожертвования протестантов православным учреждениям не были обычным явлением. Однако при подготовке данной работы никаких документов, которые бы свидетельствовали о контроле ХСМЛ или неправомерном влиянии на академию или выбор ее преподавателей, не было обнаружено.

Переходя от правой критики к левой: советская пресса высказала одно или два мнения о парижском институте, представленном в атеистическом журнале «Антирелигиозник» как центр подготовки антисоветских шпионов. По словам одного автора, митрополит Евлогий «принимает самое активное участие во всех собраниях белогвардейцев. <...> Евлогий неоднократно делал публичные заявления с антисоветскими призывами и с целью антисоветской агитации ездил в Лондон к архиепископу Кентерберийскому». Автор писал о якобы «истинной цели института» — подготовить «руководителей и агентов в области шпионажа. Эти священники — именно то, что нужно французскому генеральному штабу»[30].

Имеющиеся данные свидетельствуют о том, что, хотя большинство участников придерживались антисоветских взглядов, академия не преследовала конкретных политических целей. Это иллюстрирует полемика внутри академии, связанная с политикой в отношении Советов. Как объяснял Зеньковский, школа не требовала от студентов и преподавателей конкретной политической идеологии. Они были свободны в выборе своей позиции, поэтому их позиции варьировались от демократии до монархизма. Однако поддержка «советской ориентации» не допускалась. В результате в 1947 году институт не принял в число студентов Софрония Сахарова с горы Афон и уволил преподавателя Николая Еремина. В рамках довольно широких политических границ сотрудники и преподаватели пытались проявить гибкость в некоторых вопросах и поощрять свободу выбора. Как резюмировал Зеньковский, «Институт сознательно и последовательно борется

---

[30] Кандидов Б. Интервенция, вредительство и Церковь // Антирелигиозник. 1931. № 1 (янв.). С. 27–28.

со всяким проявлением обскурантизма, относя к последнему и крайность обрядоверия, и узкое начетничество»[31].

Эта свобода выражать свое мнение приводила к продуктивным дебатам между преподавателями, но некоторые из этих дебатов приводили к менее продуктивным ссорам и обидам. Профессорам «было трудно ладить друг с другом». Некоторые из дебатов были основаны на фундаментальном теологическом и философском споре между Булгаковым, которому был близок мир современности, и Флоровским, который склонялся к греческим отцам Церкви. В ссорах часто использовались выражения, не характерные для христианской теологии, такие как отзыв профессора Киприана о книгах Булгакова как о «мертвых обитателях библиотечных полок». Флоровский обидел многих преподавателей своим трудом «Пути русского богословия», «блестящей работой, полной резкой критики его современников» [Geffert 2010: 238].

Одним из катализаторов споров среди преподавателей был человек, не являвшийся членом института, так как отказался от приглашения присоединиться к факультету, — остроумный философ Николай Бердяев. Будучи возмущен попытками ограничить Булгакова в выражении его более спорных теологических взглядов, Бердяев написал статью «Дух Великого Инквизитора». В ней он обвинил «православное духовенство и монастыри в отсутствии культуры и образования» и пришел к выводу, что «это мракобесное насилие над теологией… свидетельство очень низкого уровня мышления». Страстные ответы Бердяева часто приносили больше жара, чем просветления в эти споры [Lowrie 1960: 195–196].

Булгаков подвергся резкой критике со стороны более консервативных православных теологов за свои взгляды на отношения Русской православной церкви с другими церквями и за некоторые аспекты своей теологии. В 1933 году он опубликовал весьма спорный документ, в котором предлагал частичное литургическое общение как путь к примирению православных и англиканцев. Хотя представители православного духовенства отвергли его

---

31 Зеньковский В. Духовно-воспитательная работа Богословского института // Вестник Русского христианского движения. 1985. № 3. С. 251–252.

позицию, эта идея вызвала плодотворную дискуссию [Bulgakov 1976: xi]. Булгаков называл свое исследование боговоплощения «софиологией», изучением божьей мудрости. Он рассматривал свое учение как попытку продолжить обсуждение заявления Халкидонского собора 451 года о двух естествах Христа. Многие православные богословы оценили его творческий подход, но другие посчитали его идеи еретическими и опасными. Руководство Московской церкви осудило эти учения в 1937 году [Harakas 1962: 93], но епископы Западной Европы не согласились с осуждением и отказались ограничивать его интеллектуальную свободу [Ibid.: xvi].

Отношения с Церковью

Однако, помимо этого инцидента, Свято-Сергиевская православная богословская академия и руководители русской работы ХСМЛ поддерживали взаимовыгодные отношения как с Русской православной церковью в Советской России, так и с Русской православной церковью заграницей. Булгаков выразил свою лояльность русскому руководству в речи 1926 года. Он подчеркнул: «Религиозный энтузиазм и преданность Церкви со стороны учителей и студентов объединяют ее с Русской церковью Тихона, ее духовным лидером и исповедником. Одна жизнь, одна воля, одна надежда, одна любовь, одна вера здесь и там»[32].

Итоги

Внимательно выслушав чаяния русских эмигрантов, Мотт, Андерсон и их коллеги внесли свой вклад в создание одного из самых влиятельных православных академических учреждений XX века [Lowrie 1951: 22, 41]. Являясь единственным русским православным богословским институтом с 1925 по 1944 год, Свято-Сергиевская академия достигла целей, поставленных ее основателями. Главной из них было обучение священников для

---

[32] Bulgakoff Sergius. The Sanctuary Lamp... P. 9.

служения русской православной общине, и приходы охотно принимали на службу выпускников академии [Colton 1940: 146]. Т. Хопко отметил, что, помимо подготовки десятков церковных работников и священников, Свято-Сергиевская академия также предоставила квалифицированных преподавателей для Свято-Владимирской семинарии в Нью-Йорке [Hopko 1987: 490], которая, в свою очередь, подготовила многих священников для православных церквей в Соединенных Штатах. Кроме того, при содействии ХСМЛ профессора и студенты Свято-Сергиевской академии могли встречаться с западными христианами и полноценно участвовать в экуменическом движении. Наконец, профессора академии публиковали тексты, имеющие непреходящую ценность в области богословия и духовности.

В 1969 году Александр Шмеман, декан Свято-Владимирской семинарии, опубликовал свою оценку современной русской православной теологии, которая завершалась горячей поддержкой Свято-Сергиевской православной богословской академии — она привела к «великой жизненности и творчеству» [Schmemann 1969: 35]. С 1925 по 1940 год институт окончили почти 100 человек: среди 168 студентов, посещавших его в этот период, было 119 русских, 15 эстонцев, 13 поляков, 9 латышей, 4 болгарина, 1 серб, 2 румына, 3 финна, 1 литовец и 1 швейцарец[33]. Раев вторит похвале Шмемана: «Очевидно, что институт Святого Сергия действительно помог сохранить и подготовить интеллектуальный и духовный костяк богословского руководства Русской церкви за рубежом». Он также отмечает, что академия смогла преодолеть «большие финансовые трудности благодаря щедрости Всемирной федерации христианских студентов, ХСМЛ и самоотверженности самих эмигрантов» [Raeff 1990b: 128].

---

[33] Letter from Donald A. Lowrie to the Carnegie Endowment for the Advancement of Teaching, Mar. 12, 1940. P. 2. ROTA, 1934–. Russian Work — Europe, Restricted, Russian Orthodox Theological Academy, Russian Student Christian Movement, Russian Student Fund. KFYA. Согласно недавней российской публикации, в течение первых 11 лет своего существования институт окончили 133 человека, 52 из них были рукоположены в священнический сан [Костиков 1990: 344–345]. Причина этого отличия в данных не до конца понятна.

Свято-Сергиевская академия также внесла вклад в подготовку духовенства и развитие богословия в более широком православном мире. Профессора Карташев и Флоровский были приглашены провести семестр в Афинском университете — это лишь один из примеров влияния на греческое православие[34]. До войны в институте не обучался ни один студент из Греции, но к 1954/1955 учебному году учащиеся из этой страны стали второй по численности этнической группой среди студентов: 13 были русскими и 12 — греками[35].

Влияние института за пределами традиционных географических границ православия началось в самом Париже. В 1944 году был открыт Институт Святого Дионисия как семинария для французов, решивших принять православие. В 1948 году школа была переименована во Французский православный институт. К 1949 году в школе было 8 преподавателей и 23 студента семи национальностей[36]. Однако к 1955 году институт закрылся[37].

Во время Второй мировой войны школа не могла получать средства от своих «экуменических друзей». Кроме того, многие студенты и профессора не смогли вернуться в Париж после своих летних путешествий. Оставшиеся студенты и профессора решили продолжить свою академическую работу, несмотря на трудности[38]. Во время военной оккупации Парижа в семинарию пришел

[34] Anderson Paul B. Report for 1937, Russian Service in Europe, Jul. 28, 1938. P. 2. Annual Reports 1933–1949. Russian Work — Europe, Restricted, Budgets and Appropriations, Correspondence and Reports, 1950–, Financial Transactions. KFYA.

[35] Lowrie Donald A. The Orthodox Theological Institute of Saint Sergius in Paris, Report for the Academic Year 1954–1955, attached to the "Report on Russian Work, Paris," Jan. 20, 1956. P. 1. Corr. and Reports 1952–1959. Russian Work — Europe, Restricted, Correspondence and Reports, 1930–1949, Annual Reports 1930–1949. KFYA.

[36] Anderson Paul B. International Committee YMCA, Russian Work in 1949. P. 6. Russian Literature Account #3 1949–1950. YMCA of the USA, Anderson Paul B., 2. KFYA.

[37] Anderson Paul B. and Lowrie Donald A. Interim Summary Report on Study of the Russian Work of the International Committee YMCA, Mar. 11, 1955. P. 5. 3–12/55. France, Russian Work, 1954–1955, N. Goncharoff Research Project, 1954–1955. KFYA.

[38] Kniazev Aleksei. Ivan Vasil'evich Morozov (1919–1978), Nov. 30, 1978. P. 1. ACER.

с инспекцией один немецкий офицер. Так как ранее, после Первой мировой войны, французское правительство конфисковало помещение у немецких владельцев, и студенты, и сотрудники боялись, что академию закроют, а помещения возвратят в собственность Германии. Офицер объяснил, что он был сыном пастора Бодельшвинга, основателя немецкой церкви, которая теперь служила помещением для семинарии. Он увидел, что портрет его отца все еще висит в библиотеке, и поинтересовался деятельностью института. Затем он заявил: поскольку в этом месте, по его мнению, проповедуется и преподается Евангелие, академия может продолжать работу, как и раньше[39]. На следующий день преподавательский состав уведомили о том, что русские сотрудники немецких оккупационных властей придут, чтобы забрать из библиотеки все книги на древнееврейском для уничтожения. Им удалось спрятать наиболее ценные из них, но агенты пришли и изъяли сотню менее важных томов [Lowrie 1951: 43–44].

Свято-Сергиевская академия смогла подготовить квалифицированных будущих руководителей как для самого Института, так и для Русского студенческого христианского движения и издательства YMCA Press. За свою карьеру И. Морозов успел поработать преподавателем церковной истории в Православном богословском институте Святого Сергия, директором YMCA Press и генеральным секретарем РСХД во Франции. В сентябре 1939 года Морозов был студентом богословского института. Вместе с другими студентами и профессорами он принял решение продолжить обучение. В 1945 году, после окончания института, он был избран следующим генеральным секретарем РСХД. Несмотря на все послевоенные трудности, он согласился занять эту должность. Он также стал редактором возобновленного «Вестника РСХД». В 1961 году он был выбран преемником А. В. Карташева на должности преподавателя церковной истории после его смерти. Примерно в это же время ему было предложе-

---

[39] Lowrie Donald A. Memorandum re Orthodox Theological Institute in Paris, Sept. 30, 1947. P. 1. ROTA, 1934–. Russian Work — Europe, Restricted, Russian Orthodox Theological Academy, Russian Student Christian Movement, Russian Student Fund. KFYA.

но занять должность директора издательства YMCA Press — в то время американский ХСМЛ работал над прекращением поддержки этого проекта[40].

Оценить вклад института и роль ХСМЛ в его поддержке — задача не из простых. В 1944 году советское правительство начало постепенно снимать запрет на развитие формального богословского образования в СССР. Этот шаг создал новую проблему для патриарха Алексия I — нехватку квалифицированных преподавателей для вновь открытых учебных заведений. В результате он обратился к правительству через Совет по делам Русской православной церкви с просьбой разрешить пригласить четырех или пятерых профессоров богословия из Парижа и Праги для работы преподавателями во вновь открытых богословских академиях [Chumachenko 2002: 71–72][41]. Правительство не поддержало эту просьбу, но этот случай иллюстрирует уникальную роль, которую играла Академия Святого Сергия. Православные верующие и священнослужители по-разному оценивали подготовку к служению, предлагаемую институтом. Зеньковский писал, что программа не всегда виделась адекватной ситуации: некоторые полагали, что взаимоотношения, существовавшие в студенческой среде, «отмечены печатью не "духовности", а "душевности"»[42]. Лев

---

[40] Kniazev Aleksei. Ivan Vasil'evich Morozov. P. 1–3. ACER.

[41] ХСМЛ также получил немало внимания (как положительного, так и отрицательного) на собрании иерархов Православной церкви в Москве в 1948 году. Материалы собрания были опубликованы под названием «Деяния совещания глав и представителей автокефальных православных церквей в связи с празднованием 500-летия автокефалии Русской православной церкви, 8–18 июля 1948 года», в 2 томах. (М.: Московский патриархат, 1949). Протоиерей Г. И. Разумовский тепло отзывался о Поле Б. Андерсоне как о «вездесущем» в православном эмигрантском мире и отмечал, что он «прекрасно» говорил по-русски (т. 2, с. 106). Епископ Нестор, с другой стороны, энергично критиковал ХСМЛ как масонскую организацию, оказывающую разрушительное влияние на православный мир (т. 2, с. 382–385); чтобы ознакомиться с комментариями самого Андерсона об этих собраниях, см.: Anderson Paul B. Memorandum on Policy for the Russian Work. Aug. 9, 1951. P. 7.

[42] Зеньковский В. Духовно-воспитательная работа Богословского института // Вестник Русского христианского движения. 1985. № 3. Вып. 145. С. 254.

Зандер признавал, что в подготовке новых богословов были достигнуты успехи, но в 1959 году он выразил свою неоднозначную оценку способности нового поколения выпускников продолжить традицию, начатую первыми поколениями ученых: «У них другой тренд, другой стиль мышления; мы восхищаемся их способностями, но они не продолжают ту традицию, которой мы служили»[43].

Хорошо известно, что профессора Свято-Сергиевской академии написали большое количество книг. Однако книги одни мало что значат без читателей. Имеются свидетельства того, что произведения, созданные институтом, распространялись и читались тогда и продолжают пользоваться спросом по сей день. Когда в конце 1980-х годов советская цензура ослабла, в России быстро появились переиздания и новые издания книг, опубликованных преподавателями Свято-Сергиевской академии. Издание новых книг продолжается и по сей день; книги Бердяева, Федотова, Карташева, Мочульского, Булгакова и других были напечатаны тиражом в десятки тысяч экземпляров [Аржаковский 1999: 124].

Наследие

Значение поддержки, которую ХСМЛ оказал Свято-Сергиевской академии в 1925–1940 годах, демонстрирует работа института в 1990-е годы. В 1997 году в число 50 студентов входили студенты из Франции, России, Греции, Болгарии, Румынии, Сербии, Польши, Литвы, Финляндии, Грузии, Ливана, Японии, Эфиопии, Турции, Норвегии, Голландии, Бельгии, Италии и США. В 1970-х годах французский язык стал вторым официальным языком института — литургическим языком по-прежнему был церковно-славянский. В 1960–1970-х годах все меньше и меньше русских студентов посещали школу, поэтому языком обучения стал французский. Это совпало с переходом Семинарии Святого Владимира в Нью-Йорке на англоязычное обучение. 1965 год

---

[43] Letter from L. Zander to E. R. Hardy (at Westdean Rectory, Seaford, Sussex, England), May 13, 1959. Lev Zander archive (korobka 15, papka 5, #5:3). ITOS.

можно считать поворотным моментом в переходе института от русской православной школы к общеправославной. В том же году скончался второй ректор института, епископ Кассиан. Институт был одним из немногих православных богословских учебных заведений в Западной Европе, поэтому его выпускники стали священниками большинства местных церквей в этом регионе, многие из них — епископами, а один из них патриархом[44].

Хорошо известно, что институт внес большой вклад в создание Свято-Владимирской духовной семинарии, ведущей православной духовной школы в Соединенных Штатах. В 1948 году Флоровский переехал в Нью-Йорк, чтобы занять пост декана. В это же время там уже преподавал Федотов. Зскоре к ним присоединились Александр Шмеман и Джон Мейендорф. «Таким образом, почти вся вторая смена подворских профессоров оказалась за океаном, всецело посвящая себя миссии создания американской поместной церкви и, окормляющей ее, авторитетной богословской школы»[45]. Шмеман и Мейендорф много лет служили Православной церкви в качестве священников, учителей и ученых. Каждый из них возглавлял Свято-Владимирскую семинарию в Нью-Йорке в качестве декана: Шмеман с 1962 по 1983 год [Scorer 1984: 66], а Мейендорф с 1984 по 1992 год[46]. Их труды способствовали росту и процветанию Православной церкви в Соединенных Штатах. Их карьера подчеркнула успех академии в подготовке квалифицированного духовенства и создании некоторых из доступных православных художественных текстов, как объясняет П. Д. Стивс:

> После середины XIX века наиболее творческие достижения
> в православии принадлежали русским писателям, таким как
> Владимир Соловьев, Николай Бердяев, Сергей Булгаков,

---

[44] Озолин Н. К семидесятилетию русского Православного богословского института преподобного Сергия Радонежского в Париже // Вестник Русского христианского движения. 1996/1997. Вып. 2–1. С. 258, 259, 271.

[45] Там же. С. 270–271.

[46] Protopresbyter John Meyendorff (in Memoriam) // St. Vladimir's Theological Quarterly 1992. Vol. 36, No. 3. P. 180.

Георгий Флоровский, а также профессорам русских семинарий в Париже и Нью-Йорке, в частности Александру Шмеману и Джону Мейендорфу. Их работы слишком свежи, чтобы включить их в столпы православия, но они свидетельствуют о непрекращающейся жизнеспособности традиции.

В настоящее время институт получает помощь от Ассоциации поддержки и содержания Православного богословского института (AMEITO), организации финансовых доноров, в которую входят католики и протестанты [Clement 1997: 19]. Академия функционирует как часть Архиепископии западноевропейских приходов русской традиции. Одной из целей школы является служение «местом встречи через участие ее преподавателей в национальных и международных диалогах, будь то межправославных, экуменических или межрелигиозных» [Colosimo 1997: 27–28].

В настоящее время институт предлагает очные и заочные программы для студентов, получающих степень бакалавра, магистра и доктора наук. Институт также присуждает научную степень доктора наук в сотрудничестве с Французской католической семинарией. Школа поддерживает отношения с другими православными теологическими учебными программами через Syndesmos, международную православную молодежную сеть, и с помощью регулярных конференций по православному теологическому образованию. Большинство выпускников вступают в духовенство, и все большее число из них продолжают образование после завершения программы. В настоящее время ХСМЛ не оказывает финансовой поддержки; в 1950-х годах американская Y-ячейка сократила финансовую поддержку русского направления ХСМЛ после того, как наиболее активные его сотрудники скончались или перешли к работе над другими инициативами. Первоначальные инвестиции рассматривались Союзом как стартовый капитал, а не как гарантия долгосрочного финансирования. С 1990 года число студентов из бывших коммунистических стран увеличилось. В настоящее время в институте обучаются три студента из Греции. Институт наладил контакты с Московской духовной академией в Сергиевом Посаде, Киевской духовной академией и Православным Свято-Тихоновским богословским институтом в Москве[47].

Возможно, лучший способ продемонстрировать ценность Академии Святого Сергия — это представить двух ее самых известных и часто противопоставляемых профессоров, С. Булгакова и Г. Флоровского. Эти два человека были лидерами наиболее значимых доктринальных течений института: «русской школы» Булгакова, уходящей корнями в русскую религиозную философию XIX века и одновременно находящейся в плотном контакте с современной философской мыслью, и «неопатристического возрождения» Флоровского, уходящего корнями в труды греческих отцов Церкви. Их во многом не совпадающие взгляды обсуждались профессорами, православным духовенством, а также изучались теологами и историками. Поистине примечательно, что в течение некоторого времени они сосуществовали, хотя и с некоторым дискомфортом, в этой небольшой семинарии в Париже. Своими конфликтующими взглядами они подталкивали друг друга уточнять и углублять свои позиции, представляя свои убеждения; относительная свобода Института служила для них стимулом, подталкивающим к более активной и плодотворной интеллектуальной работе, чем могла бы дать более узкая среда, которая бы не вынуждала их постоянно сталкиваться с противодействием. Финансовый вклад Мотта в покупку здания до сих пор помнят и обсуждают, но его пример поддержки исследователей с радикально отличающимися взглядами, возможно, оказал более важное влияние.

Булгаков защищал уникальность православия, но был способен честно оценивать свое наследие и учиться у других традиций. С одной стороны, он утверждал: «Православие не является одной из исторических конфессий: оно есть сама Церковь в ее истинности». Однако он открыто обращал внимание:

---

[47] Проведенное автором интервью с архимандритом Иовом (Геча), профессором церковной истории в Православном богословском институте (Свято-Сергиевской православной богословской академии), 20 мая 2005 года. См. также: 60th Anniversary of St. Sergius Institute // St. Vladimir's Theological Quarterly 1985. Vol. 29, No. 3. P. 258–260.

все эти горести — и епископская, и священническая, и многие другие, относящиеся к бытовой и фактической жизни православия, некультурности и непросвещенности церковной нашего народа, обрядоверия и суеверия, дьячковскому ритуализму, — вообще всему тому, что делает наше православие неправославным.

Его подход к либеральным протестантам (среди которых было много его финансовых спонсоров) также был сбалансированным: он сочетал в себе искреннюю признательность и критику. Он проявлял признательность за искреннюю молитвенную жизнь, личный опыт чтения Библии, уважение к мирянам и практическую благотворительность, которые он наблюдал среди протестантов:

> ...разные христианские народы, принадлежащие к разным конфессиям, могут многому научиться друг у друга. Запад может найти дополнение к своей сухости в свободном духе православия; а православный Восток может многому научиться у христианского Запада в отношении религиозной организации повседневной жизни [Bulgakov 1976: 18, 58, 74–75, 104–105, 125, 133, 136].

Флоровский (1893–1979) заработал репутацию выдающегося богослова, философа и историка. Многие называли его ведущим православным богословом XX века. Один из его основных принципов заключался в том, что восточная и западная традиции в христианстве «не являются независимыми целостными единицами, способными существовать сами по себе». Это историческое убеждение привело к его богословскому подходу «идти вперед с Отцами» и подчеркивать патристическую традицию ранней единой Церкви [Chamberas 2003: 50, 56, 62, 66][48]. Флоровский и Булгаков оба прямо или косвенно извлекли пользу из вклада ХСМЛ.

---

[48] См. также [Raeff 1990a: 187–244] и [Mascall, Williams 1980: 69–72].

Глава 10
Сохранение православного содружества

Сравнение деятельности русского направления ХСМЛ с благотворительной работой Союза с молодежью в традиционно православных странах Балканского полуострова в первой половине XX века представляет особый интерес. В начале этой главы рассматривается история американской благотворительности на Балканах в XIX и начале XX века, включая религиозную благотворительность, образование и оказание помощи; также будут рассмотрены политические последствия этих программ. После рассмотрения этих аспектов анализируется работа ХСМЛ в Греции, Болгарии, Югославии и Румынии и сравнивается с работой Союза в России. Британский историк Д. Д. Оболенский описал общую международную культурную традицию, которая пережила Византийскую империю, как «Византийское содружество наций» [Obolensky 1971][1]. Активно действуя на Балканах, а также в России и русской диаспоре, ХСМЛ помогал поддерживать единство православного содружества, которое сохранялось как культурное и духовное явление еще долго после изменения географических и политических границ Византийской империи. Персонал, программы и публикации ХСМЛ помогли сохранить жизнеспособность этого содружества и его живую связь с русским православным миром.

---

[1] Чтобы ознакомиться с критическими исследованиями на эту тему, см. [Kitromilides 2007] и [Raffensperger 2004: 159–174].

Американская филантропия на Балканах

Движение так называемых филэллинов (друзей греков) повысило интерес к Греции в Соединенных Штатах и послужило катализатором для международной поддержки. Р. Л. Дэниел отмечает, что «одной из первых зарубежных территорий, где американцы сознательно стремились изменить местные нравы, обычаи и технологии, был Ближний Восток и Малая Азия. Филэллины, движимые романтическими страстями того времени, то сражались за независимость Греции, то раздавали милостыню». Растущая озабоченность судьбой Греции побудила американских миссионеров разработать широкий спектр благотворительных программ. К 1914 году более 1000 американцев отправились в регион, чтобы принять участие в этой работе [Daniel 1970: ix, xi][2]. Американский совет комиссаров по зарубежным миссиям (American Board of Commissioners for Foreign Missions, далее — Американский совет) был одним из первых агентств, начавших работу на Ближнем Востоке и Малой Азии. Американский совет, собранный из конгрегационалистов и пресвитериан, объединил в своей работе образование, экономическое развитие и религиозную деятельность. К Американскому совету присоединились другие пресвитерианские и методистские группы, а также Американское библейское общество. Изначально эти миссионеры надеялись обратить мусульман и иудеев в христианство, но крестились в итоге лишь немногие. Они также хотели работать в православных церквях Османской империи и независимой Греции, но их присутствие рассматривалось как угроза многими священнослужителями, которые опасались появления перебежчиков в протестантизм. Эти трудности привели к тому, что основное внимание стало уделяться образованию, медицине и другим формам благотворительности в попытках удовлетворить практические потребности людей и наладить отношения с церквями. Иерархи Греческой православной церкви продолжали

---

[2] О работе протестантских миссионеров на Ближнем Востоке см. [Donovan 1992: 16–39; Gillespie 1988: 63–92; Nestlehutt 1996: 293–313].

сопротивляться работе миссионеров и запретили использование копий Библии, предоставленных Американским библейским обществом, из-за наличия в них современного греческого языка; в этом сопротивлении они сотрудничали с правительственными чиновниками [Giannuli 1992: 23–24, 27–29].

Юлиус Рихтер предложил протестантскую точку зрения на трудности, с которыми сталкивалась благотворительная инициатива. Он защищал идею взаимодействия с православными церквями и выражал свое разочарование отсутствием православной проповеди среди мусульман. Рихтер утверждал, что протестантизм и «истинное национальное чувство» могут быть совместимы и что православное «отождествление нации с Церковью» опасно для жизни Церкви. Он утверждал, что «великие протестантские миссии были отправлены на Восток с искренним желанием не основать новые церкви, а через самоотверженное служение и внедрение протестантской жизненной силы подготовить почву для реформы изнутри» [Richter 1910: 68–70]. Американский совет начал свою работу в 1878 году в Болгарии. Первоначальной целью агентства было донести Евангелие до мусульман Османской империи. Они понимали, что это невозможно было сделать напрямую, поскольку «любой отступник от ислама был обречен на смертную казнь». В результате они стремились работать косвенно, вдохновляя служение и нравственную реформу внутри Православной церкви. Они видели множество точек сближения с православными, но отмечали разницу в понимании пути к спасению, в котором центральное положение занимали таинства [Hall 1938: 3]. Миссионеры сталкивались с трудностями в Греции из-за непонимания национализма, который значительно укрепился в ходе войны за независимость. Они редко признавали, что Церковь обеспечивала какую-либо культурную сплоченность [Saloutos 1955: 171]. Р. С. Северис затрагивает эти темы в своем исследовании американской миссионерской работы:

Миссионерам было трудно понять, насколько глубоко были укоренены ритуалы Православной церкви. Это было прямым противоречием их убеждениям, поскольку миссионеры отвергали все формы традиционных ритуалов и проповедовали новую мораль, отраженную в более актуальном толковании Священного Писания [Severis 2002: xxxiii].

Одной из местных греческих организаций, схожей с ХСМЛ, была Zoe («Жизнь») — общее название Союза сотрудничающих христианских корпораций в Греции. Она возникла как издательское предприятие, призванное поддерживать развитие христианских идеалов. В 1911 году впервые вышел в свет журнал "Zoe", который к 1961 году насчитывал более 170 000 подписчиков и выпустил 360 книг общим тиражом 9 млн экземпляров. Организация позднее организовала воскресную школу для молодежи, в которой приняли участие 200 000 человек [Sophocles 1961: 58–59].

На протяжении многих лет создавались различные учебные заведения: начальные школы для нуждающихся (без платы за обучение), начальные школы (с платой за обучение), средние школы, колледжи и сельскохозяйственные школы. Основанные американцами школы, за которыми стояли 100 лет инвестиций в образование, оставили значительное социальное и культурное наследие. Они послужили образцом для образовательных учреждений, созданных на Ближнем Востоке после 1918 года. Школы знакомили молодежь с новыми идеями и поощряли их участие в культурных и политических мероприятиях. Преподавание в них национальной литературы и истории также способствовало развитию национального самосознания среди христиан Османской империи. Учебные заведения внедряли новые идеи в области медицины, сельского хозяйства, технологии и бизнеса [Giannuli 1992: 31, 33, 49–50].

Благотворительная работа на Ближнем Востоке достигла своего апогея в 1922–1923 годах, когда американские организации, такие как Красный Крест, поддержали и профинансировали помощь миллиону греческих беженцев, прибывших из Турции после военного поражения в Смирне. Работники предоставляли чрезвычайную продовольственную поддержку, одежду, медицинскую помощь и лекарства; они также помогали греческим чиновникам в разработке политики оказания помощи при стихийных бедствиях. Американские волонтеры также проводили обучение медсестер и создавали детские дома [Ibid.: 341].

Неправительственные контакты, установленные за 100 лет американской благотворительной деятельности, сформировали прочные связи между Соединенными Штатами и Ближним Востоком. Благодаря гуманитарной деятельности на Балканах США постепенно приобрели социальный и культурный вес в этих странах и начали рассматривать некоторых христианских лидеров как неофициальных представителей американского правительства. В своей речи перед Конгрессом в 1911 году президент США У. Г. Тафт подчеркнул значение филантропии для продвижения политических и коммерческих интересов США. Эта точка зрения значительно укрепилась во время Первой мировой войны [Ibid.: 39]. Характерная эмблема на знамени Американского Красного Креста была признана символом гуманизма США во время войны. Американский Красный Крест был основан в 1881 году и зарегистрирован Конгрессом США в 1900 году; регистрация «обязывала его тесно сотрудничать с правительством США во время своих зарубежных миссий». Димитра Джаннули утверждает, что Красный Крест выполнял как гуманитарную, так и политическую роль во время войны; сотрудники организации оказывали помощь войскам, в то время как правительство США рассматривало эту программу как содействие открытости Европы к демократическому управлению, особенно если благотворительность сопровождалась государственным финансированием со стороны США. Во время и после войны американские дипломаты часто рассматривали Американский Красный Крест и другие американские благотворительные организации как «оружие» правительства для оказания помощи. Эта политика «независимого интернационализма» позволяла Соединенным Штатам расширять свое влияние в вопросах, не требующих конкретного политического или дипломатического участия [Giannuli 1996: 108–109, 132]. Этот американский гуманизм «подготовил почву» для значительного усиления культурной и политической роли в Ближнем Востоке после 1945 года [Giannuli 1992: 343].

Прежде чем перейти к рассмотрению работы ХСМЛ, полезно вспомнить ключевые аспекты американской благотворительной традиции на Балканах и на Ближнем Востоке. Американские протестантские организации сталкивались с проблемами в своей совместной работе с Православной церковью из-за культурного влияния православных церквей и последствий национализма. Эти трудности привели к тому, что больше внимания уделялось образовательным программам, многие из которых в итоге оказали значительное долгосрочное влияние. Американские благотворительные организации брали на себя второстепенную роль представителей правительства США, даже если не желали этого.

ХСМЛ в Греции

В 1892 году Л. Д. Уишард, министр иностранных дел североамериканского ХСМЛ, помог создать Y-ячейку в столице Греции, в Афинах, но к 1914 году она прекратила свою деятельность. В 1918 году премьер-министр Элефтериос Венизелос пригласил Совет ХСМЛ по работе с военнослужащими направить секретарей для помощи греческим солдатам. Х. А. Хендерсон и Р. Боардман работали с французскими войсками недалеко от Салоник, но затем перешли на оказание услуг греческим войскам в этом районе. К ним присоединились около 25 американских секретарей, и к 1920 году было создано 34 станции ХСМЛ, предоставлявшие различные услуги солдатам. В том же году под руководством Международного комитета американского ХСМЛ началась работа с гражданским населением в Афинах и Салониках. У. Л. Амос начал работать в Салониках, а Д. О. Хиббард — в Афинах; греческие Y-ячейки были официально созданы в этих городах в 1921 и 1923 годах соответственно. В 1920 году было организовано отделение ХСМЛ для греков в Смирне, но военное поражение и эвакуация греков в 1922 году положили конец этому проекту. Греческое православное духовенство поддерживало работу Союза в Афинах и Салониках, которая включала работу с мальчиками и студентами. Оказание помощи вновь переселенным грекам из

Малой Азии способствовало росту популярности ХСМЛ. Хиббард покинул Грецию в 1924 году по состоянию здоровья, поэтому Амос переехал в Афины в 1925 году. Г. П. Лэнсдейл-младший приехал в Салоники, чтобы поддержать эту работу, а Л. В. Рис стал национальным директором по физической культуре. Новая ячейка была образована на острове Корфу митрополитом Афинагором, который позже стал Константинопольским патриархом. К работе присоединились греческие секретари, и к 1930 году программа ХСМЛ сформировала сильную традицию, в которой американские секретари учились у местного персонала.

Великая депрессия 1930-х годов изменила вектор развития организации: по финансовым причинам весь американский персонал, кроме Лэнсдейла, был отозван. Однако Лэнсдейл разработал финансовую программу, нацеленную на самообеспечение на местном уровне: к 1934 году греческая Y-ячейка поддерживала работу четырех лагерей для мальчиков. В 1939 году Лэнсдейл вернулся в Соединенные Штаты по семейным обстоятельствам, поэтому Дж. У. Брауну было предложено сочетать работу одновременно в Греции и в Румынии. В ноябре 1939 года греческое правительство объявило, что все образование молодежи должно осуществляться государством. Работа, которую ранее выполнял ХСМЛ, теперь стала обязанностью Национальной молодежной организации (EON). ХСМЛ был распущен, а ее помещения перешли к EON. Премьер-министр Метаксас решил игнорировать ранее заключенное с Лэнсдэйлом соглашение об ограниченном продолжении работы ХСМЛ. Однако к 1942 году политическая ситуация изменилась и греческая программа Союза была восстановлена [Latourette 1957: 384–387][3].

Одним из наиболее выдающихся результатов работы американского ХСМЛ в Греции было его влияние на будущего Вселенского патриарха Афинагора I. В 1967 году он написал письмо Полу Б. Андерсону и вспомнил о своем раннем участии в дея-

---

[3] См. также: Anderson Paul B. A Study of Orthodoxy and the YMCA. P. 21–23. Booklet printed in Geneva by the World Alliance of Young Men's Christian Associations, 1963. Pamphlets on Orthodoxy. YMCA of the USA, Anderson Paul B., 1. KFYA.

тельности Союза: он «жил жизнью этой организации, каждый день вдохновляясь ее христианским духом и апостольской деятельностью ради молодых людей»[4].

Двумя самыми большими вызовами для программы ХСМЛ в Греции были события 1922 года в Смирне и приостановка работы Союза с 1939 по 1942 год. Дж. Хортон, сотрудник консульской службы США, описал работу ХСМЛ в Смирне и Салониках. Помещение, которое Союз использовал для обслуживания греческих солдат, было «одним из самых больших и самых лучших в Смирне». Гражданский отдел работал в бывшем кафе (это помещение было уничтожено пожаром в 1922 году). ХСМЛ также предлагал программу сельскохозяйственного обучения и летний лагерь для мальчиков за городом. Y-ячейка в Салониках управляла школой и сельскохозяйственным колледжем при поддержке местных и национальных властей. Хортон пригласил короля Александра в Салоники, чтобы тот посетил ХСМЛ и другие образовательные учреждения. Кроме этого, Хортон описал приток греческих беженцев в Смирну после наступления турецких войск на греческую армию: «Они прибывали тысячами в Смирну и по всему побережью. Они заполняли все церкви, школы и дворы ХСМЛ и ХСМЖ, а также американские миссионерские школы». «Я гордился всей своей колонией в Смирне. Следует упомянуть Джейкобса, директора ХСМЛ. Он был и, без сомнения, остается известен своей добродушной улыбкой, которую он сам называет "улыбкой ХСМЛ"» [Horton 1926: 88–90, 118, 131][5].

Переписка секретаря Г. П. Лэнсдейла-младшего документирует его смелые, но в конечном счете тщетные попытки уберечь ХСМЛ от поглощения EON, Национальной молодежной организацией, во время режима премьер-министра Иоанниса Метаксаса. Лэнсдейл встретился с Метаксасом 13 декабря 1938 года. Они в течение

---

[4] A Grand Old Man and a Great Old Friend of the YMCA. World Communiqué, Sept. — Oct. 1967. P. 10. Данный документ является переводом с греческого следующего документа: letter from Ecumenical Patriarch Athenagoras I to Paul B. Anderson, Apr. 24, 1967. Miscellaneous. YMCA of the USA, Anderson Paul B., 3. KFYA.

[5] См. также [Cassimatis 1988], где на с. 128 описывается помощь, которую ХСМЛ оказывал во время эвакуации в Смирну.

90 минут беседовали об истории работы ХСМЛ в Греции и его текущем положении. Метаксас изложил свою позицию по поводу этой организации, а Лэнсдейл оптимистично предположил, что она не приведет к слиянию с Национальным молодежным движением по четырем причинам. Во-первых, время и интерес Метаксаса к ХСМЛ показывали, что он хотел, чтобы Союз продолжал свою деятельность в стране. Во-вторых, он не хотел ссориться с американцами. В-третьих, текущие планы греческого национального молодежного движения оставляли молодым людям свободные дни для участия в мероприятиях Союза. В-четвертых, он считал, что лидеры национального молодежного движения хотели бы, чтобы ХСМЛ продолжал свою работу[6]. После встречи Лэнсдейл составил отчет о встрече, который впоследствии был одобрен Метаксасом. Премьер-министр заявил, что он «против всех форм международного взаимодействия, за исключением научного, политического или спортивного». Поэтому на просьбу Лэнсдейла разрешить греческой молодежи посетить предстоящие конференции в Югославии и Нидерландах он ответил отказом: «Если молодые люди уедут за границу и встретятся с людьми других наций, враждебных нам, они станут мягкими и, следовательно, уже не смогут быть хорошими бойцами для защиты своего отечества». Метаксас также заявил, что «вне Церкви нет места для религиозных организаций». Однако он согласился с тем, что «ХСМЛ будет продолжать свою деятельность как автономная организация, продолжая свою программу, как и в прошлом». Национальное молодежное движение будет предоставлять дополнительное образование мальчикам и молодым людям в «гражданской» сфере; также он заявил, что ценит работу ХСМЛ[7].

---

[6] Letter from Herbert P. Lansdale Jr. to Eugene E. Barnett, January 13, 1939. P. 2–3. Lansdale. YMCA of the USA, Anderson Paul B., 3. KFYA (Барнетт был исполнительным секретарем Международного комитета ХСМЛ Канады и США. Лэнсдейл был национальным директором ХСМЛ Греции).

[7] Lansdale Jr. H. P. Summary of Conversation between His Excellency John Metaxas and H. P. Lansdale, Jr., in the Prime Minister's Office, on Tuesday, Dec. 13, 1938. 5–6:30 pm, Dec. 28, 1938. P. 1–3. Lansdale. YMCA of the USA, Anderson Paul B., 3. KFYA.

Позже в том же году Лэнсдейл получил известие о том, что в ноябре 1939 года указом греческого правительства были распущены ХСМЛ, ХСМЖ, объединения бойскаутов и девочек-скаутов[8]. Лэнсдейл вернулся в Соединенные Штаты и теперь занимал пост генерального секретаря ХСМЛ в Рочестере (штат Нью-Йорк). Узнав о закрытии ХСМЛ и его организаций, он направил Метаксасу письмо с протестом: «Я глубоко разочарован тем, что ваше правительство распустило Христианский союз молодых людей в Греции и конфисковало его имущество»[9]. Метаксас написал Лэнсдейлу ответ, в котором с некоторым оттенком цинизма заявил, что ХСМЛ был закрыт вместе со всеми неправительственными образовательными организациями: «Было бы затруднительно сделать какое-либо исключение. <...> Мы скорее должны были бы полагать, что Вы и Ваши друзья будете удовлетворены тем, что мы наконец достигли этапа, на котором можем самостоятельно распоряжаться делами нашего государства»[10]. Это напомнило Лэнсдейлу, что благотворительность в Греции при диктаторе, равно как и благотворительные программы при царе (или комиссаре), зависит от воли немногих.

ХСМЛ в Болгарии

Появлению программ ХСМЛ в Болгарии способствовали скорее усилия протестантских миссионеров, нежели деятельность Y-секретарей. Американский совет комиссаров по зарубежным миссиям учредил программы Союза на Балканах как способ расширить свое влияние на православных верующих. В 1899 году Первая евангелическая церковь, община конгрегационалистов в Софии, организовала молодежную ассоциацию

---

[8] Memorandum from Herbert P. Lansdale Jr., Dec. 1, 1970. P. 1. Lansdale. YMCA of the USA, Anderson Paul B., 3. KFYA.

[9] Letter from Herbert P. Lansdale Jr. to John Metaxas, Dec. 14, 1939. Lansdale. YMCA of the USA, Anderson Paul B., 3. KFYA.

[10] Letter from J. Metaxas to Herbert P. Lansdale Jr., Dec. 27, 1939. P. 1. Lansdale. YMCA of the USA, Anderson Paul B., 3. KFYA.

Kotva («Якорь»). Секретарь этой ассоциации, связанный с Всемирным альянсом ХСМЛ в Женеве, реорганизовал эту программу в Y-ячейку; в ее состав входили протестанты, православные и католики. К 1910 году сотрудники Американского совета организовали 17 Y-ячеек в Болгарии и Македонии. В 1909 году Американский совет пригласил Международный комитет ХСМЛ в Нью-Йорке направить секретаря на Балканский полуостров. В конце концов секретари ХСМЛ и ХСМЖ начали работу в Болгарии. Межконфессиональный характер движения создавал трудности: православные рассматривали ХСМЛ как «скрытую форму протестантской пропаганды», а евангелисты «с трудом верили в возможность плодотворного сотрудничества с членами национальной Церкви». В 1910 году был основан Болгарский альянс ХСМЛ, и Софийская ячейка Союза запросила секретаря из Всемирного комитета, поэтому в 1913 году для работы с этим протестантским отделением ХСМЛ был отправлен Анри Жоанно. Работа со студентами в Софии также началась в 1910 году: студент, получавший стипендию от городской Евангелической церкви, организовал неофициальное отделение ХСМЛ для студентов. Эти студенты пригласили Д. Р. Мотта и Ш. Эдди выступить в университете и получили одобрение от руководства университета. Лекторы выступили перед большой аудиторией в университетских залах, что привлекло многих студентов. Мотт встретился с митрополитом Стефаном и выступил в семинарии Болгарской православной церкви. Он также провел тридцатиминутную встречу с царицей, которая заявила, что будет поддерживать работу Союза. В итоге в Софии были созданы официальные организации ХСМЛ и ХСМЖ для студентов [Hall 1938: 224–225; Steuer 1997: 27–29].

После непродолжительных споров молодые православные верующие были приняты в члены и руководители ХСМЛ в Софии. Первая мировая война прервала работу студенческого движения и Союза; в 1921 году Международный комитет направил секретаря П. М. Аллена в болгарскую столицу, и работа обеих групп возобновилась. А. И. Никитин, который был лидером дореволюционного Русского студенческого христианского движения, начал расширять работу со студенчеством в Болгарии в 1922 году[11]. Аллен ушел в отставку в 1939 году, и П. Б. Андерсону было предложено взять руководство на себя[12]. Однако ХСМЛ был закрыт и больше не мог функционировать при послевоенном коммунистическом правительстве.

Софийская Y-ячейка предлагала различные образовательные программы в дополнение к еженедельным воскресным собраниям. Эта работа была одобрена Министерством образования Болгарии[13]. Вечерние курсы проводились по иностранным языкам и бизнесу; в 1925–1926 годах в них участвовало более 500 студентов, а лекции посещали более 1800 человек. В этот период общее число членов 20 болгарских организаций ХСМЛ достигло 700[14].

Болгарский ХСМЛ полагался на начальное финансирование от американского отделения Союза. Международный комитет передал Болгарскому альянсу средства, оставшиеся после войны от программы помощи военнопленным. Кроме того, софийскому отделению были переданы помещения казарм[15]. В 1920-е годы лидеры болгарского ХСМЛ запросили помощь в приобретении нового здания из-за близости казарм, где проходили собрания, к протестантской церкви[16].

Учреждение нового ХСМЛ в Болгарии вызвало больше сопротивления со стороны местных православных лидеров, нежели в Греции. Отчасти это было связано с резкой критикой со стороны Русской православной церкви беженцев, которые назвали эту работу «иудео-масонской». ХСМЛ защищали митрополит Со-

---

[11] Anderson Paul B. A Study of Orthodoxy and the YMCA... P. 20–21.

[12] Postwar Policy — Bulgaria, Nov. 23, 1943. P. 2. 1939–1949. Roumania, Correspondence and Reports, Misc, 1946–1974. 64. KFYA.

[13] Letter from "the Bulgarian delegation" [signatures unclear] of the Sofia YMCA to John R. Mott, Jun. 1, 1923. P. 2. Sofia 1922–1931. Bulgaria. KFYA.

[14] Markham R. H. Bulgaria and the Y.M.C.A. (Sofia: Stopansko Razvitie, 1926). P. 42, 46. YMCA Press. YMCA of the USA, Anderson Paul B., 1. KFYA.

[15] Bulgaria, [1924]. P. 1–2. Tech School 1924. Bulgaria. KFYA.

[16] Letter from the Sofia YMCA to Mott, Jun. 1, 1923. P. 3–4.

фийский Стефан и профессор православного богословского факультета С. Занков, который также был протоиереем. Представители высшего православного духовенства разделились на тех, кто поддерживал ХСМЛ, и тех, кто выступал против его деятельности[17]. В 1924 году Священный Синод Болгарской православной церкви выпустил официальное заявление против ХСМЛ. В нем говорилось, что цели и идеалы Союза не совпадают с целями Церкви. В частности, духовенство выступило против деятельности групп по изучению Библии, которую сочли проявлением «протестантизма»: «...это ставит в основу религиозных убеждений личное представление, которое является индивидуальным, нейтральным и независимым от церковной власти и святых традиций». ХСМЛ был объявлен «небезопасной» для членов Церкви организацией[18]. В связи с нарастающей дискуссией в обществе Мотт избрал Софию для проведения первой конференции, посвященной отношениям между ХСМЛ и Православной церковью в 1928 году. На встрече Мотт разрешил открытое обсуждение обвинений ХСМЛ в том, что это — протестантская организация, направленная на прозелитизм и разрушение Православной церкви. ХСМЛ в целом признал конференцию успешной[19]. Союз ХСМЛ добился устойчивого прогресса в том, чтобы завоевать признание среди православного духовенства[20].

ХСМЛ в Румынии

В Румынии православие также являлось государственной религией, но в стране проживало и большое количество протестантов и католиков. Деятельность ХСМЛ началась во время Первой мировой войны, когда сотрудники Союза, находившиеся в Турции, начали помогать румынским солдатам. После войны

---

17 Letter from the Sofia YMCA to Mott, Jun. 1, 1923. P. 2.

18 Bulgaria, Section II, [1924]. P. 1–2. Sofia 1932–1960. Bulgaria. KFYA.

19 Anderson Paul B. A Study of Orthodoxy and the YMCA... P. 20–21.

20 Markham R. H. Bulgaria and the Y.M.C.A... P. 46.

румынское правительство предложило ХСМЛ продолжить свою работу[21]. Американские секретари запустили программу для мальчиков в Бухаресте и получили землю для создания летних лагерей. К 1924 году в программе участвовали 600 мальчиков[22]. К тому времени в Румынии работали три американских сотрудника: Ф. Э. Стивенс (генеральный секретарь и директор по физической культуре), Дж. В. Браун (директор по работе с мальчиками) и У. Х. Морган (студенческий секретарь)[23]. Программы включали группы по изучению Библии, создание игровой площадки и курсы английского языка[24]. Работа со студентами велась по типичной схеме ХСМЛ. Сначала студентов привлекали публичные лекции американского оратора Р. П. Уайлдера. Затем для заинтересованных студентов проводились встречи. Лидеры движения были отправлены на конференции ВСХФ в Европе и собрались на рекреационные встречи в Румынии. В работе со студентами существовало определенное сотрудничество между румынскими и венгерскими студентами, несмотря на традиционную вражду между этими двумя группами. Морган приветствовал участие православных верующих, но продолжал использовать в работе американские протестантские книги, такие как труды Г. Э. Фосдика[25]. Румынская Y-ячейка была официально основана в 1927 году в сотрудничестве с Министерством народного образования. В 1920-е годы это движение полагалось на американских спонсоров. Переход к финансовой самообеспечен-

---

[21] International Survey Committee. The Report of the Survey in Roumania, [1930]. P. 3. Romania. International Survey — 1930, Roumania, Russia, South Africa, Box 12. KFYA.

[22] Stevens F. E. Material from Roumania for the Conference between the International Committee and Other Association Movements to Be Held Sept. 1924. P. 4. 1918–1938. Roumania, Correspondence and Reports, 1916–1946. 64. KFYA.

[23] A Statement for the European Commission on the Present Status of the Work in Rumania as of May 1st, [1924]. P. 1. 1916–1926. Roumania, Correspondence and Reports, 1916–1946. 64. KFYA.

[24] Stevens F. E. Material from Roumania... P. 5.

[25] Morgan Wm. H. Pioneering Among Romanian Students, Apr. 15, 1924. P. 2–5. 1916–1926. Roumania, Correspondence and Reports, 1916–1946. 64. KFYA.

ности был затруднен вследствие банкротства банка, в котором Бухарестская программа хранила большую часть своих средств. Однако к 1930-м годам секретари сообщали, что движение перешло на самоокупаемость[26].

Православное духовенство не противостояло ХСМЛ в Румынии так решительно, как в Болгарии, но и не оказывало ему такой поддержки, как в Греции. В 1924 году старший американский секретарь сообщил, что он пытается наладить отношения с православным духовенством, но по-прежнему сталкивается с подозрениями в пропаганде протестантизма. Он пытался установить связи с менее консервативными представителями духовенства: «Наше место рядом с Православной церковью, которая ищет новый свет и жаждет получить что-либо от Запада». Вопреки другим известным отчетам Стивенс писал, что книги Фосдика «непрерывно читались и изучались» священниками, профессорами и студентами[27]. Секретари сообщали, что Румынская православная церковь «проявляла теплую симпатию, и отношения с ней были самыми сердечными и полезными»[28]. В 1930 году в Бухаресте прошла вторая из трех конференций по православию и работе ХСМЛ, и эти встречи, по-видимому, привели к улучшению отношений с Православной церковью. В 1937 году секретарь румынского ХСМЛ сообщил: «Союз пользуется поддержкой и содействием Греческой православной церкви, два ведущих епископа и один священник входят в состав совета директоров»[29].

Как и в Греции и Болгарии, Вторая мировая война стала тяжелым испытанием для румынского ХСМЛ. Тяготы войны особенно близко коснулись Дж. В. Брауна, американского секретаря ХСМЛ в Румынии. В январе 1941 года Браун наблюдал уличные

---

[26] International Survey Committee. The Report of the Survey in Roumania… P. 3, i–ii.

[27] Stevens F. E. Material from Roumania… P. 2–3, 8.

[28] A Statement for the European Commission… P. 2.

[29] Europe Moves Mass-ward / interview with James Brown, National YMCA Secretary of Roumania, [1937]. P. 2. Misc. Roumania, Correspondence and Reports, Misc, 1946–1974. 64. KFYA.

бои в Бухаресте недалеко от его квартиры и офиса[30]. Работа Союза была подавлена во время нацистской оккупации и окончательно запрещена при коммунистическом правительстве[31].

Работа американских секретарей в Румынии продвигалась довольно медленно по сравнению с другими движениями на Балканах. В начале 1930-х годов в отчете Союза отмечалось, что «ХСМЛ в Румынии, по общему признанию в кругах ХСМЛ, является одним из самых слабых движений. С крупномасштабной работы в армии и среди гражданского населения оно сжалось до небольшой ячейки Союза в Бухаресте и центра в соседней общине, управляемого волонтерами». Поддержание этой добровольческой инициативы было отдельной проблемой, поскольку миряне в Румынии не спешили брать на себя ответственность за ее развитие. В этой оценке также отмечалось, что румынская ячейка Союза не установила прочных отношений с Всемирным альянсом или американским ХСМЛ. Ситуация казалась задачей, на которую у лидеров ХСМЛ не было ясных ответов: «Есть склонность полагать, что основная часть американской помощи Румынии поступила слишком рано, до того, как была подготовлена почва для ее приема и использования с максимальной пользой. Среда не является враждебной для развития работы Союза, но скорее чуждой ей»[32]. Напротив, в отчете секретаря румынского ХСМЛ за 1943 год сообщалось о ряде положительных результатов: сотни мальчиков и молодых людей были научены следовать пути Иисуса и участвовать в жизни Церкви. Союз поощрял взаимодействие и мир между этническими группами внутри страны. Кроме того, румынскому населению были представлены американские виды спорта и спортивная культура[33].

---

[30] Letter from J. W. Brown to Frank V. Slack, Jan. 23, 1941. P. 1–3. 1940–1945. Roumania, Correspondence and Reports, 1916–1946. 64. KFYA.

[31] Anderson Paul B. A Study of Orthodoxy and the YMCA... P. 23–24.

[32] International Survey Committee. The Report of the Survey in Roumania... P. i, iv–v.

[33] Brown James W. Policy Advisory Study, Rumania, Nov. 23, 1943. P. 2. 1939–1949. Roumania, Correspondence and Reports, Misc, 1946–1974. 64. KFYA.

ХСМЛ в Югославии

Работа ХСМЛ в Югославии началась после Первой мировой войны под руководством британского члена Союза, который продвигал изучение Библии в духе протестантизма. Организация росла и позже отчиталась о примерно 40 группах, членами которых были 5000 человек[34]. В 1911 году Дж. Р. Мотт посетил Белград и организовал учебную группу для студентов. Однако война положила конец этой программе; в 1919 году была предпринята неудачная попытка ее возрождения[35]. В 1930 году Д. А. Лоури, давний участник работы ХСМЛ с русскими, возобновил программу для студентов университетов в Белграде после консультации по вопросам ХСМЛ и православия в Афинах. Его работа была попыткой продемонстрировать принципы, принятые на встрече. Лоури начал свою работу под эгидой британского ХСМЛ и смог использовать для работы со студентами два помещения здания Союза в Белграде. Он начал с формирования управляющего совета при содействии православной иерархии. Лоури расширил программу, организовав учебные группы[36]. К концу 1931 года он организовал четыре дискуссионных клуба: «Религиозно-философские проблемы», «Международные отношения», «Современные социальные проблемы» и «Клуб "Иди и смотри"», который организовывал экскурсии. Средняя посещаемость четырех групп составляла около 60 человек[37]. Он также организовал религиозные рекреационные поездки для сербских и болгарских студентов в сербский монастырь недале-

---

[34] Sitters P. H. Jugoslavia, British Y.M.C.A. Review, clipping in archive, no date. P. 139. 1919–1946. Yugoslavia, Correspondence and Reports, 1919–1959. KFYA; Anderson Paul B. A Study of Orthodoxy and the YMCA... P. 25.

[35] Lowrie Donald A. Student Department YMCA in Belgrad, [1931]. P. 1. 1930–1932. Yugoslavia, Correspondence and Reports, 1919–1959. KFYA.

[36] Lowrie Donald A. Student Work in Jugoslavia, Feb. 24, 1932. P. 1–2. 1930–1932. Yugoslavia, Correspondence and Reports, 1919–1959. KFYA.

[37] Lowrie Donald A. Student Department of the Belgrad YMCA, Report for Oct. and Nov. 1931. P. 1–2. 1930–1932. Yugoslavia, Correspondence and Reports, 1919–1959. KFYA.

ко от болгарской границы[38]. Лоури сообщил о расширении коммунистической антирелигиозной пропаганды в Восточной Европе; в одной из распространяемых брошюр утверждалось, что Иисус никогда не существовал. ХСМЛ сотрудничал с другими христианскими организациями, чтобы ответить на это выпуском литературы[39].

Долгосрочной целью Лоури было создание в Белграде студенческого служения среди самих местных студентов, которое было бы «особенно адаптировано для православных студентов». Он также планировал сотрудничество с ХСМЛ в других православных странах, чтобы делиться идеями и продвигать цели Афинской консультации[40]. Как он объяснял друзьям:

> В Белграде преобладает православная атмосфера, и мы надеемся повторить здесь тот в высшей степени успешный опыт, который у нас был с русскими в Западной Европе. Если нам это удастся, результаты будут ощущаться повсюду на Балканах, в новой жизни Церкви и обновлении руководящей роли христианства в общественных делах[41].

Он был рад сообщить, что получил поддержку влиятельного епископа Николая. Он также встретился с патриархом и получил одобрение запланированной работы со студентами[42]. Однако его план не был реализован, поскольку из-за нехватки финансирования югославского ХСМЛ Лоури был отозван в Америку. Его

---

[38] Ibid. Report for Mar. 1932. P. 2. 1919–1946. Yugoslavia, Correspondence and Reports, 1919–1959. KFYA.

[39] Lowrie Donald A. Communist Anti-Religious Activities in the Baltics and the Balkans, 1932. P. 1–3. 1919–1946. Yugoslavia, Correspondence and Reports, 1919–1959. KFYA.

[40] Memorandum of Conversation between Messrs: Davis, Gethman, Willis, and Lowrie, Geneva, Apr. 29th, 1930. P. 1–2. 1919–1946. Yugoslavia, Correspondence and Reports, 1919–1959. KFYA.

[41] Letter from Donald A. Lowrie to friends, Sept. 1930. P. 1. 1919–1946. Yugoslavia, Correspondence and Reports, 1919–1959. KFYA.

[42] Letter from Donald A. Lowrie to friends, Dec. 9, 1930. P. 2–3. 1930–1932. Yugoslavia, Correspondence and Reports, 1919–1959. KFYA.

попросили вернуться в Соединенные Штаты к августу 1932 года[43]. Пол Б. Андерсон сообщил, что работа югославского ХСМЛ в общем закончилась с нападением Германии в 1940 году[44].

ХСМЛ на Балканах: обзор

С 1900 по 1940 год Греция, Болгария, Румыния и Сербский регион Югославии объединяли преобладание православия на их территориях, нахождение в прошлом в составе Османской империи и рост национализма. Однако по ряду причин трудно провести прямое сравнение программ ХСМЛ в этих четырех балканских странах. Очевидно, что, помимо культурной и политической схожести, нельзя не учитывать и различия, такие как более раннее обретение Грецией независимости и более высокий уровень этнического разнообразия Румынии и Югославии. Кроме того, в ходе данного исследования не было найдено никакого прямого сравнительного анализа статистики по численности состоящих в ХСМЛ или бюджета соответвующих программ ХСМЛ. Поэтому последующие сравнения, основанные на собранных документальных свидетельствах, представлены в несколько предварительном порядке.

Во всех четырех странах Балкан секретари ХСМЛ признавали историческую сложность разработки протестантской или межконфессиональной программы в стране с преобладающим православием. Они в первую очередь сосредоточились на образовательной и рекреационной деятельности, как это делали ранее американские филантропы. Самые ранние программы ХСМЛ во всех четырех странах имели явно протестантский подход и не нашли широкой поддержки. После Первой мировой войны американские миссионеры стали активнее сотрудничать с православной молодежью и разработали межконфессиональные программы, которые приветствовали полное участие православных. Греческая работа

---

[43] Letter from Frank V. Slack to Donald A. Lowrie, Jun. 7, 1932. P. 1–3. 1919–1946. Yugoslavia, Correspondence and Reports, 1919–1959. KFYA.

[44] Anderson Paul B. A Study of Orthodoxy and the YMCA... P. 25.

получила наиболее активную поддержку Церкви, в то время как работа в Болгарии столкнулась с наиболее выраженным противодействием. Вторая мировая война прервала деятельность всех четырех национальных ХСМЛ. Послевоенные коммунистические режимы в Румынии, Болгарии и Югославии запретили деятельность Союза ХСМЛ в этих странах. По состоянию на 1963 год единственными православными движениями, которые продолжали свою деятельность, были ХСМЛ Греции и Русское студенческое христианское движение за рубежом[45].

Выдающейся чертой движений ХСМЛ в период Интербеллума в этих четырех балканских странах было проявление открытости к сотрудничеству с православными церквями. Комментарий одного из лидеров европейских Y-движений подытожил подход этого периода:

> Я не думаю, что в современной западной истории есть примеры такой степени отождествления Церкви и нации, как, например, в современной истории Греции и Болгарии. То, что мы называем государственной Церковью на Западе, — это Церковь, которая по историческим и другим причинам является самой большой в стране. Но в Греции и Болгарии это действительно единственная Церковь, которая имеет какое-либо значение[46].

Некоторые критики могут оспорить его одобрительный комментарий о «единственной Церкви, которая имеет значение». Хотя открытость ХСМЛ по отношению к этим церквям встретила широкое одобрение, можно задаться вопросом, не способствовала ли терпимость и молчаливое одобрение Союзом эксклюзивных форм православного национализма в долгосрочной перспективе тем ограничениям религиозной свободы, которые существуют в этих странах в настоящее время, и продолжающей-

---

[45] Anderson Paul B. A Study of Orthodoxy and the YMCA... P. 1.

[46] Visser 'T Hooft W. A. Remarks on the Present Situation of the Orthodox Churches in the Balkan Area, unpublished report, 1929. P. 2. Visser 'T Hooft Association Papers, May 1929. KFYA.

ся маргинализации неправославных конфессий, таких как иудаизм, ислам и протестантизм.

Работа ХСМЛ России вызвало у православных лидеров реакцию, схожую с восприятием работы ХСМЛ на Балканах: смесь приветственного восторга, настороженного подозрения и ревностного сопротивления. Каждое из балканских движений выстроило рабочие отношения с православным духовенством, но именно греческое движение достигло наиболее плодотворного сотрудничества. Однако ни один из американских лидеров не поддерживал столь тесных отношений с Православной церковью на Балканах, как те, которые сложились в 1920–1930-х годах у ХСМЛ с русскими эмигрантами. Американские лидеры на Балканах, особенно Лоури в Белграде, проявляли признательность и поддержку православным лидерам, но упорство и результативность Пола Б. Андерсона и Г. Г. Кульмана в отстаивании своего православного видения были поистине уникальны. По-видимому, это было связано с их опытом общения с интеллектуалами русской эмиграции, которые оказали гораздо большее и более значительное культурное влияние, чем Православная церковь в Балканских странах.

Эпилог

В течение 40 лет, рассмотренных в данном исследовании, секретари ХСМЛ обучали гимнастов, вели курсы бухгалтерского учета, организовывали группы изучения Библии, создавали обучающие программы, помогали военнопленным, издавали книги, финансировали семинарии, открывали школы и выполняли множество других задач. Во всех этих проектах они проявили замечательную гибкость и отзывчивость к потребностям общества. Они достигли целого ряда целей, хотя и не все из тех, что они ставили перед собой. Однако в конечном счете их усилия помогли сохранить, обогатить и расширить наследие православного христианства.

В 1935 году на праздновании десятой годовщины создания теологического института Сергей Булгаков выступил с речью «При реке Ховаре». В этой речи, позже опубликованной в журнале «Путь», он сравнил опыт русских православных верующих в изгнании с вавилонским изгнанием «народа Израилева», отсылая к пророку Иезекиилю: «...когда я находился среди переселенцев при реке Ховаре, отверзлись небеса, и я видел видения Божии» (Иез. 1:1). Булгаков обратился к этому отрывку, говоря о «России за рубежом», и задался вопросом: как беженцы смогли развить свое понимание веры таким образом, что оно оказалась актуальным не только для России, но и для всего мира: «...национальное самосознание расширилось до вселенского. Его история из провинциальной стала всемирной»[1]. Булгаков прокомментировал

---

[1] Булгаков С. При реке Ховаре // Путь. 1935. № 47 (апр. — июнь). С. 67–68. См. [Аржаковский 1999: 112].

опыт, который был общим для многих религиозных общин: перемещение может привести к переоценке и творческому развитию. Н. М. Зернов также размышлял о неожиданных преимуществах испытаний:

> Русская эмиграция неожиданно для себя получила новый опыт церковной жизни, независимой от государственной опеки. Это дало ей силу и вдохновение, столь насущно необходимые для верующих внутри России, оторванных от остального христианского мира, не имеющих доступа к источникам религиозного просвещения [Зернов 1981: 18–19].

Возможно, лучшим примером этого принципа и лучшим примером вклада ХСМЛ является жизнь православной христианки Софьи Куломзиной. В своей автобиографии она размышляла о своих переживаниях и взаимодействии с Союзом на протяжении всей ее жизни; ее честный рассказ показал работу русского ХСМЛ в зените его плодотворности и одновременно в наиболее причудливом его проявлении.

ХСМЛ и Софья Куломзина

С. С. Куломзина родилась в России, затем жила в эмигрантских общинах Эстонии, Берлина, Парижа и Нью-Йорка. Она присоединилась к факультету Свято-Владимирской духовной семинарии и стала играть ведущую роль в образовании православной молодежи. На протяжении всей своей жизни она сотрудничала с различными секретарями и программами ХСМЛ. Как ни странно, одно из самых глубоких и положительных размышлений о личном влиянии работы Союза принадлежит перу женщины, а не мужчины. Впервые Куломзина познакомилась с этой организацией, когда временно жила в Москве во время Первой мировой войны.

> Мы еще не потеряли связи с внешним миром, потому что в Москве было довольно много иностранцев, большинство из которых были секретарями американского ХСМЛ, кото-

рые пытались продолжить свою работу с немецкими военнопленными и организовать клубы ХСМЛ в русской армии. Все они были частыми гостями в нашем англоязычном доме [Koulomzin 1980: 43].

Ее сестра Маня работала секретарем в офисе ХСМЛ до его закрытия в 1918 году. Вместе с Полом Б. Андерсоном и другими русскими секретарями она подверглась аресту, проведя в тюрьме несколько дней.

Ее семья с большим трудом бежала в Эстонию, где она познакомилась с другими сотрудниками ХСМЛ: «...в тот момент они показались мне ангелами». В конце концов Куломзины оказались в Берлине, где прочитали письма, сохраненные для них в офисе ХСМЛ. Возможность получить известия от родственников была для них настоящим облегчением. Куломзина описала помощь, полученную в Берлине от секретарей Союза:

> В тот день они приняли нас с теплотой, которую я никогда не забуду. Несмотря на то что мы были грязными и оборванными, они отвели нас в один из лучших ресторанов города. <...> ...эти друзья сумели подарить нам почти сказочное ощущение благополучия и дружбы за тот месяц, который мы провели в Берлине.

Со временем она начала сравнивать свои религиозные взгляды со взглядами американцев, «протестантским идеализмом американского образца». Она объяснила: «Это соответствовало моему чувству ответственности, чувству миссии в жизни». Однако ее одобрение не было безграничным. Куломзина описала сотрудников ХСМЛ в Эстонии как

> ...добрых, но ограниченных в культурном плане. <...> Они были миссионерами «американского образа жизни», невинно горячими в своей вере в «мир, безопасный для демократии», верящими в постоянный прогресс человеческого общества и поэтому мало чего знающими о какой-либо культуре, кроме своей собственной, культуры маленького американского городка.

Она привела два примера ошибок в межкультурном взаимодействии: Г. Готт, американский лидер ХСМЛ в Эстонии, предположил, что русские знакомы с «Правилами регламента Роберта»[2]. Готт также попросил Куломзину (молодую женщину из традиционной семьи) провести лекцию по половому воспитанию для мальчиков. К счастью, другой секретарь, Фрэнк Ричи, понял ее дискомфорт и отменил лекцию. Она написала: «В тот момент он завоевал мою вечную любовь» [Ibid.: 69, 71, 75, 81, 83].

Американский ХСМЛ предложил ей полную стипендию для обучения в университете в Соединенных Штатах, что привело бы ее к должности секретаря РСХД. Куломзина отказалась по семейным обстоятельствам, но позже получила стипендию для обучения в Берлинском университете. Там она присоединилась к РСХД и познакомилась с Бердяевым. Его лекции показались ей слишком сложными, но она полностью приняла одну из его основных идей: «...свобода человека под властью Бога, свобода человека как часть Божьего замысла о сотворении человека, внутренняя свобода, которую не способно уничтожить никакое рабство». Куломзина участвовала в деятельности Братства Святого Албания и Святого Сергия. Позже она получила годовую стипендию, финансируемую Рокфеллером, для изучения американских методов религиозного образования, социальной работы и работы с молодежью. В 1926 году, во время пребывания в Соединенных Штатах, она посетила лекцию Шервуда Эдди о России. Она была потрясена его восторженной похвалой коммунистов и осуждением Православной церкви. После лекции она поговорила с ним в течение часа и объяснила, почему считает его комментарии несправедливыми. Куломзина передала его ответ:

Я не интересуюсь Россией, я заинтересован в спасении Америки, потому что считаю, что она начинает совершать те же ошибки, что и царский режим в России. Я использую

---

2 Также «"Регламент" Роберта» — справочник по парламентской процедуре, составленный на основе правил, принятых в Палате представителей. Подготовлен в 1876 году военным инженером, генералом Г. Робертом (English-Russian dictionary of regional studies, 2013).

свой визит в Россию как оружие для этой цели — для цели пробудить, уколоть американскую общественность, чтобы она увидела свои ошибки.

Она сочла несправедливым, что христианин, посетивший Россию, «ни одним словом не обмолвился о патриархе Тихоне». Эдди ответил: «Я признаю, что несправедливо отношусь к Православной церкви. Я ее не понимаю. Я не уважаю ее патриарха...» Куломзина заключила: «Шервуд Эдди не одинок. Десятки лекторов и ораторов повторяют одно и то же». Она также встретилась с Джеромом Дэвисом, который тоже читал лекции о России и выражал симпатию советскому режиму; она сказала ему, что «очень огорчена тем, что они оба делают» [Ibid.: 106, 129–130, 137].

Она вернулась во Францию и начала работать в РСХД с получением жалованья; ее задачей было разработать программы христианского образования для детей. Одним из ее друзей по работе был отец Димитрий Клепинин, который позже помогал евреям во время Второй мировой войны. Куломзина рассказала о его смелом противостоянии немецкому офицеру, который узнал о его деятельности. Офицер сказал ему, что его могут освободить, если он пообещает не помогать другим евреям. Клепинин ответил: «Такого обещать я не могу. Я христианин и должен поступать так, как должен». Офицер резко ответил: «Любитель евреев! Как ты смеешь говорить об этих свиньях как о христианском долге?» Клепинин тихо поднял крест, висевший у него на шее, и сказал: «Вы знаете этого еврея?» Он погиб в нацистском лагере в Доре, в Германии [Ibid.: 228–229]. После войны Куломзина продолжала работать с ХСМЛ во Франции и опубликовала несколько книг о религиозном образовании в издательстве YMCA Press.

ХСМЛ и отец Александр Мень

Еще одним примером долгосрочного влияния ХСМЛ является служение отца Александра Меня (1935–1990), русского православного священника, известного как «апостол интеллектуалов», в последние годы существования СССР. Мень говорил о Николае Бердяеве и Сергее Булгакове как о мыслителях, оказавших наибольшее влияние на его мышление [Hamant 1995: 51]. Его работу можно рассматривать как пример следования их идеалам — православие в диалоге с современным миром. Во время относительного ослабления государственной цензуры в 1980-е он обращался к советской аудитории с публичными лекциями, радиопрограммами и телепередачами. Мень отстаивал православную веру и умело вписывал ее в исторический, научный и культурный контекст. В некрологе, опубликованном в «Вестнике Русского христианского движения», отмечалась гармония, с которой в его видении соединялись вера и современная мысль, и подчеркивалось, что он был «наследником» многих великих русских мыслителей, таких как Булгаков и Бердяев[3].

Никита Струве, редактор «Вестника» и директор издательства YMCA Press, не был лично знаком с Менем. Однако они планировали познакомиться в церкви отца Меня под Москвой 15 сентября 1990 года, но 9 сентября Мень был убит[4]. После его гибели Струве получил написанное Менем ранее письмо, в котором тот выражал ожидание их встречи и благодарность за работу YMCA Press: «Благодарим за Ваши многолетние и самоотверженные труды». Мень заключил: «Протестанты очень активны. Мы с ними сотрудничаем. Но не хотелось бы отставать от них (без конфронтации, а в мирном соревновании ради Слова)»[5]. Раздел «Вестника», в котором было опубликовано это письмо, также включал интервью с Менем:

> — Кто из богословов и писателей оказал на Вас наибольшее влияние?
> — На первом месте я должен назвать Вл. Соловьева. Хотя многие его воззрения я не разделял, но он был моим настоящим учителем. А уже после него я изучал труды представи-

---

3 Папроцкий Г. Отец Александр Мень // Вестник Русского христианского движения. 1990. № 2. С. 290–291.

4 Струве Н. Память отца Александра Меня // Там же. С. 294.

5 Письмо о. Александра Меня к Н. А. Струве // Там же. С. 297.

телей русской религиозной философии. Бердяеву, Флоренскому, Булгакову, Франку, Лосскому и др. я очень многим обязан[6].

Можно сказать, что отец Мень присоединился к этой группе современных русских христианских мыслителей. 5 мая 1998 года епископ Екатеринбургский Никон, противоречивая фигура своего времени, наблюдал за сожжением книг, написанных современными православными богословами. Их авторами были Александр Шмеман, Иоанн Мейендорф и Александр Мень; Никон считал их зараженными западными идеями и ересью [Plekon 2002: 234–235].

ХСМЛ и расширение православия

ХСМЛ также способствовал росту влияния православия в Западной Европе и Соединенных Штатах. После революции 1917 года тысячи православных христиан начали новую жизнь в современном плюралистическом европейском обществе. Хотя многие из них исповедовали свою веру в традиционном русском стиле, они понимали, что были окружены протестантами и католиками. В это время небольшая группа русских эмигрантов начала участвовать в экуменическом движении, которое начало развиваться после Эдинбургской миссионерской конференции 1910 года. Николай Зернов, один из его самых активных участников, высказал мнение, что православные лидеры участвовали в экуменическом движении по личным, национальным или доктринальным причинам. Некоторые желали установить личные отношения с западными христианами. Другие участвовали в движении, чтобы обсудить те несправедливости, от которых вынужден был страдать их народ. Наконец, ряд православных, участвовавших в экуменической работе, хотели таким образом принять участие в доктринальных дискуссиях. Зернов также объяснил, что некоторые представители высшего православного

---

[6] Мень Александр. Интервью на случай ареста // Там же. С. 302.

духовенства возражали против участия в экуменическом движении по политическим, моральным или доктринальным причинам.

Русские эмигранты, исповедовавшие православие, принимали участие в трех различных экуменических проектах. Некоторые православные участвовали в заседаниях конференции «Вера и порядок», а также в конференциях «Жизнь и труд». Молодые православные женщины и мужчины посещали собрания Всемирной студенческой христианской федерации. Кроме того, православные и англиканские теологи проводили официальные доктринальные обсуждения, которые, как многие надеялись, в конечном счете должны были привести к воссоединению [Zernov 1967: 653–654, 669–671][7]. Православные верующие из русской диаспоры внесли важный вклад на ранних этапах экуменического движения. Во-первых, они обогатили богословские дискуссии, которые, как правило, ограничивались сферой либерального протестантского богословия. Во-вторых, они протестовали против тенденции преуменьшать важность богословских различий между церквями. В то же время православные подчеркивали общее доктринальное наследие церквей. Как объяснял П. Стивс, русские утверждали, что христианское единство должно строиться не на основе «наименьшего общего знаменателя» между церквями, а на основе всеобщей христианской традиции, сформированной решениями семи вселенских соборов [Steeves 1984: 808][8].

Джон Р. Мотт, Пол Б. Андерсон и другие секретари ХСМЛ призывали русскую православную общину участвовать в экуменическом движении и организовали перевод многих православных ре-

---

[7]   О православии и экуменизме см. также [Карманов и др. 1999]. Этот сборник включает работы Бердяева, Булгакова, Карташева, Флоровского и Шмемана.

[8]   У этого убеждения имеются неожиданные следствия, которые объяснил ведущий французский протестантский лидер: «Марк Бенье утверждает, что православные в Париже сделали больше для улучшения взаимопонимания между французскими протестантами и католиками, чем они могли бы сделать самостоятельно». См.: Anderson Paul B. International Committee YMCA, Russian Work in 1949. P. 6. Russian Literature Account #3 1949–1950. YMCA of the USA, Anderson Paul B., 2. KFYA.

лигиозных сочинений. Таким образом, Союз неожиданным образом способствовал росту влияния православия в Западной Европе и Соединенных Штатах. Зернов указал, что недавний опыт русских послужил практическим примером необходимости установления новых связей: «Пройдя испытание гонениями на Церковь и лишившись родины, русские в изгнании с особой остротой почувствовали необходимость христианского единства» [Зернов 1981: 16–17][9].

Работа Союза с русскими эмигрантами в России и Западной Европе было примером подлинного сотрудничества, поскольку Мотт, Андерсон и другие Y-лидеры научились ряду ценных принципов, помогая русским христианам. Поощряя РСХД, Мотт осознал, насколько велика ценность дружеских отношений между христианами разных конфессий. Лидеры «Маяка» убедились в преданности многих русских традиционному православному учению и в возможности сотрудничества с духовенством Церкви в деле финансирования программ морального, интеллектуального и физического развития. Оказывая помощь военнопленным вместе с другими секретарями, Андерсон разработал эффективные методы работы с русскими пленными, моральный дух которых был низок. Перед созданием Заочной школы ХСМЛ Андерсон изучил потребности потенциальных студентов, чтобы предоставлять полезное обучение. Помогая Русской философской академии, лидеры ХСМЛ наблюдали за влиянием мысли на русских интеллектуалов. Благодаря своему участию в эмигрантском РСХД лидеры ХСМЛ поняли ценность поощрения местного руководства к разработке и корректировке собственных программ. Аналогичным образом, Андерсон обнаружил преимущества предоставления русским авторам возможности самим создавать актуальную, качественно написанную литературу. Наконец, поддерживая Свято-Сергиевскую православную богословскую академию, секретари ХСМЛ увидели, как сильно могут талантливые православные ученые мотивировать трудолюбивых молодых людей. Отношения между ХСМЛ и русскими христианами, безусловно,

---

[9] Об ХСМЛ, православии и экуменическом движении см. также [Istavridis 1956: 81–88].

были двусторонним партнерством. В течение этого сорокалетнего периода руководство Союза несколько раз казалось неорганизованным и лишенным четких целей. Однако, если учесть новизну и хаотичность ситуации, в которой оказалась организация, эти трудности кажутся неизбежными. Как только руководители полностью проанализировали условия, в которых они находились, они смогли с большей четкостью формулировать свои цели.

Больше, чем крестовый поход протестантов?

Приведенный ранее обзор ясно показывает, что недавняя критика работы русского направления ХСМЛ дает весьма несбалансированную оценку. М. Д. Картер описывает служение ХСМЛ как исключительно протестантскую деятельность, зараженную вирусом высокомерия и национализма. К сожалению, он пренебрегает ключевыми источниками информации о работе ХСМЛ на территориях Православной церкви. Он пишет, что «когда ХСМЛ *пришел* в Россию» или «*первоначально* работал в России», говоря о работе с военнопленными, — он игнорирует всю предшествующую работу «Маяка» и РСХД, которые, как правило, не продвигали американизированное христианство. Его критика не замечает переход ХСМЛ от евангелического к либеральному христианству. Его источники ограничены — только опубликованные материалы, но ни одного из доступных архивов. Он не учитывает опубликованные статьи Мотта о православии или статью Дэвиса и Трани в "Slavic Review" об ХСМЛ и Русской революции. Он не рассматривает широкий круг отдельных личностей, выражавших разные политические позиции, — обычно он включает цитаты от неназванного «Y-работника». Вывод Картера демонстрирует самые слабые места его статьи:

> ...пока он длился, это был амбициозный и, по собственным словам ХСМЛ, «славный» крестовый поход. Однако к 1920 году ХСМЛ обнаружил, что он был слишком амбициозным и в конечном счете был обречен на провал. Народы Восточной Европы и России были далеко не такими «податливыми» и «пластичными», как надеялся ХСМЛ. Вместо этого они

поняли, что не все в мире стремятся к «американизации» или обращению в протестантизм. Никакие деньги, усилия или помощь не могли изменить эту данность. То, что началось как славный крестовый поход за Бога и страну, тихо закончилось укоренением большевизма в России и протестантизмом, по-прежнему чуждым народам Восточной Европы и России [Carter 1994: 61, 69–70].

«Закончилось»? Работа продолжалась до 1923 года во Владивостоке. Он практически игнорирует всю последующую работу ХСМЛ с эмигрантами. «Обращение в протестантизм»? Это не было целью ХСМЛ в тот период. «Протестантизм по-прежнему чужд»? Он, похоже, не знает о местных баптистских и евангелических христианских движениях, которые быстро росли в тот период и включали десятки тысяч русских.

ХСМЛ, православные и современный мир

В конечном счете модернизация не всегда сопровождается секуляризацией и отказом от традиционной веры; Россия Серебряного века является одним из примеров, доказывающих это. Отношения между ХСМЛ и русскими христианами — еще один пример. М. Раев отмечает:

> Сохранять и укреплять традиционную роль своей Церкви может быть обычным стремлением для группы, пребывающей в изгнании. Но для эмиграции в целом не свойственно так переосмыслять социальную роль своей Церкви и активизировать ее интеллектуальную жизнь, как это произошло в России за рубежом [Raeff 1990: 155].

Y-секретарь Дональд Лоури[10] указал на параллель между жизнью русских в Советском Союзе и в русском зарубежье. Он писал, что советское правительство пыталось искоренить религию из

---

[10] Подробнее о работе Лоури после данного периода [Lowrie 1963]. В этой книге рассказывается о том, как Лоури руководил работниками предоставления помощи во Франции во время Второй мировой войны. Благодаря их

повседневной жизни русских. Аналогичный процесс происходил в жизни русских эмигрантов. Как объяснил один из эмигрантов,

> …большая часть современной жизни, как в России, так и за ее пределами, секуляризирована — религиозная жизнь ограничена частной жизнью человека и даже на этом этапе часто сводится к одному дню или нескольким часам в воскресенье. Религия как таковая имеет мало отношения к жизни в целом. Этот факт был [отмечен] сотни раз всевозможными христианскими мыслителями на Западе; отмечен и молчаливо принят, если не де-юре, то по крайней мере де-факто. Русские отмечают это, но организуются, чтобы [выступать] против[11].

Возможно, американский ХСМЛ действительно изменил свой традиционный подход к религии, столкнувшись с современностью, но его работа в России тем не менее демонстрирует, что по мере своего движения вперед он продолжает придерживаться классического христианства[12].

усилиям были спасены тысячи жизней, включая 6000 еврейских детей, спрятанных в деревнях. Президент Эдвард Бенеш заявил, что Лоури «ответственен за спасение большего количества жизней чехословаков от нацистских пыток, чем любой другой человек в мире» [Taeusch 1975: 31–32].

[11] Lowrie Donald A. Russians Confer on Christian Culture, [1928 or 1929]. P. 2. 1928–1929. Russian Church. KFYA.

[12] Подробнее о текущих тенденциях, связанных с влиянием современности на религию, с государственной политикой в отношении религиозных организаций, с отношениями между православными и протестантами и американским вмешательством, см. [Wanner 2004: 732–755]. Еще одно собрание позиций о вопросе см. в [Sawatsky, Penner 2005].

Приложение
Архивные источники

KFYA Kautz Family YMCA Archives, University of Minnesota Libraries, Minneapolis.

Эта коллекция включает в себя около 50 коробок с документами о работе ХСМЛ с русскими и на Балканах. Кроме того, в этом архиве хранятся биографические досье многих сотрудников. Названия коробок указаны так, как они были определены на момент исследования. С тех пор в архиве была проведена небольшая реорганизация некоторых коробок. Однако документы доступны в соответствии с информацией, приведенной в сносках. К текущему справочнику по коллекции "YMCA International Work in Russia and the Soviet Union and with Russians: An Inventory of Its Records" можно получить доступ по следующему интернет-адресу: http://special.lib.umn.edu/findaid/html/ymca/yusa0009x2x1.phtml.

- Bulgaria
- Colton, Ethan T., Papers (Boxes 1–5)
- France, Russian Student Christian Movement 1950s–1960s, Chekhov Publishing Co. 1957, Local Associations, 1922–1960s
- France, RSCM — YMCA Press 1957–1960, Chekhov Press 1950s
- France, Russian Work, 1925–1965
- France, Russian Work, 1954–1955, N. Goncharoff Research Project, 1954–1955
- France, Russian Work, 1956–1968
- Greece
- International Survey — 1930, Argentina, Brazil, Bulgaria, Czechoslovakia, Box 1
- International Survey — 1930, Esthonia, Greece, Box 6
- International Survey — 1930, Roumania, Russia, South Africa, Box 12

- James Stokes Society including Saint Petersburg
- Paul B. Anderson, Correspondence, 1964–1965
- Phelps, G. Sidney, Papers
- Roumania, Correspondence and Reports, 1916–1946.
- Roumania, Correspondence and Reports, Misc., 1946–1974.
- Roumania, Voice of Youth 1921, National Conference Report 1947, Papers
- Russia
- Russia, Colton E. T., Reports, Addresses, and Papers, 2 vols. (Boxes 1–3)
- Russia — International Division
- Russia, St. Petersburg, 1900–1921, 1962
- Russian Church (Boxes 1–2)
- Russian Work — Europe, Restricted, Budgets and Appropriations, Correspondence and Reports, 1950–, Financial Transactions
- Russian Work — Europe, Restricted, Correspondence and Reports, 1920–1929, Annual Reports, 1920–1929
- Russian Work — Europe, Restricted, Correspondence and Reports, 1930–1949, Annual Reports 1930–1949
- Russian Work — Europe, Restricted, Russian Correspondence School, 1923–1930, Russian Superior Technical Institute, 1931–1961
- Russian Work — Europe, Restricted, Russian Orthodox Theological Academy, Russian Student Christian Movement, Russian Student Fund
- Russian Work, Restricted, Correspondence and Reports, 1903–1917
- Russian Work, Restricted, Correspondence and Reports, 1918–1921
- Russian Work, Restricted, Correspondence and Reports, 1922–1944
- Russian Work, Restricted, Correspondence and Reports by City
- Russian Work, Restricted, Donald Lowrie Collection
- Russian Work, Restricted, Ethan T. Colton Collection
- Russian Work, Restricted, General, Personal Accounts
- Russian Work, Restricted, Harbin, Shanghai
- Russian Work, Restricted, North Russia: Archangel, Murmansk, Siberia
- Russian Work, Restricted, Pamphlets (Boxes 1–2)
- Russian Work, Restricted, Periodicals
- Russian Work, Restricted, Publications, YMCA Press in Paris
- YMCA of the USA, Anderson, Paul B. (Boxes 1–3)
- Yugoslavia, Correspondence and Reports, 1919–1959

PBAP Paul B. Anderson Papers, University of Illinois at Urbana Champaign Archives. Эта коллекция включает записи, охватывающие всю карьеру Андерсона в ХСМЛ.

BACU Bakhmeteff Archive, Columbia University, New York City. В этом архиве хранится коллекция Василия Зеньковского, которая включает его рукописи без даты «Мои встречи с выдающимися людьми» и «Мое участие в Русском студенческом христианском движении».

GARF Государственный архив Российской Федерации в Москве. Фонд 102 содержит отчеты Министерства внутренних дел, Специального отдела Департамента полиции. Несколько документов описывают деятельность Русского студенческого христианского движения и «Маяка» с 1909 по 1916 год.

ITOS L'Institut de Théologie Orthodoxe Saint-Serge (Православный богословский институт, позже — Свято-Сергиевская православная богословская академия) archive, Paris. В архиве хранятся документы многих преподавателей, в том числе документы Льва Зандера.

ACER Action Chrétienne des Étudiants Russes (Русское студенческое христианское движение) archive, Paris. Эта коллекция включает документы движения с 1920-х по 1980-е годы.

Библиография

Августин 2001 — Августин (Никитин), архим. Методизм и православие. СПб.: Светоч, 2001.

Алексеева 2007 — Алексеева И. А. История Всемирного христианского молодежного движения в России. М.: АИРО-XXI, 2007 (серия «АИРО, Первая монография»).

Аржаковский 1999 — Аржаковский А. Свято-Сергиевский Православный Богословский ин-т в Париже // Богослов, философ, мыслитель: Юбилейные чтения, посвященные 125-летию со дня рождения о. Сергия Булгакова (сентябрь 1996 г., Москва). М.: Дом-музей Марины Цветаевой, 1999.

Аржаковский 2000 — Аржаковский А. Журнал «Путь» (1925–1940): поколение русских религиозных мыслителей в эмиграции. Киев: Феникс, 2000.

Берд 2000 — Берд Р. YMCA и судьбы русской религиозной мысли (1906–1947) // Исследования по истории русской мысли: ежегодник / ред. М. А. Колеров. М.: ОГИ, 2000. С. 165–223.

Воронцов 1970 — Воронцов Г. В. Церковно-эмигрантская фальсификация религиозного вопроса в СССР // Вопросы научного атеизма. 1970. № 10. С. 372–394.

Гаккель 1992 — Гаккель С. А. Мать Мария. Париж: YMCA Press, 1992.

Горяинов 1995 — Горяинов А. Н. Учебные заведения русской эмиграции в Болгарии // Культура российского зарубежья. М.: Прайм, 1995.

Грант 1928 — Грант Ф. Религия на службе американского капитала (Religion in the service of american capital) / авторизованный пер. с англ. рукописи А. М. Зака; под ред. и с предисл. А. Т. Лукачевского; Центр. совет Союза безбожников СССР. М.: Акц. изд-во, о-во «Безбожник», 1928.

Грачев 1997 — Грачев Ю. Студенческие годы. Повесть о студенческом христианском движении в России. СПб.: Библия для всех, 1997.

Гулыга 1950 — Гулыга А. Начальный период антисоветской интервенции США (1917–1918 гг.) // Вопросы истории. 1950. № 3.

Гундерсен 2004 — Гундерсен П. Павел Николаи из Монрепо: Европеец, не такой как все. М.: Библейско-богословский ин-т св. апостола Андрея, 2004.

Гуревич 2004 — Гуревич А. Л. История издательства YMCA Press. М.: Компания Спутник+, 2004.

Евлогий 1947 — Евлогий, митрополит [Георгиевский]. Путь моей жизни: воспоминания митрополита Евлогия / излож. по его рассказам Т. Манухиной. Париж: YMCA Press, 1947.

Езова 2001 — Езова Л. Д. Переосмысление опыта русской духовной культуры Парижским журналом «Путь» // Российская интеллигенция на родине и в зарубежье. Новые документы и материалы / под ред. Карен Завеновна Акопян. М.: Министерство культуры Российской Федерации и Российский ин-т культурологии, 2001.

Зеньковский 1955 — Зеньковский В. В. Памяти Д-ра Джона Мотта // Вестник Русского студенческого христианского общества. 1955. № 1.

Зернов 1981 — Зернов Н. М. Закатные годы. Эпилог хроники семьи Зерновых. Париж: YMCA Press, 1981.

Зернов, Зернова 1973 — Зернов Н. М., Зернова М. В. За рубежом. Белград — Париж — Оксфорд. Хроника семьи Зерновых, 1921–1972. Paris: YMCA Press, 1973.

Иванов 1993 — Иванов В. Ф. Православный мир и масонство. М.: ТРИМ, 1993.

Иванов 1997 — Иванов В. Ф. Русская интеллигенция и масонство. От Петра I до наших дней. М.: Москва, 1997.

Иванова 2004 — Иванова Е. В. Деятельность издательства YMCA Press в Берлине // Вестник Русского христианского движения. 2004. № 2. С. 334–363.

Иоффе 1958 — Иоффе А. Е. Миссия Рута в России в 1917 году // Вопросы истории. 1958. № 9.

Карманов и др. 1999 — Карманов Е. А., Семенникова Р. И., Дивакова Н. Н., ред. Православие и экуменизм: Документы и материалы, 1902–1998, 2-е изд. М.: Отдел внешних церковных сношений Московского патриархата, 1999.

Карпенко и др. 2000 — Карпенко С. В. и др. Русские без Отечества: очерки антибольшевистской эмиграции 20–40-х годов. М.: Российский государственный гуманитарный ун-т, 2000.

Карташев, Струве 1990 — Карташев А. В., Струве Н. А. 70 лет издательства YMCA Press: 1920–1990. Париж: YMCA Press, 1990.

Корляков 2001 — Корляков А. Русская эмиграция в фотографиях, Франция, 1917–1947. Париж: YMCA Press, 2001.

Костиков 1990 — Костиков В. В. Не будем проклинать изгнанье… Пути и судьбы русской интеллигенции. М.: Международные отношения, 1990.

Кырлежев 1999 — Кырлежев А. И. О. Сергий Булгаков и РСХД за рубежом // Богослов, философ, мыслитель: юбилейные чтения, посвящ. 125-летию со дня рождения о. Сергия Булгакова (Москва, сентябрь 1996 г.). М.: Дом-музей Марины Цветаевой, 1999.

Левин 1926 — Левин И. Д. Рабочие клубы в дореволюционном Петербурге. Из истории рабочего движения 1907–1914 гг. М.: Изд-во ВЦСПС, 1926.

Марцинковский 1929 — Марцинковский В. Ф. Записки верующего: из истории религиозного движения в Советской России (1917–1923). Прага: Изд. автора, 1929.

Марцинковский 1996 — Марцинковский В. Ф. Смысл Жизни. Новосибирск: Посох, 1996.

Пашкина 2010 — Пашкина Е. Г. Американская организация YMCA и русская эмиграция первой послереволюционной волны // Американский ежегодник. 2010. С. 332–341.

Пивовар 1999 — Пивовар Е. И. Россия в изгнании: судьбы российских эмигрантов за рубежом. Ин-т всеобщей истории РАН, 1999.

Плюханов 1993 — Плюханов Б. В. РСХД в Латвии и Эстонии. Париж: YMCA Press, 1993.

Поляков и др. 1996 — Поляков Ю. А., Тарле Г. Я., Шамшуров В. Н. История российского зарубежья: проблемы адаптации мигрантов в XIX–XX веках: сб. ст. Ин-т российской истории РАН, 1996.

Привалов 2002 — Привалов И., ред. YMCA Press в Архангельске. Встреча с Н. А. Струве: лекции, интервью, беседы. Архангельск: Община храма Сретения Господня, 2002.

Ростовцев 1927 — Ростовцев А. «Британское библейское общество» и распространение Библии: торговля «духовной сивухой» в России // Безбожник. 1927. № 24 (дек.). С. 5–9.

Содружество 1998 — Содружество святого Албания и преподобного Сергия. Соборность: сб. избр. ст. из журнала содружества «Соборность». М.: Библейско-богословский ин-т имени апостола Андрея, 1998.

Солженицын и др. 1974 — Из-под глыб: сб. ст. / А. И. Солженицын, М. С. Агурский, Е. В. Барабанов, В. М. Борисов, А. Б., Ф. Корсаков, И. Р. Шафаревич. Париж: YMCA Press. 1974.

Чуковский 1991 — Чуковский К. И. Дневник (1901–1929). М.: Советский писатель, 1991.

Altholz 2002/2003 — Altholz J. L. Anglican-Orthodox Relations in the Nineteenth Century // Modern Greek Studies Yearbook. 2002/2003. Vol. 18/19. P. 1–14.

Anderson 1939 — Anderson P. Church and State in the Soviet Union // The Church and the State / ed. Kenneth G. Grubb. London: Oxford University Press, 1939. P. 239–264.

Anderson 1944 — Anderson P. B. People, Church and State in Modern Russia. London: Student Christian Movement Press, 1944.

Anderson 1971 — Anderson P. B. Reflections on Religion in Russia, 1917–1967 // Aspects of Religion in the Soviet Union / ed. by Richard H. Marshall Jr. Chicago: University of Chicago Press, 1971.

Anderson 1985 — Anderson P. B. No East or West / ed. by Donald E. Davis. Paris: YMCA Press, 1985.

Baird 1997 — Baird C. The "Third Way": Russia's Religious Philosophers in the West, 1917–1996. PhD diss., McGill University, Montreal, 1997.

Barnes 1992 — Barnes M. C. John R. Mott: A Conversionist in a Pluralist World. PhD diss., University of Chicago, 1992.

Batalden 1993 — Batalden S. K. The Contemporary Politics of the Russian Bible: Religious Publication in a Period of Glasnost // Seeking God: The Recovery of Religious Identity in Orthodox Russia, Ukraine, and Georgia / ed. by Stephen K. Batalden. DeKalb: Northern Illinois University Press, 1993. P. 232–247.

Bendroth 1993 — Bendroth M. L. Fundamentalism and Gender: 1875 to the Present. New Haven, Connecticut: Yale University Press, 1993.

Beran 1989 — Beran J. A. Americans in the Philippines: Imperialism or Progress through Sport? // The International Journal of the History of Sport (Great Britain). 1989. Vol. 6. P. 62–87.

Billington 1970 — Billington J. H. The Icon and the Axe: An Interpretive History of Russian Culture. New York: Vintage Books, 1970.

Bird 1996 — Bird R. In Partibus Infidelium: Sergius Bulgakov and the YMCA (1906–1940) // Symposion. 1996. Vol. 1. P. 93–121.

Bookwalter 1899 — Bookwalter J. W. Siberia and Central Asia. Springfield, OH: n.p., 1899.

Bourdeaux 1986 — Bourdeaux M. Review of "No East or West" by Paul Anderson // Religion in Communist Lands. 1986 (Summer). Vol. 14, No. 2.

Boyd 1986 — Boyd N. Emissaries: The Overseas Work of the American YWCA, 1895–1970. New York: Woman's Press, 1986.

Brandenburg 1976 — Brandenburg H. The Meek and the Mighty: The Emergence of the Evangelical Movement in Russia. London: Mowbrays, 1976.

Brooks 1918 — Brooks J. W., ed. Good News for Russia. Chicago: Bible Institute Colportage Association, 1918.

Bulgakov 1976 — Bulgakov S. A Bulgakov Anthology / ed. by James Pain and Nicolas Zernov. Philadelphia: Westminster Press, 1976.

Bundy 1988 — Bundy L. L. review of No East or West, by Paul B. Anderson // Journal of Ecumenical Studies 1988 (Fall). Vol. 25, No. 4.

Calian 1968 — Calian C. S. Icon and Pulpit: The Protestant-Orthodox Encounter. Philadelphia: Westminster Press, 1968.

Carter 1994 — Carter M. D. The Crusade for God and Country: The Role of the YMCA in Europe and Russia, 1915–1920 // Fides et Historia. 1994 (Fall). Vol. 26, No. 3.

Carter 1995 — Carter R. L. The "Message of Higher Criticism": The Bible Renaissance and Popular Education in America, 1880–1925. PhD diss., University of North Carolina at Chapel Hill, 1995.

Cassimatis 1988 — Cassimatis L. P. American Influence in Greece, 1917–1929. Kent, OH: Kent State University Press, 1988.

Chamberas 2003 — Chamberas P. A. Georges Vasilievich Florovsky (1893–1979): Russian Intellectual Historian and Orthodox Theologian // Modern Age. 2003. Vol. 45.

Chamberlain 2006 — Chamberlain L. The Philosophy Steamer: Lenin and the Exile of the Intelligentsia. London: Atlantic Books, 2006.

Chernolutskaya 2000 — Chernolutskaya E. Religious Communities in Harbin and Ethnic Identity of Russian Emigrés // South Atlantic Quarterly. 2000 (Winter). Vol. 99, No. 1.

Chulos 2003 — Chulos C. J. Converging Worlds: Religion and Community in Peasant Russia, 1861–1917. DeKalb: Northern Illinois University Press, 2003.

Chumachenko 2002 — Chumachenko T. A. Church and State in Soviet Russia: Russian Orthodoxy from World War II to the Khrushchev Years / ed. and trans. by Edward E. Roslof. Armonk, NY: M. E. Sharpe, 2002.

Clement 1997 — Clement O. Saint Sergius Institute Today // L'Institut de Théologie Orthodoxe Saint-Serge: 70. Ans de Théologie Orthodoxe a Paris (The Saint Sergius Orthodox Theological Institute: 70 Years of Orthodox Theology in Paris) L'Association pour le Maintien et l'Entretien de l'Institut de Théologie Orthodoxe (AMEITO). Paris: Editions Hervas, 1997.

Coleman 2000 — Coleman H. J. Atheism versus Secularization? Religion in Soviet Russia, 1917–1961 // Kritika: Explorations in Russian and Eurasian History. 2000 (Summer). Vol. 1, No. 3.

Coleman 2005 — Coleman H. J. Russian Baptists and Spiritual Revolution: 1905–1929. Bloomington: Indiana University Press, 2005.

Colosimo 1997 — Colosimo J. A Theological Home for All // L'Institut de Théologie Orthodoxe Saint-Serge: 70 Ans de Théologie Orthodoxe a Paris (The Saint Sergius Orthodox Theological Institute: 70 Years of Orthodox Theology in Paris) L'Association pour le Maintien et l'Entretien de l'Institut de Théologie Orthodoxe (AMEITO). Paris: Editions Hervas, 1997.

Colton 1940 — Colton E. T. Forty Years with Russians. New York: Association Press, 1940.

Colton 1955 — Colton E. T. Sr. With the Y.M.C.A. in Revolutionary Russia // The Russian Review. 1955 (April). Vol.14, No. 2.

Corrado 2000 — Corrado S. The Philosophy of Ministry of Colonel Vasiliy Pashkov. M.A. thesis, Wheaton College, 2000.

Cross 1983 — Cross G. S. Immigrant Workers in Industrial France: The Making of a New Laboring Class. Philadelphia: Temple University Press, 1983.

Cunningham 1981 — Cunningham J. W. A Vanquished Hope: The Movement for Church Renewal in Russia, 1905–1906. Crestwood, New York: St. Vladimir's Seminary Press, 1981.

Daniel 1970 — Daniel R. L. American Philanthropy in the Near East, 1820–1960. Athens: Ohio University Press, 1970.

Davidann 1995a — Davidann J. T. A World of Crisis and Progress: Christianity, National Identity, and the American YMCA in Japan, 1890–1930. PhD diss., University of Minnesota, 1995.

Davidann 1995b — Davidann J. T. The American YMCA in Meiji Japan: God's Work Gone Awry // Journal of World History. 1995 (Spring). Vol. 6, No. 1. P. 109.

Davidann 1998 — Davidann J. T. A World of Crisis and Progress: The American YMCA in Japan 1890–1930. Bethlehem, Pennsylvania: Lehigh University Press, 1998.

Davis D. 1980 — Davis D. British Aid to Russian Churchmen 1919–1939 // Sobornost. 1980. Vol. 2, No. 1.

Davis D. 1986 — Davis D. E. Paul B. Anderson (1894–1985) // Sobornost. 1986. Vol..8, No. 1.

Davis D. 1987 — Davis D. E. The American YMCA and the Russian Emigration // Sobornost. 1987. Vol. 9.

Davis D., Trani 1974 — Davis D. E., Trani E. P. The American YMCA and the Russian Revolution // Slavic Review. 1974 (September). Vol. 33, No. 4.

Davis J. 1967 — Davis J. A Life Adventure for Peace, An Autobiography. New York: Citadel, 1967.

Dixon 1991 — Dixon S. The Church's Social Role in St. Petersburg, 1880–1914 // Church, Nation and State in Russia and Ukraine / ed. by Geoffrey A. Hosking. New York: St. Martin's, 1991.

Dixon 1995 — Dixon S. The Orthodox Church and the Workers of St Petersburg, 1880–1914 // European Religion in the Age of Great Cities, 1830–1930 / ed. by Hugh McLeod. New York: Routledge, 1995. P. 119–141.

Donovan 1992 — Donovan M. S. Women as Foreign Missionaries in the Episcopal Church, 1830–1920 // Anglican and Episcopal History. 1992. Vol. 61. P. 16–39.

Dorn 1990 — Dorn J. H. Wishard, Luther Deloraine (1854–1925) // Dictionary of Christianity in America / ed. by Daniel G. Reid. Downers Grove, IL: InterVarsity Press, 1990. P. 1266.

Dorsett 1991 — Dorsett L. W. Billy Sunday and the Redemption of Urban America. Grand Rapids, MI: Eerdmans, 1991.

Dorsett 1997 — Dorsett L. W. A Passion for Souls: The Life of D. L. Moody. Moody Press, 1997.

Dumenil 2002 — Dumenil L. Religion and Freemasonry in Late 19th-Century America // Freemasonry on Both Sides of the Atlantic: Essays Concerning the Craft in the British Isles, Europe, the United States, and Mexico / ed. by R. William Weisberger, Wallace McLeod, and S. Brent Morris. New York: Columbia University Press, 2002. P. 605–620.

Dunstan 1980 — Dunstan J. George A. Simons and the Khristianski Pobornik: A Neglected Source on St. Petersburg Methodism // Methodist History. 1980 (October). Vol. 19.

Eddy 1934 — Eddy S. A Pilgrimage of Ideas: or, The Re-education of Sherwood Eddy. New York: Farrar & Rinehart, 1934.

Eddy 1944 — Eddy S. A Century with Youth: A History of the Y.M.C.A. from 1844 to 1944. New York: Association Press, 1944.

Eddy 1955 — Eddy S. Eighty Adventurous Years: An Autobiography. New York: Harper, 1955.

Elfenbein 2001 — Elfenbein J. I. The Making of a Modern City: Philanthropy, Civic Culture, and the Baltimore YMCA. University Press of Florida, 2001.

Elliott 1981 — Elliott M. Methodism in Russia and the Soviet Union // Modern Encyclopedia of Russian and Soviet History / ed. by Joseph L. Wieczynski. Vol. 22. Gulf Breeze, FL: Academic International Press, 1981.

Epsy 1971 — Epsy R. H. E. In Appreciation of Paul B. Anderson // Aspects of Religion in the Soviet Union, 1917–1967 / ed. by Richard H. Marshall Jr. Chicago: University of Chicago Press, 1971.

Evensen 2003 — Evensen B. J. God's Man for the Gilded Age: D. L. Moody and the Rise of Modern Mass Evangelism. Oxford University Press, 2003.

Evtuhov 1997 — Evtuhov C. The Cross and the Sickle: Sergei Bulgakov and the Fate of Russian Religious Philosophy. Ithaca, New York: Cornell University Press, 1997.

Ferm 1954 — Ferm D. W. Sherwood Eddy: Evangelist and YMCA Secretary. PhD diss. Yale University, 1954.

Foglesong 1997 — Foglesong D. S. Redeeming Russia? American Missionaries and Tsarist Russia, 1886–1917 // Religion, State and Society. Vol. 25, No. 4, 1997. P. 355–356.

Foglesong 2007 — Foglesong D. S. The American Mission and the "Evil Empire": The Crusade for a "Free Russia" since 1881. New York: Cambridge University Press, 2007.

Freeze 1985 — Freeze G. L. Handmaiden of the State? The Church in Imperial Russia Reconsidered // Journal of Ecclesiastical History. 1985 (January). Vol. 36, No. 1.

Freeze 2001 — Freeze G. L. Recent Scholarship on Russian Orthodoxy: A Critique // Kritika: Explorations in Russian and Eurasian History. 2001 (Spring). Vol. 2, No. 2.

Gaylord 1921 — Gaylord F. A. Breaking into Russia // James Stokes: Pioneer of Young Men's Christian Associations / ed. by Frank W. Ober. New York: Association Press, 1921.

Geffert 2003 — Geffert B. Anglicans & Orthodox between the Wars. PhD diss., University of Minnesota, 2003.

Geffert 2004 — Geffert B. Sergii Bulgakov, the Fellowship of St Alban and St Sergius, Intercommunion and Sofiology // Revolutionary Russia. 2004 (June). Vol. 17, No. 1.

Geffert 2010 — Geffert B. Eastern Orthodox and Anglicans: Diplomacy, Theology, and the Politics of Interwar Ecumenism. Notre Dame, IN: University of Notre Dame Press, 2010.

Geraci, Khodarkovsky 2001 — Geraci R. P., Khodarkovsky M., eds. Of Religion and Empire: Missions, Conversion, and Tolerance in Tsarist Russia. Ithaca, NY: Cornell University Press, 2001.

Gerrare 1903 — Gerrare W. The Story of Moscow. London: J. M. Dent and Co., 1903.

Giannuli 1992 — Giannuli D. M. American Philanthropy in the Near East: Relief to the Ottoman Greek Refugees, 1922–1923. PhD diss., Kent State University, 1992.

Giannuli 1996 — Giannuli D. American Philanthropy in Action: The American Red Cross in Greece, 1918–1923 // East European Politics and Societies. 1996 (Winter). Vol. 10, No. 1.

Gillespie 1988 — Gillespie J. B. Mary Briscoe Baldwin (1811–1877), Single Woman Missionary and "Very Much My Own Mistress" // Anglican and Episcopal History. 1998. Vol. 57. P. 63–92.

Grabill 1971 — Grabill J. L. Protestant Diplomacy and the Near East: Missionary Influence on American Policy, 1810–1927. Minneapolis: University of Minnesota Press, 1971.

Griffin 1978 — Griffin N. J. Chinese Labor and British Christian Missionaries in France, 1917–1919 // Journal of Church and State. 1978. Vol. 20. P. 287–304.

Grogin 2001 — Grogin R. C. Natural Enemies: The United States and the Soviet Union in the Cold War, 1917–1991. Lanham, MD: Lexington Books, 2001.

Gustav-Wrathall 1998 — Gustav-Wrathall J. D. Take the Young Stranger by the Hand: Same-Sex Relations and the YMCA. Chicago: University of Chicago Press, 1998.

Ha, Mangan 1994 — Ha N.-G., Mangan J. A. A Curious Conjunction — Sport, Religion and Nationalism: Christianity and the Modern History of Korea // The International Journal of the History of Sport (Great Britain). 1994 (December). Vol. 11, No. 3.

Hall 1938 — Hall Jr. W. W. Puritans in the Balkans: The American Board Mission in Bulgaria, 1878–1918. A Study in Purpose and Procedure. Sofia: Studia Historico-Philologica Serdicensia, 1938.

Ham 1998 — Ham K. A. Interplay between Orthodoxy and Protestantism in Russia, 1905–1995. PhD diss., Fuller Theological Seminary, 1998.

Hamant 1995 — Hamant Y. Alexander Men: A Witness for Contemporary Russia. Torrance, CA: Oakwood Publications, 1995.

Handy 1990 — Handy R. T. Social Gospel Movement // Dictionary of Christianity in America / ed. by Daniel G. Reid. Downers Grove, IL: InterVarsity Press, 1990.

Harakas 1962 — Harakas S. S. Sergius Bulgakov and His Teaching // Greek Orthodox Theological Review. 1962. Vol. 7.

Haskell 1974 — Haskell P. C. American Civil Religion and the Greek Immigration: Religious Confrontation before the First World War // St. Vladimir's Theological Quarterly. 1974. Vol. 18, No. 4.

Hayes 1976 — Hayes N. The Intelligentsia-in-Exile: Sovremennye Zapiski and the History of Russian Émigré Thought, 1920–1940. PhD diss., University of Chicago, 1976.

Hayward 1975 — Hayward M. introduction // Alexander Solzhenitsyn et al. From Under the Rubble / trans. by Michael Scammel. Boston: Little, Brown, 1975.

Hecker 1920 — Hecker J. F. The Religious Characteristics of the Russian Soul // Methodist Review. 1920 (November). Vol. 103, No. 6.

Hecker 1924 — Hecker J. F. The Russian Church under the Soviets // Methodist Review. 1924 (July). Vol. 107, No. 4.

Hecker 1933 — Hecker J. F. Religion and Communism: A Study of Religion and Atheism in Soviet Russia. London: Chapman and Hall, 1933.

Hedda 1998 — Hedda J. E. Good Shepherds: The St. Petersburg Pastorate and the Emergence of Social Activism in the Russian Orthodox Church, 1855–1917. PhD diss., Harvard University, 1998.

Hedda 2008 — Hedda J. His Kingdom Come: Orthodox Pastorship and Social Activism in Revolutionary Russia. DeKalb: Northern Illinois University Press, 2008.

Herlihy 2002 — Herlihy P. The Alcoholic Empire: Vodka and Politics in Late Imperial Russia. New York: Oxford University Press, 2002.

Hillmer 2001 — Hillmer P. A. "This is practical religion": The Cleveland YMCA and the social service movement. University of Minnesota, 2001.

Hopkins 1951 — Hopkins C. H. History of the YMCA in North America. Association Press, 1951.

Hopkins 1979 — Hopkins C. H. John R. Mott, 1865–1955: A Biography. Grand Rapids, MI: Eerdmans, 1979.

Hopko 1987 — Hopko T. Russian Orthodox Church // Encyclopedia of Religion / ed. by Mircea Eliade. Vol. 12. New York: Macmillan, 1987. P. 488–491.

Horton 1926 — Horton G. The Blight of Asia. Indianapolis, IN: Bobbs-Merrill, 1926.

Hruby, Hruby 1985 — Hruby B., Hruby O. S. Dr. Paul B. Anderson Remembered // Religion in Communist Dominated Areas. 1985 (Autumn). Vol. 24, No. 4.

Huntington 1933 — Huntington W. C. The Homesick Million. Boston: Stratford Company, 1933.

Husband 2000 — Husband W. B. "Godless Communists": Atheism and Society in Soviet Russia, 1917–1932. DeKalb: Northern Illinois University Press, 2000.

Hutchison 1997 — Hutchison W. R. Missionaries on the 'Middle Ground' in China // Reviews in American History. 21997. Vol. 25, No. 4. P. 631–636.

Iatrides 1986 — Iatrides J. O. Missionary Educators and the Asia Minor Disaster: Anatolia College's Move to Greece // Journal of Modern Greek Studies.1986. Vol. 4. P. 143–157.

Irvin 1984 — Irvin D. John R. Mott and World-Centered Mission // Missiology: An International Review. 1984 (April). Vol. 12, No. 2.

Istavridis 1956 — Istavridis V. T. The Orthodox Youth and the Ecumenical Movement // Greek Orthodox Theological Review. 1956. Vol. 2.

Johnston 1988 — Johnston R. H. "New Mecca, New Babylon": Paris and the Russian Exiles, 1920–1945. Kingston, ON: McGill-Queen's University Press, 1988.

Kasinec 1972 — Kasinec E. Bibliographical Census: Russian Emigre Theologians and Philosophers in the Seminary Library Collection // St. Vladimir's Theological Quarterly. 16, 1972. P. 41.

Kassow 1989 — Kassow S. D. Students, Professors, and the State in Tsarist Russia. Berkeley: University of California Press, 1989.

Keller 1996 — Keller C. A. Making Model Citizens: The Chinese YMCA, Social Activism, and Internationalism in Republican China, 1919–1937. PhD diss., University of Kansas, 1996.

Kenworthy 2000/2001 — Kenworthy S. Russian Reformation? The Program for Religious Renovation in the Orthodox Church, 1922–1925 // Modern Greek Studies Yearbook. 2000/2001. Vol. 16/17. P. 89–130.

Kimbrough 2002a — Kimbrough Jr. S. T. The Living Church Conflict in the Russian Orthodox Church and the Involvement of the Methodist Episcopal Church // Methodist History. 2002 (January). Vol. 40, No. 2. P. 105–118.

Kimbrough 2002b — Kimbrough Jr. S. T., ed. Orthodox and Wesleyan Spirituality. Crestwood, NY: St. Vladimir's Seminary Press, 2002.

Kitromilides 2007 — Kitromilides P. M. An Orthodox Commonwealth: Symbolic Legacies and Cultural Encounters in Southeastern Europe, Variorum Collected Studies Series. Burlington, VT: Ashgate Publishing Company, 2007.

Kivelson, Greene 2003 — Kivelson V. A., Greene R. H., eds. Orthodox Russia: Belief and Practice under the Tsars. University Park: Pennsylvania State University Press, 2003.

Kizenko 2000 — Kizenko N. A Prodigal Saint: Father John of Kronstadt and the Russian People. University Park: Pennsylvania State University Press, 2000.

Kniazeff 1997 — Kniazeff A. Serving God and the Church // L'Institut de Théologie Orthodoxe Saint-Serge: 70 Ans de Théologie Orthodoxe a Paris (The Saint Sergius Orthodox Theological Institute: 70 Years of Orthodox Theology in Paris), L'Association pour le Maintien et l'Entretien de l'Institut de Théologie Orthodoxe (AMEITO). Paris: Editions Hervas, 1997.

Koulomzin 1980 — Koulomzin S. Many Worlds: A Russian Life. Crestwood, NY: St. Vladimir's Seminary Press, 1980.

Kuleshov 1974 — Kuleshov L. V. Kuleshov on film: writings by Lev Kuleshov / ed. and trans. by R. Levaco. Berkeley: University of California Press, 1974.

Langenskjold 1924 — Langenskjold G. Baron Paul Nicolay: Christian Statesman and Student Leader in Northern and Slavic Europe / trans. by Ruth Evelyn Wilder. New York: George H. Doran Company, 1924.

Latimer 1910 — Latimer R. S With Christ in Russia. London: Hodder and Stoughton, 1910.

Latourette 1957 — Latourette K. S. World Service: A History of the Foreign Work and World Service of the Young Men's Christian Associations of the United States and Canada. New York: Association Press, 1957.

Latourette 1965 — Latourette K. S. John R. Mott: A Centennial Appraisal // Religion in Life. 1965 (Summer). Vol. 34.

Lilje 1961 — Lilje H. Some Notes on the History of the Ecumenical Movement // Lutheran World. 1961. Vol. 8. P. 128.

Lindenmeyr 1996 — Lindenmeyr A. Poverty Is Not a Vice: Charity, Society and the State in Imperial Russia. Princeton, New Jersey: Princeton University Press, 1996.

Lombard 2003 — Lombard A. S. Making Manhood: Growing Up Male in Colonial New England. Cambridge, Massachusetts: Harvard University Press, 2003.

Long, Hopkins 1976 — Long J. W., Hopkins C. H. The Church and the Russian Revolution: Conversations of John R. Mott with Orthodox Church Leaders, Jun. — Jul. 1917 // St. Vladimir's Theological Quarterly. 1976. Vol. 20, No. 3. P. 161–170.

Lotz 1992 — Lotz D. The Watchword for World Evangelization: "The Evangelization of the World in this Generation" // Baptist Quarterly. 1992. Vol. 34. Great Britain.

Lowrie 1923 — Lowrie D. A. The Light of Russia: An Introduction to the Russian Church. Prague: YMCA Press, 1923.

Lowrie 1951 — Lowrie D. A. Saint Sergius in Paris: The Orthodox Theological Institute. New York: Macmillan, 1951.

Lowrie 1960 — Lowrie D. A. Rebellious Prophet: A Life of Nicolai Berdyaev. New York: Harper and Brothers, 1960.

Lowrie 1963 — Lowrie D. A. The Hunted Children. New York: Norton, 1963.

Lupkin 1995 — Lupkin P. A Temple of Practical Christianity // Chicago History. 1995. Vol. 24. No. 3. P. 22–41.

Lutz 1992 — Lutz J. G. The Heyday of the China YMCA as Exemplified in the Career of Eugene Barnett, 1910–1936 // Republican China. 1992. Vol. 17, No. 2.

Manchester 2008 — Manchester L. Holy Fathers, Secular Sons: Clergy, Intelligentsia, and the Modern Self in Revolutionary Russia. DeKalb: Northern Illinois University Press, 2008.

Marsden 1980 — Marsden G. M. Fundamentalism and American Culture: The Shaping of Twentieth-Century Evangelicalism, 1870–1925. New York: Oxford University Press, 1980.

Marsden 1994 — Marsden G. M. The Soul of the American University: From Protestant Establishment to Established Nonbelief. New York: Oxford University Press, 1994.

Mascall, Williams 1980 — Mascall E. L., Williams R. George Florovsky (1893–1979) // Sobornost. 1980. Vol. 2, No. 1.

McCaig 1920 — McCaig A. Grace Astounding in Bolshevik Russia: A Record of the Lord's Dealings with Brother Cornelius Martens. London: Russian Missionary Society, 1920.

McCarthy 2004 — McCarthy M. M. Religious Conflict and Social Order in Nineteenth-Century Russia: Orthodoxy and the Protestant Challenge, 1812–1905. PhD diss., University of Notre Dame, 2004.

McReynolds 2003 — McReynolds L. Russia at Play: Leisure Activities at the End of the Tsarist Era. Ithaca, NY: Cornell University Press, 2003.

Mjagkij, Spratt 1997 — Mjagkij N., Spratt M. A., ed. Men and Women Adrift: The YMCA and the YWCA in the City. New York University Press, 1997.

Morrissey 1998 — Morrissey S. K. Heralds of Revolution: Russian Students and the Mythologies of Radicalism. New York: Oxford University Press, 1998.

Mott 1909 — Mott J. R. The Future Leadership of the Church. New York: YMCA Student Department, 1909.

Mott 1920 — Mott J. R. The World's Student Christian Federation: Origins, Achievements, Forecast. London: World's Student Christian Federation. 1920.

Mott 1935 — Mott J. R. Cooperation and the World Mission. New York: International Missionary Council, 1935.

Neill 1982 — Neill S. An Historical Understanding // Foundations. 1982. Vol. 25. P. 10.

Nestlehutt 1996 — Nestlehutt M. S. Anglicans in Greece: The Episcopal Mission and the English Chaplaincy at Athens // Anglican and Episcopal History. 1996. Vol. 65. P. 293–313.

Nichols, Stavrou 1978 — Nichols R. L., Stavrou T. G., eds. Russian Orthodoxy under the Old Regime. Minneapolis: University of Minnesota Press, 1978.

Noll 1992 — Noll M. A. A History of Christianity in the United States and Canada. Grand Rapids, Michigan: Eerdmans, 1992.

Nutt 1997 — Nutt R. L. The Whole Gospel for the Whole World: Sherwood Eddy and the American Protestant Mission. Macon, GA: Mercer University Press, 1997.

Obolensky 1971 — Obolensky D. The Byzantine Commonwealth: Eastern Europe, 500–1453. New York: Praeger, 1971.

Parker 1994 — Parker M. The Kingdom of Character: The Student Volunteer Movement for Foreign Missions (1886–1926). PhD diss., University of Maryland, College Park, 1994.

Patenaude 2002 — Patenaude B. M. The Big Show in Bololand: The American Relief Expedition to Soviet Russia in the Famine of 1921. Stanford, CA: Stanford University Press, 2002.

Peris 1998 — Peris D. Storming the Heavens: The Soviet League of the Militant Godless. Ithaca, NY: Cornell University Press, 1998.

Pierard 1986 — Pierard R. V. John R. Mott and the Rift in the Ecumenical Movement during World War I // Journal of Ecumenical Studies. 1986 (Fall). Vol. 23, No. 4.

Plekon 2002 — Plekon M. Living Icons: Persons of Faith in the Eastern Church. Notre Dame, IN: University of Notre Dame Press, 2002.

Plekon 2009 — Plekon M. Hidden Holiness. Notre Dame, IN: University of Notre Dame Press, 2009.

Polunov 2001 — Polunov A. Iu. The State and Religious Heterodoxy in Russia (from 1880 to the Beginning of the 1890s) // Russian Studies in History. 2001. Vol. 39, No. 4.

Putney 2001 — Putney C. Muscular Christianity: Manhood and Sports in Protestant America, 1880–1920. Cambridge, MA: Harvard University Press, 2001.

Raeff 1975 — Raeff M. Iz pod glyb and the History of Russian Social Thought // Russian Review. 1975. Vol. 34. P. 476–488.

Raeff 1990a — Raeff M. Enticements and Rifts: Georges Florovsky as Historian of the Life of the Mind and the Life of the Church in Russia // Modern Greek Studies Yearbook. 1990. Vol. 6. P. 187–244.

Raeff 1990b — Raeff M. Russia Abroad: A Cultural History of the Russian Emigration, 1919–1939. New York: Oxford University Press, 1990.

Raffensperger 2004 — Raffensperger C. Revisiting the Idea of the Byzantine Commonwealth // Byzantinische Forschungen. 2004. Vol. 28. P. 159–174.

Ramsey 1998 — Ramsey D. G. College Evangelists and Foreign Missions: The Student Volunteer Movement, 1886–1920. PhD diss., University of California, Davis, 1988.

Raymond, Jones 2000 — Raymond B., Jones D. R. The Russian Diaspora: 1917–1941. Lanham, MD: Scarecrow Press, 2000.

Richardson 1990 — Richardson M. Philanthropy and the Internationality of Learning: The Rockefeller Foundation and National Socialist Germany // Minerva (Great Britain). 1990. Vol. 28.

Richter 1910 — Richter J. A History of Protestant Missions in the Near East. Edinburgh: Oliphant, Anderson and Ferrier, 1910.

Rosenberg 1982 — Rosenberg E. S. Spreading the American Dream: American Economic and Cultural Expansion, 1890–1945. New York: Hill and Wang, 1982.

Rosenberg 2003 — Rosenberg E. S. Missions to the World: Philanthropy Abroad // Charity, Philanthropy, and Civility in American History / ed. by Lawrence J. Friedman and Mark D. McGarvie. New York: Cambridge University Press, 2003.

Roslof 2002 — Roslof E. E. Red Priests: Renovationism, Russian Orthodoxy, and Revolution, 1905–1946. Bloomington: Indiana University Press, 2002.

Rouse, Neill 1967 — Rouse R., Neill S. C., eds. A History of the Ecumenical Movement: 1517–1948. 2nd ed. London: Society for Promoting Christian Knowledge, 1967.

Rowe 1994 — Rowe M. Russian Resurrection: Strength in Suffering — a History of Russia's Evangelical Church. London: Marshall Pickering, 1994.

Sack 1995 — Sack D. E. Disastrous Disturbances: Buchmanism and Student Religious Life at Princeton, 1919–1935. Princeton University, 1995.

Saloutos 1955 — Saloutos T. American Missionaries in Greece: 1820–1869 // Church History. 1955. Vol. 24.

Saul 1996 — Saul N. E. Concord and conflict: the United States and Russia, 1867–1914. University Press of Kansas, 1996.

Saul 2001 — Saul N. E. War and revolution: the United States and Russia, 1914–1921. University Press of Kansas, 2001.

Saul 2006 — Saul N. E. Friends Or Foes?: The United States and Soviet Russia, 1921–1941. University Press of Kansas, 2006.

Sawatsky 1981 — Sawatsky W. Soviet Evangelicals Since World War II. Scottsdale, PA: Herald Press, 1981.

Sawatsky, Penner 2005 — Sawatsky W. W., Penner P. F., eds. Mission in the Former Soviet Union. Schwarzenfeld, Germany: Neufeld Verlag, 2005.

Schenkel 1995 — Schenkel A. F. The Rich Man and the Kingdom: John D. Rockefeller, Jr., and the Protestant Establishment. Minneapolis, MN: Fortress Press, 1995.

Schmemann 1969 — Schmemann A. Russian Theology: 1920–1965, A Bibliographical Survey. Richmond, VA: Union Theological Seminary, 1969.

Scorer 1984 — Scorer P. Alexander Schmemann (1921–1983) // Sobornost. 1984. Vol. 6, No. 2.

Selles 2011 — Selles J. M. The World Student Christian Federation, 1895–1925: Motives, Methods, and Influential Women. Eugene, OR: Pickwick Publications, 2011.

Setran 2001 — Setran D. P. Student Religious Life in the "Era of Secularization": The Intercollegiate YMCA, 1877–1940 // History of Higher Education Annual. 2001. Vol. 21.

Severis 2002 — Severis R. C., ed. The Diaries of Lorenzo Warriner Pease, 1834–1839: An American Missionary in Cyprus and his Travels in the Holy Land, Asia Minor and Greece. Vol. 1. Burlington, VT: Ashgate, 2002.

Shaw 1937 — Shaw P. E. American Contacts with the Eastern Churches, 1820–1870. Chicago: American Society of Church History, 1937.

Shedd 1955 — Shedd C. History of the World's Alliance of Y.M.C.A.s. London: World's Committee of Young Men's Christian Associations, 1955.

Shevzov 2000 — Shevzov V. Icons, Miracles, and the Ecclesial Identity of Laity in Late Imperial Russian Orthodoxy // Church History. 2000 (September). Vol. 69, No. 3.

Shevzov 2004 — Shevzov V. Russian Orthodoxy on the Eve of Revolution. New York: Oxford University Press, 2004.

Showalter 1990 — Showalter N. D. The End of a Crusade: The Student Volunteer Movement for Foreign Missions and the Great War. Th.D. diss., Harvard University, 1990.

Smith 1999 — Smith D. Working the Rough Stone: Freemasonry and Society in Eighteenth-Century Russia. DeKalb: Northern Illinois University Press, 1999.

Solzhenitsyn 1979 — Solzhenitsyn A. I. The Oak and the Calf: Sketches of Literary Life in the Soviet Union / trans. by Harry Willetts. New York: Harper and Row, Publishers, 1979.

Solzhenitsyn 1995 — Solzhenitsyn A. Invisible Allies / trans. by Alexis Klimoff and Michael Nicholson. Washington, DC: Counterpoint, 1995.

Sophocles 1961 — Sophocles S. M. The Religion of Modern Greece. Thessalonika: Institute for Balkan Studies, 1961.

Stammler 1979 — Stammler H. A. Russian Orthodoxy in Recent Protestant Church History and Theology // St. Vladimir's Theological Quarterly. 1979. Vol. 23.

Stamoolis 1986 — Stamoolis J. J. Eastern Orthodox Mission Theology Today. Minneapolis: Light and Life Publishing Company, 1986.

Stavrou 1963 — Stavrou T. G. Russian Interests in Palestine, 1882–1914: A Study of Religious and Educational Enterprise. Thessaloniki, Greece: Institute for Balkan Studies, 1963.

Stavrou 1969 — Stavrou T. G., ed. Russia under the Last Tsar. Minneapolis: University of Minnesota Press, 1969.

Steeves 1984 — Steeves P. D. The Orthodox Tradition // Evangelical Dictionary of Theology / ed. by Walter A. Elwell. Grand Rapids, MI: Baker, 1984.

Steuer 1997 — Steuer K. A. Pursuit of an "Unparalleled Opportunity": The American Young Men's Christian Association and Prisoner-of-War Diplomacy Among the Central Power Nations during World War I, 1914–1923. PhD diss., University of Minnesota, 1997.

Steuer 2009 — Steuer K. Pursuit of an "Unparalleled Opportunity": The American YMCA and Prisoner-of-War Diplomacy among the Central Power Nations during World War I, 1914–1923. New York: Columbia University Press, 2009.

Struve 1991 — Struve N. Retrieving the Lost (Interview with Nikita Struve) / interview by V. Semenko // Journal of the Moscow Patriarchate . 1991. № 1. P. 43–45.

Taeusch 1975 — Taeusch H. W. 10 Donald A. Lowrie // Wooster Alumni Magazine. Jan. 1975.

Taft et al. 1922 — Taft W. H. et al., eds. Service with Fighting Men: An Account of the Work of the American Young Men's Christian Associations in the World War. Vol. 1. New York: Association Press, 1922.

Timberlake 1992 — Timberlake C. E. Religious Pluralism, the Spread of Revolutionary Ideas, and the Church-State Relationship in Tsarist Russia // Religious and Secular Forces in Late Tsarist Russia / ed. by Charles E. Timberlake. Seattle: University of Washington Press, 1992.

Tollefson 1994/1995 — Tollefson T. American Missionary Schools for Cyprus (1834–1842): A Case Study in Cultural Differences // Modern Greek Studies Yearbook. 10/11, 1994/1995. P. 37, 50.

Tyrrell 2010 — Tyrrell I. Reforming the World: The Creation of America's Moral Empire. Princeton, New Jersey: Princeton University Press, 2010.

Urry 1980 — Urry J. John Melville and the Mennonites: A British Evangelist in South Russia, 1837– 1875 // Mennonite Quarterly Review. 1980. Vol. 54. P. 305–322.

Von Laue 1969 — Von Laue T. H. Sergei Witte and the Industrialization of Russia. New York: Atheneum, 1969.

Wanner 2004 — Wanner C. Missionaries of Faith and Culture: Evangelical Encounters in Ukraine // Slavic Review. 2004 (Winter). Vol. 63, No. 4. P. 732–755.

Ware 1981 — Ware Kallistos. Nicolas Zernov (1898–1980) // Sobornost. 1981. Vol. 3.

Warren 1991 — Warren H. A. That They All May Be One: Americans' Quest for Christian Unity, 1918–1948. PhD diss., Johns Hopkins University, 1991.

Wartenweiler 1999 — Wartenweiler D. Civil Society and Academic Debate in Russia, 1905–1914. New York: Oxford University Press, 1999.

Weidle 1976 — Weidle W. The YMCA Press in Paris Connects Past and Future // The Orthodox Church. May 1976.

Werth 2002 — Werth P. W. At the Margins of Orthodoxy: Mission, Governance, and Confessional Politics in Russia's Volga-Kama Region, 1827–1905. Ithaca, NY: Cornell University Press, 2002.

Williams 1972 — Williams R. C. Culture in Exile: Russian Émigrés in Germany, 1881–1941. Ithaca, New York: Cornell University Press, 1972.

Winter 1994 — Winter T. "A Wise Investment in Growing Manhood": The YMCA and Workingmen, 1872–1929. PhD diss., University of Cincinnati, 1994.

Winter 2002 — Winter T. Making Men, Making Class: The YMCA and Workingmen, 1877–1920. Chicago: University of Chicago Press, 2002.

Wishard 1892 — Wishard L. D. Young Men`s Era. April 7, 1892.

Wrathall 1994 — Wrathall J. D. American Manhood and the YMCA, 1868–1920. PhD diss., University of Minnesota, 1994.

Wynot 2004 — Wynot J. J. Keeping the Faith: Russian Orthodox Monasticism in the Soviet Union, 1917–1939. College Station: Texas A&M University Press, 2004.

Xing 1992 — Xing W. Social Gospel, Social Economics, and the YMCA: Sidney D. Gamble and Princeton-in-Peking. PhD diss., University of Massachusetts, 1992.

Xing 1993 — Xing J. Baptized in the Fire of Revolution: The American Social Gospel and the YMCA in China: 1919–1937. PhD diss., University of Minnesota, 1993.

Zacek 1966 — Zacek J. C. The Russian Bible Society and the Russian Orthodox Church // Church History. 1966 (December). Vol. 25.

Zander 195- — Zander L. A., ed. List of the Writings of Professors of the Russian Orthodox Theological Institute in Paris 1925–1954. Paris: The Russian Orthodox Theological Institute in Paris. [195-].

Zander 196- — Zander L. A., ed. List of Writings of the Professors of the Russian Orthodox Theological Institute in Paris: 1955–1965. Paris: Russian Orthodox Theological Institute, [196-].

Zebrowski 1991 — Zebrowski P. T. Symbol of Symmetrical Development: The Reception of the YMCA in Poland // The International Journal of the History of Sport (Great Britain). 1991. Vol. 8, No. 1.

Zernov 1967 — Zernov N. The Eastern Churches and the Ecumenical Movement in the Twentieth Century // A History of the Ecumenical Movement: 1517–1948. 2nd ed. / ed. by Ruth Rouse and Stephen Charles Neill. London: Society for Promoting Christian Knowledge, 1967.

Zernov 1976 — Zernov N. The Significance of the Russian Orthodox Diaspora and Its Effect on the Christian West // The Orthodox Churches and the West / ed. by Derek Baker. Oxford: Basil Blackwell, 1976.

Zernov 1978 — Zernov N. The Russians and their Church. 3rd ed. Crestwood, NY: St. Vladimir's Seminary Press, 1978.

Zernov 1979 — Zernov N. The Fellowship of St. Alban and St. Sergius. Oxford: The Fellowship of St. Alban and St. Sergius, 1979.

Zhuk 2004 — Zhuk S. I. Russia's Lost Reformation: Peasants, Millennialism, and Radical Sects in Southern Russia and Ukraine, 1830–1917. Baltimore: Johns Hopkins University Press, 2004.

Предметно-именной указатель

Оглавление

Научное издание

Мэттью Ли Миллер
АМЕРИКАНСКИЙ ХРИСТИАНСКИЙ СОЮЗ
МОЛОДЫХ ЛЮДЕЙ И РОССИЙСКАЯ КУЛЬТУРА

Директор издательства *И. В. Немировский*
Ответственный редактор *И. Белецкий*
Куратор серии *Р. Борисова*
Заведующая редакцией *И. Емельянова*

Дизайн *И. Граве*
Редактор *М. Целоватова*
Корректоры *Е. Гайдель, А. Филимонова*
Верстка *Е. Падалки*

Подписано в печать 31.01.2026.
Формат издания 60 × 90 $^1/_{16}$. Усл. печ. л. 24,4.
Тираж 200 экз.

Academic Studies Press
1577 Beacon Street, Brookline, MA 02446 USA
https://www.academicstudiespress.com

ООО «Библиороссика».
198207, г. Санкт-Петербург, а/я № 8

SAPIENTI SAT — дистрибуция и продажа книг
8 800 333-68-45
www.directmedia.ru/publisher/sapienti-sat/
manager@directmedia.ru

Знак информационной продукции согласно
Федеральному закону от 29.12.2010 № 436-ФЗ

www.ingramcontent.com/pod-product-compliance
Ingram Content Group UK Ltd.
Pitfield, Milton Keynes, MK11 3LW, UK
UKHW021825150726
7214IPUK00017B/310